新编公共行政与公共管理学系列教材

人力资源开发概论

Human Resource Development

萧鸣政 /编著

北京大学出版社
PEKING UNIVERSITY PRESS

图书在版编目(CIP)数据

人力资源开发概论/萧鸣政编著. —北京:北京大学出版社,2014.1
(新编公共行政与公共管理学系列教材)
ISBN 978-7-301-23548-5

Ⅰ.①人… Ⅱ.①萧… Ⅲ.①人力资源开发-高等学校-教材 Ⅳ.①F240

中国版本图书馆 CIP 数据核字(2013)第 290668 号

书　　　名:人力资源开发概论
著作责任者:萧鸣政　编著
责 任 编 辑:徐少燕
标 准 书 号:ISBN 978-7-301-23548-5/C·0965
出 版 发 行:北京大学出版社
地　　　址:北京市海淀区成府路 205 号　100871
网　　　址:http://www.pup.cn　新浪官方微博:@北京大学出版社
电 子 信 箱:ss@pup.pku.edu.cn
电　　　话:邮购部 62752015　发行部 62750672
编辑部 62765016/62753121　出版部 62754962
印　刷　者:涿州市星河印刷有限公司
经　销　者:新华书店
730 毫米×980 毫米　16 开本　23.25 印张　416 千字
2014 年 1 月第 1 版　2015 年 7 月第 3 次印刷
定　　　价:42.00 元

前 言

关于国家人力资源开发方面的研究，早已引起我国有识之士的重视，目前已经有了大量的论著。然而，关于党政机关与企事业组织内部人力资源开发的研究，却并不多见。组织内部人力资源开发，既是提高企事业组织本身竞争力的关键，也是做好整个国家人力资源开发与能力建设工作的基础，是推进与实现人才强国战略的关键。

笔者1994年发表了首篇论文《关于人力资源开发问题的系统思考》；2002年发表了首部《人力资源开发学》著作；2004年出版了《中国政府人力资源开发概论》；2005年在发表的论文《试论我国人力资源开发专业的开设问题》中首次提出在中国开设人力资源开发专业；2007年担任国际人力资源开发研究会第6届亚洲年会执行主席；2007年主编出版了 *Global Human Resource Development Theories and Practice*；2008年在 *Human Resource Development International* 杂志上发表论文"Human Resource Development Issues in the Implementation of the Western China Development Strategy"。

《人力资源开发概论》一书在概括笔者自1993年以来的研究成果基础上，主要就组织内部人力资源开发的理论与方法，进行了深入的论述。全书一共11章，分为三个部分。

第一部分是历史理论，包括第一至三章，主要阐述了人力资源开发(Human Resource Development，以下简称 HRD)的理论基础，回答了这样一些问题：什么是人力资源？人力资源在当今社会经济发展中的价值是什么？什么是人力资源开发？人力资源开发的发展趋势是什么？其中，第一章阐述了什么是人力资源，人力资源在当今社会经济发展中的价值是什么。第二章着重说明了 HRD 的重要性、必要性与可能性；具体论述了什么是 HRD，目前它存在哪些类型与特点，进行 HRD 的客观基础是什么，以及它具有什么样的价值与功能等问题。在明确了什么是 HRD 及其价值之后，有必要更具体地阐述 HRD 的基础是什么。因此，第三章具体阐述了 HRD 的历史与发展趋势。

第二部分是对象分析，包括第四、五章，主要阐述了 HRD 的开发对象以及 HRD 的对象结构与作用，分析了 HRD 的基本点及其形成过程、HRD 的对象与 HRD 客体的区别以及职业资格结构及其特点。其中，第四章具体回答了为什么要把人的素质作为 HRD 的基本点，在个体 HR 的形成与发展过程中，主要受到哪些因素的影响，智力在HR的形成过程中发挥着什么样的作用。关于这些问题的回答，启发我们在HRD过程中，要注意HR的形成规律，并与其过程相互联系，让HRD过程走在HR形成的前面，不能被动等待HR形成之后才进行HRD。第五章具体回答了为什么要把职业资格作为组织内人力资源开发的具体对象，品德素质、体力与健康以及文化科学素质分别在职业资格中发挥什么作用。对于这些问题的回答，启示我们在HRD过程中，不但要重视职业技能的开发，更要重视品性素质的开发，品性开发将成为现代人力资源开发的新视点。

第三部分是方法应用，也是本书的主题，包括第六至十一章，主要回答了如何进行HRD，阐述了HRD的各种途径、方法、技术与应用。其中，第六章阐述了支持HRD过程及其各种方法的技术，包括需求分析技术、课程设计技术、教育培训技术与效果评估技术。第七章根据第二部分的HR系统结构理论，首先提出了HRD的系统观，建构了相对HR形成过程与结构的三个开发系统工程；接着从人力资源配置使用的角度分析了组织内HRD的各种具体形式；然后围绕职业资格这个点，分别从员工自我、职业发展与组织管理等三个不同角度，分析了HRD的各种具体方法与途径。分析结果表明，组织内人力资源开发的途径，并非人员培训与职业教育，而是包括自我申报、自我学习、制度管理、文化建设、职业发展与规划、人力资源管理等多种形式。第八至十章，围绕着组织内部三种主要人力资源客体的开发方法，进行了具体的分析与总结。具体来说，第八章阐述了新员工开发的组织化方法、实际工作预览方法与员工导向方法。第九章阐述了老员工开发的职业发展规划方法、职业管理方法、各种老员工开发的实践活动形式及其问题。第十章阐述了主管人员开发的需求分析方法、预备职位经历方法、晋升设计方法、职务轮换方法、辅导方法、决策学习方法、评价中心方法、敏感性训练方法以及国外企业主管人员开发的实践经验。第十一章阐述了人力资源开发在组织、区域与国家发展中的应用。

本书的内容大部分是在笔者的《人力资源开发学》(高等教育出版社2002年版)的基础上修改而成，并根据教学需要进行了形式与体例上的修改。基本上每一章都设有本章教学目标、思考题与案例等。在本书的编写过程中，张如国、张满、刘追、张轩、石萌、葛连高、章梦昱、王晓峰、肖志颖等帮助查找了大量案例，协助编写了第三章与第十一章部分内容的初稿。赵雪、章梦昱、陈华生、王晓峰、曹伟晓等对本书进行了通读与校对工作。由于人力资源开发的研究时间不长，组织内的人力资源开发课程在我国也刚刚起步，加上自己水平有限与时间紧，书中存在的问题与不足，欢迎广大读者批评指正，以使本书日臻完善。我的电子信箱是 xmingzh@pku. edu. cn。

萧鸣政

2013年11月19日

目 录

第一部分 理论历史

第二部分　对象分析

第三部分　方法应用

第一部分

理论历史

第一章　人力资源及其在社会经济发展中的价值

【本章教学目标】

1. 了解人力资源结构的各种形态。

2. 掌握关于人力资源的概念、观点及其在中国的发展。

3. 重点掌握人力资源的特点、属性及其在组织发展和社会经济建设中的价值和作用。

任何时期的政治活动、经济活动与其他社会活动，人力资源的作用都是至关重要的。没有人力资源，其他的诸如物力资源、财政资源、信息资源等因素毫无价值可言。在所有资源作用活动中，人力资源具有必然性、关键性与主导性。人力资源的这种特点决定了人力资源开发在社会经济发展和组织发展中的地位与作用。然而，人力资源开发的作用也并非是无限的。为了正确认识与运用人力资源及其开发，在本章中，我们将阐述人力资源的基本概念、形态结构、特点属性与价值作用等。

第一节　人力资源及其特征

人力资源，是人力资源开发的对象。因此，本书首先要回答，人力资源是什么。在这一节，我们将阐述什么是人力资源、目前学术界对人力资源大致有哪些不同观点等问题。

一、人力资源概念的形成

人力资源概念的提出并被人们所接受，大约是 20 世纪 60 年代，但是国外有关人力资源思想出现的时间却早得多。

人力资源主要是对人的劳动能力及其劳动价值在财富或者产品中贡献的一种经济学分析观点，后来，也成为一种资源管理学的观点。英国古典政治经济学创始人威廉·配第(1623—1687)在其代表作《政治算术》中提出了“劳动是财富之父，土地是财富之母”的著名命题，由此充分地肯定人的劳动及其能力的经济作用。

第二次世界大战之后，人力资源的观念深入人心，并日渐形成。

首先是以苏联为首的东方国家经济的蓬勃发展。二战后，苏联的经济增长速度大大超过美国，引起了美国经济学家的高度重视。因此他们开始向美国政府呼吁，美国应该大幅度增加教育和科学研究的投入，培养高素质的人才，以增加经济实力与军事实力。

其次是马歇尔计划的成功与西欧的迅速复兴。二战后，美国政府为了组建和加强以自己为首的西方阵营，于 1947 年采纳了当时的国务卿乔治·马歇尔的建议，制订了一项帮助欧洲重建与复兴的经济援助计划，即著名的“马歇尔计划”。马歇尔计划实施后，西欧各国在短短的几年中就从战争的废墟中重新站立起来，连战败的德国也不例外。其成功之处是什么呢？人们事后分析发现，关键在于人力资源的作用。

最后是“经济之谜”的解决导致了人们对人力资源的真正认识。“经济之谜”中包括最为重要的“现代经济增长之谜”与“库兹涅茨之谜”。

“现代经济增长之谜”表现为，美国的产出增长率远远超出了生产要素的投入增长率。但是根据传统的增长理论，两者应该相等。换句话说，产出的增长数量应该等于资本与劳动投入的数量的增加值。那么是什么要素导致了产出增长率远远高于投入增长率呢？在经济增长之源的分析中究竟漏掉了什么东西呢？面对这种疑问，传统的经济学理论走入了困境。

“库兹涅茨之谜”表现为，美国著名经济学家库兹涅茨(Simon Smith Kuznets) 1961 年在对美国的资本形成的研究中发现，随着美国总资本的不断增加，物资本的投入却不断减少。例如，美国的资本与产出比 1869—1888 年为 3.2，1909—1928 年为 3.6，但到了 1946—1955 年下降为 2.5。这一现象与传统经济学理论(认为美国的经济增长是得益于高度密集的国家储蓄与资本的作用)相矛盾，从而传统的物质资本论理论再次受到挑战。

1962 年美国经济学家舒尔茨(Theodore W. Schultz)研究认为，经济学家们一直面临着的一个谜，主要是由我们自己造成的。因为我们所使用的衡量资本和劳动的方法太狭窄了，没有把这些资本质量提高的因素考虑进去。如果我们把战后西欧特别是德国以及日本经济复苏与增长的幅度看做是直角三角形的斜边，那么，它的“长边”条件是人力因素，“短边”条件是物质因素。在这种条件下，人力因素一旦注入物质因素的作用，就会获得很高的收益率。

虽然舒尔茨、库兹涅茨与丹尼森(Edward Fulton Denison)当时提出的是人力资本的理论，但从历史的过程与全面的观点来看，与其说他们当时是为了探求人力资本理论，还不如说是为了探求人力资源理论。因为他们主要是针对来源不明的增长因素进行研究。他们要弄清楚：为什么社会最后形成的实有资产量总是要大大超过原始投入的实物资本与货币资本总量？其增值部分来自何处？为什么社会物质与货币形态资源投入日趋下降，而社会最终的实际资产财富却不断增长？其中介资源来自何处？

最终这些经济学家找到的答案就是来自人力的作用，即来自人力因素。人力因素在这里成为社会财富中超额增长部分的唯一来源与唯一解释。显然人力资源的概念至此不言而喻。

然而，为什么当时舒尔茨等经济学家没有提出“人力资源”（Human Resource）的概念而是提出“人力资本”（Human Capital）的概念呢？一方面，可能是因为经济学家当时为了解释投入与产出守恒以及受数学思想影响的结果。“投入”一词与“资本”是相宜的，而与“资源”是不相宜的。“产出”与“数量”是相对应的，“资本”本身具有“数量”的含义，而“资源”本身没有“数量”的含义。另一方面，可能因为“资本”中的“本”与“资源”中的“源”在这里基本同义。我们常说你将来发达了可不要忘“本”。这里的“本”即“源”。由于“资本”与“资源”相比，更符合经济学的学科称谓习惯，运用更方便些，因此在经济学中“人力资本”比“人力资源”的称谓更可取，更科学一些。

虽然有的资料研究表明“人力资源”这一概念 1919 年与 1921 年曾在约翰·科蒙斯（John R. Commons）的两本著作《产业信誉》与《产业政府》中被使用过①，因此认为科蒙斯是第一个使用“人力资源”概念的人，但是笔者认为，人力资源概念的真正形成与深入人心，应该是人力资本理论诞生之后。在这之前，无论人们有意识还是无意识地使用“人力资源”这个词汇，充其量是一种表面性的名词或称谓，而不是我们今天所指的“人力资源”概念。此外，“人力资源”与“人员”“雇员”或“员工”相互间是不能等同的。这一点我们将在后面相关部分加以具体阐述。

二、人力资源概念在中国

如果说人力资源的概念是 20 世纪 60 年代初随着舒尔茨和贝克（Baker）等人的人力资本理论的创建而形成，那么人力资源概念在中国的形成是什么时间呢？从有关资料及笔者的分析来看，大约在 20 世纪 90 年代。

人力资本理论自从在美国提出后，持续发展了十多年。20 世纪 70 年代末以后，开始减弱，直到 80 年代后期又再度涌起，并在 90 年代得到空前发展，1990 年前后传入我国。据有关资料研究表明，美国人力资源管理（HRM）及其专业教育起源于第一次世界大战前，首次以明确的形式出现是 1912 年在波士

① 参考〔美〕布鲁斯·E. 考夫曼：《美国人力资源专业教育的发展历史及其现状》，《公共行政与人力资源》2000 年第 5 期。

顿召开的“雇佣经理联合会”的成立大会上，1915 年在达特茅斯(Dartmouth)大学开设了“雇员管理”的课程，但真正意义上的人力资源管理是在 20 世纪 90 年代才形成的。这一时期人们才把企业员工看成是企业资产或“人力资源”，从而使大量人事管理转变为“人力资源管理”①。人力资源概念被社会人士所普遍接受的时间，大约是在 MBA 与 MPA 专业出现之后，并随着 MBA 与 MPA 教育的普及而扩大。1991 年以后我国先后在北京大学、清华大学等名校开展了 MBA 教育，随后扩大到 28 所和 56 所院校，由于“人力资源管理”是 MBA 的核心课程，有的学校规定为必修课程，因此人力资源管理方面的教材、杂志、文章不断出现。

人力资源的概念提出之初仅限于企业，2000 年以后随着 MBA 与 MPA 教育的不断发展，人们已把人力资源概念扩大到公共行政、政府机构，即所谓公共人力资源。换句话说，人力资源目前已扩大到“全民皆是”。人力资源在我国的形成，大约经历了四个阶段：1987—1991 年，传播阶段；1992—1995 年，专业化阶段；1996—1999 年，扩展阶段；2000 年至今，全员化或公共化阶段。

在上述四个发展阶段中，最值得一提的是，在 1988—1998 年的专业目录调整中，国务院学位办把人事管理(人力资源管理)从政治学领域调整到行政管理学，又从行政管理调整到现在的企业管理学，实现了人力资源概念的实质性变革与发展。可以预料，随着高新技术经济或者知识经济的发展，人力资源的概念还将在我国深入地发展与普及，为中国经济的发展与中华民族的复兴做出应有的贡献。

三、人力资源的三大观点

人力资源与人力资本在经济学中大同小异，人力资本的称谓更为可取；但是在管理学中，人力资源与人力资本却有一定的区别，人力资源的称谓更为科学可取。同样是企业经营行为，在经济学家看来，它主要是投入与产出的关系模式，即人、财、物三种生产要素的投入与企业经营效益的产出。人力因素在这里被看做是一种资本，与货币、股份、债券以及厂房、机器设备、原材料一样，是一种相对产出的资本投入。所以，员工在这里不是一般意义上的人，而是企业经营中三大经济要素之一。而企业经营行为(包括公共行政行为)在管理学家看来是一种规划、组织、控制与实现目标的过程。在这里，人力因素被看做相对结果的一种原因，是相对企业效益(或者公共产品)的一种来源因素，是一种企业效益或者公共产品的资源。

---

① 参考〔美〕布鲁斯·E. 考夫曼：《美国人力资源专业教育的发展历史及其现状》，《公共行政与人力资源》2000 年第 5 期，第 47 页。

人力资源是什么？有些著作对此并不专门解释，认为是不言而喻的事。其实不然。实践中人们仁者见仁，智者见智。关于人力资源的解释，虽然众说纷纭，但概括起来有三种比较有代表性的观点。

第一种观点：把人力看做劳动力，劳动力等同劳动者，认为人力资源就是具有劳动能力的全部人口，确切地说，是16岁以上的具有劳动能力的全部人口。①

第二种观点：认为人力资源是目前正在从事社会劳动的全部人员。

第三种观点：把人力看做是人员素质综合发挥的生产力，认为人力资源是劳动生产过程中，可以直接投入的体力、脑力和心力的总和。②

在上述关于人力资源的三种观点中，第一种观点是持成年人口观。按照这种观点，国家与地区性的人力资源开发与管理的重点是扩大人口基数、加强卫生保健、提高人口质量；就企事业组织内部来说，人力资源管理与开发的重点是扩大人员队伍、增加人才储备。从1949年到1985年前后，我国基本上是在这种观点支配下进行人力资源管理实践的，企事业组织与政府机关因此养着许多不该养的闲人。第二种观点是在岗人员观。这种观点较第一种具有更为积极的意义，它已经认识到人口具有经济性与消费性的双面性。一个健康的成人，如果不与生产资料相结合，就只具有消费性的一面，而不能产生任何经济效益。健康的成人只具有人口学意义，而不具有经济学意义。因此，一般人员不是人力。按照这种观点，人力资源管理的重点是扩大生产规模与开辟新的产业，增加就业机会，让每个健康的成年人都有事做。从20世纪60年代知识分子下放农村生产劳动开始，直至90年代初期，我国劳动人事部门一直受这种在岗人员观的影响，肩负着就业安排的巨大压力。在这种观点影响下的企业生产与经营，必然是劳动密集型的，是一种工作效率低下的大锅饭运营模式。关于人力资源的第三种观点，是人员素质观。这种观点把人力资源管理的基本单位由个体观转变为素质观，由人员观转变为人力观。因为一个直接与生产资料相结合的在岗人员，很可能出工不出力，出现力不出潜力，出全力不出效益。按照这种观点，人力资源的管理是一个系统工程，是对员工的培养、促进、改进与作用发挥的过程。

综上所述，笔者认为，人力资源是在一定区域范围内可以被管理者运用以产生经济效益和实现管理目标的体力、智能与心力等人力因素的总和及其形成基础，包括知识、技能、能力与品性素质等。

在这里，“一定的区域范围”是一个时间与空间的概念。大可以指全球、一个地区或一个国家，小可以指一个区域、学校、机关、医院或更小的班组与团体

---

① 《劳动人事管理辞典》，四川科学技术出版社1987年版，第215页。

② 肖鸣政：《关于人力资源开发的系统思考》，《中国人力资源开发》1994年第6期，第13—18页。

组织。

“可以被管理者运用”是强调人力资源相对于管理者的有效性。一个有能力的员工，相对于经理所管辖的范围来说，是他所在区域的一种资源，但一旦离开这个区域，就不再是资源了，因为该区域无法使用这个员工。

“产生经济效益”与“实现管理目标”，强调的是人力资源的价值性。人力资源必须能产生管理者所需要的东西，或者是经济效益，或者是完成某种任务与实现某个目标的中介效用。

“体力、智能与心力等人力因素总和”，在这里既指个体的又指群体的或区域的人力因素，包括知识、技能、经验、智能、体力、品德、性格、精神等形成人力的因素。

第二节 人力资源的属性与作用

一、人力资源的属性

人力资源与其他资源相比，具有社会性、内涵性、无形性、作用的不确定性、群体与个体并存性、系统协调性等特点。

（一）社会性

与物质资源相比，人力资源最为本质的属性就是它的社会性。人力资源的形成、发展与变化，既受人类生产和生存条件的限制，又受社会经济条件和特定的生产方式的制约，并与一定的社会环境相联系。在人力资源发挥作用的劳动过程中，不同的劳动者一般处于各自的劳动集体之中，具有群体性，这种群体性构成了人力资源社会性的基础。人力资源不仅影响经济增长的过程，而且对社会精神文明建设等产生影响，具有明显的社会性。

（二）内涵性

无论是群体性的人力资源，还是个体性的人力资源，其实质都是指完成一定工作任务所需要的知识、技能、态度、品性、思想与素质。显然，这种东西是隐含于人的行为之中，具有内涵性、隐蔽性与抽象性。

（三）无形性

虽然人力资源是一种人体身上的客观存在，但却是看不见摸不着的东西，具有无形性，可以感觉它，却难以再现它。

（四）作用的不确定性

人力资源作用的发挥，不仅受制于个体的生理、心理状态，而且受制于不同组织的管理水平、文化水平与物质基础，受制于它所存在的社会环境。

（五）群体与个体并存性

人力资源存在于个体之中，表现在行为之中；但是，不同的个体组成的不同群体，由于其组织结构与个体特点互补的差异性，将会形成不同的人力资源存量与流量。

（六）系统协调性

由于人力资源存在的个体独立性，相互间必然会存在一定的矛盾，因此需要按照一定的结构形式进行系统组织与组合。需要按照效益共享、风险分担、职权利一体化的原则进行内调。缺乏系统协调的个体人力资源所产生的效益将会相互抵消，乃至总和为零，甚至出现负面效应。

（七）生活性

人力资源以人身为天然载体，蕴藏在一个个活生生的生命个体之中，是一种“活”的资源，并与人的自然生理特征相联系，具有生活性。因此，要维持发展现有的人力资源，就必须保证人力资源拥有者的生活条件与费用。人力资源将随着拥有者个体生活的结束而消失，随着拥有者的转移而转移；而自然资源却不同，它是相对固定的，也不需要更多的维持条件与费用。

（八）可控性

自然资源的生成，相对来说缺乏可控性，而人力资源的生成是可控的。有位教育学家说过：“如果给我1000个儿童，我可以把他们培养为乞丐，也可以把他们培养成为天才。”人力资源的生成不是自然而然的过程，需要人们有组织有计划地去培养与开发。

（九）时效性

人力资源不但具有生活性，而且还有时效性。就个体人力资源来说，因为一个人的生命周期是有限的，人力使用的有效期限大约在16—60岁之间，最佳期为30—50岁。在这段时间内，如果人力资源得不到及时与适当的利用，个体所拥有的人力资源就会随着时间的流逝而降低，甚至丧失作用，这与自然资源有所不同。矿产资源不开发，其流失不大；而人力资源长期闲置或学非所用，就会造成极大的人力资源浪费。因此，要适时、及时地对人力资源进行开发、配置与使用。

（十）能动性

人力资源的开发与利用，是通过拥有者自身的活动来完成的。它具有主体发挥性，它的形成与利用是通过载体自身来完成的；而自然资源、物质资源与财力资源则不同，它们是被动的和有限的。因此，衡量人力资源开发程度如何，要看开发者对人力资源能动性发挥得如何。能动性的另一个表现是它的创造性。人力资源开发得好，就能创造出超出其自身价值的效益。

（十一）变化性与不稳定性

财力资源与自然资源是相对稳定的，但人力资源却会因个人、环境的变化而变化，在甲单位是人才，到乙单位可能就不是人才了。这种变化性还表现在不同的时间上，人的劳动能力会随着时间而变化，在青年、壮年、老年各个年龄阶段，其人力资源的实际效用是不同的。

（十二）再生性

自然资源、物质资源与财力资源一般都在利用中消耗掉了，而人力资源不但不会在开发与利用中消耗掉，而且能在利用中再生，在利用中增值。人力资源的消耗可以通过个体或总体的不断替换、更新与恢复得到及时的补充与再生，是一种用之不竭、可充分开发的资源。

（十三）开发的持续性

作为自然资源与物质资源，一般只有一次开发与二次开发，形成产品使用后不能再继续开发了。人力资源由于它的再生性，具有无限开发的潜能与价值。人力资源的使用过程也是开发过程，可以连续不断地开发与发展。

（十四）个体的独立性

自然资源的存在形式，一般是成块成群地联结在一起，散在形式较少。而人力资源则不然，它是以个体为单位，独立存在于每个生活着的个体身上，而且受着各自不同的生理状况、思想与价值观念的影响。这种存在的个体独立性与散在性，使人力资源的管理工作显得相当复杂与艰难，管理得好则能够形成系统优势，否则会出现内耗。

（十五）内耗性

自然资源是数量越多越好，形成一定规模后，作用越来越大。矿藏量越大越有开发价值，资金越多越有投资效益。然而，人力资源却不一定越多越能产生效益，关键在于我们怎样去组织它们、利用它们与开发它们。俗话说："一个和尚挑水喝，两个和尚抬水喝，三个和尚没水喝"，也是讲的这个道理。

（十六）主导性

人力资源不同于其他资源之处，在于其载体具有目的性、主观能动性和社会意识性，在一切经济活动中总是处于主导地位。一方面，个人通过自己的努力，大脑得到进一步开发，智力不断提高，认识世界与改造世界的能力不断增强；另一方面，个人可以通过其劳动能力的提高，更加有效地利用机器设备与物质资本。在技术指数、物质指数与资本投入不变的情况下，增加有效劳动的投入和物质资本的利用，使劳动边际产品曲线向外扩张，快速增加组织总产出。

此外，人力资源还可以通过载体的努力，物化为新工具、新设备与新技术，提高对物质资源与财力资源的开发利用率。

二、人力资源的作用

最近，有关专家运用柯布-道格拉斯函数进行的一项经典分析表明，由实物资本存量增加带来的产量增加，只相当于由人力资本存量增加带来的产量增加额的1/4。换句话说，人力资源对企业经济效益的贡献是实物资源的4倍。以美国经济学家罗默(P. M. Romer)和卢卡斯(R. E. Lucas)为代表的新经济增长理论认为，现代以及将来经济持续、快速、健康增长的主要动力和源泉，已不再是物质资源，而是知识、技术等人力资源因素。美国著名经济学家舒尔茨认为，人力资源既能提高物质资本，又能提高人力资本的生产率，因为人力资源随着时间的推移，可使劳动者自我丰富、自我更新和自我发展；同时，通过劳动者的品性、能力、操作技能和工艺水平的提高，可增进对物质资本的利用率与产值量，人力资源与人力资本的不断发展与累积，直接推动物质资本的不断更新与发展。

上述分析表明了人力资源在现代经济增长中的地位与作用。然而，人力资源的这种作用，在不同的组织中其表现是不尽相同的，在同一组织中不同层次上的表现也不尽相同，在同一组织、同一层次中不同的管理模式下所发挥的作用也是不尽相同的。一般来说，在复杂的劳动过程中，劳动手段与劳动工具越简单、越落后，人力资源的作用越大；劳动手段与劳动工具越先进、越科学，人力资源的作用越小。用20世纪二三十年代的照相机拍照与用现代的高精密自动照相机拍照，在拍照过程中，拍照人所起的作用是大不相同的。前者对人力资源的水平要求很高，而后者并没有太多要求。在简单的劳动过程中，机械化作业中人力资源的作用很小，而手工作业中人力资源的作用突出。就一般情况来看，复杂劳动中的人力资源作用大，而简单劳动中的人力资源作用小。物质资源比较丰富时，人力资源作用较小；而物质资源匮乏时，人力资源作用突出。因此，在高科技产业中，对人力资源水平要求高、作用突出；而在第一产业与第二产业中，对人力资源水平要求不高、作用并不突出。在服务性与经贸性等劳动密集型企业中，人力资源作用突出；而在自动化较高的生产型企业中，人力资源作用并不突出。在生产企业中，技术开发性部门与管理部门人力资源的作用比较突出，而在生产车间中的人力资源作用并不突出。舒尔茨认为，处在各技术层的人力作用有区别，同样的人力在高人力资本环境下比在低人力资本环境下的生产率要高许多,劳动专门化中的人力资源的作用明显要高于处在自然经济状态下的人力资源的作用。

企业的人力资源开发,需要投入一定的人力、物力与财力,其消耗性是显而易见的。但是,企业人力资源开发所产出的效益却是无形的,往往被人们所忽视。因此,人力资源开发与管理部门被一些人视为只会花钱不能生钱、可有可无的“三类”部门;在实践工作中往往是说起来重要,做起来次要,忙起来不要。实际上,人力与资金、技术、物资一样,是企业经济生成的要素,而且是关键要素。任何经济效益的产生都离不开人力,没有人力因素的作用,资金、技术与物资就无法直接发挥作用,甚至毫无价值。正如英国经济学家哈比森(F. H. Harbison)所说,人力资源是国民财富的最终基础。物质资本与资源只是一种被动的生产要素,人力资源是积累物质资本、开发自然资源、建立社会或发展组织经济以及政治并推动组织向前发展的主动力量。同样的资金、项目、技术与物资,在不同的人力资源水平及其管理作用下,实际所产生的经济效益大不一样。理论与实践证明,在知识经济时代中,人力资源开发与管理工作能够产生明显的经济效益,我们应该把它同生产营销或者资金、技术和物资管理部门同样看待。如果把企业中的部门按对经济效益的贡献率大小划分为一、二、三类的话,那么人力资源开发与管理部门应该和生产营销等部门同样看待,归为第一类或第二类部门,因为人力资源管理与开发工作做得好的话,同样能给企业带来明显的经济效益。

第三节　人力资源的结构及其表现形态

人力资源结构,在这里指人力资源的各种因素及其组织分布形式。关于人力资源结构的分析,目前主要有以下几种形式:

一、社会结构形式

所谓社会结构形式,是指把一个社会或一个国家拥有的劳动力人口看做一个整体,然后就其性质、作用与数量或比例分布进行分析的结果形式。

劳动力人口在这里是指实际就业或可以就业而因为某种原因暂时没有就业的人口。具体划分如下:

2009年中国人力资源结构
- 未成年劳动力人口(低于18.5%)
- 适龄劳动力人口(大约73%)
  - (1)在编劳动力人口
  - (2)待业劳动力人口
  - (3)就学劳动力人口
  - (4)军队服役劳动力人口
  - (5)家务自由劳动力人口
  - (6)其他形式的劳动力人口
- 老年劳动力人口(低于8.5%)

资料来源:国家统计局人口和就业统计司编:《中国人口和就业统计年鉴2010》,中国统计出版社2010年版,第5页。

未成年劳动力人口,指那些15岁以下因某种原因正在从事社会劳动的人口;老年劳动力人口,指那些64岁以上本应退休而因为某种原因继续从事社会劳动的人口;适龄劳动力人口,指在15—64岁之间的劳动力人口,其中家务自由劳动力人口,指那些以非固定的形式自由从事家务劳动的人口。这些人口一是难以统计,二是区别于待业、就学等其他形式的劳动力人口;其他形式劳动力人口,指不能包括在前五类之内的其他劳动力人口,例如监狱劳改犯等。下面是我国1996年人力资源产业结构的大致情况。

2009年中国在编劳动力
- 第一产业劳动力人口(38.1%)
- 第二产业劳动力人口(27.8%)
- 第三产业劳动力人口(34.1%)

资料来源:国家统计局编:《中国统计年鉴2010》,中国统计出版社2010年版,第367页。

在社会结构中,除上述的年龄与类别结构形式、产业结构形式外,还可以有文化结构、民族结构、性别结构、地区结构等形式。

二、组织结构形式

所谓组织结构形式,是指把一个企事业单位内的所有员工看做一个整体,就其性质、作用、特点与数量或比例分布进行分析的结构形式。下面是上海宝山钢铁公司2000年人力资源结构的几种形式。

职称结构
- 高级师员工(9.5%)
- 中级师员工(38.0%)
- 助理师员工(33.7%)
- 星级员工(11.3%)
- 无职称员工(7.5%)

学历结构
- 研究生学历员工(5.3%)
- 本科生学历员工(44.5%)
- 专科生员工(28.0%)
- 中专生员工(22.2%)

人力资源的组织结构形式,除上述职称结构与学历结构形式外,还有部门结构、性别结构、年龄结构等形式。上海宝山钢铁公司组织内人力资源职称与年龄结构如表 2-2 所示:

表 2-2　组织内人力资源职称与年龄结构(2000 年)

年龄	总计/人	高级师/人	中级师/人	助理师/人	星级/人	无职称/人
25 岁以下	1380	0	0	576	551	253
26—30 岁	1727	0	577	1115	35	0
31—35 岁	1118	197	776	110	25	10
36—40 岁	993	426	361	21	121	64
41—45 岁	334	63	51	122	51	47
46—50 岁	354	1	85	204	20	44
51—55 岁	547	0	252	206	12	77
56—60 岁	797	1	656	88	3	49
合计	7250	688	2758	2442	818	544

注:表中不包括无学历人数。

三、素质结构形式

所谓素质结构形式,是指把员工个体内所具备的各种素质看做一个整体,就其中的素质种类、性能功用、特点、水平等级等进行分析的结果形式。下面是某公司部分中层干部素质型人力资源结构形式。

(一) 语言描述形式

某公司部分中层干部基本素质结构分析结果如下:

干部 A:上进心强,肯干肯学、踏实,表达能力较好,反应快,智力较高,思想素质较好,是一位可提拔培养的青年人。不足之处是,身体瘦弱,有时急躁冲动,毅力不够,协调能力与沟通能力、灵活性有待培养和提高。适合生产技术管理工作,也可作为经营管理后备干部。得分较高的项目是科学智力、敢为性与合作性,得分较低的项目是自控性、应变性与独立性。

干部 B:素质一般,个性较强,合作性不够理想,反应不快,表达能力差,有上进心，勤快，思考力可以，能抓住问题的重点，不够成熟，智商中下（20 人比较）。得分高的项目是敢为性，得分低的项目是科学智力。

干部 C：有一定的组织能力、分析能力与思考能力，开拓性较强，反应快，决断快，性格豪爽，有些个性，独立性、主观性有时过强，书面表达能力差，管理方法不够科学，适合多种经营、三产管理得分高的项目是独立性与敢为性，得分低的项目是诚实性。

干部 D：事业心较强，比较聪明，配合性较强，踏实肯干，业务能力较强，但开拓性不够，心胸不够开阔，适合生产技术管理，可以让其主管一个小部门工作，观察其开拓性与潜力的发挥，目前感到放不开。得分较高的项目是合作性、敢为性、独立性、严谨性，得分较低的项目是自信与开拓性。

干部 E：比较老实，综合素质中上，业务能力较强，组织协调能力一般，表达能力一般，毅力不强，适合业务（生产技术）管理，愿在本岗位上再干几年，培训开发应侧重管理能力。得分较高的项目是合作性、敢为性，得分较低的项目是毅力。

干部 F：性格温和，配合性较好，忠厚老实，工作思路清晰，综合素质中上，毅力与开拓性不够，适宜本岗位工作，有一定的培训与发展潜力。得分较高的项目是自信心与敢为性，还有科学智力与诚实性，得分较低的项目是毅力与情绪自控性，还有独立性。

干部 G：性格随和，配合性较好，比较聪明，表达能力较强，综合素质较好，心理复杂，但是毅力不够，胆子不大，过于求稳，决断力差，属于文人型，适合办公室工作。得分较高的项目是敢为性、严谨性、幻想性，得分低的项目是毅力。

干部 H：性格刚强，主观意志性强，合作性差些，要强，好面子，理解能力尚可，能抓住主要问题，反应较快，有点任性与急躁，适合保留原岗位或轮换到相近岗位。得分较高的项目是敢为性、幻想性，得分较低的项目是独立性。独立性不强可能是智能不足或有意掩饰造成的。

干部 I：性格温和，配合性较好，书生气较浓，反应较快，思考问题有一定的深度，善于言谈，肯学习与思考，综合素质中上，毅力不强，不够成熟老练。适合业务性管理，或担任多种经营管理参谋与副手，有成绩再转正。得分较高的项目是敢为性、幻想性（任性）、独立性、情绪控制性，得分低的项目是毅力和意志。

干部 J：性格温和，配合性好，胆子不大，责任心强，热爱本岗位工作，思路清晰，反应较快，工作能力较强，适合本职工作，有培养与发展余地。得分较高的项目是严谨性与敢为性，得分低的项目是毅力。

干部 K：性格随和，配合性较好，智力一般，工作凭经验，工作能力一般，比较实在。上进心不够强，想搞多种经营，但也愿搞本职工作，可考虑担任建筑方面的工作或保留原职。得分较高的项目是敢为性,得分较低的项目是幻想性与独立性。

干部L:性格比较耿直,有些个性,反应较迟钝,理解能力、分析能力不强,工作严谨但思路不清,表达能力一般,凭经验办事,意识到自己学习不够,对保卫岗位工作有点厌烦,想转岗,如果保卫科有更好的人选,可以让其担任顾问,保留工资待遇。得分较高的项目是严谨性与敢为性,得分较低的项目是幻想性、独立性、诚实性与科学智力。

干部M:性格比较耿直实在,有些个性,反应较慢,科学智力分较低,理解能力、分析能力不够强,思路不太清楚,凭经验办事,工作主动性不够,决断能力较差,适合生产技术管理,如有更合适人选,可以让其担任顾问,保留待遇。得分较高的项目是幻想(任性)与独立性,得分较低的项目是智力与情绪控制性。

干部N:性格随和绵软,配合性好,善与人相处和言谈,反应较快,责任心很强,心理有时矛盾,工作有时急躁,思考问题、分析问题的能力不强,抓不住问题的核心,有较高的思想觉悟,愿为企业作贡献,适合三产中的服务管理工作。得分较高的项目是敢为性,得分较低的项目是自信心、开拓性、科学智力与独立性。

干部O:综合素质还可以,心细,配合性还好,好强,有上进心与钻研精神,比较愿意接受新生事物,智力中上,但反应较慢,灵活性不够,性格内向,有点保守,表达能力较差,工作目标不清楚,容易陷入事务管理之中,适合生产技术性管理,也可作为三产后备人选。得分较高的项目是敢为性、开拓性、独立性,得分较低的项目是应变力与幻想性。

干部P:性格随和,配合性较好,反应较快,口头表达能力较强,但思路、目标不清,分析问题能力不强,创新精神不够,适合搞服务性管理工作。得分较高的项目是情绪稳定,得分低的项目是科学智力、诚实性与敢为性。

干部Q:性格温和,工作认真、肯干、严谨,业务能力较强,综合素质较好,但口头表达能力一般,思路、目标不是很清楚,容易陷入事务管理,工作方法与管理能力有待进一步提高,适合生产技术管理。得分较高的项目是科学智力、敢为性、严谨性,得分较低的项目是诚实性与毅力。

干部R:性格随和,诚实正直,事业心、责任心较强,勤于思考与学习,但决断勇气不足,文人气质,思路、目标有时不清,视野不够开阔,综合素质较高,有培养训练的价值与潜力,适合教育培训与业务管理工作。得分较高的项目是敢为性、科学能力、自信、应变、严谨性、诚实性,得分较低的项目是毅力、开拓性与成熟性(稳重)。

干部S:上进心、责任心较强,能大胆开展工作,头脑反应较快,科学智力较高，但性情急躁，有时主观，思考问题不够全面，心胸不够开阔，身体瘦弱，合作性、协调性、公正性有待考查，适合行政管理工作，不够稳重与成熟，有培养与开发潜力，可以先委以企管办负责人工作。得分较高的项目是科学智力、敢为性、诚实性、幻想性(任性)，得分较低的项目是自信心、应变力、情绪稳定性。

干部 T：自信，任性，性情比较急躁，反应较快，实在，口头表达能力较强，工作思路不清，抓不住主要目标。素质一般，上进心不够强，适合专业性工作。得分较高的项目为诚实性与合作性，得分较低的项目是毅力、应变性、情绪控制性、敢为性。

（二）分数描述形式

某生产性企业中层干部素质结构分析结果见表 1-3：

表 1-3　个体人力资源素质结构

姓名	素质 1	素质 2	素质 3	素质 4	素质 5	素质 6	素质 7	素质 8	素质 9	素质 10	素质 11	素质 12	面试评价
干部 A	17	10	16	13	7	16	18	15	13	15	11	37	良+
干部 B	9	13	11	10	6	10	19	11	13	13	15	30	优
干部 C	11	11	10	13	1	5	15	14	12	14	10	24	下
干部 D	9	10	12	13	8	10	15	15	15	13	11	20	优
干部 E	14	10	13	10	6	11	21	11	12	10	11	19	良
干部 F	12	9	13	12	6	15	21	12	9	14	16	37	良
干部 G	15	10	13	15	6	11	20	15	13	17	13	15	良+
干部 H	15	9	11	11	8	11	13	11	7	13	7	27	良
干部 I	13	9	8	13	5	11	22	10	14	16	8	11	良+
干部 J	14	6	13	10	6	12	18	12	14	11	9	20	优−
干部 K	13	8	10	12	6	9	19	10	11	11	15	31	中
干部 L	16	9	12	12	6	15	8	13	9	16	12	27	优
干部 M	14	10	8	8	7	12	5	8	11	13	15	27	下
干部 N	15	10	10	15	5	9	20	11	11	17	12	14	优
干部 O	14	8	16	10	8	14	21	12	13	15	9	13	良
干部 P	18	14	6	12	7	10	12	9	13	12	10	20	良+
干部 Q	13	9	10	13	6	12	12	11	8	14	6	15	中
干部 R	10	14	11	13	6	12	11	6	14	12	16	37	优−
干部 S	11	9	7	12	5	16	16	12	6	14	16	26	中−
干部 T	15	6	9	10	7	7	12	7	14	15	13	21	下

素质结构形式还可以有图表形式或多种描述方式相结合的综合形式。

总之，人力资源结构包括德、智、体三个方面，品德是其中十分重要的因素。人力资源的结构形式多种多样，我们可以选择适当的形式来揭示人力资源开发的客体与对象。

第四节 人力资源在不同经济形态中的地位与作用

人类社会经历了不同的发展阶段，出现了不同的经济形态，从人力资源的角度来说，也是人力资源的地位逐渐得到承认并不断提升，人力资源的作用逐渐被认识并得到更多重视的过程。本节我们将具体阐述人力资源在不同社会经济形态中的地位与作用。

一、人类社会发展的不同经济形态分析

人类社会发展至今，经历了不同的经济形态。根据各阶段经济发展的核心生产要素或经济中占主导地位的生产部门，简单划分为农业经济时代、工业经济时代和知识经济时代。

（一）土地资源主导的农业经济时代

农业经济时代的开始可以追溯到人类社会的最初（初期）。在漫长的几千年时间里，农业一直是社会经济的主导部门。土地是社会经济的核心生产要素。土地与土地所有权决定着社会经济的发展及社会财富的分配。农业经济时代的社会类型主要是奴隶社会和封建社会。纵观奴隶社会和封建社会的庄园经济的发展历史，可以看到土地资源在这个时代中的重要性。这个时代的经济以自给自足的自然经济为主，以种植业为主导的农业生产低级化。基于土地的封建割据使农业经济从根本上讲是封闭落后的经济时代。

（二）资本资源主导的工业经济时代

19 世纪 40 年代，大部分西欧国家经历了简单协作和工场手工业两个阶段，完成或正在进行工业革命。这场革命以机器大工业取代了手工劳动，以工厂制度取代手工工场制度，人类开始进入一个崭新的时代——工业经济时代。可以说，工场手工业对中世纪行会手工业的取代、因科技革命引起的机器大工业对工场手工业的取代，一直发展到现代工业，是工业逐步取代农业成为社会经济的主导部门的过程。在工业经济时代，资本与资本产权决定着社会生产以及财富分配。在这个时代，以制造业为主导，形成了多元产业结构。并且，由于资本趋利的特性，以及能源对生产的限制，资本不断扩张并冲破国界，形成了跨国经营和垄断。所以，工业经济是开放的经济，它以资本为先导，寻求资源全球配

置，建立了全球生产网络。工业经济时代是大规模生产的时代，为科技创新和应用创造了条件，其全球生产和经营又为科技的跨国传播和交流提供了途径。科技带动生产，因此以资本资源为核心生产要素的工业经济时代创造了人类社会蓬勃发展的时代。

（三）人力资源主导的知识经济时代

知识经济时代是在工业经济与信息经济的基础上发展起来的知识经济，是以知识的生产、传播、转让与使用为其主要活动的经济形态。工业经济时代一个重大的贡献，就是工业革命或产业革命开创了科技进步应用于大规模生产的先河。伴随着工业经济的发展，现代科技革命以及高新科技产业迅速崛起，将人类社会带入一个崭新的经济时代——知识经济时代。知识经济时代的出现是人类社会发展史上第三次活动轴心的转移，是继农业经济、工业经济之后的第三次巨大的生产力革命。这次革命最本质的特征是：以信息和知识为特征的人力资源正在取代农业经济时代的土地和工业经济时代的资本而成为最基本的社会财富和最重要的经济资源。知识经济时代的特征主要表现在以下几个方面：

第一，人类经济活动的中心从农业经济时代以种植业为中心的农业生产和工业经济时代以制造业为中心的工业生产转变为知识经济时代以知识创新为中心的知识生产。以知识生产、传播和使用为基础的知识产业逐渐发展成为国民经济的核心产业。

第二，社会劳动的主体由体力劳动者转变为脑力劳动者。随着产业结构向着知识密集化和技术密集化的方向升级，脑力劳动者在社会生产活动中的地位越来越高，在价值创造中的作用也越来越大。不仅脑力劳动者在社会生产中的主导地位得以确认，在体力劳动范畴内的农民和工人也越来越知识化和“脑力劳动化”。科学技术知识进步的替代和引导作用，使传统农业和工业得到提升和发展。

第三，知识经济是促进人与自然相互协调的、可持续发展的经济。与听命自然的农业经济和藐视自然的工业经济相比，知识经济是追求人与自然协调的、可持续发展的经济。在知识经济社会，对人类经济活动的最大约束不是来自自然，而是来自对人类智力的挑战和人类自身智力资源的开展，自然资源的使用范围和使用效率都将取决于人类知识进步的规模、方向和速度。

第四，知识经济是真正意义上的全球化经济。知识经济是建立在知识和信息资源的生产、传播和使用基础上的经济。知识和信息取代物质和能源而成为经济发展的主导要素这一本质决定了知识经济必然是一种真正意义上的全球化经济。

二、人力资源在不同经济形态中的地位和作用

人类社会发展中不同的经济形态具有不同的时代特征,并且不同的经济形态的更替也是一个逐渐的过程。人力资源在不同的经济形态中的地位和作用是不同的。这取决于各个经济形态特殊的时代背景和经济发展的特点。

(一)人力资源在农业经济时代的地位和作用

在农业经济时代,土地和土地所有权具有至高无上的地位,是经济发展中的核心要素,人力资源尚没有得到认识。人始终依附于土地,甚至被"物化"为"生产工具",主动性、创造性长期受到压抑。人力资源在农业经济时代的地位和作用在古希腊、古罗马和中世纪西欧的经济思想中可以得到结论。古希腊的色诺芬认为,在一切技艺中,农业是最重要的,"农业是其他技艺的母亲和保姆",农业的兴衰影响着其他技艺。手工业是一种"粗俗的技艺"。在柏拉图的理想国设计中,将人等级化,农民、手工业者和商人是专门从事经济活动的、没有思考和参与政治的能力的第三等级,而奴隶处在三个等级之外,只是"会说话的工具"。可以说,在农业经济时代,对人的主观能动性的蔑视达到了极致。并且,由于土地的非流动性,劳动力对土地的过度依附,基本上阻碍了劳动力的流动。对人力资源的漠视,以及严格的等级制度,使普及教育成为奢望。因此,人力资源的开发仅限于体力的补充。脑力劳动和教育成为部分人的特权。

(二)人力资源在工业经济时代的地位和作用

在工业经济时代,人的发展最大的特点就是人身自由的实现。尽管劳动力由对土地的依附转为对资本的依附,但随着现代工业的发展,以及科学技术应用于生产,人的因素越来越得到重视。在工业经济时代,社会经济的发展主要依托的是资本与能源的利用。资本是社会生产的核心要素,资本所有权决定社会财富的分配。这一点在经济增长理论中对资本的强调可以得到论证。(1)以斯密理论为代表的古典经济增长理论认为,资本积累是财富增长的主要源泉,资本积累量的大小是经济增长率高低的关键。(2)哈罗德-多玛模型中储蓄率成为决定经济增长的唯一因素。在这个模型中,因为资本可以全部转化为投资,所以,储蓄率就是投资率或资本积累率。(3)罗斯托"起飞"理论中将资本积累作为不发达国家实现经济"起飞"的三个先决条件中的首要条件(即要将净投资率提高到10%以上)。(4)诺克斯"贫困的恶性循环论"强调资本积累是克服"瓶颈"约束,打破恶性循环,摆脱贫困的唯一途径。(5)早期发展经济学中资本积累的突出作用。西方早期发展经济学说的三大特点——唯资本论、唯工业化论和唯计划化论,本质都是围绕资本形成而展开分析的,特别是唯资本论以资本稀缺作为分析经济发展的核心,以如何促进资本形成作为经济发展的途径。

刘易斯这样归纳："经济发展的中心问题，就是要理解一个社会由原先储蓄和投资还不到国民收入的4%—5%转变为自愿储蓄达到国民收入的12%—15%以上这个过程。它之所以成为中心问题，是因为经济发展的中心事实是迅速的资本积累(包括运用资本的知识和技术)。如果不能说明储蓄相对于国民收入增长的原因，也就不能说明任何'工业'革命。"①

但不可否认，工业经济时代的几次工业革命是现代大工业形成的根本动力。也正是因此，人力资源逐渐得到重视。许多经济学家开始用人力资本的概念来解释传统经济学越来越无法解释的经济发展之谜，产生了人力资本理论。尽管工业经济时代是由资本驱动和发展的时代，但不可否认，人力资源也起到重要的作用，主要表现为将科技应用于生产，也推动了工业社会文明的进步。特别是战后科技革命的兴起，激发和创立了知识和信息产业，并在微电子技术的带动下，形成了经济信息化的浪潮，首先在欧美和日本等先进国家出现了以信息产业为主导的社会的端倪，知识经济时代向人类走来。

(三) 人力资源在知识经济时代的地位和作用

知识经济时代的萌芽在20世纪中后叶，90年代呈现出迅猛的发展势头。可以说，知识经济的真正开始和未来在21世纪。知识经济时代是以人力资源为核心生产要素的时代，信息产业成为社会经济的主导产业。在这个时代，人力资源作为第一资源得到了各国领导人与全社会的充分认识和承认。这也是知识经济时代的特征之一。

人力资源通过开发与管理，对其他资源具有弥补作用、放大作用、驱动作用、活化作用与整合作用，对组织目标的实现具有关键作用，在组织因素结构中具有统领作用。

三、人力资源在21世纪的地位和作用

21世纪是知识经济的世纪，21世纪的经济是人的经济。在21世纪，对信息和知识的占有能力正在成为衡量一个国家、一个组织经济实力的重要标志。创新和创新能力成为一个国家和组织发展的根本动力和基本保障。

(一) 人力资源的独特性成为组织重要的核心能力，人才质量成为衡量组织整体竞争力的标志

21世纪是以信息产业为主导产业的时代。这是一个十倍速变化的时代。创新与创新产品成为组织的生命源泉，而人力资源正是创新的基础。因此，组

---

① 刘易斯：《劳动力无限供给条件下的经济发展》，载阿加瓦拉和辛格编：《不发达经济学》，1973年英文版，第416页。

织无不将人力资源战略作为组织发展的核心战略。组织的发展根系于人的发展,人才质量成为衡量组织整体竞争力的标志。那些拥有丰富人力资源并且不断发掘人力资源潜力的组织拥有最坚实的发展基础和发展空间。特别是世界经济的一体化,使人才竞争和人才流动国际化。而由于全球对人力资源的共同关注,人才竞争特别是企业家人才和特殊科技人员的竞争白热化。同时,人才自我选择的空间拓展、选择权加大,只有那些能够吸纳、留住、开发、激励一流人才的组织,才能成为市场竞争的真正赢家。这已经被无数企业的发展之路所验证。

(二)人力资源的贡献改变了资本所有者与知识所有者之间的博弈关系

由于人力资源对社会经济的特殊贡献,知识经济时代成为人才主权时代。所谓人才主权时代,就是人才具有更多的就业选择权与工作的自主权,而不是被动地适应组织或工作的要求。组织要尊重人才的选择权和工作自主权,并站在人才内在需求的角度,为人才提供人力资源的产品和服务,赢得人才的满意与忠诚。

例如,企业经营管理人才不是简单地通过劳动获得工资性收入,而是要与资本所有者共享价值创造成果。具体表现在:

第一,知识与职业企业家成为企业价值创造的主导因素,企业必须承认知识创新者和职业企业家的贡献和价值,资本单方面参与利润分享的历史已经结束,知识创新者和职业企业家具有对剩余价值的索取权,从而改变了资本所有者和知识所有者之间的博弈关系。

第二,21世纪,社会对知识和智力资本的需求比以往任何一个时代都更为强烈,导致知识创新者和企业家等人才短缺现象加剧。人才的稀缺性、巨大的增值空间和人力资本的高回报性,使得:(1)资本疯狂追逐人才。正如美国思科(CISCO)公司总裁所言,“与其说我们是在购并企业,不如说我们是在购并人才”。(2)人才选择资本。人才拥有能力选票,就拥有了众多的工作选择权。(3)知识与人才雇佣资本。在知识创新型企业,人才通过引入风险资本,就是用知识雇佣资本,通过知识转化为资本的方式,来实现知识的资本化。

(三)人力资源的开发和使用将彻底改变人类社会的生产、生活方式

伴随人力资源的开发和利用,信息与知识不断积累,并应用于生产,将使人类社会的生产和生活方式具有明显的知识化特征。具体表现在:

第一,产业结构“软化”,使服务业(包括第四产业——知识产业)在国民经济中的比重不断上升,并且占主导地位。服务活动在现代企业生产、生活中所起的作用越来越大,会计、管理、计划、咨询、决策、研究和开发、职工培训等活动已成为企业活动的中心。同时,由于高新科技不断涌现,电脑、通信、航空、航

天、医药等新型产业群的迅速崛起带动了一大批与其相关的服务性产业的蓬勃发展，包括数字经济的崛起。经济合作与发展组织(OECD)在其报告中指出，其成员国的经济比以往任何时候都更加依赖于知识的生产、扩散和应用。

第二，现代科技革命向社会经济各个领域全方位地渗透，生产方法的知识密集程度越来越高。在这样的前提下，传统农业和传统工业部门向自动化、智能化和知识化的方向发展，计算机控制的自动化生产系统使人们日益从繁重的、重复性的体力劳动中解脱出来，由此对高度熟练技能的工作人员的需求越来越大。包括在农田、工厂里操作自动化的体力劳动者也必须是具有较高文化素质的劳动者，越来越多地在生产中运用智力技术和知识。此外，许多在工业经济社会以资源和劳动的消耗为主要特征的生产过程也朝着以智能化、知识化和集约化为特征的方向转变，生产过程和整个经济活动由主要依靠资源和劳动的投入转变为主要依靠知识和技术，实现对现有资源开发与利用的节约。

第三，科学技术的发展使人类不断发现或创造出地球上可以利用的各种资源。以信息科技为主导的高技术使人类不断扩展其活动范围，人工自然的领域向宇宙空间、海洋空间、南北极地以及地球表层以下的巨大资源宝库扩展。太阳能、风能、核能、生物能、海洋能等各种可再生新能源的开发和利用将从根本扭转人类生态环境不断恶化的局面，各种新功能、高素质的材料的合成以及基因再造工程创造出新的动植物品种，将解决人类所面临的资源枯竭问题。正是由于人类社会的生产和生活方式越来越明显的知识化特征，使人力资源成为社会生产的核心资源，人力资源的开发和利用成为社会生产的核心要求，并最终为社会生产的发展提供创造性的动力。

21世纪是充分体现人本精神的世纪，人力资源及体现人力资源价值的科学技术知识驱动着社会经济的发展。毫无疑问，这是一个充满机遇的时代，而机遇属于那些人力资源充裕并不断开发、重视管理的国家和政府。

【思考题】

1. 人力资源概念是如何提出的？
2. 人力资源概念在中国是怎样形成的？
3. 人力资源在组织中的地位和作用是什么？
4. 试分析人力资源的内涵，与其他资源相比，人力资源具有哪些不同的特点？
5. 试分析比较各种有关人力资源的不同观点。
6. 试分析比较人力资源的各种结构及其表现形式。
7. 人力资源在21世纪具有哪些重要价值与作用？为什么？

【案例】

本田——旋风的秘密①

1946年,40岁的本田宗一郎开办了研制摩托车所需的内燃引擎及工具机的本田技研所。到20世纪60年代,本田公司的摩托车每月售出10万辆以上,同时进军汽车业。1967年,本田汽车销售量达11.4万辆;1968年几乎翻了一番,达到22.3万辆;1969年达到最高水平,26万辆。这在战后日本汽车发展史上是罕见的,所以被称为"本田旋风"。1981年,第一辆在美国本土生产的本田车问世。到1987年,本田在美国的销售量达到73.8万辆,超过了老大哥丰田和日产。"本田旋风"的秘密何在呢?

(一)人为兴企之本

本田公司的创业者本田宗一郎先生不仅是一位卓越的决策者,他的用人之道也是独具匠心。日本向来被称为"工作狂社会",人人都被灌输以厂、以企业为家的思想,尊奉为企业献身的精神。本田在写给报纸的杂谈中却发表了迥异的见解,他认为,"企业经营者的最主要的工作当然是搞好企业,但是还有更重要的事情,这就是给到企业里来工作的人灌输一种意识:把劳动作为享受自己幸福生活的手段","不必为企业作牺牲","不是为企业为社会,而是为了我们每个人更幸福地生活而劳动。企业应成为实现这一目标的场所"。本田先生以员工为主体,确定了企业和个人之间的关系。以此为基础,本田公司在用人方面表现出以下几个特点:

提倡员工自由地思考。凡本田公司职工,不论是从学校毕业后直接进入公司的,还是来自其他企业的退职者,从进公司日起,都被勾销关于学历、经验等档案材料。这样就使职工消除了顾虑,可以在公司内更好地发挥自己的聪明才智和专长。

对于新进员工,公司几乎从未提供明确的职位说明书。尽管从某种角度看,新进员工比较难以适应,但也因此得到相当大的发展自由。本田的企业文化内涵表明:职务说明书会对员工造成过多限制。在没有职务说明书的环境里,员工将拥有无限的发展空间。这正如一位高层管理人员所解释的:"我们这样做,就好像请新进人员来做本公司老板,并询问他们要做些什么事。管理部门的任务就是提供一种组织结构及必要的管理方向,并鼓励员工把事情做好,更重要的是,千万不要干涉员工的行动。优秀的经理会说,我将在一旁协助你,但我不能代替你做这件事,这是你的工作,你的责任是想出最有效率的工作方

① 根据高路文:《本田——旋风的秘密》(《企业改革与管理》2002年第3期)改编。

式，并设法完成任务。我一定会支持你的想法。”

无论是勾销经历和学历档案，还是不给职工职位说明书，这一切都是为了鼓励员工自由地进行思索。员工不是简单重复某些动作的机器人。许多年以前，本田宗一郎就说过：“机器永远不能取代人。”本田希望员工表现自己的能力，自行想办法解决问题，设计出更有效率的工作方式，改善产品质量。在公司中，合理化建议一旦采纳，无论是新职工还是老职工，还是技术人员，公司都按规定拨给开发经费和人员，由提议者组织领导合理化建议的实施。本田希望员工表现出他们是会思考的动物，在紧急的情况下迅速做出反应。对于职工的考评，本田公司也别出心裁。它根据各个人不同的专长，把职工划分成五个类型，对不同的人实行不同的管理。

全体员工的智慧是公司最宝贵的财富。聪明的管理者都会充分利用这一资产。本田采取的方法是让这批会思考的员工享有承担风险的自由。如果员工害怕犯错误，必然只会重复同样的工作程序，不思考改进之道。害怕尝试新鲜事物的心态，必定扼杀员工的创造力。本田公司不遗余力地开发员工的才能，结果证明是正确的。它不仅为公司创造了更可观的效益，而且使员工真正爱上了公司。本田公司的员工流动率仅为 2%，远远低于其他汽车工业公司的平均水平。

为了鼓励员工士气，更好地发挥创造力，本田强调从内部晋升人才，不像其他公司那样喜欢向外挖墙脚，造成公司都是“空降人才”。本田公司认为，如果资历深的人上不去而由外来的人担任经理，员工士气必然受到严重的打击。员工会想：“不管我多么努力，也不一定有晋升的机会，那我何苦卖力做事？”目前本田资历深的经理，大部分是从基层提拔上来的。

(二) 培养团队精神

本田公司致力于营造一个人人平等的环境。在本田公司，你看不到私人停车场，也找不到专为主管开设的餐厅。从工厂经理到装配线工人，所有的人都在同一个餐厅用餐。工程师和管理人员不仅和生产工人同桌吃饭，而且整天和工人们在生产线一起工作。他们并不是在生产现场寻找灵感，而是和工人一起处理零件及操作机器设备的问题。在本田的工厂里，所有的管理人员都不怕弄脏双手。同样，在本田公司，也没有私人办公室，所有人都在一个没有间隔的大办公室里办公，办公桌彼此相邻，丝毫没有等级差异。这种工作环境特别容易激发团队精神。没有私人办公室、停车点及餐厅的工作环境，传递给全体员工一个明确的信息：在公司中，绝对没有“精英分子”或“非精英分子”之分，每个人都感觉到自己是一个平等团体中的一员。

团队精神的树立有利于团队决策的执行。从字面上看，团队决策是指一群人共同参与和解决一件事情。团队决策不是指非要投票表决，或遵守少数服从多数的原则。本田的团队决策，是指各个部门都派人参加，如果有人提出良好的构想或方案，将由全部参加者逐步达成共识。团队决策至少有两个重要作用：第一，在规划初期，就需要不同部门派代表参加，因此代表可将会议的意见反馈给所属的部门；第二，由于一开始就参与其中，将来在执行时，各部门都主动协助，而不是袖手旁观。

不少局外人士指出，团队决策会造成不必要的延误。其实，这只是技术问题。重要的问题尽可能优先办理，让不重要的问题稍候。比如遇到紧急事件，像装配线突然停止和供应品未按时送到，管理部门会立即进行处理；其他长远问题，管理部门则会鼓励更多的人参与讨论及规划。本田采取团队决策方式的主要目的，是希望人人能参与管理决策，不希望官僚组织扼杀了良好的意见和方案。

为了促进或保持员工的团队精神，本田公司经常让团队成员彼此轮换工作，以避免长时间做某一项工作而感到厌烦。个人感到厌烦时，自然影响工作情绪和产品质量，而不时地轮换工作，则会激发个人的士气，同时将扩大个人的工作知识面。如果某种工作被淘汰，个人可以立即从事另一种工作，换言之，工作轮换可以增加员工的工作保障。员工的工作轮换次数越多，越能了解整个制造过程，进而促进团队合作的成效。因为当工人了解自己的工作在整个制造过程所占的地位及分量时，就能想出办法推进整个制造过程的改善。

当然，本田公司在注重团队精神的同时，也欢迎个人性格鲜明的人才。在本田公司，有许多性格古怪的人才，他们或爱奇思异想，或爱提不同意见，或热衷于发明创造。本田宗一郎说："没有个性鲜明的人才，就不会生产出独具特色的商品。"后来的经验证明，在美国获汽车设计大奖的本田新车型，大多是由被称作"怪才"的人创造设计的。

为了团队的健康成长，本田公司对"落后分子"的看法也有独到之处。本田认为，在一个组织内部经常保持有7%的被称为"落后分子"的人，是最有益于组织的。如果这7%的人全部除名，剩余的部分又会产生新的落后分子，如此反复下去，这个组织就会消失得无影无踪。

（三）营造创新氛围

在科学技术日新月异的今天，创新是企业的立身之本。本田有一个著名的"三尊重"理论，即"尊重理论、尊重创新、尊重时间"这是本田宗一郎多年企业管理实践的经验总结，已作为最重要的指导思想，被写入本田公司的"五项运营方针"之中。"三尊重"可以说是本田公司的经验思想的核心。

尊重理论，就是在公司经营中，凡是与公司有关的业务经营都要建立在尊重理论的基础上。当然,还要尊重每个人符合理论的想法,即创新和改良才有进步和发展。他们认为,人的体力只不过二十分之一马力,而人的价值却是与根据理论思考问题和合理地处理事务的智慧和能力成正比的。“如果我们公司有新颖之处的话,那就是不仅它的从业人员年纪轻,而且还尊重新理论。我们公司今后的发展和进步不论何时都取决于更合乎理论。”

尊重创新。在日新月异的新时代,资本力量在创业经营中的重要性已经让位给创新,就是说走在时代前列的创新将引导企业走向繁荣。没有创新精神,就赶不上时代的潮流,就会成为失败者。有些公司没有资本,但依靠创新获得发展。相反,不少企业尽管资本力量雄厚,工厂设备齐全,人员也不少,却因为经营不善和缺乏创新精神而出现亏损。时代的迅猛发展把企业经营中资本和创新的重要性颠倒过来了。

尊重时间。本田宗一郎常说:拿纺织品作比方,技术是经线,时间是纬线,二者相交织,方成为产品织物,为迅速生产织物,就只有增加穿引纬线的织梭的速度。虽然发明了好技术,但若错过好时机,技术的作用也就等于零。在发明、创造和改良过程中,时间是最为重要的因素,不管多么好的发明和发现,如果比别人晚了,哪怕是百分之一秒,也就不成其为发明和发现了。创新和时间是绝对分不开的。如果说尊重理论是要把握时代的脉搏,那么掌握创新的时机才能保证企业永远走在时代的前列。

创新,就不能避免失败。不怕失败,是本田公司的一大特点。本田宗一郎在1963年总结自己的创业经验时说:“如果说现在是成功的话,那么,我在过去却是不断遭到失败的。在失败的基础上,才有了今天的成功。”他说:“人非神仙,因此,终究难以预见一切,不得不摸索着前进,到处碰壁。一个人坐着或躺着,当然不会跌倒。然而要做事,就要站起来,或者走路,或者跑步。这就有可能被石头绊倒,或者碰到路边的树上。尽管碰得鼻青脸肿,但这与那些盘腿而坐或躺在床上的人相比,至少是有前进目标了。”本田对于失败者有着与众不同的理解。他的座右铭为:“1%的成功建立在99%的失败的基础上。”他鼓励技术人员发挥不怕失败的挑战精神,而不希望他们成为不求有功,但求无过的无所作为的人。为培养技术人员敢于实践、敢于创新的精神,本田公司甚至设有“表彰失败”的制度。

讨论题:

1. 你认为“本田旋风”的秘密在哪里?试结合本章学习内容进行分析。
2. 结合本田公司的案例,你认为应该如何做好人力资源开发的工作?

第二章　人力资源开发的基本理论

【本章教学目标】

1. 了解 HRD 对于组织发展的实际作用与意义。
2. 重点掌握 HRD 的概念、类型、特点与基本功用。
3. 明确人力资源开发与人力资源开发学的区别与联系。
4. 掌握人力资源开发的基本原理与原则。

什么是人力资源开发(Human Resource Development,以下简称 HRD),这是本书应该回答的第二个问题。本章所讨论的内容主要包括:HRD 是什么?HRD 的客观基础是什么?HRD 有哪些类型?具有什么特点?基本功用有哪些?人力资源开发学及其研究方法是什么?人力资源开发实践应该遵循哪些原理与原则?等等。

第一节　人力资源开发的客观基础

人力资源开发,对于今天的中国来说有着重要而特殊的意义。知识经济时代的到来、走持续性发展道路的理念与中国人口众多的现实,都决定了中国必须走人力资源开发之路。下面我们将较为详细地论述人力资源开发的客观基础。

一、经济发展的两种不同战略和结果,引起人们对人力资源开发的广泛关注

众所周知,第二次世界大战后,德国与日本均沦为战败国,当时两国经济濒临崩溃。但是,由于德国与日本早在一百多年前就把科学与教育作为兴国之本,战后在十分困难的情况下仍然继承和发扬这一传统,把人力资源开发作为本国经济发展的战略。德国和日本一直存在着人力资源的优势,又保留了一大批具有较高文化水平与生产技能的人才,所以它们的资本吸收能力强、外资利用率高,当外部为之提供大量物质资本时,其经济就得到了迅速的发展。

同样,韩国、菲律宾、斯里兰卡、新加坡以及我国的台湾省、香港特别行政区等国家与地区为了发展经济,积极吸收外资,注重人力资源开发,对人力资源开

发的投入量是对物质资本投入量的7倍,大力发展教育,有机会进入中等学校的人数超过其人口总数的60%,结果外资利用率高,经济迅速发展,实现了预定的目标。

相反,20世纪四五十年代的一些发展中国家,由于对经济发展采取了与上述国家和地区不同的战略,最后导致了不同的结果。例如,巴基斯坦、巴西、哥伦比亚、墨西哥等国家,为了发展本国的经济,都做出了大量引入外资的决策。但这些国家只注重物质资本积累,忽略人力资源开发,对物质资本的投入是对人力资源开发投入的20倍。由于人力资源开发力度不够,有机会进入中等学校的人数只有其人口总数的1/4,经济发展过程中缺乏高水平的人力资源支持,结果外资利用率极低,浪费严重,经济发展未能达到预期效果。

20世纪60年代后,人们从总结正反两方面的历史经验和教训中,得出了一个有价值的结论:要发展经济,必须优先开发人力资源。对人力资源开发的两种不同战略将产生两种不同的经济效果。

二、持续发展的理念与人才强国战略的现实决定中国必须走人力资源开发之路

1987年,联合国世界环境与发展委员会提出了可持续发展的概念。这一概念提出后,立即得到国际社会的认同,成为各国经济发展的理念。

所谓可持续发展,当时的定义是指我们的经济发展与资源开发行为,应该既满足当代人的需求,又不损害子孙后代发展的需求。在这里,可持续发展仅仅是指经济发展在时间上与速度上的前后保持性,实际上是为了保证经济发展在空间上与时间上的平衡性,在生产诸要素组合上的协调性。发展是一个有机的综合系统,经济的发展必须依靠和带动人口、资源、环境与社会的整体发展。某一地区的经济发展不能以影响与损害其他地区的发展为代价,相反只有带动了周边地区的发展,这一地区才能保持自己后续的长期发展。在经济的可持续发展中,人力资源的开发具有关键性与先导性的作用。

中国是个人口大国,总人口约占世界的1/5,人均自然资源与经济资源却大大低于世界的平均水平,其中耕地只有世界人均占有量的1/4,石油只有世界人均占有量的1/8,森林不及世界人均占有量的1/6,淡水不及世界人均占有量的1/4。自然资源的发展与人口的增长存在着极大的反差,自然资源与经济资源的人均占有量日趋减少。中国人均自然资源的相对贫乏决定着中国必须走集约型、资源节约型的经济发展道路,走可持续性发展的道路。然而,中国能否实现可持续发展,既取决于人力资源、自然资源与经济资源的相互协调与作用情况,又取决于人力资源、自然资源与经济资源本身的可持续发展状况。在三大资源的可持续性发展中,人力资源具有主导性与决定性的地位。人力资源在与

自然资源、经济资源的相互作用中,不但不会被消耗掉,反而会得到更大的增值,创造出新的价值。人力资源的开发,不但能提高人力资源自身的价值,而且能降低与减少人类对自然资源和经济资源的消耗与浪费,在有限的资源上创造出更多更好的新资源与新财富。

人才强国战略就是把人才资源作为推进事业发展的关键因素,是一种主张通过人才资源与能力开发来谋求和平发展的新理念。

人才强国战略,包括两方面的含义。一方面,是指所要达到的战略目标。从这个意义上说,人才强国是指,中国通过人力资源开发,要在人才资源发展水平、发展能力、发展潜力和发展贡献的综合指数方面,处于世界前20位的国家行列中。

另一方面,人才强国战略是指实现强国目标的路径与机制。中国的崛起,不是靠战争与侵略其他国家,而是通过人力资源开发造就高素质劳动者、专门人才、创新人才,建设规模宏大、结构合理、素质较高的人才资源队伍,加快我国从人口大国转化为人才强国的步伐,进而迅速提升国家核心竞争力和综合国力,最终依靠人才资源完成全面建设小康社会的历史任务,实现中华民族的伟大复兴。

显然,我们在实施与实现人才强国战略的过程中,必须进行人力资源开发,把人口转变为人员,把人员转变为人力,把人力转变为人才,最终把人口大国转变为人才大国,把人才大国转变为人才强国。

三、知识经济的来临使人力资源开发具有更为广阔的前景

知识经济是一种以知识的生产、交换、使用与分配为基础的经济形态。与过去的农业经济和工业经济相比,知识经济具有以下特点:

(1) 人力资源成为经济的主导要素。农业经济时代,土地成为主导要素。工业经济时代前期,矿产资源成为主导要素;工业经济时代后期,资本成为主导要素;知识经济时代,人力资源将成为主导要素,谁拥有优秀的人力资源,谁就拥有了财富。

(2) 高素质人才成为竞争对象。农业经济时代,土地是竞争的对象;工业经济时代,矿产等自然资源成为竞争对象;知识经济时代,人才成为竞争对象,谁拥有了人才,谁就能在竞争中取胜。

(3) 投资重点发生重大转移。工业经济时代,投资重点是机器、设备、生产线等有形资产;知识经济时代,投资的重点是人才培养、企业信誉等无形资产,在高科技企业中有形资产与无形资产之比达到1:2,甚至1:3。

(4) 资源形态无形无限。知识经济的资源形态是知识技能、发明专利、思想

谋略、技术等,它蕴藏在人体之中,具有无形性,其使用价值具有无限性,不受地域、国界的限制。

知识经济的上述特点,决定了人力资源特殊的经济价值与广阔的开发前景。美国经济学家丹尼森和美国劳工部对 1948—1989 年间美国经济增长的源泉的估算表明,教育与知识进步对经济增长的贡献率达到了 42%,超过了物质资本的贡献率;若把投入生产的劳动力的数量贡献也包括进去,则人力资源对经济增长的贡献率高达 63%。我国有关专家认为,目前中国人力资源对国民经济的贡献率高达 73%。随着知识经济的发展,人力资源的贡献率将进一步得到提高。

由于知识经济是靠人去推动的,是靠大批高素质的人才去推动的,因此随着知识经济时代的到来与发展,人力资源开发将成为最重要的发展产业与最有效益的事业。

第二节　人力资源开发的基本概念

目前人们对于人力资源开发已有哪些解释?各自的观点是什么?本书的观点是什么? HRD 与培训、教育、学习及 HRM(Human Resource Management,人力资源管理)之间异同何在?这些问题即为本节所要论述的主题。

一、关于人力资源开发的不同观点及其比较

关于什么是人力资源开发,不同专家的解释虽然各不相同,但归纳起来,大约有如下几种观点:

第一种:人力资源开发即人力资本投资,把人力资源开发看做一种有组织、有目的的人力资本投资活动。

第二种:人力资源开发是提高素质、挖掘潜能的过程。

第三种:人力资源开发是使全社会人员合理使用与充分发挥其潜力的过程。

第四种:人力资源开发是对特定人员教育与培训的活动。

第五种:人力资源开发是改进工作能力、提高工作绩效的活动。

第六种:人力资源开发是从胎教到成年使用,直到退休后余热开发的全过程。

第七种:人力资源开发是组织与个人双重发展的过程。

纵观各种关于人力资源开发的观点,我们也不难发现,目前人们对人力资源开发界定存在目的、对象、手段与持续时间等不同的维度与视角:

(1) 关于人力资源开发的目的,大约有以下几种:

第一种:投资观,为提高人力资本服务。

第二种:双重发展观,为组织与个人发展服务。

第三种:功效观,为实现特定的组织目标服务。

(2) 关于人力资源开发的对象,大致有如下几种观点:

第一种:素质观,对知识、技能、品德、性向、体力、智力等的开发。

第二种:个体观,让全社会或整个组织人员充分就业,充分发挥作用。

第三种:群体观,进行合理配置、优化组合、科学规划的过程。

第四种:社会观,对社会人员进行教育与培养的过程。

(3) 关于人力资源开发的手段,大致有以下几种:

第一种:培训。

第二种:教育。

第三种:就业与使用。

第四种:学习。

第五种:规划、配置。

(4) 关于开发时间的持续性,大致有以下几种观点:

第一种:从在岗工作到依法退休为止。

第二种:从 16 岁到 55 岁为止。

第三种:从婴儿到 55 岁为止。

第四种:从胎前准备到退休以后。

二、人力资源开发概念的界定

通过上述对人力资源开发概念的解释与比较,我们把人力资源开发界定为:开发者通过学习、教育、培训、管理等有效方式,为实现一定的组织目标与发展战略,对既定的人力资源进行利用、塑造、改造与发展的活动。在这里,开发者既可以是政府、机关、学校、团体、协会、私有机构、公共组织等,也可以是企业雇主、主管、个人、被开发者自我等。

当开发者为被开发者自我时,开发方式即为学习,开发的目的是力求发展。当开发者为企业时,开发方式一般是培训、管理与文化制度建设等,开发的目的是提高企业竞争力、生产力,增加经营利润,实现经营目标。当开发者是机关、团体、事业单位时,开发方式一般是培训、管理与文化制度建设,开发的目的是提高工作效率与质量,实现组织目标。当开发者为政府与社会当权者时,开发方式一般是教育、医疗、保障制度建设与人口发展政策的制定等,开发的目的是提高全民素质,使每个公民具备各种有效参与国民经济发展所必需的体力、智力、技能及正确的价值观与劳动态度，满足国家与社会经济的持续发展的需要。当开发者为学校、教育机构与家庭时，开发的方式是教育、教学、转化、宣传，开发的目的是提高人才的素质，促进个人发展与社会发展。

在这里，我们认为，任何一种人力资源开发的活动，都有它的开发主体、开发客体、开发对象、开发手段、开发方式、开发计划等要素。

开发主体，即从事开发活动的领导者、计划者与组织实施者。

开发客体，即接受人力资源活动的组织或个人，是开发活动的承受者。

开发对象，是指人力资源开发活动所指向的素质与能力，包括体质、品性、智力、技能、知识等其他心理素质。

开发手段，是指人力资源开发活动中所采用的工具与支持行为。

开发方式，是指人力资源开发活动中对各种要素及其表现的组织方式。

开发计划，是指人力资源开发活动实施前的准备工作与实施过程的书面描述。

三、人力资源开发与培训、教育、学习及人力资源管理的关系

人力资源开发，也称为人力资源发展，与培训、教育、学习及人力资源管理的关系十分密切。它们的相同之处是各种活动所涉及的客体与对象基本一样，都是个人及其身体内的人力资源；但它们相互之间又有很大的不同，具体地说存在以下五个方面的差异：

(1) 对象侧重不同。虽然 HRD、培训、教育、学习与人力资源管理五种活动形式的对象都是知识、技能、能力、行为方式、态度、品性、潜能等，都是心理素质与生理素质，但它们的侧重点不同。HRD 侧重潜能的挖掘与现有能力的充分发展与发挥；教育侧重于行为习惯、行为方式、智力与体力的基础素质的培养；培训侧重于知识与技能方面的掌握与提高；人力资源管理侧重于对现有人力资源的利用与发挥。

(2) 目的侧重不同。HRD 面向未来，其目的在于满足将来经济发展目标的需要，提高人力资源的经济功效性与发展促进性；教育虽然也面向未来，但侧重于基础素质的培养，侧重于最大限度地促进个体发展与社会的发展，不以经济为目的，具有一定的政治性、人才塑造性与社会服务性；培训则指向当前的实际工作需要，侧重于满足经济方面的需要；人力资源管理的目的，在于保证当前组织工作对人力资源的需求。

(3) 内容要求不同。HRD 中的学习内容不一定与目前工作相关，可以是针对未来与整个社会的需要而设计；教育中的学习内容，是有关增加个人的责任感、适应性与能力基础的东西，不需要立竿见影；培训中的学习内容，是直接与

目前工作相关的，要求精通与熟练掌握，具有立竿见影的效果。

(4) 方式与关系不同。教育、培训、学习与人力资源管理都可以成为HRD的一种具体手段与方式，而HRD也可以是中长期人力资源管理的一种手段。

(5) 效用时间长短不同。教育、学习与HRD的效用时间较长，而培训与人力资源管理的效用时间较短。

下面具体分析HRD与HRM的异同。HRD与HRM既有区别又有联系。从学科性质上看，HRD属于综合性的边缘学科，而HRM属于管理学的一个分支。从研究的对象上看，HRD面对的是所有的人口，时空范围比较广阔，涉及组织周围所有相关人口及每个人的整个生命周期，而HRM面对的是组织内部的人员，涉及的仅仅是他们组织内工作的空间，即工作中的人员。从研究的内容来看，HRD更多地侧重于宏观与战略层面，侧重于未被发现的人力资源，侧重于未来的效果，而HRM更多地侧重于微观与技术层面，侧重于对现有人力资源的利用与维护，侧重于当前的效果。从工作内容来看，HRD是对从业人员及尚未从业人员的教育与开发，包括对人的一生能力的发现、激发、培养与配置使用，是人的能力的发挥与促进，包括教育、培养、升迁、发掘等，而HRM是对从业人员的招聘、培训、上岗、使用、考评、调配、保障直至退休的管理，侧重于实务，着重于操作与运用。从工作目的上看，HRD是发现未知的人力资源，是创造新的人力资源，而HRM主要是充分利用已知的人力资源，维护好现有的人力资源。同时，HRD与HRM又是相互关联的。从实践的角度看，HRD要求不断地改进现实中的HRM工作，HRM要求以HRD为指导，有时候，HRD与HRM互为目的与手段。HRD的目的与价值，要通过HRM来落实、监控与实现，而HRM的工作需要HRD来指导与优化，以便不断改进HRM中的不足与缺点，合理配置和使用人力资源，充分发挥劳动者的积极性。从理论与发展趋势的角度来看，HRD与HRM相互关联，相互促进，趋于融合。

参考美国华盛顿州立大学人力资源开发研究专家莱昂纳多·纳德勒(Leonard Nadler)对培训、教育与开发的解释，我们结合上述观点，进行了归纳，详见表2-1。

表2-1 培训、教育、开发与管理特点比较一览表

活动形式	活动目的	效用时间	财政理念	风险程度
培训	满足当前的工作需要	当前	短期投资	较低
教育	满足将来组织与个人的需要	不久的将来	中期投资	中等
开发	满足将来组织的需要	将来	长期投资	较高
管理	满足目前组织的需要	现在	消费	无

第三节 人力资源开发的类型、特点、作用与功能

本节主要讨论与回答 HRD 有哪些类型、具有什么特点、具有哪些作用与功能等问题。

一、人力资源开发的类型

人力资源开发的类型,从不同角度可以划分成多种形式。

从时间形式上看,有前期开发、使用期开发与后期开发。所谓前期开发,是指人力资源形成期间与就业前的开发活动,包括家庭教育、学校教育、就业培训等;所谓使用期开发,是指人力资源使用过程中的开发活动,比如在职培训、职业生涯设计等;所谓后期开发,是指法定退休年龄后的人力资源开发活动。

从对象上划分,可划分为品德开发、潜能开发、技能开发、知识开发、体能开发、能力开发、智力开发、人才开发、管理者开发、技术人员开发、普通职员开发、新员工开发与老员工开发等。

从范围和空间形式来看,可划分为行为开发、素质开发、个体开发、群体开发、组织开发、区域开发、社会开发、国际开发等不同形式。

所谓行为开发,即为改变某一种行为方式而进行的训练或激励活动。所谓素质开发,即为培养、提高与改进某一素质的教育、教学、培训、学习与管理活动。例如,不良遗传基因控制与改进,防止近亲结婚,提倡不同民族、不同种族的人通婚,接种疫苗,日本人通过改变饮食习惯使儿童普遍增加身高等,均属于身体素质开发的范畴。

所谓个体开发,是指从既定的个人特点出发,对其人力资源进行合理的使用、充分的发挥、科学的促进与最优的发展的活动。例如因材施教、人尽其才、才尽其用等,均体现了个体开发的思想。所谓群体开发,是指从既定的群体特点出发,采取优化组合、优势互补等人力资源配置手段进行结构上的调整,以达到群体人力资源结构优化、整体生产功能与生产力水平提高的日的的活动。所谓组织开发,是指在组织范围内所进行的一切人力资源开发的活动,其主要手段是文化建设、组织建设、制度建设与管理活动。

所谓区域开发,是指为提高一定区域内人力资源数量、质量与生产力而进行的活动。例如西部人力资源开发、移民等。所谓社会开发,是指一个国家为提高其人力资源数量与功效而进行的活动。例如中国的计划生育政策、普及九年制义务教育、劳动人事制度、医疗卫生保障制度改革等。所谓国际开发,是指联合国或世界各国为全球经济发展有组织、有计划进行的人力资源开发活动。

例如联合国开发计划署进行的人力资源开发活动等。

二、人力资源开发的特点

人力资源开发具有多方面的特点，下面就其主要特点进行阐述。

（一）特定的目的性与效益中心性

无论哪一种类型的人力资源开发，都有其特定的目的。国际性的人力资源开发的目的是保持世界各国人力资源对整个世界经济发展与需要的持续促进作用；国家性的人力资源开发的目的是实现充分就业、高效合理利用现有人力资源、实现社会经济效益与社会稳定的最大化以及提高全民素质，包括提高健康卫生水平与文化教育水平，造就各种专业技术与创新性人才，促进国民经济健康持续的发展，提高国家竞争力；教育部门与学校的开发目的是面向当前及未来社会的需要，培养与提高学生的基础素质，使每个人的优势得到最大发展，每个人的缺点与不足得到有效控制与改进，成为自己满意与社会欢迎的各种人才；体育、卫生医疗部门与机构的开发目的是通过组织宣传动员与提供各种医疗保健服务，提供体育运动指导，增强人的身体素质，使人们具有旺盛的精力与健康的体质，使现有的人力资源得到顺利的发挥与进一步的发展；企事业组织开发的目的就是提高员工整体的生产力、竞争力，提高工作效率与效益，实现组织的经营目标和战略发展的目标。人力资源开发特定的目的性，最终都体现在为实现一定的经济目标与价值目标的服务上，都是以经济效益、社会效益与政治效益获取为中心。总之，综合效益最大化是 HRD 追求的最终目的。

（二）长远的战略性

培训是实现开发目标的一种手段，是人力资源开发的一种方式，但培训本身绝不是人力资源开发。培训是针对现实工作需要而进行的活动。当人力资源开发方案实施到近期目标时，往往需要培训活动的支持。然而，在制定人力资源开发方案的时候，我们的目标一定是面向未来改革的需求，面向我们战略规划与发展的需要。如果人力资源开发缺乏战略眼光与战略措施，那这样的人力资源开发活动是没有价值的。从这种意义上来说，人力资源开发是实现人力资源中长期规划的手段与途径。我们国家目前面临着知识经济的到来与加入 WTO 的双重机遇与挑战，为了保证中国经济与政治的稳定，保证中国经济的持续发展，中国必须制定切实可行的人力资源开发战略规划，并开展全方位的人力资源开发活动。

（三）基础的准备性

任何开发都是建立在一定的对象基础上的，毫无基础的对象是无法进行开发的。人力资源开发也不例外，只有在开发的客体或对象具有一定的人力资源数量或质量时，才有可能对他们进行有效的开发，这时的开发才有意义。前期性人力资源开发的基础，具有不明显性。例如，胎儿开发的生理基础是父母；中学生开发的基础是小学时期所形成的兴趣爱好、知识技能与思想品德；员工开发的基础是员工原有的知识、能力、经验、品性与职业性向等；老年人开发的基础是他们在工作期间所积累的知识、经验、能力、品性与职业兴趣等。

（四）开发的系统性

人力资源本身就是一个系统，其中包括要素结构子系统、数量分布子系统、要素作用相互影响子系统、要素相互生存与发展子系统。就一个企业内人力资源系统来说，有年龄结构子系统、学历结构子系统、职务职称结构子系统、性别结构子系统、工龄结构子系统、工资类别结构子系统、品性结构子系统。就个体内人力资源系统来说，有知识结构子系统、技能结构子系统、品性素质结构子系统、能力结构子系统，有岗位、部门、组织、家庭、社会环境活动子系统，还有素质横向结构平衡发展子系统。我们如果只是注意对其中一个子系统或子系统中某一个要素的开发，那么最后所取得的开发效果就十分有限。

例如，我们欲对某一科研人员的创新能力进行开发，那么我们应该首先对与创新能力有关的因素系统包括相关知识、相关方法、相关意识、相关障碍、相关品性素质与相关环境支持、相关条件支持等进行分析，抓住其中的主导因素与子系统进行重点开发，同时对其他辅助系统进行全面性相关开发，这样我们对创新能力的开发才能取得明显的成效。当然，这里有一个投入与产出的效益问题，需要具体情况具体分析。

因此，人力资源系统的特点决定了人力资源的开发活动必须具有系统性，否则将事倍功半，甚至劳而无功。

（五）主客体的双重性

除个体自我开发外，任何人力资源开发都具有主客体的双重性，这是人力资源开发区别于其他资源开发的重要特点之一。开发的主体是人或组织，开发的客体也是人或组织。在人力资源开发活动中，人力资源开发的客体具有主观能动性。开发主体的目的性，必须通过被开发客体的能动接受性，才能产生预期的效果。

人力资源开发主客体的双重性，决定了人力资源开发活动的复杂性。开发主体要注意与开发客体的相互沟通，在开发目的、开发计划与开发措施上达成共识，不能进行强制性开发；要激发开发客体在人力资源开发活动中的积极性，发挥其主观能动性，达到开发主体与客体双赢的目的。

（六）开发的动态性

人力资源开发客体的主观能动性、开发过程的长期性以及开发活动本身的复杂性，决定了人力资源开发必须具有动态性。人力资源开发必须根据开发过程中出现的各种不确定因素及其变化，不断调整开发的阶段性目标、内容与措施；根据人力资源个体的差异性，采取不同的开发方式与方法；根据开发取得的阶段性成果与发现的问题，调整与优化下一阶段的开发计划与方案。由于人力资源具有可塑性，不进则退，因此人力资源开发还必须具有持续性与一致性。

三、人力资源开发的价值与作用

所谓价值，从哲学的角度看，它是现实的人同满足其某种需要的客体属性之间的一种关系。价值同人的需要有关，但它不是由人的需要决定的。价值有其客观基础，这种客观基础就是各种物质的、精神的现象所固有的属性，但价值不单是这种属性的反映，而是标志着这种属性对个人、阶级和社会的一种积极意义，即满足人们对某种属性的需要，成为人们的兴趣和目的所追求的对象。

那么，什么是人力资源开发的价值呢？人力资源开发的价值就是它对人、对组织与对社会的作用。首先，人力资源开发具有提高人的素质、改变人的能力与引导人的期望和需要的作用。这种作用是人力资源开发的本质属性，是客观的。其次，人力资源开发能满足个人自我发展、自身修养、适应社会生活、获取社会职业的需要。最后，人力资源开发能够促进社会生产、发展社会经济、巩固社会政治、传播组织文化等。对于组织来说，表现为以下几方面的具体作用：

（一）有助于人力资源管理的战略性转变

在现代化的组织中，人力资源的管理已由过去的事务性管理上升为战略性管理。人力资源管理人员不仅要参与组织战略目标的制定，更重要的是要保证人力资源能够满足未来战略发展目标实现的需求，因此人力资源管理部门及其人员，必须通过人力资源开发工作来满足这一战略目标的要求。组织战略对人力资源管理和开发的要求如表 2–2 所示：

表 2–2 组织战略决策对人力资源管理和开发活动的要求

组织战略决策	相应的人力资源管理和开发活动
设立分公司	招聘新员工 选拔管理人员，确定其待遇 组织员工岗前培训 根据人力状况，提出新公司发展方向的建议

续表

组织战略决策	相应的人力资源管理和开发活动
添置新设备	组织员工技术培训 根据技术人员的专长，任用新设备技术负责人
开辟新市场	选聘新市场的营销人员，确定其待遇 根据营销人员市场供求状况，对新市场的营销手段提出建议
开发新产品	选聘新产品的开发人员 组织新产品生产的技术培训 选聘新产品的营销人员 根据新产品所涉及人员的供求状况，提出具体开发建议
采用降低成本的竞争战略	调整奖酬制度 向员工解释采取新措施的原因 开展技术培训，使员工掌握节料、节能、增效的新技术

（二）有助于提升组织的竞争力

现代市场经济的特点是自由公平的竞争。组织之间的竞争，表面看是产品与服务质量的竞争，是组织物力、财力及综合实力的竞争，实际上是员工实力的竞争。目前企业之间竞争力的比较，不是看经营的规模，不是看现有多少厂房设备等固定资产，也不是看有多少先进技术与设备，而是看实际产品中的高新技术含量，看其中人力资本的附加值。因此，组织之间的竞争，实际上是人才的竞争。众所周知，从一般的人转变为人才，需要经过人力资源的开发。具体模式如图 2-1 所示：

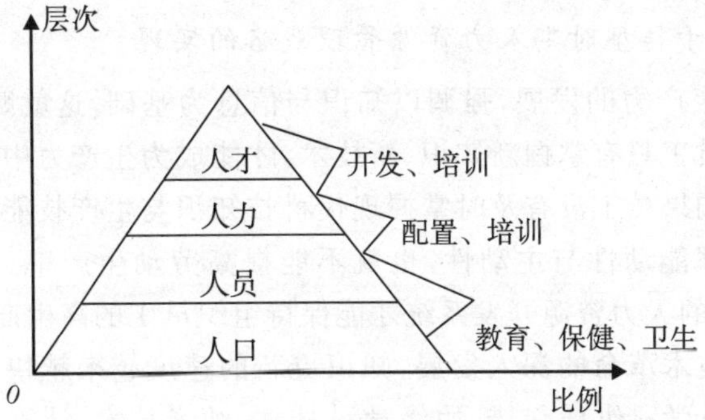

图 2-1　人口、人员、人力、人才转化发展示意图

在一个组织中，无论是取得了一定成就的显性人才，还是尚未取得成就的一般人才，都需要对他们进行持续不断的人力资源开发。一方面要保持显性人才资源的优势；另一方面要增强潜在人才的开发力度，从一般人力资源中开发

出大量的人才资源。有一位企业家说过:"毁掉我一个钢铁公司无所谓,只要我拥有原公司的人员,我还可以再造一个更好的钢铁公司。"因此,从一定意义上来说,组织之间人才实力的竞争,实际上是组织内部人力资源开发水平的竞争。谁的人力资源开发水平高,谁的产品技术含量高、更新换代快,谁就能够在激烈的市场竞争中占据优势;谁不会进行人力资源开发,墨守成规,陶醉在已有的成绩之中,凝结在产品中的知识技术就会越来越陈旧,最终就会在激烈的市场竞争中被淘汰。

(三)有助于知识经济条件下的组织发展

在自然经济与农业经济时代,由于生产力水平低,社会经济的增长更多地依赖于劳动力的多寡和自然资源的丰歉。在20世纪50年代前的工业时代,社会经济的增长主要取决于自然矿产资源的占有和配置。20世纪60年代以后,随着高新技术的发展,社会经济的发展越来越多地依靠知识产业。最近十年,西方发达国家高新技术在制造业和出口中所占的份额已达20%—25%。知识密集的服务业包括教育、通信、信息等行业中,高新技术的比重更大。专家们预言,随着全球信息高速公路的全面开通,技术知识对经济增长的贡献,将由20世纪初的5%提高到90%。美国哈佛大学教授罗伯特·巴罗(Robert Barro)认为,影响不同国家经济增长率差异的主要因素,并不是自然资源与物质资本,而是各自所拥有的人力资源数量与质量。妨碍穷国赶不上富国的原因,主要是缺乏高质量的人力资源,是人才与知识的不足,而不是缺乏有形资本。不同国家的经济发展差异,取决于所拥有的人力资源及其发展的水平。一个组织能否发展以及发展到什么水平,完全取决于它所拥有的人力资源水平及其开发的水平。

(四)有助于转型时期人力资源管理战略的实现

现代社会生产力的发展,强调以知识与信息为基础,这就赋予了员工不断发展的使命。员工只有掌握新知识、新技术,才能成为生产力中最为积极、最为活跃的因素。如果员工没有及时掌握现代科技知识与生产技能,就不可能在生产力系统中发挥能动性与主动性,也就不能提高劳动生产率。从这个意义上说,只有高水平的人力资源开发系统才能保持组织员工的高生产力水平。

随着高新技术革命的深入发展,知识更新的速度越来越快。自然科学、社会科学及其分支学科纵横交错,边缘学科林立,纳米技术、计算机网络技术、生命科学技术、空间技术等前沿学科已广泛渗入到生活与工作的各个领域,任何员工的知识技能都需要更新与开发。这个时代,一方面要求员工思维系统化、知识全面化、交流立体网络化,成为复合型的"通才";另一方面又要求员工成为自己领域与业务中的专才与特才,能够独当一面,解决专业技术中的难题。因此要求每个员工的知识技能都是“T”型结构，这就要求我们对每个员工进行经常性的人力资源开发。

随着高新技术的迅猛发展，新技术转化为现实生产力的周期日趋缩短，产业结构发生了根本性的变化，正如邓小平同志所指出的，“随着现代科学技术的发展，随着四个现代化的进展，直接从事生产的劳动者会不断减少，体力劳动会不断减少，脑力劳动会不断增加，并且越来越要求有更多的人从事科学研究工作，造就更宏大的科学技术队伍”①。美国《未来学家》杂志预测，2000—2010年间，蓝领工人在劳动力总数中所占的比例将从现在的20%下降到10%或更少，60%—70%的劳动者将由知识型员工替代。目前，世界各国正处于产业结构的大调整、企业人员大流动、岗位人员大变动的时代，亟待加大人力资源开发的力度，以帮助下岗、转岗的员工以及转产调整的企业尽快适应市场结构的变化。

四、人力资源开发的基本功能

人力资源开发作用的发挥，基于下述人力资源开发的功能：

（一）政治功能

提高人口质量、控制人口数量是我国近二十年来人力资源开发的基本国策。目前，总人口的增长速度得到了有效控制。据有关部门测算，我国的劳动力年龄属于年轻型，目前社会负担相对较小，人力资源开发实现了由粗放型向集约型的转变。

再就业培训工程是我国自1995年以来对下岗人员实行的人力资源开发政策。国家一方面促进下岗、转岗人员进行再就业，另一方面开拓了多元化的就业格局。据不完全统计，在国有经济单位新就业者的比重，从1995年的36.1%下降为10%左右，而在其他经济单位与个体组织中的新就业者的比重，却从40%上升到90%。这些人力资源开发策略，有效地化解了社会矛盾，减轻了就业压力，有力地保证了社会的安定。

（二）经济功能

搞好人力资源开发工作，可以为社会经济的协调发展提供最基本的保证。对于一个国家来说，提高人力资源的整体素质，是促进经济发展和社会进步的重要措施。对于一个企业组织来说，能否搞好人力资源开发工作，关系到整个组织的生存与发展。如果人力资源开发工作做好了，可以使员工增强主体意识，使员工由被动和自我贬抑的观念，转向自主、自信、自强的主体观念，增强市场调节的意识，让自我的价值与利益关系通过市场运行来实现，通过平等竞争

---

① 《邓小平文选》第2卷，北京：人民出版社1983年版，第89页。

来实现，积极主动地在岗位工作中实现自身价值，创造社会财富。

学校教育可以使人口转变为可能的劳动力，在职培训可以使可能的劳动力转变为现实的劳动力，而提高性的培训与开发可以使现实的劳动力保持并发展其现有的劳动能力。联合国教科文组织的研究结果表明，劳动生产率与劳动者的文化程度具有高度正相关关系。与文盲相比，小学毕业生可提高43%的生产率，初中毕业可提高108%的生产率，大学毕业生可以提高300%的生产率。因此，包括教育、培训在内的人力资源开发系统，具有显著的经济功能。

（三）发展功能

人力资源开发具有促进组织发展与社会经济可持续性发展的作用。具体表现为以下几个方面：

第一，人力资源开发是协调人口与资源关系的重要措施，是改善人口与生态环境关系的根本，对于中国未来的发展具有十分重要的意义。

首先，人力资源开发有利于提高自然资源的利用率。由于我国人口基数过大，人均自然资源短缺的现象势必长期存在，因此，我们一方面要提高资源利用率，节省资源，另一方面要使资源利用的规模由粗放型转变为集约型，减少不必要的开发。目前，我国浪费自然资源的现象比较严重。与发达国家20世纪70年代水平相比，我国1986年的能源利用率只有美国的68%、日本的54.7%。造成这种结果的主要原因之一，就是人力资源质量相对落后，人力资源开发水平低下，技术水平较差。因此，开发人力资源、提高劳动者素质、普及与推广科学技术，对于提高自然资源的利用率具有重要意义。

其次，人力资源开发有助于以人力资源替代自然资源的不足与贫乏。例如日本、中国香港与新加坡，主要是通过人力资源开发，提高劳动者的科学技术素质，通过出口消耗自然资源少、高附加值的新技术产品赚取大量外汇，然后购买其所需要的自然资源。显然，通过HRD，人力资源弥补了自然资源的不足。

最后，人力资源开发后的物化高新技术，可以实现自然资源之间的相互转化，解决稀缺的自然资源问题。例如，细胞工程技术的开发使得日益短缺的粮食问题得到了彻底改变，核能技术的开发使热能资源的短缺得到彻底解决，再生资源技术大大提高了自然资源的利用率。

第二，人力资源开发是促进经济与社会发展的决定性因素。

一方面，人力资源可以造就一大批高素质的科技人员队伍，促进科学技术水平的提高与普及，促进社会生产力的发展；另一方面，人力资源开发推动科技水平的发展，科技水平的发展又将成功地推动社会产业结构的变化。18世纪下半叶、19世纪末与20世纪四五十年代所爆发的产业革命，都是科学技术革命的结果，都是物化的人力资源开发的成果。只有培养更多、更好的科技与管理人才，才能推动科技的发展，促进产业结构的变化。然而，产业结构变化与调整之后，又需要通过人力资源开发帮助人们去适应这种新变化。目前，我国劳动者素质低下是制约我国产业结构向多元化与高效化发展的“素质屏障”，要消除这一屏障，也只有依靠对人力资源的开发。

第三，人力资源开发能为社会经济的持续发展奠定一个良好的基础。

人力资源开发既可以提高人力素质与能力，又可以提高国民的收入水平、消费水平与消费需求。目前，我国经济发展过程中所出现的劳动生产率低、资源消耗大、经营质量不高等问题，究其深层的原因，都是劳动者素质差、人力资源开发不到位所造成的。因此，要想实现社会经济的可持续发展，加强人力资源开发是根本。

第四节　人力资源开发学的研究对象与方法

一、人力资源开发学的研究对象

一门学科的研究对象，是指它所研究的主体和范围。无论从人力资源开发学的产生和发展的历史过程来看，还是从它所研究的具体问题来看，人力资源开发学是围绕着对人力资源的形成、利用与发展现象的分析及规律研究而展开的。当我们把人力资源开发当做一种工作进行研究时，内容涉及人力资源是什么，如何进行人力资源开发，关心的主要是方法与实践方面的问题。而当我们把人力资源开发当做一门学科来研究时，内容涉及人力资源开发是什么，它与人力资源管理有什么区别，人力资源开发的对象是什么，具有什么结构与特点，人力资源开发有什么意义与作用，人力资源开发的理论基础是什么，人力资源开发有哪些途径、方法，人力资源开发的主体、客体是什么。因此，我们应区别人力资源开发与人力资源开发学，明确人力资源开发学研究的对象与内容，明确人力资源开发学与其他相关学科的关系。

二、人力资源开发与人力资源开发学的关系

人力资源开发学与人力资源开发工作本身是有所区别的。人力资源开发工作一般包括开发需求分析、开发系统与课程设计、开发方法选择、开发方案设计、开发过程的组织与实施、开发效果的评估。人力资源开发学是研究有关个人、组织与社会人力资源开发理论与方法的科学，包括有关人力资源形成、利用与发展的理论与方法。它既是一种管理方法论，又是一种管理战略论。它来自人力资源开发与管理工作的实践，并对人力资源开发与管理实践工作起着指导作用。它采取系统分析的方法，综合运用教育学、人口学、文化学、心理学、经济

学、生理学、生物学和政治学等观点与方法，研究有关个人、组织与社会中人力资源开发的现象及其规律性，形成有关人力资源开发的理论与方法，从而提高我们对人力资源开发与管理的有效性与科学性的认识，以便有效地实现个人、组织或社会的发展目标。

总之，人力资源开发是一种实践活动，是一个发展过程。人力资源开发的研究内容主要是方法技术与实施组织问题；而人力资源开发学是一门学科，是一种内容体系。人力资源开发学研究的内容，主要是人力资源开发活动本身及其理论方法，它的范围比人力资源开发研究的内容要广、视角要高。它要研究人力资源开发现象本身及其运行规律，而不仅仅是人力资源开发的方法、技术与实践问题。

三、人力资源开发学的学科性质与特征

明确了人力资源开发学的研究对象之后，对于它属于什么学科的问题就容易理解了，因为学科的性质是由其研究的对象决定的。毛泽东说过，科学研究的区分，就是根据科学对象所具有的特殊的矛盾性决定的。人力资源开发学是专门研究人力资源开发现象包括个人、组织与社会中各种人力资源开发活动现象及其规律的科学，它主要回答什么是 HRD，HRD 的运行机制是什么，HRD 开发什么，以及如何有效地进行 HRD 等理论与实践的问题。它涉及人口学、教育学、文化学、社会学、经济学、心理学、管理学、政治学、生理学、卫生学等多种学科、多个领域的理论与方法，因此它属于多学科交叉的边缘学科与应用学科，是社会科学体系中一门新兴的学科。

与其他学科相比，人力资源开发学学科虽然是新生的，还不够成熟，但它是有生命力的，有着广阔的生存与发展空间。21 世纪是新技术经济、知识经济发展的时代，人力资源开发学有着特殊的社会价值与经济价值，有着重要的理论意义与实践意义。本书的目的在于抛砖引玉，唤起大家对人力资源开发现象及其规律研究的重视，希望人们重视对中国最大的特殊的资源——人口及其内在人力资源的优化形成、充分利用与科学发展，变人口负担为人力优势，为中华民族的复兴做出应有的贡献。

人力资源开发学的性质，决定了它具有以下相关特征：

（一）综合性

人力资源的载体与主体是人，而人是多学科研究的共同对象。经济学把人作为生产、分配与交换的主体，对其经济行为予以专门研究；人口学把人作为生命与活动的主体进行研究，专门研究人口变动现象与规律；教育学把人作为教育活动的主体，专门研究社会的教育、教学行为现象与规律；心理学把人作为心

理活动的主体，专门研究人的行为背后的心理活动现象与规律；社会学把人当做一切社会行为的主体，研究人的行为社会化过程与规律；文化学把人作为文化活动的主体，研究人的文化过程与规律；人力资源开发学把人作为社会经济与生产力的主体，研究人的素质与劳动能力的开发现象与规律。作为一门新兴的边缘与交叉学科，人力资源开发学应该吸取原有基础学科的已有成果。另一方面，人的素质与劳动能力的形成、开发与发展受教育、心理、社会、文化、政治与经济等多方面因素的制约与影响，人力资源开发学也必须全面综合分析这些学科的现有相关成果，并综合运用这些学科的观点与方法，建构人力资源开发学的新体系。如果单纯地从某一学科的角度对人力资源开发现象及其规律进行研究，会存在一定的片面性，因为人力资源的形成与开发，是社会、政治、经济、管理、教育、心理、生理等多方面因素综合作用的结果。因此，人力资源开发学的建设，客观上要求只有多学科、多角度地参与和合作，才能更好地推动人力资源开发及其学科的发展。

（二）经验性、实证性、描述性与技术性兼而有之

经验研究与实证研究，必须依据客观实际，并从反映客观实际的事实与数据出发，从数据事实与数据中发现问题，找出规律，从中归纳出自己的理论与方法，最终达到认识客观世界并改造客观世界的目的。从这一点上看，人力资源开发学特别尊重与依据客观事实与客观数据，并力求把其分析和依据的理论与方法，严格地建立在对客观事实的分析与归纳基础上，而不是建立在其他抽象的逻辑推理基础上。

实证与经验并不是相同的概念。实证强调确定的实在，反对思辨；经验则强调感性的知识与实践，强调主体的自我体验。但两者都强调尊重客观的事实与实际。经验强调的是自我体验的事实与客观实际，而实证强调的是他人认同的事实与客观实际。值得注意的是，确实存在的客观事实，需要感性经验的事实证明，需要自我体验事实的支持。

例如，人力资源开发基本点和关键链的分析与确认，就往往需要进行大量的调查研究与统计，进行一定范围的对比与实验研究。

对于人力资源的结构、因素与存量，对于人力资源开发的过程与环节、本质与现象的揭示，我们往往需要进行定量或定性的描述与说明。然而，对于如何进行人力资源开发，包括需求分析、课程设计、效果评估等内容，又有许多技术性的问题与环节，因此，人力资源开发学是经验性、实证性、描述性与技术性兼而有之。

（三）应用性

人力资源开发学是一门应用性较强的社会科学。虽然任何一门学科乃至

哲学都是有用的，但是有用性与应用性并不是同一个概念。我们说人力资源开发学的应用性，是指它所揭示的理论与方法，可以直接与普遍地应用于社会生产与经济管理的各个方面。社会中的组织与个人，都可以应用人力资源开发中的有关理论与方法，指导自己的发展与目标的实现。人力资源开发中的有关原理、方法、途径等内容，对于个人、组织与社会的人力资源开发都具有直接的指导与参考价值。

总之，人力资源开发学的目标与任务，就是告诉每一个个人、组织与社会，什么是 HRD，HRD 的机制与动力是什么，HRD 应遵循什么法则，从哪些方面进行 HRD，如何进行 HRD。人力资源开发学教会个人如何形成与发展自己的相关素质，实现自己的理想；教会组织如何利用与开发组织内外的人力资源，实现组织的经营目标与经营战略。

四、人力资源开发学的研究策略与方法

人力资源开发学的研究，应该遵循下述研究路线（见图 2-2）：

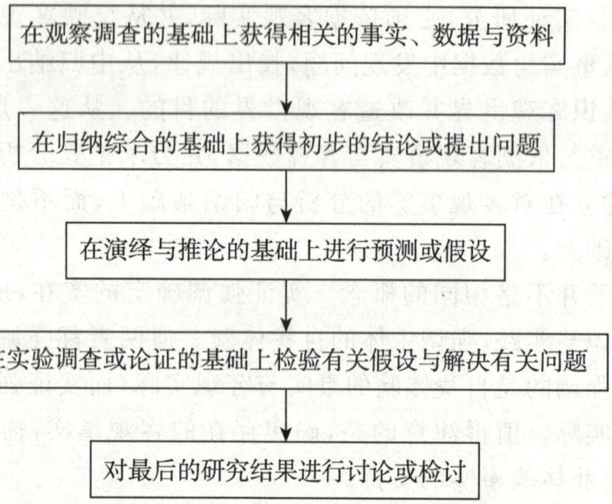

图 2-2 人力资源开发学的研究过程

在贯彻上述研究路线的同时，我们应采取以下研究策略：(1)定性分析与定量分析相结合；(2)理论研究与实践指导相结合；(3)国内经验与国外经验相结合；(4)历史成果继承与现实需要相结合；(5)专业研究与相关学科参考相结合；(6)横向研究与纵向动态研究相结合；(7)实证研究与思考研究相结合。

针对上述路线与策略，人力资源开发学的研究方法大致有以下几种：

第一，经验总结法。经验总结法是研究者对现有的人力资源开发活动、经验教训进行归纳总结的一种方法。它具体地可以分为调查总结法与包括反省在内的观察分析总结法。调查总结法是研究者通过问卷、访问、典型分析等方

式，获取有关 HRD 研究及其活动的素材，然后进行归纳总结，找出规律性的东西。观察分析总结法是研究者有目的、有计划、有组织地去认识与研究周围相关的 HRD 实践与研究活动，并加以概括总结的一种方法。目前国内外许多组织在积极地探索 HRD 的方法与技术，进行 HRD 的实践活动，有许多经验教训可供我们研究借鉴。为了避免重复劳动，少走弯路，我们没有必要也不可能对所有的 HRD 问题都自己重新实践一遍，可以借助于经验总结法进行研究。

第二，文献资料研究法。文献资料研究法又称文献法，是研究者通过查阅有关文献资料，了解所要研究的对象，最后解决问题的一种方法。当我们对人力资源开发学中某一问题进行研究时，不太可能完全从零开始，多少总会有一些前人的研究成果可供借鉴。因为人力资源开发学的研究是伴随着 HRD 实践活动而出现的。当研究者意识到有必要研究这个问题时，其他研究者可能正在或早已进行过研究了，即使以前没有人专门研究过这个 HRD 问题，也可能在研究其他相关问题时已有所涉及。因为事物总是相互联系的，学科间会相互渗透。因此，研究者不妨以各种文献目录和参考书为线索，寻找并浏览前人的研究成果，看哪些问题让人们感到棘手，哪些问题人们已经弄清楚，哪些问题已经解决并获得了什么样的成果；然后把查找的答案加以整理，由此确认自己所研究的问题的意义、目的、要求、关键点或突破点。

第三，实验探索法。人力资源开发学是一门新兴的边缘交叉学科，许多问题可能是前人从未涉及的，这就需要我们亲身进行必要的实践与探索，其中常用的一种方法就是实验法。实验法即通过创设或选择一定的条件，并在此基础上实施某种方案或处置方法，观察比较其效果如何。实验法的运用，要求研究者先明确研究的课题，对研究的途径、进程有一定的构想或设想，逐步分析各项影响实验结果的途径因素即变量，做出详细完整的记录，认真地仔细分析，比较在不同条件下的不同结果，反复检验核对结论，再加以推广。

第四，理论分析综合法。人力资源开发学本身要求具有一定的理论性，它不同于 HRD 工作本身，不能停留在对 HRD 的描述与复写上，而必须对之进行系统的、哲学的思考。哲学研究的特点在于寻求“本质认识”，以了解事物本来面貌和真相，即一要寻根究底，二要统抓全局。这样做与其说是要求特殊化、专门化，毋宁说是在探求普遍性原理。理论分析综合法常常与经验总结法、文献资料研究法及实验探索法配合运用，并以这些方法为基础。经验总结不能停留在个体主观体验的水平上，不能停留在个别事实或个案的特征现象上，必须在一定的理论高度上进行总结，否则研究的结论就没有多大意义。在运用文献资料研究法时，对于所查到的大量资料，研究者必须从一定的理论高度对它们进行系统的归类、筛选、分析，才能从中概括出所需要的信息，找到所存在的思想点或问题。在运用实验探索法探索出某种新事实经验之后,由于所得到结果是首次公布的事实经验或数据资料,如果不对之进行一定的理论分析与论证,就很可能难以成为一种真正的、有价值的HRD方法或理论。

此外,在人力资源开发学研究的过程中,还可以运用个案法、测验法、问卷法、访谈法等具体研究方法。

第五节 人力资源开发的基本原理

人力资源开发原理,在这里指在运用与促进素质发展的实践过程中我们应该遵循的基本规律。

一、用进废退原理

达尔文在考察人类进化过程中发现,身体器官如果在劳动过程或生活中得到有效的使用,就可以得到进一步的发展与分化,反之就会衰退与萎缩。这就是用进废退原理。例如,经常用右手的人,其右手总比左手粗一些,更有力量一些。用进废退同样适用于心理素质的开发。我们不难发现,农村菜市场中猪肉零售人员的心算能力,比我们一般人强许多;纺织厂染色工人对颜色的辨别能力比我们普通人高出许多倍。其实,并非卖猪肉人的智商比我们高,主要是因为他们每天都要进行大量的价钱结算;也并非因为纺织厂染色工人天生辨色能力比我们强,只是在工作中经常要辨别各种颜色,所以辨色能力得到了充分的开发。

用进废退原理,是指人力资源通过使用开发会得到进一步发展,闲置不用,则会退化与贬值,甚至丧失其使用价值与经济价值。这个原理告诉我们,在人力资源开发过程中,我们要尽可能让每个员工的每种素质得到有效使用。进行人才储备时,如果对人才长期养而不用,那么所储备的人才将会贬值,因此要量力而行并尽量控制。

二、扬长避短原理

俗话说:“人无完人,金无足赤。”人的素质是多方面的,任何人都有他的优势与不足,有他的长处与短处,我们在对人力资源的使用与开发过程中,应该针对工作需要扬其长避其短,用其优控其劣。当工作需要处于紧急与非常时期,我们甚至要只取其长,不计其短,只问其优不问其劣。反之,就可能既误事又误人。

例如,20世纪40年代中期,斯大林为了尽早扭转苏联在试制原子弹方面落后于美国的被动局面，“被迫”起用了一位持不同政见的核物理专家，给予他优越的工作条件和生活条件，让他组建科研班子，着手试制原子弹工作。后来这位核物理专家果真为苏联研制核武器做出了卓越的贡献。又如早年受过“胯下之辱”的韩信，曾投靠刘邦，后因嫌官小而私自出走。公元前203年，刘邦与项羽交战，不幸中箭受伤，处于危难之际，韩信这时在山东不但不出来救援，反而野心十足，欲自立为王。这些行为表现，刘邦一清二楚。然而，为了维护本集团的最高利益，刘邦顾全大局，善用人才，对提出“汉中对策”的韩信委以重任，使他为自己的统一大业做出了重要贡献。

由此可见，在特殊情况下，取其之长不计其短启用人才，确实很有必要。所谓“特殊情况”，通常是指以下几种情况：(1)事关国家、民族的根本利益和长远利益；(2)决定整体和全局命运的关键时刻；(3)两军对垒，拼死搏杀的危急关头；(4)权衡利弊，利大于弊；(5)在可供选择者中间，无人能够取代；(6)其他可以理解的复杂情况。

三、用人适中原理

在人力资源配置过程中，人力资源开发人员要注意把合适的人配置在合适的岗位上，做到这两个“合适”即为“适中”。二流岗位配备一流人才，或把二流人才配备到一流岗位，都是与适中原理相违背的。小材大用会误事，大材小用同样会误事。一流的人才虽然可以造就一流的企业，但如果配置不当，一流的人才甚至还不如三流的人才有用。任何职务与岗位，都有其客观的任职要求；任何一个求职应聘人员，也都有其成熟的任职条件。只有当求职人的任职条件与招聘职务的任职资格相互适合时，才能产生最佳的配置效果。配置之后才能继续相互促进，相互发展，产生最大的经济效益与最佳的人力资源开发效益。

用人适中原理告诉我们，人才招聘与人才配置时，不要盲目追求一流人才，而要对每一个岗位进行科学的工作分析，确定所需要的任职资格条件，然后根据所确定的任职资格要求去招聘适合的人才。最优的人才不一定是最适合的人才，只有适合的人才才是我们最需要的人才。

四、生态限制因子改变原理

1840年，李比希(Justus von Liebig)研究了各种化学物质对植物的影响。他发现，各种作物的产量通常不受它所需要的大量营养元素的限制，而是受到那些只是微量需要的原料产生的限制。只要稍微加入所缺的微量元素，如硼、镁、铁等，作物产量马上明显地提高。据此，李比希认为，当植物所需要的营养物质降低到该植物最小需要量以下的时候，这种营养物质就会限制该种植物的生长，这被称为李比希最小定律。后来泰勒（Taylor）将这个定律扩充到营养以外的温度和时间等生态因子；1954 年奥登（Odum）又把泰勒的限制因子概念进一步扩大，认为限制因子是达到或超过生物耐受限度的那些因子。

生物系统存在限制因子，人力资源系统也存在限制因子，这些限制因子严重地影响着人力资源的开发及其效用的发挥。一个非常有能力、有水平的国内著名专家，之所以难以成为世界级的著名专家，并非其知识、能力和水平上与国外专家有差距，而主要是受他本人英语听说能力的限制；又如某企业研制的产品之所以不如另一个企业的好，其差距并非在研究人员的结构与水平上，也不是手段与技术方面的问题，而是在于该企业的研发部门的实验人员比较粗心，实验数据上有差距。

生态限制因子改变原理告诉我们：(1)在人力资源开发与管理实践中，要注意借助科学的人员素质测评手段，发现与确定个人或组织人力资源开发系统中的限制因子，针对限制因子进行开发；(2)在工作分析基础上，建立组织、部门、职务与岗位配置条件的最低限制标准体系，在招聘与配置时，宁缺毋滥，严把进人质量关；(3)实行人员动态考评制度，每隔一定阶段，定期对工作人员进行工作考评，对于那些低于最低限制标准的人员进行及时培训或淘汰。

五、成长环境的整体性原理

1911 年，谢尔福德（Shelford）认为，一种生物能够出现，并且能够成功地生存下来，必然有着它所适应的一种复杂环境系统，而且这种复杂的环境系统必须全盘地存在。复杂环境系统中任何因素的破坏，都将影响生物的正常发展。

成长环境的整体性原理同样存在于人力资源开发系统。一个人之所以能够在某一个组织中做出杰出的贡献，成为人才，显然有着适合他成长的特定环境系统。当我们引进一个人才时，我们应该同时引进或建立他所适应的环境系统，否则我们所引进的人才很可能无法正常发挥他的作用。任何人力资源的形成与发挥，都有他生存的合适环境。当人力资源主体生存的合适环境不够完备时，所形成的人力资源的作用也就难以完全有效地得到发挥。

这一原理启示我们，当我们花高价位猎取了一个重要人员后，应该尽量分析与把握他所适合的生存环境，并在此基础上为他营造一种有利于他发挥人力资源效用的优良环境，促进其人力资源的进一步发展。

六、富集原理

1974 年，板滕（Benton）和威勒（Werner）根据生物放大作用，绘制了 DDT 在生态系统中的富集过程图，发现了生物系统的富集现象。例如，DDT 在海水中含量甚微，只有 5×10^{-11}，即一千亿分之五，被浮游植物吸收富集，放大 800 倍增加到 4×10^{-8}，后被螺类所食，又一次吸收富集，再放大 15 倍，成为 6×10^{-7}，再通过几个食物链环节，到银鸥时，已富集到 7.55×10^{-5}。至此，从海水中的 DDT 含量到银鸥中的 DDT 含量，通过几次生物的富集作用，增加了 151 万倍。在人力资源开发系统中，这种富集现象同样存在。例如，幼儿园老师教给我们用十个手指进行十位数以内加法的经验，到了小学一年级便富集为十位数以上的加法运算经验与能力，这些经验到了小学二年级便又富集为乘法运算的经验与能力，再后来乘法的经验与能力又富集为乘方开方运算的经验与能力。有些管理经验能力的形成，也是一个富集过程。

富集原理告诉我们，进行人力资源开发之前，我们应该对知识、技能、品性与经验的富集过程及其内在机制进行分析，准确把握各种人力资源因素的富集链，然后在人力资源开发过程中，致力于建设各种富集链及其形成机制。有了富集链及其形成机制，人力资源主体在各种途径与渠道中获得的知识、技能、品性行为与经验能力，将会有效地得到富集与发展，迅速形成我们所需要的人力资源。

七、竞争开发原理

在人力资源系统中，不同的人力资源主体存在于不同的位置。当人力资源主体 A 处于人力资源主体 B 之前，则 A 为 B 的前位，而 B 是 A 的后位；当人力资源主体 A 处于人力资源主体 B 之上时，则 A 为 B 的上位，而 B 是 A 的下位。人力资源主体只有在同位之间才存在竞争关系，也只有同位之间的竞争才是平等的竞争，才是有开发意义的竞争。上下位与前后位的竞争是不平等的竞争。不平等的竞争是一种无意义的竞争。同位之间的人力资源主体通过竞争获得发展，通过发展产生进一步的竞争。然而，同位之间的竞争也必须注意公道与善意，注意适度有序，有助于达成组织目标。

八、结构优化原理

结构是系统中各要素之间的关系和联系的形式。结构形成了系统的组织特征，决定着组织的功能。结构不同，组织的功能也不同；同样，结构不同又决定着组织系统中不同的要素发挥作用的不同，决定着要素之间的关系和联系。有许多有才华、有能力的人，在不正常的人事结构系统中，能力得不到正常发挥。有许多人才，具有某一方面的特长，但是因为缺乏与之相适应的知识结构、能力结构与品性结构，这些特长后来不但没有得到发挥与增长，反而逐渐衰弱。这些现象都说明，人力资源开发必须遵循结构优化的原理。

实际上，结构现象在自然科学中表现得最为明显，结构化学是专门研究同物异构现象与同素异构物质的学科。例如，

乙醇的结构式是 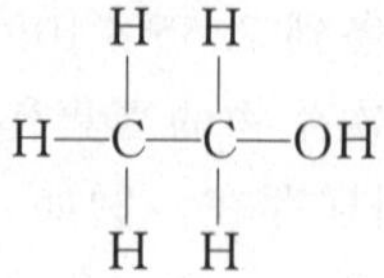

甲醇的结构式是 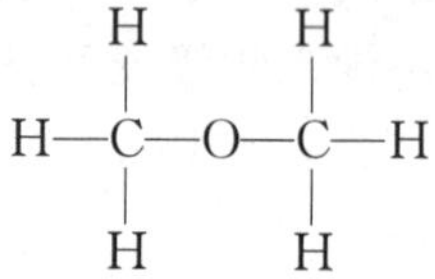

上述两种物质中的元素相同，都是1个氧原子，2个碳原子，6个氢原子，但由于结构方式不同，乙醇是一种溶于水的液体，而甲醇却是不溶于水的气体。由此可见，它们的物质性质与表现完全两样。

结构现象在人力资源开发与管理实践中也同样存在。一个企业中有着同样的人员、同样的原材料与同样的设备，但是如果在不同的组织体制下生产，最后所得到的产出效益却大不一样。

结构优化原理，是指在人力资源开发过程中，首先要注意从众多不同的组织结构中选择出最为优秀的一种，然后针对所选定的组织结构，从众多的人员或人力资源要素的配置中选择最为有效的一种，即达到结构优化与配置优化的“双优标准”。

在人力资源开发过程中，涉及四种结构的优化，即组织结构优化、人员结构优化、职责权力结构优化与智能素质结构优化等。宏观的组织结构表现为纵向的层次与横向的幅度。幅度一般是部门数或职务数、岗位数；微观的组织结构是指岗位在组织中所处的地位以及一个岗位与其他岗位间的相互作用与相互关系。它们之间存在着从属、协作、协同、配合等关系。人员结构，是指所有人员的年龄、性别、学历、意愿、职称、人际关系等。由于每个人的个性、兴趣、爱好等的不同，造成人与人之间心理上的关系不同，产生人与人之间情感上的亲疏、远近、交往与认同态度的不同，这种人际关系直接影响组织中的每个人的工作水平与工作效果。人员结构的存在是客观的，对它的分析与把握是必要的。职责权力结构，是指职务或岗位内的规定关系。智能素质结构，是指个人内部的素质结构。

结构优化原理启示我们，在HRD过程中，首先要注意进行工作分析与组织设计工作，根据行政效率、人员特点以及市场环境预测，设计出最优秀的组织结构，建立科学的权责利结构、协作关系、制约机制与激励机制；其次，要注意同素异构，进行优化配置、动态配置；最后，对于个体内的人力资源，要注意知识结

构、技能结构、能力结构、品性结构与经验结构的塑造、改造与再造，使人力资源主体及时生成对应职务与岗位的最优素质结构，最适当地满足任职资格的各种要求。

砖头、钢筋、水泥、沙子堆在一起并不是建筑物，大量知识、技能、品性与经验的堆积同样不是人力资源，因此对人员素质结构的测评与对工作任职条件的分析不容忽视。

九、层序能级对应原理

物理学中原子的电子层结构分析表明，在不同电子层上的电子具有不同的势能。如果具有高能量的电子处于低位电子层上或低能量的电子处于高位电子层上，那么相应的物质结构就不稳定，只有当具有不同能量的电子各在其位时，才能形成稳定的物质结构。这种现象告诉我们，电子层位结构必须与电子的能量结构相对应，整个物质结构才会稳定。能量按其大小形成的结构、秩序、层次叫做能级或能位，而电子层按其不同的距离形成的位置势能关系叫做层序。这种能级与层序关系在人力资源开发关系中同样存在。我国古代的韩非提出了法、术、势的学说。他认为，君王之所以具有君王的作用，是因为他处在君王的地位；如果他不处在君王的地位上，他就不具有君王的作用。无论君王聪明与否，只要处在君王的地位上，就可以发号施令。然而，如果他是一位聪明贤君，就能做许多利国安邦的大事；如果是个昏君，则会败坏这个国家，使人民遭到涂炭。

层序能级对应原理，是指具有不同人力资源能量的人，应配置到组织内不同的部门与职位上，给予不同的责任、权力与待遇，实行能量与职责的对应、品性与权位的对应。

层序能级对应原理告诉我们：

(1) 任何组织都应该根据组织目标、外部环境与组织规模划分为上、中、下的不同层序。一般来说，组织结构的高层负责决策，其管理职责关系到全局；中层负责贯彻，对上负有执行、协助和参谋的责任，对下要发挥指导、服务和监督的责任；基层亦叫做操作层，是组织行为的终端，负责把中、高层决策与要求落实到具体的产品与服务上来，具有基础性、群众性与效果性的特点。根据所确定的层序，建立部门与岗位的责任制度。

(2) 根据所建立的层序职责权力，配备具备相应能量的人力资源。

(3) 定期进行人员考评，根据职务与能量的变化，及时调整层序与职级的对应关系，以保证合适能量的人配置在合适的层序职位上，实现并优化组织结构。

十、互补增值原理

每个人都不可能十全十美，都各有所长，各有其短。因此，就单个人来说，短就是短，难以取长补短。但人力资源开发往往是在群体中进行的，人力资源配置也是在群体中进行的，因此就整个人力资源群体来说，单个人的长与短可以在群体中得到协调平衡，进行取长补短，实现整体优势，满足层序要求。这就是互补增值原理。互补增值原理告诉我们：对个人的人力资源进行开发是必要的，但是我们更需要注意从互补增值的角度进行群体人力资源开发，进行整体人力资源开发。这种开发往往投入少、见效快、产出大。

互补增值的科学依据是系统理论。其数学表示即 $1+1>2$。如果 $1+1=2$，则没有增值；$1+1<2$，则能说明发生了内耗。

互补的维度，包括知识上的专与博、广与深的互补，包括能力上的强与弱、全面与专长的互补，包括年龄上的大小互补、老少互补与性别上的男女互补，包括经验上的多少互补、性格上的内外互补与品质上、维度上的互补。例如，日本的松下幸之助在人员配置上，一般都遵循三个 1/3 原则。即任何一个部门的人员配置，都要保持 1/3 的人员为善于思考的"文人型"，1/3 的人员为勇于拼搏的"运动员型"，1/3 的人员为富于进取的"武士型"。在这里，文人代表智者，运动员代表韧者，武士代表勇者，智勇韧者，无往而不胜。这种 1/3 原则的配置实际上是一种性格互补的增值现象。

十一、信息催化原理

信息催化原理是指在人力资源开发过程中，要注意给员工不断地注入新信息，激活、改造与促进原有的人力资源。

信息是人才成长的营养液，是人们发展智力与培养品性的基本条件，它对人力资源的发挥具有催化作用。任何一个人才，不论原有素质结构有多好，原有知识基础有多厚实，如果没有适宜的信息刺激与催化，那么最好的素质和最厚的基础，也无法转化为现实的生产力，也难以发挥出它的作用。因此，在人力资源开发过程中，我们要不断地用最新的科学技术知识、最新的生产工艺与操作方法和最先进的管理理论与思想去武装员工，开发员工，始终保持人力资源的优势性与先进性。

十二、需求导向原理

需求导向原理是指在人力资源开发过程中，首先要注意组织的需求与岗位的需求，有针对性地进行开发。针对不同的职业、不同的职务、不同的职位与不同的个人，确定不同的开发方向、开发内容与开发形式。其次，要注意被开发者的需求，把个体的需求科学地引导到组织的需求上来，两者相互结合，相互统一。组织没有需求，开发没有价值，被开发者没有需求，开发就没有动力。

需求导向原理告诉我们，在人力资源开发过程中，首先要进行需求评估，发现与把握组织与个人的需求；其次，要根据未来发展的情况进行需求预测；最后，要因势利导，进行需求创造与引导，让被开发者产生正确的需求。

十三、利益对称原理

利益对称原理是指在人力资源开发过程中，应该首先注意投入与收益的平衡，充分考虑开发者与被开发者在开发过程中的直接投入与间接投入，在报酬系统中确立人力资源的合理收益；其次，要注意保护人力资源开发过程中开发主体与开发客体的双方利益，保证双赢。

利益对称原理告诉我们，人力资源报酬体系中不能忽视人力资本的价值，要对人力资源开发过程中客体方的投入予以合理的考虑；不能过于强调岗位工资，见事不见人。同时，在人力资源开发过程中，不能只要求被开发者对组织需要的绝对服从、对集体需要的绝对奉献，也要考虑对被开发者客体需要的适当满足，考虑被开发者的正当权益与收获。

十四、持续开发原理

人力资源开发的出发点与目的，是解决人与事的矛盾，使人适其事，人尽其才。然而，人与事的矛盾是永远存在的。因为人与事的适应是暂时的、相对的，而不适应是长期的与绝对的。随着社会发展的不断变化，科学技术的创新与转化，以及人员素质系统的变化，人与事之间的关系总是由适应到不适应，由不适应再到适应，由此循环往复以至无穷。人力资源开发工作永远没有完结，无论对于个体的人力资源还是组织的人力资源，都必须进行持续开发。人力资源一旦形成，其稳定性也是有条件的。如果开发后所形成的人力资源得不到外界环境的支持与促进，就会出现不进则退的现象。尤其在当今知识经济与科技不断创新的今天，人力资源的折旧更快。因此，必须适应新要求、新形势，进行适时开发与持续开发，以保持人力资源对不断变化着的组织需求的适用性，保持对不断变化的市场要求的竞争力。

十五、文化凝聚原理

组织文化，是指一个组织在长期发展过程中，把组织内部全体成员结合在一起的行为方式、价值观念和道德规范。组织文化建设所追求的，是一种组织的整体优势和组织成员的良好集体感受。

文化凝聚原理是指在人力资源开发过程中,要重视与发挥组织文化建设的作用,增大组织的凝聚力、吸引力与影响力。工资、奖金、住房、良好的工作条件、福利待遇等,都是组织的物质条件,是进行人力资源开发的物质基础。没有这些物质条件,一切都是空谈,持久不了。然而,只有这些条件,缺乏正确的组织目标、良好的职业道德、组织氛围与文化建设,也无法满足员工社交的需要、自我实现的需要与超越自我等精神的需要。事实表明,随着组织物质条件建设的改善,人们的物质生活条件不断得到满足,而对精神生活与组织文化的渴求却越来越强烈。因此,如何加强组织文化建设,提高员工的思想意识,形成共同的组织价值观,是摆在每个人力资源开发工作者面前的重要任务。

实际上,每个人生长在不同的环境中,受教于不同的学校与家庭,思想、品性、能力、知识、价值观都不尽相同。要把这些价值观不同的人统一起来,形成组织所需要的价值观念与行为,光靠制度与强制是不行的,依赖纪律的约束也是难以长久的。人的价值观形成于文化教育,也只能靠文化教育来改造、塑造与创造。

第六节 人力资源开发的基本原则

在这一节,我们从古今中外著名的教育家思想中,提取有关 HRD 的基本原则。这些原则既是人力资源开发经验的总结,又是指导人力资源开发实践的理论。

一、以事实为基础,以自然顺应为法则进行人力资源开发

这一原则认为,HRD 应从企事业组织日常管理的事实、现象出发,把被开发者日常所见、所闻、所思的事实问题与现象作为基础,顺应被开发者形成与掌握某一技能的自然过程进行人力资源开发。

这一原则比较适合人力资源开发的初级阶段。所谓人力资源开发的初级阶段,是指形成某一理念、知识、技能或品性的初期。例如,新来员工的上岗培训、对高层领导新观念的灌输等。

这一原则的教育依据是夸美纽斯的大教学论。夸美纽斯认为:“一切知识都是从感官的知觉开始的。”“感官可以比做密使与间谍。灵魂得到了它们的帮助就可以支配身外的万物。”因此,他主张利用感官去开发人的先天素质。他认为:“在可能范围以内,一切事物都应该尽量地放到感官的跟前。一切看得见的东西都应该放到视官的跟前,……尝得出和触得着的东西应该分别放到味官和

触官的跟前。假如有一件东西能够同时在几个感官上面留下印象，它便应当和几种感官去接触。”①如果事物的本身得不到，则应该用模型或范本去替代。

遵循自然的原则是夸美纽斯教育思想中最为根本的东西。因此，培训的法则应当从自然中去找，应该使培训的步骤与自然的步骤相适应，和自然相符合。自然的规律是从容易的进到比较困难的，培训也应由易至难；自然的事情是无需强迫的，水往低处流，小鸟出笼而飞，培训与教学也应无需强迫，激发被开发者的求知欲望。因此，每门科目都应该先用它最简单的原理，使被培训者对它有一种概略的观念；接着就可以把规则和例子放在被开发者的跟前，进一步去发展他们的知识；然后就可以要求被开发者系统地学习那门科目，并学习它的例外的与不规则的地方；最后，可以给被开发者一种评估。

这一原则的应用与操作流程如图 2–3 所示：

感知 → 理解 → 记忆 → 判断 → 运用

图 2–3　知识技能开发操作流程图

上述操作流程所反映的，是经验主义与实验主义。但是，并非一切知识、技能、品德行为的掌握都是始于感官直觉，实际上许多知识与技能的掌握可以建立在其他已经掌握的知识与技能基础上。如处长的管理技能可以建立在他先前任科长的管理技能基础上。许多创新性思维的形成也表明，了解与熟悉既有的知识与技能很重要，但并非所有的知识技能开发都要始于感官直觉。

二、培养兴趣，引起注意，系统化地进行人力资源开发

这一原则认为，在 HRD 过程中，必须注意培养被开发者的相关兴趣，引起被开发者对开发对象的注意，并围绕让被开发者掌握某一知识、技能与品德行为，建立相对完整的培训与开发系统。

这一原则适用于人力资源开发过程中的任何阶段，适合于人力资源开发的任何客体与对象。

这一原则的教育学理论依据是赫尔巴特的教育思想。赫尔巴特认为：“津津有味地学习的东西，能够很快地学会和巩固地掌握。”在培训过程中，要把所培训的东西，从它所联系的一切东西中分离出来，让被开发者对它有一个清楚的认识。关系不会存在于混合体之中，它只存在于既分离又重新联合的各部分之中。系统化是让被开发者在新知识与旧观念发生了联合关系的基础上去寻找结论、定义与规律。

---

① 〔捷〕夸美纽斯：《大教学论》，傅任敢译，北京：教育科学出版社 1995 年版，第 13—23 页。

这一原则的应用操作流程如图 2-4 所示：

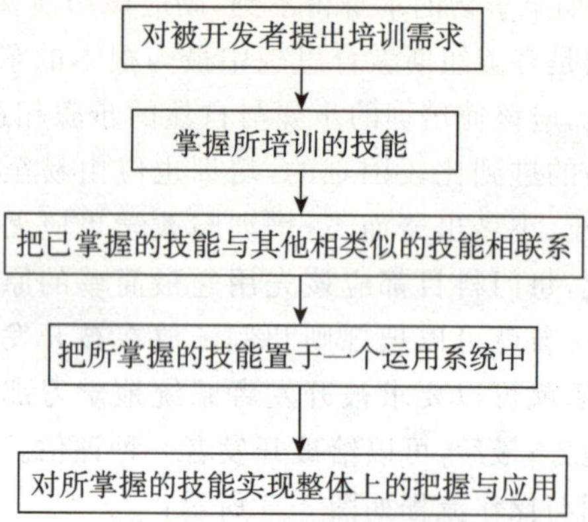

图 2-4 技能开发操作流程图

三、在活动与疑问中进行人力资源开发

这一原则认为，人力资源开发过程是一个实践过程，开发者不能仅限于书本知识的传授与抽象技能的训练，而要考虑怎样使培训教材变成被开发者经验的一部分。在具体的实践学习活动中，要注意具体的知识与技能是学习不完的，要在具体知识与技能的开发过程中，培养被开发者良好的思维习惯，引导他们创造性地思考问题，反对把堆积知识与抽象技能作为培训与开发的目的。

这一原则适合于技能开发与智力开发。这一开发原则的教育学依据是杜威的教育思想。杜威认为，思维起于疑难，疑难产生于活动，没有活动就没有疑难。因此，培训与开发中，要注意以下几点：第一，要让被开发者有一个真实的经验情境，有一个对开发本身感兴趣的活动；第二，在这个情境内部要产生一个真实的问题，作为思维的刺激物；第三，要让被开发者占有知识资料，从事必要的观察，为解决问题做好准备；第四，要让被开发者负起责任，一步步地提出他所想出的解决问题的方法；第五，要让被开发者有机会通过应用来检验自己的想法，并判断自己的想法是否有效。

这一原则的应用操作流程如图 2-5 所示：

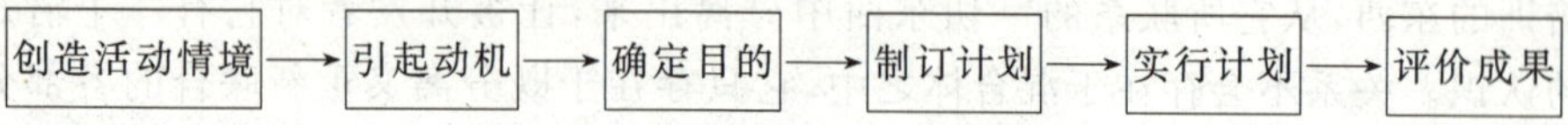

图 2-5 活动开发操作流程图

四、人力资源开发应走在被开发者素质发展的前面，以开发促发展

这一原则认为，以现有的知识经验为基础，通过感知到表象再到新的知识

与经验的形成，这种开发过程效率较低，不太适合当前知识、科技不断创新与变革的时代。人力资源开发应建立在借助先进的方法手段所达到的解决问题的水平与在独立活动中所达到的解决问题的水平之间的差异上，以最优秀的开发形式，来实现被开发者最好的发展，以开发促发展，而不是仅仅让开发活动顺应被开发者现有的发展水平。

这一原则适用于技能开发、能力开发与思想品德的开发。

这一原则的教育学依据是赞可夫的教育思想。他认为教学需要根据学生心理某些已经完成的程序，但那只是起码的条件，不能停留于此，教学要走在发展的前头。教学与发展的关系是因果关系，教学结构是因，学生的发展进程是果。学生的发展，不仅是智力的发展，而且包括生理与心理素质的发展。

赞可夫认为，量力而行原则、直观教学原则和分解式教学原则，制约了学生的发展速度，因而提出了高难度教学原则、理论知识起主导作用原则与整体性教学原则。

这一原则的应用操作程序如图 2-6 所示：

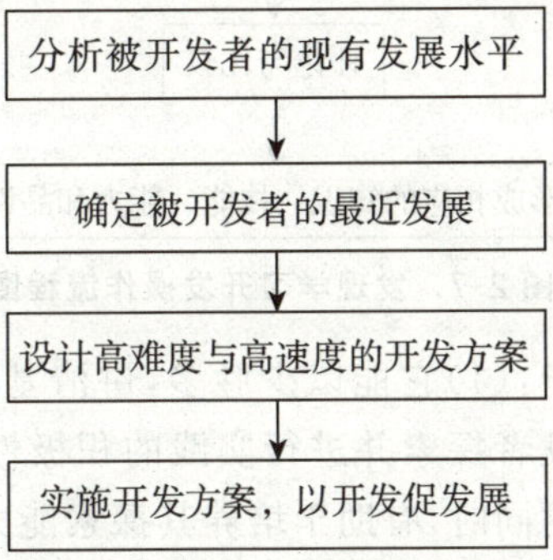

图 2-6　高难度开发操作流程图

五、应该在重现知识技能与品性的形成过程中开发人力资源

这一原则认为，当我们欲培养或发展被开发者的某一技能与品性时，最有效的方式是让被开发者重复面对前人当时形成相同技能与品性的情景，让被开发者处于一个积极主动的学习与掌握过程中。当然，这种重复不是原始的重复，而是一种优化与提炼后的重复，以减少不必要的曲折与浪费。

这一原则适用于人力资源开发的任何阶段与任何对象，特别适用于智力开发过程与研究能力开发。

这一原则的教育学依据是布鲁纳的发现学习理论。布鲁纳认为，学生的学习是一个积极的主动过程。教学为了使学生提高对所学事物的掌握、转换、评价和迁移的能力，就需要求学生主动地参加到学习的过程中去。他认为，学生对学习中的发现,最具诱惑力。他认为,学生的学习过程也可以看做科学家的探索活动,二者之间没有质上的区别。因此,他要求每一门学科的教学都要使知识的获得过程体现出来。例如数学,就要让学生像数学家那样思考数学。他说,发现人类尚未知晓的事物,也包括用自己的头脑来亲自获得知识的一切方法。

这一原则的应用操作流程如图 2-7 所示:

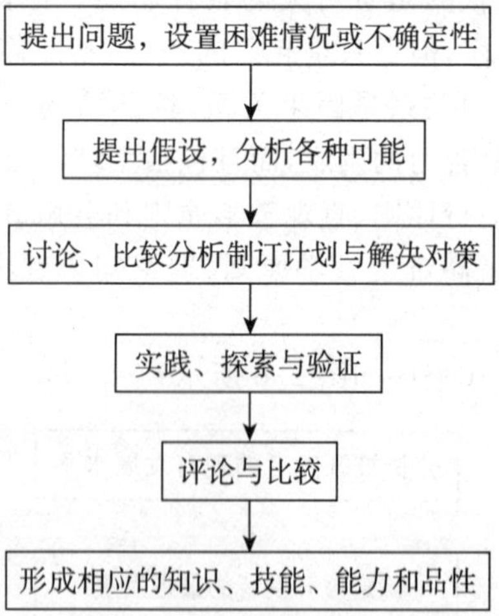

图 2-7　发现学习开发操作流程图

这一原则的特点在于:(1)它能以少胜多,讲清基本原理,引导被开发者自己去探索;(2)激发被开发者探索并进行实践的积极性与热情;(3)在形成相应知识、技能、能力和品性的同时,有助于培养其探索能力、掌握学习方法,有利于被开发者进一步的自我开发。

六、人力资源开发在不同对象与客体之间不存在一成不变的万能模式

这一原则认为,人力资源开发是一个综合的整体系统,虽然开发的目的有时是单一的,但开发者的设计却必须具有整体性与综合性,应该综合规划对各方面开发的相关影响、效果、方法途径以及所需条件,从系统完整性的观点来实施与调整人力资源开发的各个环节,以提高开发的辐射效应与整体效果。此外,这一原则认为,实践中形成的各种开发方式与模式,具体到不同的对象与客体身上,其应用的具体方式是不尽相同的,要具体情况具体分析,追求开发效果的最优化。

这一原则适用于人力资源开发的各个阶段与各个方面,它是一种方法论的思想。它告诉我们,某一人力资源开发方案在一定条件下可以取得成功,而在

另一条件下也许就难以完全成功，在第三种情况下也许毫无效果。

这一原则的教育学依据是巴班斯基的教育思想。巴班斯基认为，要把教学过程作为一个系统，全面地研究其各种要素、结构、功能以及其他有关方面，进而提出了一整套使各要素足以充分发挥其功能的原则、措施和要求。由于人力资源开发过程是一个复杂的综合系统，因此开发者应针对具体的环境条件与被开发者的特点，选择最优化的开发方案，进行开发。

这一原则的应用操作程序如图 2-8 所示：

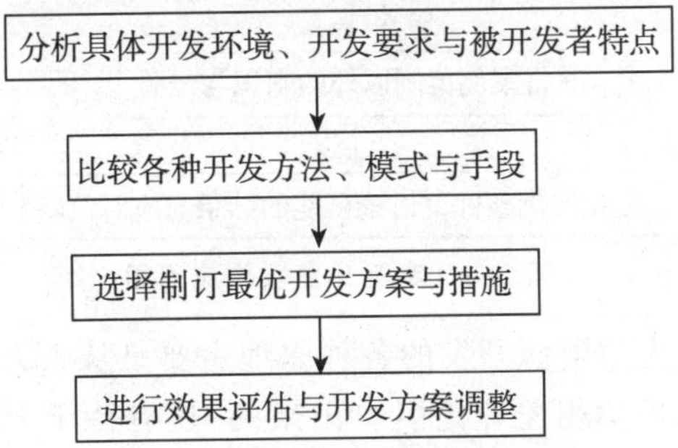

图 2-8　最优化开发操作流程图

七、通过典型案例进行人力资源开发

这一原则认为，尽管目前人类的知识浩如烟海，实际上，真正起作用的还是少数，80％的知识技能来源于 20％的精华知识。如果精选那些包括本质因素、根本因素与基础因素的典型相关事例，通过它们进行人力资源开发，将能达到事半功倍的效果。因为传统的人力资源开发过于强调系统性，有许多可有可无的东西含于其中，不精练。应该去粗取精，选择其最基本的东西，使之可以迁移，触类旁通。通过案例进行人力资源开发，可以使有关的知识技能保持原汁原味，保持其与原有的实际情况相联系，有助于被开发者对知识技能的正确理解、正确把握与正确运用，这就好像花木连根带土移植到新土地中，比去净原有土壤的植物更容易成活；通过案例进行人力资源开发，还有助于被开发者了解相关知识技能形成与发展的背景与过程，了解它们的应用价值。

这一原则适用于人力资源开发的各种对象与客体。

这一原则的教育学依据是德国的范例教学理论。第二次世界大战后，德国为培养有真才实学的人，强调改革教材，要充实根本的、基础的、本质性的内容。认为把这样一些内容组织成范例进行教学，就能到达以上目的。范例教学理论认为，学生学习这种范例内容，可以使学习知识同掌握科学方法结合起来，使实质训练同形式训练结合起来，使解决问题同系统知识的学习结合起来，在运用范例过程中，能使学生的主动性与和谐性统一起来。

这一原则的应用操作程序如图 2–9 所示：

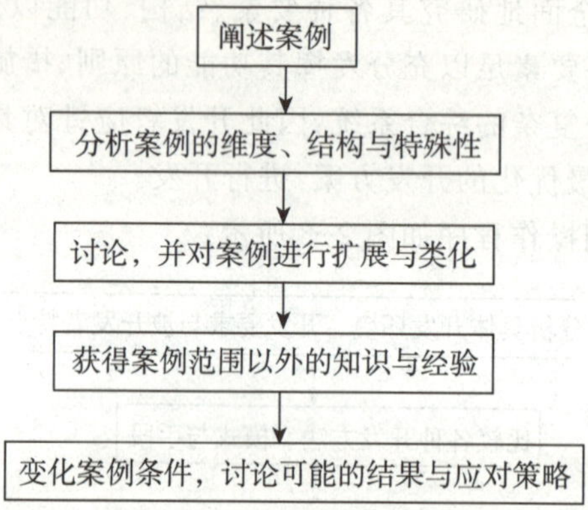

图 2–9 案例开发操作流程图

总之，上述有关人力资源开发的各种原理主要是从人力资源开发的理论与实践、从教育学与心理学相关理论引申出来的，还有待于人力资源开发实践的进一步检验。

【思考题】

1. 谈谈你对 HRD 的客观基础的认识。
2. 分析比较 HRD 与培训、教育、学习及 HRM 的概念和各自的特点，并分析有何异同之处。
3. 试分析比较 HRD 的各种观点。
4. HRD 对组织的发展与管理有什么重要的价值和作用？
5. 试分析比较人力资源开发和人力资源开发学两个概念。
6. 掌握人力资源开发学的四种研究方法，并思考怎样在实践中具体运用。
7. 试分析各种人力资源开发原理的理论依据及其对 HRD 工作的启示与作用。
8. 试述文化凝聚原理的基本内容，并分析其对 HRD 工作的启示与作用。
9. 试分析各人力资源开发原则及其对 HRD 工作的启示与作用。
10. 表述通过典型案例进行 HRD 的实际操作过程，并分析其对 HRD 工作的启示与作用。

【案例】

联想集团发展的秘诀①

联想集团当年凭借20万人民币和14个人起家，是靠什么走到今天？靠人。联想将来靠什么跨入世界500强行列？还是靠人。人才是利润最高的商品，能够经营好人才的企业才是最终的赢家。联想对人才有着特别的凝聚力。美国MIT的中国企业研究小组向联想人提问："你们是用何种机制创新，使老职工老有所值，青年人稳挑大梁？"柳传志认为答案正是联想的成功之道，关键是"带好队伍，让人才有声有色地演好自己的角色"。

（一）培养人才

联想集团深知人才的作用，它有一个众所周知的口号："办公司就是办人。"联想培养人的第一个方法叫做"缝鞋垫"与"做西装"。培养一个战略型人才和培养一个优秀的裁缝是相同的道理。应该让他先从缝好鞋垫做起，然后是短裤、裤子、衬衣，最后才是西装。一步一个台阶，不能操之过急。联想第一个MBA郭为，做联想副总裁时不过30岁出头，但他在联想也是从秘书做起，岗位变动十余次。联想另一个年轻的副总裁杨元庆，是中国科技大学的硕士，也是从做推销员一步一步成长起来。联想的今天根本上得益于20世纪80年代就开始的人才锤炼，这需要师傅和徒弟都必须有耐心。

联想培养人才的第二个办法是从赛马中识别好马。最好的认识人才和培养人才的方法就是让他去做事。从1990年开始，联想大量提拔使用年轻人。当时第一代联想创业人占总员工人数的40%，平均年龄40岁；第二代联想人60%从学校和社会招聘，平均年龄26岁。联想面临后继乏人的局面，为了信息产业即将到来的竞争，联想克服阻力，大量提拔年轻人才，让"小马拉大车"。1994—1995年，联想又展开新一轮"从赛马中识别好马"计划。当时联想在内地只有员工1000余人，但提拔的部门经理以上干部就有150人，总经理有30多人，其中35岁以下的干部占70%以上。曾有人认为干部太多太年轻，但事实证明这批大胆使用锻炼的年轻人才使联想能够迅速发展。

（二）人才的激励机制

"我们正在进行一场人才激励的竞赛。联想不否定物质是人才激励的内容之一，但它不应是激励的全部。唯有金钱的激励最终一定是鸦片。"

对第一代联想人而言，早期联想给予他们最多和最大的激励是他们的事业、理想和目标。与精神方面的激励相比，物质方面的注重程度显得微不足道。

---

① 根据李啸尘的《新人力资源管理》（石油工业出版社2000年版）一书中的案例"联想集团的人才资本管理"改编。

联想已由强调中央集权的“大船结构”管理模式向集权分权相结合的“舰队模式”逐步转变，它更强调对部门和个人的尊重。新一代的联想人也更多地享有独立运作庞大的事业部的权力和利益，这种成就感的满足是联想给予年轻人才的激励。

联想的分配制度基于事业部体制，超额完成的利润50%上缴集团公司，另外50%由事业部自行处理，用于奖励或福利。这种自主性赋予年轻人更大的工作动力。

除此之外，联想更关注集体主义精神的培养。联想绝不重用有才华但自私的人，那客观上会助长个人英雄主义和利己主义，企业的集体主义和合作精神就会遭到破坏。联想用什么样的人不单纯是企业和这个人的问题，它还关系到企业里其他人向谁学习、向谁看齐的深层次问题。

（三）人才的三种类型

联想人认为，第一种是能够自己独立做好一摊事；第二种是能够带领一群人做事；第三种是能够制定战略。联想认为，人才的标准是相对于角色的要求而成立的。

联想人习惯按社会通行的叫法把自己称做高科技企业，但是顺着联想发展的轨迹去解剖它，我们可以发现联想实际上是一个高文化企业。而高文化企业主要表现在它的观念。目前，联想集团的员工主要由两个年龄结构的人组成：一层是目前30岁左右的人；一层是目前50岁左右的人。第一代联想人与第二代联想人之间存在一个巨大的年龄断层。尽管第一代、第二代联想人在行为准则、价值观上存在不可避免的差异性，但这个95%以上都具有大学本科以上学历的团队已成功地融为一体，在企业不断发展壮大的同时，也顺利地完成了联想文化的传承，企业发展的目标达到高度共识。与一些曾经像流星般划过中国企业界天空的民营企业不同的是，联想集团在成长过程中并未曾失去过联想，其秘密正如公司总裁柳传志所总结的那样：“小公司做事，大公司做人。”

公司较小的时候，更多地需要的是第一种人才。公司发展到一定程度，需要较多的是第二种人才。公司发展到比较大以后，第三种人才就尤显珍贵。可以在企业中承担较高责任者的人才必须具备六个标准：一是有共同信念和价值观；二是有忠诚与牺牲精神；三是审时度势、独当一面的指挥能力；四是搭班子、建队伍的管理能力；五是团结多数、协调一致的合作能力；六是孜孜不倦、吐故纳新的学习能力。1989年以后，联想集团在第二种和第三种类型人才的选拔方面下了很大工夫。通过各种方式，将年轻人推到总经理的位置上。目前联想已有30多位年轻的总经理，占总经理人数的80%以上。

联想的人才标准是一种训练标准，是一种操作标准。联想以衡量业绩表现的方法来评价人才干得好与不好,以处理问题的方式和水平来判断人才的可塑性。对人才的首要要求是要有信誉。联想每年都有人事安排上的大变动,变动的核心内容是将年轻人才推上适合的岗位,有的降职,有的平级调动,有的提升,直到把一批优秀人才调整到合适的位置为止。

联想集团总部已逐步向投资控股公司转变,其下属的几十家分公司和十几个事业部需要一大批能够带领队伍、制定战略的人才。这些高级人才不可能全从外面引进,必须自己选拔和培养。联想要建立自己的"职业企业家"队伍,这是联想的一个跨世纪工程。

讨论题:

1. 你认为联想集团取得现在的成功的秘诀是什么?

2. 联想集团的人力资源开发具有哪些特点?请具体分析。

第三章　人力资源开发的发展与趋势

【本章教学目标】

1. 了解人力资源开发的发展历程，明确培训与教育在人力资源开发中的重要作用。

2. 了解人力资源开发的发展趋势，明确人力资源开发在新环境中扮演的新角色和发展的新方向。

3. 树立与时俱进的观念，能够以动态的眼光看待人力资源开发。

前面两章，我们主要阐述了人力资源的价值与作用，了解了人力资源开发的概念、特点、功能及其与人力资源开发学的区别，把握了人力资源开发的基本原理与原则。这一章，我们主要介绍人力资源开发的发展历史与趋势。了解与掌握人力资源开发的基本历史与发展趋势，对于人力资源专业人员来说至关重要。其目的是让读者在了解人力资源、人力资源开发的基本理论与实践问题之后，能够对人力资源开发的历史轨迹有一个完整的认识。

第一节　人力资源开发的发展历程

人力资源开发是开发者通过学习、教育、培训、管理、文化等有效方式为实现一定的经济目标与发展战略，对既定的人力资源进行利用、塑造、改造与发展的活动。虽然人力资源开发的概念到了近代才提出，但是人力资源开发活动早已存在并贯穿着人类历史的全过程，本节以时间为线索，主要介绍人力资源开发在中国以及西方历史各阶段的发展历程，并对比双方的不同特点。

一、原始社会时期

原始社会时期的人力资源开发是寓于生产和生活的母体之中，在它的早期，人力资源开发主要是迫于生存的压力，表现为一种非正式的对于家庭或部落首领的无意识的模仿，这种模仿使他们适应所生活的自然和社会，使得生命得以延续和发展。

随着生产不断发展，原始社会出现多次社会分工。例如，进入民族社会后，原始先民告别了“不耕不稼”“不织不衣”的时代，经历了生产经济与攫取经济的分离，即采集、渔猎与农业、畜牧业的分离，出现了原始的农业。随后，畜牧业从农业中分离出来，由于各个部落产品不尽相同，从而为经常性交换创造了条件。而后，随着农产品的增加引发了加工工业的产生，手工业开始从农业中分离出来，开始了早期工艺技术。社会分工的出现使得每个领域都有了自己专门的技能，此时的人力资源开发经历了一个从无意识的模仿到有意识的模仿的转变，同时一个人向另一个人的技能传递变成了一种有意识的过程，但是这个过程并没有成为一个理性的过程，它仅仅表现为对一种技能的简单的多次模仿直到精确地掌握，人力资源开发的方式处于一个相当原始的阶段，主要表现为示范模仿、口耳相传等方式。例如，在有经验的渔民的口头传授下，能根据野兽留下的痕迹，准确判断出野兽的种类、行踪走向及行走时间。另外，原始先民还将对于人力资源的培训寓于赛事与游戏中，例如古代赫哲族的“叉草球”游戏，他们把活灵活现的“草球”看做是水中的游鱼、林中的走兽，久而久之，人们便能熟能生巧，练就一身捕鱼猎兽的过硬本领。同时，一些民俗宗教仪式现在看来都是人力资源的开发方式之一。《吕氏春秋·古乐》记载：“昔葛天氏之乐，三人操牛尾投足以歌八阙：一曰《载民》，二曰《玄鸟》，三曰《遂草木》，四曰《敬天常》，六曰《达帝功》，七曰《依地德》，八曰《总万物之极》。”这八首歌反映了原始先民已经掌握了丰富的农业、畜牧业知识，青少年在观看歌舞过程中，可以学到农作与畜牧业知识，熟悉各种动植物形状特征，懂得某些生产经验，实习生产操作方法。虽然这些方式非常原始，但是现今的人力资源开发同样少不了口耳相传、示范模仿、顺口溜等传递技能的方式。

尽管世界范围内原始人类的生活方式存在许多相似之处，但也有不同之处。早期中国原始人群在诸如治水等与自然界的斗争中，形成了以农业经济为主体，注重秩序、稳定与崇尚群体等诸多精神；而西方原始文明为了同海洋作斗争形成了注重挑战、冒险、个人主义的特征。除了基本生存技能的培训外，在中国，人力资源开发的对象更多的是人的农业、畜牧业等技能，西方文明则偏重于人的航海、战斗、交易技能，这也构成中西人力资源开发差异的基本内涵。

二、公元前11世纪至公元前200年

这一个时期囊括了西方文明中古希腊文明的璀璨时期，正好同中国的西周乃至春秋、战国时期相平行。然而，二者在人力资源开发方面却走向了不同的方向，古希腊蔑视体力劳动，而中国则重视劳力、重视劳动技巧。

中国的西周和春秋、战国时期，是中国农业文明基本模式的形成期，先后经历青铜玉器时代和铁器时代，社会分工逐步深化，农业、手工业、商业以及科学

领域空前发展,“士、农、工、商”的四民分业的社会局面形成,而重农之风从夏商周时代就开始,到了战国时代,商鞅则首次提出了“重农抑商”的思想,从人力资源开发的角度看,中国采用官方提倡与家庭传承结合的方式进行着农业生产教育,从西周开始,籍田礼是中国古代帝王重农劝农的重要仪式,如《礼记·月令》曰:“孟夏之月,命野虞出行田野,为天子劳农,劝民毋或失时。命司徒巡行县鄙,命农勉作,毋休于都。驱兽无害五谷,毋大田猎”,皇帝亲身参与劝课农桑的传统由此形成。农业人力资本的提升还依靠“农官”推广技术,比如西周的地官司徒,既管理民政,也管农业生产,上至大司徒下至遂人,都必须精通辨土认地之法,掌握和向后代传授土壤的质地、安排种植、按土质实施等技术知识,从而指导、培训农民更好地进行生产。另外,中国农业经济基本上是家庭经营,父子夫妇相伴,日出而作、日落而息,自然农业技术的代际传承成为中国几千年农业技术的主要传承方式。在手工业方面,第一部专门著作《考工记》记载的是齐国国营的手工工艺,体现了对于手工技艺的重视,这也必然带来官营艺徒制的技术传授方式,而民间的“子就父学”“弟从兄学”的家庭培训方式也逐渐开始推行开来。

古希腊人的人力资源开发方面,从整个社会主流观点来看,人的道德、美学等涉及个人发展的方面受到古希腊教育哲学的青睐,对于商业和手工业的培训并没有表现出同样的宽容态度,他们歧视体力劳动者,包括农民、商人和各种手工业者。苏格拉底认为,这些体力劳动行业,由于其令人郁闷和厌恶的工作环境并且不能提供闲暇时间,既损害了从业者身体,又不能启发从业者的智力和心灵。这也从另一个角度反映了古希腊教育和培训所追求的价值和目标,即对个人智力的启迪、审美的提升、道德的升华等有助于个人发展的方面。当然,农业、商业、手工业并没有完全消失,它们在社会底层依托学徒制体系传承着。事实上,也正是建筑业、商业、农业、手工制造业等方面的物质基础承载了追求完美和秩序的古希腊时代的文化精髓。

从这一中西对比中,我们也可以发现中国对于实用技术的追求与西方对于技术科学追求的截然不同,中国对于人民的“培训”是“伦理本位”的,而西方对于人力的开发则是“理性本位”的。

三、公元前 200 年至公元 300 年

这一时段基本覆盖了中国第一次所谓的“封建大一统”时期——秦汉时代,相对应的是西方的古罗马时期,二者的差别同样是对于体力劳动的重视程度不同,但是二者有一个共同的因素即都通过帝国强大的法律、制度工具来保障人力资源的开发与使用。

秦汉时期，国家的统一和强盛极大地推动了技术传播和技术发明，这对于人力资源开发的影响在于趋于理性，出现了更多规章制度以及技术推广系统，人力资源开发方式增多。例如，汉代的农官赵过在推广代田法过程中分为三个步骤：首先，亲自实地试验；其次，借用行政力量，对县令长、乡村中的“三老”、“力田”和有经验的老农进行技术训练，“受田器，学耕种养苗状”，再通过他们把新技术逐步推广出去；最后，先以公田作为重点推广，再普遍开展。由此可见，在农业技术上，一方面是技术的进步明显，另一方面在人力“培训”上更加多样化。手工业的官营艺徒制度渐趋完善。《均工律》中记载：“能先期成业者谒上，上且有以赏之。盈期不成学者，籍而上内史。”秦对技术工人的培训一般要求两年学成，如能提前学成的有赏；到期没学成的，要上报主管官吏。如果没有完成定额，或学习技艺不能如期完成，以及生产出来的产品被评为下等时，工匠与工师都要受到不同程度的惩罚。这说明此时的人力资源开发系统比较完备，出现了绩效考评、劳动定额与工作量的核算等人力资源开发因素。

古罗马时期的教育和培训方式对古希腊有一定的继承，但相对于古希腊人的阳春白雪式的教育理念，古罗马人更务实一些，他们更关注有效性和实用性，对于能够创造物质成就的技能培训给予了一定的重视，这能够从古罗马帝国建筑、道路等方面的成就得以体现。但是，在同样等级森严的古罗马帝国，人们也并未给予从事劳作技艺的人足够的尊重。古罗马人是通过家庭的学徒制传承劳作技艺的。古罗马时期在教育和培训方面的创举是提供了一个通过法律和政治制度来获得长期的社会、经济和文化变革的范例，这是古希腊所不及的。

四、300 年至 1300 年

这个时期长期以来被西方人称为“黑暗时代”，即中世纪；中国则是鼎盛的王朝时代，先后经历了魏晋南北朝、隋唐、五代、两宋、辽、金等朝代。

对于中国来说，这是古代人力资源开发的大发展时期，其中职业教育水平不断上升的过程直至宋朝达到顶峰，并且出现了人力资源开发的自觉性。魏晋南北朝时期出现了专科学校，自此，研究与传授专门知识、培养专门人才一直沿用到明清而不变。例如，唐代的医学、天文历法、内宫专门技术学校，在培养人才、发展生产中有着重要意义。到了这个时期，中国官府手工业艺徒制度开始成熟且有严格的制度规定，宋朝还出现了“法式”艺徒培训。《宋史·职官志》记载：“凡利器，以法式授工徒，其弓矢、干戈、甲胄、剑戟战守之具，因其能而分任之。量用给材，旬会其数，以考程课，而输于武库，委遣官诣所隶检察……课百工造作，劳逸必均，岁终阅其良否多寡之数，以诏赏罚。”我们看到，艺徒制度规定非常详细，要求用“法式”教授工徒，根据学徒的才能，令其分别学习不同的技艺。同时，宋代民间工艺传授活动十分兴盛，已出现了类似于欧洲的行会组织，宋代手工业不论生产物件大小，都设置了“团行”，各团都有“行老”。

虽然被称为“黑暗时代”，但是在人力资本的开发上，中世纪的欧洲不仅出现了重大改观，而且为近代西方对于人力资本的重视奠定了重要基础。西方中世纪生活的方方面面都留下了基督教的深刻烙印，教育上基督教僵化的教条和训练取代了古希腊和古罗马传承的教育理念。同时，教会接纳了社会底层人士，这一变革打通了底层社会向上流社会流动的壁垒。严格的道德约束、自觉的心灵束缚和各种清规戒律使得这个时期的教育呈现出全新的特点。

首先，修道院对这个时期的教育起着重要影响。在严格僵化的基督教教条下，中世纪的学术精神日渐匮乏，对典籍的修缮和研究主要由修道院的教士来完成。同时，为了与世俗社会隔绝，修道士们试图尽可能地做到自给自足，于是在修道院内建立了各种小型的农业和手工业作坊，这就为行业技能的传播提供了一个有利的场所和合理的理由。修道士们一方面承担着学习和传承传统文学艺术的任务，人人都要学习阅读和写作技能，修缮典籍，写作教义，并在绘画、音乐和雕塑等艺术方面有所研究；另一方面，传播实用性技术也成了僧侣生活的另一个重要方面，他们系统地提供和接受一些关于农业、手工业、建筑业等方面的培训。其次，学徒制培训在这个时期成熟且渐渐制度化，逐渐成为一种主流的教育模式。学徒制是一种使年轻的、无专长的劳动者成为专业特长劳动者的体系。一个无专业特长的劳动者在师傅的指导下当学徒，学习手工技能，逐渐成为熟练工。师傅不但交给徒弟手艺，还要像父亲一样传授给徒弟道德、宗教和生活常识。学徒在学徒期满后会逐渐成为一个取得固定薪金的熟练工，并在几年后凭借自己的技术和知识取得成为师傅的资格凭证，另立门户，并收取学徒。中世纪后半期，商业行会逐渐形成和发展起来。这些行会主要在从事同一行业的商人和技师中形成，保护各自利益。这些行会主要规定了从业资格、工作时间、产品质量标注和销售价格等，避免内部竞争产生的内耗。同时，这些行会为会员的子女提供教育和培训的机会，以保证他们能继承上辈的生意，保证会员的利益。

中西方此时人力资源开发最大的不同在于开发主体的不同：在中国，最重要的或者起决定作用的是中央政府；而在西方是修道院或者是基督教会。换言之，前者是政治的力量，而后者是宗教的维系。

五、1400 年至 1800 年

在这个西方称为“文艺复兴”的时代，中国走上了明清的封建王朝没落期；也就是在这个时期，在人力资源的开发上，中国渐渐与西方拉开了距离。

在中国，传统的人力资源开发方式已与近代工业萌芽产生矛盾，传统的职业专科学校缓慢发展，官府手工业艺徒制度衰落等皆表明传统职业教育与近代工业萌芽不相适应。职业教育具有双重属性，即产业性与教育性的统一。因此，伴随生产方式的大工业化来临，其人才培养方式、规格必须相应地改变。例如清代行会，对于行业具有很强的保护作用；但行会是一种排他性很强的经济组织，它的结构具有强烈的封闭性。与行会相伴随，会馆学徒制度亦趋向保守，近代工业需要近代职业学校培养科技人才。

西方的文艺复兴时代有几个人对于教育和培训的进步有巨大的影响，他们分别来自15世纪到19世纪的不同时期，通过对他们的教育思想的了解，我们可以大致了解教育培训在文艺复兴不同时期的发展情况。

马丁·路德(Martin Luther，1483—1546)除了在宗教运动中促成了新教的形成，也对修道院式的教育方式进行了深刻的批判。他认为，学习不应该专注于神学教育，更应该关注古典文化、艺术、逻辑、音乐、历史和科学等方面的培训。同时，他提出了突破当时教育观念的教育理念：全民都应享有受教育的权利，而不应仅为富人垄断；男孩和女孩应平等地接受教育，而不应重男轻女。

约翰·洛克(John Locke，1632—1704)在《人类理解论》一书中建立了他的知识理论，强调经验和感性认识是知识的重要来源。他坚信教育应该强调逻辑思维能力的培养和对实际生活能力的适应。他认为，年轻人需要学习一个或几个谋生本领，同时兼顾体力、道德和智力方面的培养。洛克特别赞成年轻人学习木器制作和花卉园艺，在这些领域年轻人不应仅仅从书本上学习，更应从实践中学习。

让-雅克·卢梭(Jean-Jacques Rousseau，1712—1778)认为，实践和经历是最好的老师，教育应该与实践经验相结合。他肯定了手工技术的价值，并把它们作为对年轻人进行教育的中心部分。卢梭对技术培训的高度认可，开创了教育思想史上的新时代，对技术培训和实用性教育的发展做出了重大的贡献。

约翰·裴斯泰洛齐(Johann Pestalozzi，1746—1827)推崇卢梭关于体验式教学的理论，提出学习应该由单纯的知识学习向技能培训转变的观点，被称为“技能培训之父”。他认为，学校教育应该将教育内容与学生的现实生活相结合，并以此来发展学生的感知和判断能力，从而提高其逻辑思维能力和道德观念。教育是改变个人命运的手段，他相信让孩子们以从事各种应用性劳动作为个人发展的基本目标，对他们是有益的。他认为有两种教学方式：一是从说教到实物，二是从实物到说教。他主张第二种方式。

清朝初期，以欧洲为代表已经开始工业革命，但是清朝没有抓住机会，而是把中国封建社会制度推向高峰。在西方，人力资源开发发生了巨大变化：18世纪中期,工业革命到来,机器的发明和使用引起工作方式的巨大改变,传统的学徒制已不适应工厂中机械化的工作流程,一对一的学徒模式也不能满足工业扩张中急剧增长的对工人的需求。时代要求以不同的方式培训工人。19 世纪后期,曾经风行一时的学徒制衰落。为了适应对新型工人的需求,18 世纪的美国参照英国行会体制成立了许多技术协会,技术协会又创办了私立技术培训学校,除教授该行业技术外,也教授阅读、英语、数学和其他科目。这种教育模式还是无法适应迅速扩张的工业社会,许多公司为了尽快获得所需要的高质量的工人,开办了许多技术培训学校,培训专门人才供本公司使用。

在公立学校的教育上,社会上持两种观点:一部分人认为公立学校的教育脱离社会和实际,年轻人不能将学校所学运用到实际中去;保守的教育工作者则认为,传统的知识学习有利于学生的道德培养和智育教育的提高,这是对学生进入社会的最好准备。经过不断的尝试和改革,最终在公立学校里,应用性技术培训和传统中学课程逐渐结合。此后的几十年里,政府的努力使得职业技术培训逐步纳入到公共教育体系。随着美国进入 20 世纪和美国工业化的持续发展,科学管理思想涌现,它在 18 世纪早期由查尔斯·班巴基(Charles Babbage)首次提出,后又被弗雷德里克·泰勒(Frederick Taylor)进一步提炼并推广。科学管理理论主张将复杂的工作流程分解为一个个简单机械的工作任务;同时,金字塔式的管理架构控制大量的工人并获得 7 倍的效率。

六、20 世纪早期

进入 20 世纪,整个人类历史进入了西方人统治世界的世纪,人力资源开发也一样,鸦片战争后,西方的坚船利炮不仅打开了中国的大门,也打开了中国人的视野。中国开始学习西方,学习西方的职业教育,学习西方的先进技术。此时人力资源开发开始包括派遣留学,例如清末新政中的留日学生,以及后来的留德学生、留美幼童的派遣等等,也正是这些人将国外先进的人力资源开发方式渐渐带入中国。

20 世纪早期的西方,培训意识和职业技术教育不断发展,各种企业学校和职业协会建立,关注适应企业需求的人事培训和管理。

两次世界大战除了对社会带来创伤,也因为对军需品的大量需要,导致了产业培训的形成。二战时,美国联邦政府的战时人力委员会创立了一个全国性的产业培训机构(Training Within Industry,TWI),目的是帮助相关生产厂家以低成本和高质量进行高效率的生产。TWI 工程以其最终结果而著名,这些结果主要包括作业教导(Job Instruction)、作业办法(Job Methods)、作业关系(Job Relations)和项目发展(Program Development)。TWI 工程的四项结果孕育出了当代 HRD 的三个关键要素:绩效、质量和人际关系。

七、20 世纪中后期

这一时期西方人力资源开发学说经历了飞跃式发展,主要体现在以下两个方面:

(一) 组织发展的演进

1. 人际关系学说

从 20 世纪 40 年代到 50 年代早期,早期的组织发展(OD)观念和方法建立在人际关系学说的模式之上。人际关系学说试图抛开传统的认识,把重点放在个体的自我意识、个体的需求以及怎样去改善人际沟通和人际关系上。其中著名的有领导霍桑试验的埃尔顿·梅奥(Elton Mayo)等人。

到 20 世纪 50 年代中后期,组织发展研究的方向逐渐由人际关系向人本主义转变,人力资源的理念开始产生。人本主义的核心价值观包括尊重人的理性、相信人通过学习不断追求完美、承认自我觉醒的重要性等。人本主义思想的代表人物及其理论主要有:马斯洛的需求层次论、道格拉斯·麦格雷戈的 X 理论和 Y 理论。人本主义思想认为,人可以被共同的目标所激励,完成有意义的工作,个人可以自我指导和自我管理,有效的管理可以充分挖掘人的潜能。人力资源开发的理念由此逐渐发展起来。

2. 实验室培训

实验室培训(Laboratory Training)或者说 T 团队,提供了一个对团队过程及其互动的早期研究。T 团队是未经组织的、以小组为单位的课堂,参与者们在这里分享各自的体验并相互交流学习。这种培训逐渐由实验室拓展到产业领域。

3. 问卷调查和反馈

1947 年,伦西斯·李克特(Rensis Likert)开始了一种问卷调查和反馈的研究模式,这一过程包括对员工态度的测量、对参与者提供信息反馈和激发改进计划等。他认为,任何一个有组织的系统都可以根据所收集的资料将其归结为以下四种类型之一:利用性独裁主义、善意的权威主义型、协商型和参与型。他倡导创建以运用影响力、内源性回报和双向交流为基础的参与型的人力资源开发。

4. 行动性研究方法

行动性研究现在已被公认为 OD 的核心研究方法,是由社会科学家约翰·科勒尔、库尔特·莱温、威廉·怀特在 20 世纪 40 年代晚期创立起来的。行动性研究方法是由几个循环往复的阶段组成的:资料收集—资料分析—计划制订—

方案实施—评估反馈。该方法也是组织中的行为学习方法。

5. 坦维斯托克技术

20 世纪 50 年代,坦维斯托克(Tavistock)诊所针对社会亚系统和人群面对变化时做出的反应进行研究,后来也开展了一些与生产率和生活质量相关的研究课题。到 60 年代,其研究思路多样化,将技术和人有效结合,对组织系统采取组织干预技术。

6. 战略性变革

1960 年以来,组织发展逐渐由对个体的关注演变到向全面的开放系统观转变,体现在对领导力的重视、对组织战略的调整、对组织结构和文化等方面的协调。

7. 向扁平化组织转型

当今社会的各种组织逐渐向扁平化转型,以减少官僚构架、节省开支和对市场迅速做出反应。与此同时,组织的工作人员日益减少,工作职责的要求增多,不少岗位在合并重构。随着组织和岗位结构的变化,与之相应的培训也必须改变。

8. 工作特性的转变

由于只是寿命的缩短和知识更新的加快,组织在工作中对人员有了新的要求。组织在不断"瘦身"减少工作岗位的同时,也增加了在岗者工作的复杂性。当今的工作者不能再像从前一样简单机械地重复一个工作动作,负责一个工作环节,而是要了解整个组织目标和理念,明白整个工作流程。除此之外,现代组织要求一线工作者必须肩负一定的领导责任,而不能僵化地等待上级命令,必须有一定的分析和处理问题的能力。另外,在一些技术密集性领域,知识更新快,这就要求人们必须不断接受教育和培训,不断更新他们的知识技能。

(二) 管理和领导力发展

在人力资源开发的历史上,过多地重视组织发展和员工培训,忽略了管理和领导力发展(MLD)的问题。管理和领导力发展对 HRD 有着重要的影响,是其重要组成部分,但却长期游离于 HRD 学科之外,单独发展为一门学科。近些年来,人力资源开发逐渐与管理和领导力发展走向融合。MLD 的目标群体是组织中处于高层管理岗位或准备走向这些岗位的人员,对他们进行高等教育或职业技能培训,提高其管理水平。

新中国成立后,虽然理论水平不高,但是在人力资源开发实践中并不是无所作为,近年学者们在解释"中国经济奇迹"中提出了多种视角,其中国家发展研究院李玲教授从人力资本角度提出了一个新的视角:和一些 30 年前经济发展基础与中国类似的人口大国相比较,人力资本建设方面的成就可能是解释中国经济增长的一个重要因素，特别是新中国成立后前30年在健康、教育事业上所取得的成就，是中国经济发展区别于其他国家的重要特征。

新中国人力资源开发取得的成就首先表现在健康上。新中国成立后在人民健康事业上取得了巨大进步，很多流行性疾病如天花、霍乱、性病等得到较彻底的消除，而寄生虫病如血吸虫病和疟疾等得到了有效的控制，平均寿命从1949年左右的35岁增加到了20世纪80年代早期的70岁。这种人力资本的开发方式主要有两个：一个是广泛发动群众，改善基本公共卫生状况，消灭危害人民生命最严重的急性传染病，如1952年“爱国卫生运动”的兴起；另一个是一套行之有效的初级卫生保健体系极大地帮助当时中国绝大多数人口所在的农村地区改善了医疗卫生条件，包括建立在集体所有制基础上的合作医疗、遍布乡村的三级卫生服务网络和能够基本胜任初级卫生保健工作的赤脚医生。

其次是教育。新中国成立以来到20世纪70年代末期，中国在初等和中等教育方面成绩斐然，突出表现在极大地降低了人群中的文盲比例。1949年，中国的文盲率达80%；新中国成立后，扫盲运动兴起几次高潮，使得人群中尤其是青壮年的文盲率大幅降低。在正规教育上，1949年以前，中国小学入学率在25%左右；到改革开放初期，学龄儿童入学率基本稳定在90%。在初、中等教育上，中国的成绩同样有目共睹。这对于提高人力资本意义重大，也是中国改革开放以来实现经济腾飞的基本保障之一。而在教育这一人力资源开发方式中，中国选择了一条属于自己的路，即在教育资金有限的情况下，优先发展人力资本相对密集、价格相对低廉、受益人群更广的初等和中等教育，而不是优先发展受益面窄、资金密集的高等教育。

总之，古代中国在人力资源开发方面走在了世界的前列，尤其是唐宋时期，小手工业对于人力的培训体系十分完善，效果明显。随着近代工场手工业的发展，西方人力资源开发方式渐渐取代中国式的培训体系，而中国则被西方远远甩在了后面。随着改革开放的进程，中国也在摸索有中国特色的人力资源开发方式。

第二节　人力资源开发的新环境

随着21世纪的到来，人力资源开发所面临的环境也发生着深刻的、快速的变化。全球化的到来、信息的高速发展和市场的激烈竞争，都对人力资源开发提出了新的要求和挑战。我们将在本节讨论新环境对人力资源开发的影响。

一、全球化发展

（一）什么是全球化

全球化是20世纪80年代以来在世界范围内日益凸显的新现象，是当今时代的基本特征。全球化还没有统一的定义。一般地讲，从物质形态看，全球化是指货物与资本的越境流动，经历了跨国化、局部的国际化及全球化这几个发展阶段。货物与资本的跨国流动是全球化的最初形态。在此过程中，出现了相应的地区性、国际性的经济管理组织与经济实体，以及文化、生活方式、价值观念、意识形态等精神力量的跨国交流、碰撞、冲突和融合。① 总的来讲，全球化是一个以经济全球化为核心，包括各国各民族各地区在政治、文化、科技、军事、安全、意识形态、生活方式、价值观念等多层次、多领域的相互联系、影响、制约的多元概念。“全球化”可概括为科技、经济、政治、法治、管理、组织、文化、思想观念、人际交往、国际关系十个方面的全球化。

（二）全球化对人力资源开发提出的新要求

经济、工业技术的发展使得通信、社会活动、政治活动和人类活动在范围和特点上都呈现出越来越国际化的趋势。同时，人们对生活方式和工作方式有了更多认识。因此，全球化对人类的智力、情感、社会、政治、经济和文化等诸方面都产生了广泛而复杂的影响，可以说形成了一种多维影响。

全球化的快速发展加剧了全球各个领域竞争的激烈程度，这种更为激烈的竞争必然把人力资源开发摆到一个更加突出的位置。全球化要求组织内的员工们以不断提升自我的知识与技能为发展目标，因此要求员工通过学习来提升与更新自我，人力资源开发的任务就是要在组织或社区内部全面地激发这种能力，促进持续地学习。无论是对组织还是个人，这种理念对其他任何过程而言都是基本的。在人力资源开发的活动中，全球化的力量已经体现在诸多公司尤其是跨国公司对多元文化及多国人力资本日益加深的重视程度上面。一方面，这样有利于引进、吸纳多种管理技术、组织文化和优秀人才；另一方面，也对如何适应、利用这些有利因素提出新的要求和观点。考虑全球化问题时，多数HRD专业人士只是停留在理解多元文化这一层次上，实际上，全球化所要求的观念远不止这些。随着全球化的迅速发展，HRD专业人士必须将全球化思考与本地需求相结合，它要求企业把人、思想、产品及信息发送和传播到全世界，以满足当地的需求。因此，企业在制定策略的时候，必须把新的、重要的因素考虑进去，例如不稳定的政治局面、有争议的全球贸易事件、汇率的波动及不熟悉

① 〔澳〕索福：《人力资源发展战略》，曹明富、卢正芝译，杭州：浙江大学出版社2007年版，第5页。

的文化背景等。简言之，全球化要求所有组织加强学习与合作，以提高辨别复杂和模糊问题的能力。

全球化对人力资源开发提出了更高要求，要求人力资源开发不再局限于某一个国家的范围，而是要超越国家的范畴，在全球范围内开发、配置、培养高素质、国际化的复合型人才。这些要求具体包括人才构成国际化、人才素质的全面化、人才评价与人力政策、法规的国际化等等。

全球化促进了全球人力资源的开发和合理配置。全球化意味着人力资源配置的全球化，它不仅改变了全球人力资本和人才配置的格局，也为全球人才流动提供了更广阔的舞台。以信息技术为代表的高新技术产业的高度发展，促使人们的资源观念发生重大变化：人力资源成为技术发展的第一资源。技术类人力资源的缺口迅速加大，加上它对知识更新周期的高要求，使任何一个国家都难以依靠自身的力量自行填补这一人才需求的空缺。以美国这个世界第一人才大国为例，1997 年以来信息技术专业人员需求增加了 100 万，目前仍有 40 万个岗位待补充，并且需求量以每年 25% 的速度增加。而美国本土信息技术专业的大学毕业生每年只有 2.5 万人，远远不能满足需求。为此，美国近几年来大幅度增加了 Hl-B 签证名额，1998 年 6 万签证定额，实际发放了 20 万张；2000 年 3 月已用完全年 Hl-B 的配额。据移民局统计，在 Hl-B 签证中，信息技术专业人才占 60%。有数据表明，在硅谷的创业者 40% 以上是亚裔人。可见，利用国际人才和智力发展高新技术产业势所必然。①

全球化为人力资源开发提出了更多的要求。在全球化条件下，人力资源开发应与国际接轨，通过利用国际资源和参与国际市场，提升人力资源开发国际化的水平，培育人力资源国际竞争力。

（三）全球化对人力资源与人力资源开发内容的影响

如前所述，全球化对人力资源开发提出了新的要求，对高素质的国际化复合型人才需求更多。因此，人力资源开发在内容上应顺应全球化的趋势，培养具有国际化视野的高层次人才，更重要的是，要从注重传授知识转变为培养学习能力和适应能力，培养出能够适应时代变化、适应多种文化的人才。

布林克利（Brinkley）和纳尔逊（Nelson）等（1997）在互联网上作了一个人力资源开发调查，发现了全球化背景下的人力资源开发最热门的十个主题，分别是：(1)自我引导学习；(2)训练迁移；(3)远程教育；(4)教学技术；(5)绩效评价；(6)人力资源开发与战略；(7)学习型组织；(8)人力资源开发的投资回报；(9)顾

---

① 参见王家帧：《率先实施人才国际化战略在新的起点上构筑浦东人才资源高地》，《浦东开发》2001 年第 3 期。

问及帮助;(10)经验式学习。①

上述调查结果表明,全球化要求员工必须胜任在国际环境与开放环境中工作,并且具备跨文化敏感性及外语技能,以及了解彼此间的政策体制和网络工作。以上对于员工的新要求也对人力资源开发提出了新的目标,即努力在国际层面上进行人力资源投资以发展和维护适当的全球监控和平衡及民主平等。

因此,未来人力资源开发在全球化影响下的一个主要作用是,根据不同的环境安排适合于个体的学习,同时促进社会性内容的学习和团队学习。正是这种不断增加的压力使得个体能做出接受个体学习的承诺、个体行动规划和绩效评估。未来的人力资源开发将关注那些能使员工在一生中以给题学习或小组学习的方式以及进行反复自我培训的项目来提升人力资源资本。劳动力和企业可能会越来越依靠教育机构来提供人力资源开发方面的培训。在信息革命中,大学和其他教育机构将会使用多种模式在继续教育中起到极大的作用,这就要求企业和教育机构之间建立合作伙伴关系。企业将不断地对其雇员的进修培训进行投资。其利益将大体上属于社会,而潜在地属于世界性组织。自由职业者和临时工要对自己持续的专业发展负责。企业将不得不用新的措施来吸引最优秀的人才,并努力留住他们。

随着经济全球化和信息化、知识密集型企业的发展,高素质的研究、开发、管理人才已成为企业在市场竞争中取胜的决定性因素,能研究设计、精通管理、出谋划策、开拓市场、促进企业发展的复合型人才将更受企业欢迎。人力资源开发专业人士在全球环境下开展工作时,不仅必须关注某一文化固有的学习行为,还要关注其他文化因素是如何影响学习环境的,以及学习成果是如何向工作实践转换的。HRD 专业人士在全球化环境中,必须了解全球化深层次的经济意义,并更透彻地了解如何在生疏的文化环境中制订和运行教育培训计划。

二、信息技术革命

信息技术革命是指人类社会储存、处理、传播、利用信息的形式所发生的划时代的革命变化。信息技术经过三次变革,已迈向以电子计算机技术为主导的高度综合现代高科技"多媒体技术"的更高阶段的信息革命。多媒体技术的产生和应用,使社会生产的场所、组织形式甚至整个生产方式都将发生重大变化,使人类整个生存环境都将发生根本性变革。

在这个高度发达的信息社会,人力资源开发正面临着空前的机遇与挑战。一方面,人力资源开发以其朝气蓬勃的生命力,为新兴信息技术的使用和发展

---

① 〔澳〕索福:《人力资源发展战略》,曹明富、卢正芝译,杭州:浙江大学出版社 2007 年版,第 33—35 页。

提供了广阔的空间；另一方面，依托互联网和应用系统平台，人力资源开发正在向企业战略性伙伴的目标稳步迈进。

在人力资源开发中，运用现代信息技术，可以将 HRD 专业人员从繁冗的日常性事务中解脱出来，从而在复杂多变的环境中应对自如。

信息技术的应用可以提高人力资源开发效率。传统的人力资源开发需要挤占大量的人力和时间，而运用信息化可以使 HRD 专业人员与客户和参与者之间保持高度密切的接触，节省了沟通时间，提高了沟通效率。另外，远程教育、培训、员工职业生涯规划等方面，在有多媒体网络参与的情况下，都大大提高了人力资源开发的效率。

信息技术的应用可以加强组织内部成员之间的联系，为人力资源开发提供良好的内部沟通环境。信息技术的应用可以迅速地将组织内部成员的想法互相传递，让成员之间彼此了解，展开良性互动，小组成员互相学习的过程也是人力资源开发的一种有益形式。

从实务的角度讲，例如人力资源开发最核心的培训问题，应用互联网可以进行培训课程的安排和公告、演示。当某名员工为了更新自己的知识储备，产生了想要学习新知识的需求时，应用系统可以提供在线指导，并有可能按照个性化需求提供相应培训项目。随着系统应用的不断深入，培训也变得更加广泛和简便。同时，利用新技术，企业用于培训的投资回报变得更加直观和容易衡量。

三、人力资本开发

人力资本是依附于人的身上，具有可投资性和增值性的价值存量。人力资本投资是在一定的经济结构和社会组织中，以现代的组织管理的方法与理论为指导，对人力进行合理的培训、组织与调配，使人力、物力经常保持最佳比例。人力资本投资是知识经济时代经济增长与价值创造的重要依托条件。[①] 古典经济学家亚当·斯密认为，在各种资本投资中，对人本身的投资是最有价值的，一个国家的人民的技能、特长和知识是这个国家经济增长最强大的机器，全体国民后天所获得的有用的能力，全部可算作资本的一部分。美国著名经济学家西奥多·舒尔茨认为，人的知识、能力、健康和技术水平等人力资本的提高对经济增长的贡献要远远超过物质资本、劳动力数量的增加，有必要将传统的资本概念扩展到人力资本领域，而不仅仅只看重物质化的有形资本。

知识经济时代的人力资源作为一种经济性资源，具有资本的属性，与物质

---

① 金小桃：《论知识经济时代的人力资源开发》，《人口与经济》2005 年第 2 期。

资本一样，是投资的结果，其质量高低与投资程度有关。人力资本开发是知识经济时代的新要求，是促进经济发展的第一原动力，是加快更新知识、培养具有高度适应力人才的要求，是优化智能结构、培养综合集成型人才的要求，是提高创造能力、培养高效人才的要求，也是扩大就业的需要。① 通过人力资源开发，可切实提高人的基本素质与能量，并从根本上提高其就业竞争力和创业能力，促进有效就业的持续扩大。国家、企业和个人可通过教育、培训、医疗保健、文化建设、广告宣传、社交等途径，使人力资本增值。

如何增值人力资本，成为新环境下人力资源开发关注的核心。知识经济时代，企业之间竞争的实质是知识开发能力的竞争，组织创新能力源自于职工的知识创新能力，由此决定了组织人力资源开发的目的就是千方百计地提高职工的知识创新能力。这就要求加大人力资本投资，提供分享组织内部知识、信息、经验的富有竞争力的价值分享系统和持续的人力资源开发、教育、培训等增值服务，提高人力资源的质量。人力资本开发只有投入到具体社会的经济活动中，并产生效益，才能体现它的价值。人力资本本身无法单独形成生产力，它必须同非人力资本结合在一起。在社会生产中和社会活动中，还必须将他人不同的人力资本即一个团队结合在一起才能对生产活动产生效用。②

第三节　人力资源开发的新方向

人力资源是资源要素中最活跃、最积极的生产要素，是社会经济发展与科学技术进步的真正动力和源泉，是唯一具有能动性的因素。美国经济学者丹尼森指出经济增长的最主要因素，不是传统的资本、劳动和物资，而是“知识因素”。诺贝尔奖得主库兹涅茨认为，知识存量增长是现代经济增长的主要因素，当技术、知识和社会知识被利用时，就成为经济高比例增长和经济变化的源泉。在这种情况下，人力资本投资转向“知识生产本身”；其特点是，科学技术成为经济发展的基础，知识技术的含量和增长率成为促进社会经济发展的主要因素，知识技术在服务业中扮演着主要角色，人力资本投资成为开发商、政府、市场网络的核心。

一、由职能人力资源开发向战略人力资源开发转变

战略人力资源开发产生于 21 世纪初，近几年来这个领域的发展令人瞩目。

---

① 金小桃：《论知识经济时代的人力资源开发》，《人口与经济》2005 年第 2 期。

② 杨文东：《基于相对标度的人力资本的投资因子量化分析》，《武汉理工大学学报》2006 年第 12 期。

对这一思想的研究与讨论日趋深入，并被欧、美、日、中的管理实践证明是企事业组织获得长期可持续竞争优势的战略途径。相对于传统人力资源开发，战略人力资源开发（Strategic Human Resources Development，SHRD）的定位是支持与促进组织战略的全面实现。所谓战略人力资源开发，是指组织为实现其目标所采取和所进行的一系列有计划、具有战略性意义的人力资源开发政策和行为活动。

战略人力资源开发的角色定位是战略经营伙伴。从人力资源开发的发展历程来看，企业人力资源管理部门所扮演的角色不仅仅是简单的行政辅助角色，也不仅仅是企业经营战略的一个简单的执行者，它同时还是企业战略决策的参与者甚至是主导者，人力资源部门越来越多地参与企业战略规划、传播人力资源发展思想、推动员工群体的沟通，成为首席执行官的战略伙伴。人力资源开发人员必须由过去的简单的职业技能培训角色转向高端引领的战略伙伴和变革倡导者。人力资源开发战略是指导整个人力资源开发体系的建设的灵魂；战略人力资源规划是指明人力资源开发体系构建的方向的航标；战略人力资源开发的核心职能是确保开发战略和规划在人力资源开发工作中得以实现。

二、由单一型人才开发向复合型人才开发转变

知识经济时代需要的人才特征是素质复合化，要求人才既是科学家，又是管理专家，既懂得战略策划，又懂财务管理，既具有独立的科研创新能力，又具有将知识转化为商品的能力。人力资源开发重点由单一型技术人才培养向复合型人才开发转变。复合型人才包括知识复合型人才、能力复合型人才、思维复合型人才等多种类型。这些类型符合当今社会学科交叉、知识融合、技术集成的特征和发展趋势。这决定了每个人都要提高自身的综合素质，拓展知识面并不断调整心态，变革自己的思维。在这种情况下，那种知识单一、适应创新能力差的单一型技术人才将面临着生存危机。

复合型人才必须具备国际视野和整体的行业发展战略观念，同时在某一方面有专业技术特长，还要具备领导和管理能力，既懂国内的法律、政策，又懂国外的法律、法规，并具有独自的科研创新能力。这就要求人力资源开发专业人员自身具备全面的素质，同时重视对人才的多方面开发和利用，而不是单纯某一方面的培训。人力资源开发由过去单一的职业技能培训向综合素质开发转变。组织需根据需求调整某些部门的年龄构成或合并某些业务部门，在职工出现不能适应工作的情况时，进行相应的职务轮换。当前在著名的大企业中，每年都有相当数量的职工被宣布进行横向流动。这已成为现代企业人力资源开发的普遍现象，也可以使员工成为多面手。

三、由重视显性人力资本的开发向重视隐性人力资本开发转变

人的显性能力主要是指人为生存而具备的种种基本技能，是多年的货币投资而形成的人力资本。显性人力资本的价值形成，是通过对人自身投资所形成的，包括对人进行的教育和培训支出、卫生保健支出、国内人力资源流动支出、移民入境支出等。隐性人力资本是指相对于显性能力而言，它蕴含于基本技能之中，是人力资本的无形资产，它可以因某些外在条件转变成实在的物质或精神财富，也可能因某些外在因素造成白白的耗费。对于高科技企业来说，隐性人力资本比显性人力资本更有价值，更是组织获取持续竞争优势、建立和维持核心竞争力的基础和源泉。隐性人力资本不能通过外部投资直接形成，它是主体通过自身独特的理解认知方式、行为方式、努力和领悟而获得的具有更强大增值效力的人力资本积累，是通过内隐于个体和组织关系内部的二次投资而产生，它更为随机、自主、悟性。为了以最小的投资成本获得最大的收益，对隐性人力资本的开发，最大限度地挖掘现有人力资源基础，是一种集约型的人力资源开发方式。

另一方面，对人事结构的重组很多时候能够进一步发挥现有人力资源的潜能，因此，组织结构重组也是现代人力资源关注的新的发展方向。隐性人力资本具有本源性和基础性的特征。隐性人力资本价值的构成和发展过程离不开显性人力资本，是一种潜在的人力资本。由于隐含在个人的大脑中，不易被察觉，因而除了具有一般人力资本的价值有效性、稀缺性、与主体的不可分割性、不可继承性等特征外，还具有不可模仿性。隐性人力资本是组织核心竞争优势的本源和基础，是组织的核心竞争资源，是创新的源泉，是一切显性人力资本的基石，是决定经济增长和组织发展的关键因素。

四、由阶段性开发向全程开发转变

过去的人力资源开发主要集中于人的青壮年时期，对人进行教育、培训，而往往忽视继续教育和提升。但在当今知识经济时代，由于知识更新换代的速度特别快，过去的“一次性”教育培训模式已不能终生受用，个人和用人组织都有强烈的对员工进行继续培训的诉求。因此，新时代的人力资源开发逐渐由阶段性开发向全程开发转变。全程开发关注个人发展的全程，从幼年到老年时期，都必须进行“充电”和“放电”的过程。

在知识经济时代，人力资源的全程开发越来越受到人们的高度重视，它在社会发展过程中所起到的推动作用，特别是在形成全民学习、终身学习的学习型社会方面所起到的推动作用，越来越显现出来。人力资源的全程开发是一种

特殊形式的开发，主要是对于员工知识、技能、品德进行更新、补充、拓展和提高，进一步完善知识结构，提高创造力和能力水平。在知识经济时代，人力资源的全程开发又是人力资源开发的主要途径和基本手段，着重点是开发人的潜在能力，提高队伍整体素质，是人力资源能力建设的重要内容。

五、由近距离人力资源开发向远距离人力资源开发转变

21 世纪是信息化时代，信息网络的发达彻底改变了人们的生活方式和企业的生产经营方式，优秀的人才开发方式应该适应信息化的步伐，利用知识经济创造的丰富的信息和便捷的传播方式，突破时间和空间的限制，由近距离面对面地传授知识和技术转向更多地依靠计算机、网络技术等先进科技手段来获取知识信息，并对远距离人才进行培训，节约开发成本，最大限度地储备人才。

在知识经济时代，市场全球化加剧，从事国际性业务的组织越来越多，由于各国知识型人力资本开发及有关的法律法规的特点和细则存在很大差异，由于各国的文化、习俗及经济发展水平不一以及国家之间不同的政治、经济文化的差异，对知识型人力资本的开发必须进行相应的调整，这就要求知识型人力资本的开发必须面向全球化。人才的流动性加强，也使得知识型人力资本开发呈现全球化趋势。全球性公司的不断增加，使得当公司决定在其他国家开展业务时，通常需要招聘这些国家的员工，同时也需要选拔驻外人员，这些都是知识型人力资本开发全球化的内外部因素之一。知识型人力资本开发的全球化，有利于选拔本国不具有的知识型员工，有利于根据需要选拔引进人力成本较低国家的劳动力。为了保持知识型员工持续的知识竞争因素，必须有计划、有组织、有目的、有特色地形成知识型员工的知识能力培养机制，增强知识型员工对新知识新技术的学习吸收功能。结合员工自身的特点，适当给予其出国进修深造、职务晋升、专业技术研究等方面的机会，调动他们把握知识和技术能力的积极性和主动性。

六、由无序人力资源开发向科学规范人力资源开发转变

人力资源作为一种社会经济资源，有别于一般的物质资源，它具有能动性、时效性、可投资性。人力资源开发是一项系统工程，涉及预测、规划、培养教育以及使用等一系列问题。为了合理利用人力资源，充分发挥其能动性，我们必须做好预测、制定合理的规划，对其进行科学规范的开发。在过去的人力资源开发实践中，往往没有制定合理的目标和计划，人力资源开发的方式单一且混乱无序。从组织成长的规律来看，人力资源开发要从领导者牵引的外生模式转变为制度推动的内生模式，就需要建立一套标准化的人力资源管理制度，减少

操作的随意性。具体而言，组织要真正在组织内营造出绩效导向、价值创造导向和约束硬化的组织文化；转变员工的思维习惯，构建出以契约为基础同时具有亲和力的员工关系；转变管理队伍的工作思路，构建出规范的以市场化、规范化为基本特征的科学开发体系。从而实现人力资源的合理使用，使其价值得以增进，保持其资本存量。人力资源开发要受个体生长周期的限制，人力资源从产生、积存、释放到耗尽是一个渐变的过程，因此，人力资源开发既要及时，又要有计划、系统地进行。在制定人力资源开发规划时，一方面要考虑社会和组织的需求，另一方面也要考虑个人发展的需要，做到双赢，才能从根本上促进人力资本存量的增长，有助于21世纪人力资源的开发和利用。

第四节　人力资源开发的新角色

在21世纪，随着外部环境发生着日新月异的变化，企业和社会对人才的需求也在发生着变化，这就迫使人力资源开发活动不断呈现新的变化。人力资源要素作为所有经济要素中最活跃的要素，为了充分发挥其能动性，增进其资本存量，使组织在变化万千的经济浪潮中立于不败之地，在未来，人力资源开发专业人员也必定在其承担的角色方面发生相应的新的变化。事实上，1990年以后关于人力资源开发工作者究竟应该承担哪些角色的研究多了起来。越来越多的研究表明，人力资源开发工作者的角色必须拓展。

一、成为组织的“战略促进者”

人力资源开发工作者应该在原有角色的基础上，更多地从战略角度出发规划组织的人力资源开发工作，成为组织的“战略促进者”。人力资源作为组织最活跃的要素，是组织发展的核心因子，为了激活和充分挖掘这些因子的活力，组织人力资源开发工作者必须参与到组织战略的制定、规划和实施中来，而不仅仅局限于过去的事务性处理。他们应该在原有的人力资源开发者、实施者、管理者的基础上，更多地承担组织人力资源开发活动的“顾问”，从而能够不断加强与组织直线部门领导之间的沟通与协调，及时诊断存在于组织、部门和员工之中的人力资源开发活动的种种实际问题，并提出有效解决这些问题的对策。

21世纪的新环境、新特点要求人力资源开发者彻底改变自己的思维方式和工作模式。同时，人力资源开发者应该调整对人力资源工作的定位，更多地把人力资源开发当做一项业务来投资，而不是当做一项辅助性的边缘工作。人力资源开发者要成为“战略促进者”，首先要帮助组织形成应对和利用变革的能力，还要确保组织的战略目标能够转化为具体行动。作为组织战略变革推动者，人力资源开发者不仅要自己首先进行思想和理念变革，还要为确保组织战略变革在组织内得到有效执行提供充足的人才保障。

二、成为组织的“终身学习顾问”

随着知识时代的到来，知识更新换代的速度加快，传统的一次性培训模式已不能满足组织和个人发展的需要，终身学习的理念不断普及。在这种环境下，人力资源开发工作者还应该进一步成为组织业内的“学习专家”，不仅自身要成为终身学习的典范，而且还应该广泛促进员工个人的学习活动，成为他们的学习“顾问”，为企业内部员工制定学习规划、选择学习内容、跟进学习进度、检验学习成果。同时，应针对不同个体制订不同的培训计划，对于处于不同职位、不同级别、不同年龄的个体进行系统的教育和培训，促进终身学习理念的落实。

组织学习顾问的角色对于人力资源开发工作者来讲是一项有挑战性的工作，这与传统的人力资源开发工作有较大差别。这项任务不仅要求人力资源开发工作者具备人力资源开发的相关专业知识，还要求人力资源开发工作者了解组织各个部门和岗位所涉及的专业知识和技能等。人力资源开发工作者应该做到不仅能够根据岗位说明书为岗位选配人才，还要根据市场变化了解各个岗位所需要的最新知识，以便组织和安排员工学习和培训。这对于人力资源开发工作者来说，首先是一个自我开发的学习过程，人力资源开发工作者先要自主学习企业所涉领域的基本知识，从单一的“开发者”向新型的“学习顾问”转变，之后才能把终身学习的理念贯穿到人力资源开发的工作中，进而为组织树立“终身学习”的文化。

三、成为组织的“愿景共享者”

组织愿景包括组织战略系统、组织伦理和价值系统、组织终极目标系统和组织形象识别系统。这与通常意义上的组织文化建设存在着本质的区别。因为当代组织的愿景构筑是反文化的，它改变了组织文化建设的虚假、苍白和表面化色彩，是建立在真实、朴素、深刻、尊重人性、尊重社会与自然、追寻终极意义的基础之上的。IBM 的前总裁路易斯于 1993 年说过：“我们还需要的一件事情就是共享愿景。”共同的组织愿景能够激发组织内部员工的凝聚力，能够启发他们的创造性，能够发掘他们的潜能，向着共同的愿景前进。一个共享愿景能够将全体人员集结到一起向着组织的集体目标共同努力。愿景使每个员工能感觉到他们对组织理想图景所作的贡献，提高解除危机的信心。

人力资源开发者必须承担起企业“愿景共享者”的角色，缔造一个共同的愿景，通过各种手段使员工接受和认同，启动他们实现共同愿景的渴望，并付诸行动。从这个意义上讲，人力资源开发工作者不仅是人力资源的开发者，还是组织战略的决策者。他们直接影响甚至塑造组织的共同愿景，并把这一愿景在人力资源开发的整个过程中运用，把组织愿景变为全体员工的共同愿景。

四、成为组织的"学习—创造型组织领导者"

自我学习与更新已成为当代组织考察员工能力的重要标准之一，可见学习对于组织的重要性。创新则是非常实际的活动，在当代社会，创新发生于每一天，发生在每一个人身上。创新不一定就是伟大的、轰轰烈烈的行动，它只是当代社会的一项基本人类活动，体现在任何一件细小的事上。也就是说，当代社会的创新已经平民化、日常化和非伟大化，而不是以往创新的精英化、非常化和伟大化。

正因为学习和创新在当代社会的普遍性和平民化，建立学习—创造型组织才显得更重要。其建立不是一项孤立的任务，它与组织愿景体系的构筑及其他后现代领袖的任务是相互依存的。如果一个组织没有构筑成功的愿景体系，它的员工开发计划的导入就将没有正确的方向，终将失败。

基于上述原因，组织的"学习—创造型组织领导者"应该成为人力资源开发工作者的新角色之一。

五、成为组织的"文化传播者"

组织文化是组织在长期生产经营和管理活动的实践中所形成并为绝大多数成员自觉遵守和自愿奉行的共同价值观念、管理哲学、组织宗旨、组织愿景、道德标准、行为规范等。如图 3–1 所示，在同心圆模型中，核心理念层位于同心圆最里层，是组织文化的核心，其他层次的表现由核心理念层支配和决定。组织文化与组织愿景有所不同，两者都是全体员工共同认可的价值观，而组织文化更关注具体的层次，它具有较强的凝聚功能，对稳定员工起着重要作用。组织文化所追求的目标是个人对集体的认同，希望在员工和组织之间建立起一种互动相依的关系，最终使员工依恋并热爱自己的组织。建设组织文化的实质就是建立组织内部的动力机制，鼓励广大员工自觉地把个人的目标融入组织的宏大目标之中，使其为实现组织目标做出最大努力。

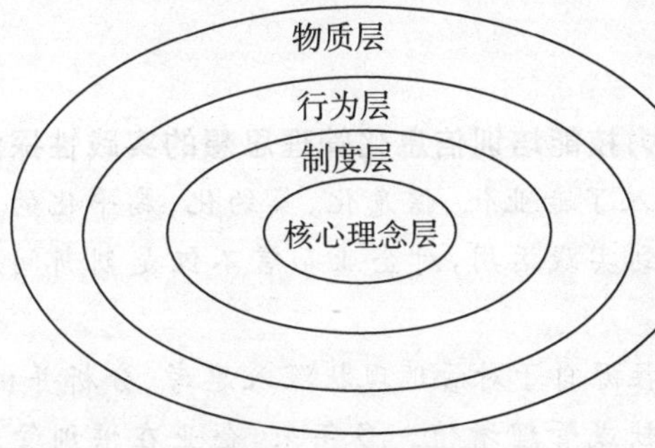

图 3-1　同心圆模型

人力资源开发是组织文化的重要组成部分，而组织文化又为人力资源创造了基本的开发环境。人力资源开发工作者应把人力资源开发与组织文化有机地结合起来，把组织文化的核心内容、价值观灌输到员工的思想之中，体现在员工的行为上，成为组织文化的第一道传播者，并把员工也培养成为组织文化的自觉传播者。人力资源开发工作者要在选人用人、教育培训的过程中都自觉地传播组织文化，把组织文化作为选人用人的标准之一、作为教育培训的价值导向，使组织的人力资源开发工作更富有组织特色，从而形成组织核心竞争力，建立起在市场竞争中特有的竞争优势。

现阶段组织文化建设多流于表面，缺少深入贯彻，文化缺位导致组织人力资源开发缺少与之相适应的环境与氛围。人力资源开发工作者需要关注组织文化的建设，营造良好的氛围和环境，在向组织内部传播组织文化的同时，注重对外宣传组织文化。让组织文化深入大众，这一方面是一种良好的宣传策略，另一方面也是培养用户忠实度、吸引新用户的有效营销手段。

人力资源开发者角色的转变是以当今不断进步的时代背景为依托的，当然，这种变化不能仅仅是人力资源开发工作者对环境的被动适应，更应该主动去承担。与此同时，新的角色变化对人力资源开发工作者提出新的要求。要成为一个能够承担未来多样化角色的人力资源开发工作者，必须具备综合化的素质。人力资源开发工作者必须改变过去只关心教育和培训、不关心组织业务策略的心态，要积极全面了解及参与组织的整体管理状况，具备一定的战略管理意识、较强的沟通能力、不断自我超越的终身学习能力、丰富的学识以及一定的信息能力。人力资源开发者必须成为组织战略制定和执行的伙伴，成为员工可以依赖的后盾，成为组织变革的推动者。

【思考题】

1. 人力资源开发面临着哪些新的挑战，有哪些新的发展趋势？
2. 如何理解人力资源开发在新时期所扮演的新角色和起到的新作用？

【案例】

国华电力技能培训信息化管理思想的实践性探索①

现代企业管理融入了专业化、信息化、集约化、扁平化的管理思想，但是将先进的管理思想转化到实践运用，对企业而言不仅是创新问题，更有其普遍的现实意义。

实践的有效性往往源自于对管理现状深入思考、分析并由此成功探索对企业带来的管理价值贡献或管理增值。多年来，企业在培训管理上缺少手段、效率低下，培训管理者深陷具体事务中，难以从深层次研究企业培训体系建设，探索各种人才培养的有效途径，更没有时间研究如何把唐纳德·柯克帕特里克于1959年提出的分层次评估模式运用到企业集团的培训发展和培训评估中，致使企业各层面人力资源的培训管理绝大多数仅仅停留在对反应层或学习层的效果评估。特别是当面对一个庞大的群体时，传统的培训管理手段是难以适应的。基于此，将信息化管理思想用于培训管理手段开发的实践探索，就成为必然。

北京国华电力有限责任公司(下称“国华电力”)成立于1999年3月，是神华集团有限责任公司(下称“神华集团”)的控股子公司，主营电力项目投资、开发及经营管理；发电生产和新能源项目开发、生产及经营；以及电力、能源项目管理等业务。2004年11月，神华集团以其拥有的与煤炭、电力、铁路、港口等主营业务相关的13家全资和控股子公司的资产和股权作为出资(其中包括国华电力的大部分发电资产)，独家发起成立了中国神华能源股份有限公司并分别于2005年6月、2007年10月在香港联合交易所和上海证券交易所成功上市挂牌交易。2005年2月，按照神华集团改制重组方案，中国神华能源股份有限公司设立国华电力分公司。

截至2009年年底，国华电力管控全资、控股、参股企业33家，业务发展主要分布在华北、东北、西北、珠江三角洲、长江三角洲等区域。对公司而言，高技能人才是公司不断发展的基石和脊梁，是科技成果转化的重要力量和宝贵资源。国华电力习惯于战略上视人才为资源。显而易见的是，无论资源本身还是对公司的发展，资源的闲置不用都是一种潜在的浪费。因此，资源只有在最广泛的动态使用中才能体现和实现资源的价值。

目前，公司技能人员总量近一万人，分布在全国各地，技能人员队伍数量庞大且需要不断培训、培养、成长和发展。尤其是在培训与鉴定的实际工作中，需

---

① 案例来源：韩常在：《国华电力技能培训信息化管理思想的实践性探索》，《人力资源管理》2010年第7期。

要交互传输、检索大量信息数据。而加快技能员工素质工程建设、大力培养高技能人才,迫切需要通过提高信息化程度,开发一个有效的技能培训与技能鉴定管理平台。通过这个平台系统进行双向数据信息交换,实现数据集成和信息共享,从而实现高效的培训发展与职业技能鉴定管理。

2008年国华电力开始创新培训管理手段,探索研发信息化平台——国华电力技能人才管理系统(Skilled Talents Database Administration Systems of GuoHua Electric Power)并成功应用于神华国华电力技能培训管理。

国华电力技能人才管理系统包括:高技能人才管理、技能培训管理、技能鉴定管理、培训鉴定网上报名、成绩证书查询、数据统计、后台数据管理等功能模块。

系统的建模基础是基于国华电力公司作为一个电力集团管控体系下的集中数据管理模式。数据源是通过交互式更新,能够有效地保证数据准确性和更新的及时性。

系统的创新思想主要体现在:以覆盖国华各区域子(分)公司近一万名技能人员,基于ERP强大数据作为底层系统数据支持,将动态资信与实时数据管理相统一的网络平台设计理念。系统把管理上使用的数据库与网络技术相结合,使培训与鉴定管理工作遵循流程化、标准化的工作方式。系统实现多用户终端同时操作和维护,并最大限度地使资源数据共享。系统设计不仅考虑了系统管理者,同时更多考虑了面对对象的功能需要,因此系统对技能培训与技能鉴定的管理具有很强的实用性。

其创新点之一表现在技能培训与技能鉴定网上报名。使用本系统,各区域发电公司网上报名工作,不需要重复性录入报名人员信息。系统自动从数据库直接调集数据,集成有关报名信息,以此避免大量重复性工作。既减少人为因素造成的错误,又极大提高申报数据的准确性和速度。同时,使用本系统报名结束后,可根据神华集团的有关要求,直接打印出规定的报名表和登记表。

特别是管理工作者摆脱了依据传统纸质资料进行人员资格审核的工作模式。由于系统底层有基于ERP的完整人员数据资料做支撑,所以可通过系统对申报人员自动检索出的数据信息比对进行在线资格审核。具体工作时把系统接入投影设备,一人进行审核操作,一人通过投影屏幕进行监督,最终点击鼠标记录申报人员的审核状态(等待审核;审核通过;审核未通过)。因此,系统最大限度地提供了资格审核的公正性、正确性和工作效率。

其创新点之二是随机抽取。在国华电力一年一度的专业调考过程中,对参加调考人员名单的确定,都是通过国华电力技能人才管理系统实现的。首先,在综合数据检索中按用户要求选择好需要调考的发电公司以及调考的工种,接着点击“查询”按钮,可以把符合调考条件的技能岗位员工数据调集出来。然后录入需要抽取的人员数量,点击“抽取”按钮,系统就会在检索结果的范围内随机抽取出符合参加调考条件的具体人员。系统抽取的参加调考人员名单是随机产生,每一次产生的抽调结果是不同的。该系统创新性地为各发电公司员工参加调考等活动提供了一个公平、公正、公开平台,其创新效果显著。

系统其他功能简介:

(1) 系统从国华公司人才发展战略的角度,实时呈现高技能人才结构的可视化动态数据。以提供有关领导动态考查人才结构与战略目标存在的现实差异,及时调整或采取有效的措施。

(2) 国华各区域公司可以通过该系统进行证书查询,以及专业调考成绩、技能大赛成绩和技能培训的成绩查询。

(3) 可以通过该系统发布公告或重要通知。

(4) 系统提供师资或高技能专家数据资料,可为各区域公司提供自主培训所需资源。

(5) 系统自动生成用户所需要的实时统计数据。

(6) 系统具备可整体移植与整体复制的功能,从而进一步拓展了开发利用和推广空间。

技术内容

该系统采用 Jsp 程序设计,java 语言开发,数据库采用 SQL server 2000 作为数据引擎。并采用一种典型的基于 J2EE 框架下 B/S(浏览器/服务器)结构模式设计,其客户端采用 windows 自带的 IE 浏览器。由于 J2EE 基于java 编程语言和 J2SE 平台,它提供了编写一次、随处运行的可移植性,不依赖任何特定操作系统、中间件或硬件。这种结构有以下优点:

(1) 易维护:B/S 结构的显著特点是客户端采用通用的浏览器,对客户端不用进行应用软件的维护,所有维护均集中在服务器端。

(2) 易扩展:本系统采用模块化设计,系统扩展工作可在服务器端进行,例如增加相应模块与中间层接口组件,对其他功能模块无影响。

(3) 安全性:客户端的操作会发送程序预设的 request 信息到服务器,程序的执行过程集中在服务器上,服务器完成任务后,把执行结果编译成客户端浏览器能辨识的 html 信息,浏览器用户不直接与程序和数据库打交道,避免了潜在的危险,网络流量也大为减轻。

核心技术:(1) 开发过程采用 Struts 框架,实现 MVC 设计模式(即模型[Model]、视图[View]和控制[Controller])。(2) Ajax 技术,实现无刷新获取服务器数据。(3)POI 技术,实现针对 excel 文件导入导出数据。(4)数据库连接池，提高系统的性能和效率。

数据兼容

国华电力技能人才管理系统的数据库模型与 ERP 系统数据兼容，由此避免形成信息孤岛。该系统可实现数据批量导入功能，即从 ERP 导出约定的数据表到 excel 文件，通过该系统经无组件上传功能把数据表上传到服务器，然后由服务器执行本地数据导入任务。

应用与评价情况

该系统已在国华电力公司及各区域子(分)公司广泛应用。

该系统首页及公共信息已向国华各级领导及所有发电公司开放。根据不同的管理和使用要求，每个发电公司依据一个权限密码进行数据交换登录。

通过该系统已发布大量培训信息、鉴定信息、国华电力内部岗位技能评估信息和国华电力专业调考图文信息。

通过该系统已发布国华电力技师、高级技师鉴定成绩报告和职业技能鉴定公告。

该系统已应用于国华电力专业调考。2007 年国华电力专业调考共计 209 人，均由该系统随机产生。三河发电有限责任公司、内蒙古国华准格尔发电有限责任公司、河北国华沧东发电有限责任公司、河北国华定洲发电有限责任公司、广东国华粤电台山发电有限公司、浙江国华浙能发电有限公司、国华太仓发电有限公司、陕西国华锦界能源有限责任公司，均在本单位远程登录国华电力技能人才管理系统，并通过该系统随机抽取出了本单位参加国华电力专业调考人员。

该系统已为国华各发电公司提供有关培训成绩和证书查询。

该系统已为神华集团提供有关职业技能鉴定数据和报表。

该系统荣获全国电力企业管理现代化创新成果三等奖，受到国家人力资源和社会保障有关领导和专家的好评。

讨论题：

1. 国华电力为什么要实施技能培训信息化管理？信息化对于人力资源开发的发展具有哪些促进作用？

2. 怎样才能保证国华电力实施技能培训信息化管理的成功？

第二部分

对 象 分 析

第四章　人力资源开发的基本点及其分析

【本章教学目标】

1. 深入理解人力资源开发基本点的理论。

2. 了解影响人力资源形成与发展的相关因素。

3. 掌握智力的结构及其在人力资源系统中的作用。

本章将对 HRD 的基本点及其形成过程进行专门研究，主要阐述 HRD 的基本点及其结构与分析。这一章仍然属于人力资源开发的理论范畴。

第一节　人力资源基本点的分析

人力资源包括个体、群体、组织与社会四个层次。这四个层次构成了 HRD 的对象系统。如图 4–1 所示：

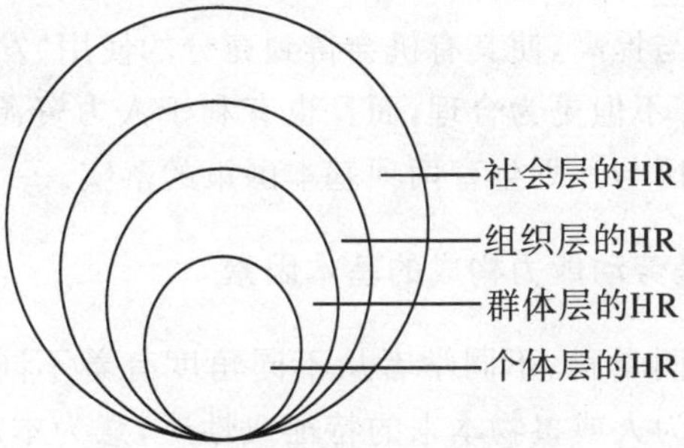

图 4–1　人力资源的四个层次

然而，人力资源的基本点是什么，人们似乎并不清楚。对人力资源基本点认识的盲目性与模糊性，可能造成 HRD 整体上的低效与浪费。

所谓“人力资源的基本点”，在这里是指人力资源结构的基本单元。它是人力资源开发的着眼点与目标点，也是人力资源开发工作的出发点与落脚点。

什么是人力资源的基本点，以前似乎没有见到专门的论述。然而，从有关“人力资源”及其“开发”的定义中，我们也不难知其大概。翻开现有的国内外学术专著，人们不难发现较为普遍的是下面这样的解释与定义：

所谓人力资源，就是指能够作为生产性要素投入社会经济活动的劳动人口。人力资源分为现实的人力资源与潜在的人力资源两种。现实的人力资源通常指从事社会劳动的全部人口，而潜在的人力资源是指目前具有劳动能力的全部人口。

根据上述定义，人们把人力资源率定义为：

$$人力资源率 = \frac{人力资源总数}{人口总数}$$

因此，人们也把人力资源开发看做对劳动力的预测规划、培养使用与配置管理。

由此不难看出，人们已把人力资源的基本点看成是“劳动力个体”，是既成的、可用的劳动力个体。这种个体的人力资源观点，有助于我们对人力资源的计量、规划与安排，但却不太利于人力资源的开发。试想，对于木材资源的开发与利用，如果我们以自然形态的“根”为开发基本点，那么就有可能出现大材小用、小材不用等资源浪费行为。我们只有按照加工需要，以木材的质、料、型为基本点进行开发利用，才能做到大材大用、小材适用，进行有效的开发与利用。

因此，笔者主张把人员素质作为人力资源的基本点。把“人力资源”解释为劳动生产过程中可以直接投入的体力、脑力、心力总和及其形成的基础素质。体力指体质、精力与身体运动能力；脑力指知识、智力、技能；而心力则指态度、品德及其他个性品质。把“人力资源开发”解释为一种对每个人员、每种素质最大限度的促进、改进与提高，使其有机会得到充分的使用、发挥与发展的过程。

上述观点与解释不但更为合理，而且也有利于人力资源的深层开发与有效使用，有利于科教兴国与计划生育两项基本国策的落实。

一、人的素质是劳动能力构成的基本因素

“素质”一词，不同学科、不同学者从不同角度有着不同的解释与引用。现代汉语中，“素质”指为人或事物本来的特征或性质，意为本质；心理学把“素质”解释为人的先天的解剖生理特点，主要是感觉器官和神经系统方面的特点；而在人力资源学科中，“素质”可以解释为劳动者完成一定活动与任务所具有的基本条件与基本特质，包括知识、技能、态度、智力、品德与体质等因素。劳动能力实际上是智力、体力与品德素质构成的作用力系统，人力资源是品德、知识、技能、智力、体力、性情潜能等因素构成的整体系统，其中品德又是人员素质中的核心与基础。北宋苏轼在《晁错论》中说过：“古之立大事者，不惟有超世之才，亦必有坚忍不拔之志。”明代哲学家王守仁在《教条示龙场诸生》中也说过：“志不立，天下无可成之事。”“志”是品德素质的集中表现与统帅，品德的哲学基础便是一个人的世界观、人生观与价值观。

二、劳动力个体是人力资源“基本点”的自然形态而非本质形态

人力资源可以被视为一个系统或集合。在这个系统或集合中，我们既可以以国家的人力资源为单位构成世界级人力资源系统，也可以以地区或部门人力资源为单位，构成国家级人力资源系统，还可以以个人为单位构成部门或组织内的人力资源系统。这一切都是以劳动力个体为单位元素的。这种个体方式反映了人力资源独立存在的最基本形式。这种独立存在的基本形式，只是人力资源开发基本点的自然形态而非本质形态。作为具有生命的、活的劳动者个体的本身，并不等于劳动力资源，劳动者身上的知识、态度、技能、智力、品德才具有劳动力资源的价值性。在劳动生产过程中，形式上我们是用一个人，但实质上我们是用这个人的知识、才能与品质。这一点在招聘时很明显。对于符合岗位任职资格的所有应聘者，我们都会逐一考虑，而不论其性别、民族、信仰、肤色、出身如何。在这里，我们注重的是应聘者的素质而非劳动者这个人。可以说，劳动者个体在这里实际上只是劳动力的一种自然形态，而劳动者所具有的素质才是劳动力的本质形态。

三、人员素质作为人力资源开发的基本点，有利于全面提高人力资源开发的效率与效果

传统的人力资源开发，一般是以劳动者个体为基本点的。因此，用人则要求这个人样样都好，对其求全责备。这样一方面将造成人才难得的现象，另一方面却又因求全责备而会出现大量人才积压、人才浪费的现象，由于个体某一方面差，而造成全盘否定不用的现象也为数不少。

传统的人力资源开发，由于是以劳动者个体为单位，注意的是个体形式而非内在的素质，因此在人力资源管理中常会出现许多任人唯亲、任人唯情、任人唯利等不良现象。只要求职者与招聘者有关系，领导者看中了，能力低一点也可以；否则，就算有本事，领导若看不上，也不录用。有些人因为送礼多，招聘者觉得有利可图，专业偏一点、素质差一点，也照样录用。由此，许多人都形成了这样一种人事观念：领导与招聘人说你行，不行也行；说你不行，行也不行。为此，有些人不是花力气去提高自己的素质与能力，而是挖空心思去讨好领导或博得招聘人的好感，与人拉关系，到处托人情。这不能不说是一种对人力资源开发的扭曲与破坏。

四、人员素质作为人力资源开发的基本点，是科教兴国的支柱

传统的人力资源开发是以个体为基本点而不是以素质为基本点的，因此在开发方式上只考虑规划任用、在职培训与配置管理，而没有把素质教育作为重

点。只重视职后的开发培训而不注意职前的素质培养,中小学与大学教育只是一种学历教育而未能真正纳入人力资源开发的系统中。这是长期以来导致我国只有人力资源的数量而没有人力资源质量的重要原因。

我们要对人力资源不同于自然资源的特点有一个清楚的认识。人力资源不像自然资源是大自然赋予形成的。人力资源在一定程度上可以说是一种人造资源,它并非自然形成,而是需要家庭、自我、学校与社会多方面的共同作用。因此,从国家整体来看,我们不能只管成人后的开发,而不去进行成人前与任职前的资源形成与建构。只砍伐森林而不营造森林,森林资源终究会枯竭的。人力资源也一样。我们要重视基础教育、职业教育,自觉地把中小学教育、大学教育与其他教育形式纳入人力资源开发系统中,加大投资。只有加大投资,才能加大开发,使我国避免出现只有人力资源的人口形式而无人力资源的素质实质的现象。

科教兴国已确立为我国的基本国策,只有通过对人的素质的塑造与改造,通过素质的内化与吸收,才能发挥兴国的威力。科技与教育本身并不能兴国,兴国要靠人去兴,要靠整个一代高素质的人去兴。换句话说,要靠人力资源的雄厚实力去兴。如果科技与教育作用不能内化与落实到人的素质这一基本点上,不能把科学技术转化为人力资源,那么科教兴国只能是空谈。只有把人员素质作为人力资源的基本内核与基底,作为人力资源开发的基本点,科教兴国的命题才能真正成立。

把人员素质作为人力资源开发的基本点,还有利于计划生育、提高全民素质这一基本国策的实现。

第二节　个体人力资源的形成与发展的因素分析

人力资源是品德、知识、技能、智力、体力、性情潜能等人员素质构成的整体系统。在个体的 HR 形成与发展过程中,要受到遗传、家庭、学校、社会文化与职业等各方面的影响与制约。

一、初始性人力资源的天赋生理影响分析及其启示

初始性 HR 的天赋生理影响,主要指父母的遗传基因、胎儿在母体中的营养状况这两方面的影响。根据心理学家的各种研究,遗传与 HR 素质的关系有以下四种:

基因良好 + 胎儿环境良好 = 胎儿素质良好

基因良好 + 胎儿环境不良 = 胎儿素质不良

基因不良 + 胎儿环境良好 = 胎儿素质不良

基因不良 + 胎儿环境不良 = 胎儿素质不良

心理学家对天赋生理影响的研究，是从家族遗传表即家谱研究开始的。高尔顿是进行此研究的第一个人。他以社会上的名人、才能出众的人作为研究对象，并花了大量的时间进行各种调查，结果发现：艺术家的后代具有艺术天才的人特别多；名人家庭的后代中才能出众的人大大高于普通家庭。

沈菲尔德是美国的遗传学家，他选择了三组研究对象。第一组有 37 个人，都是公认的举世闻名的钢琴家、提琴家以及交响乐指挥家；第二组是 1937—1938 年纽约大都会歌剧院的 36 位首席音乐家；第三组是 50 名未成名的优秀音乐家和歌唱家。

这三组中，父母双方都有音乐才能、其子女也有音乐才能的占 70%；父母一方有音乐才能、其子女也有音乐才能的占 60%；父母双方均没有音乐才能、其子女有音乐才能的人仅占 15%。

据此，沈菲尔德认为，音乐天才来自遗传，而且这种遗传是由多数基因组合而成的。另有资料表明，著名音乐家巴赫，其家族在 1550—1800 年间大约出了 60 名音乐家，其中 20 名是著名音乐家。音乐家莫扎特的家族也同样如此。①

高尔顿选择了法官、政治家、将军、文学家、科学家、教授、实业家、诗人、音乐家、神学家等 10 种人才 977 位名人的家谱，同时也选择了同样数目的普通人家的家谱，比较研究发现，名人家族中才能出众的人有 535 位，而普通家族中才能出众者只有 4 人。

最为有趣的是凯利·卡克家族的著名个案研究。凯利·卡克参加过美国独立战争，后来与两位女子结婚。其中一位是小酒店老板的女儿，她是弱智者。结果这种智力缺陷也同样遗传给了后代。经过 150 年，在凯利·卡克与弱智妻子繁衍的 408 位子孙中，智力正常者仅有 46 人，143 人弱智，无法确认的为 219 人，其中许多为罪犯、妓女、癫痫病患者、早亡者。另一位是智力正常的女子，其 496 位子孙智力均为正常，并且大多数人成为医生、律师、法官、教授与实业家。

事实研究表明，在同等的环境与教育条件下，智力水平不同的人，最后所形成的 HRD 效果差别很大，如图 4–2 所示。

上述现象表明，要把弱智者开发为智力正常者，极其困难。因此，人力资源开发必须从优生优育开始。

---

① 费秋英：《素质的透视与测评》，中国物资出版社 1995 年版，第 18 页。

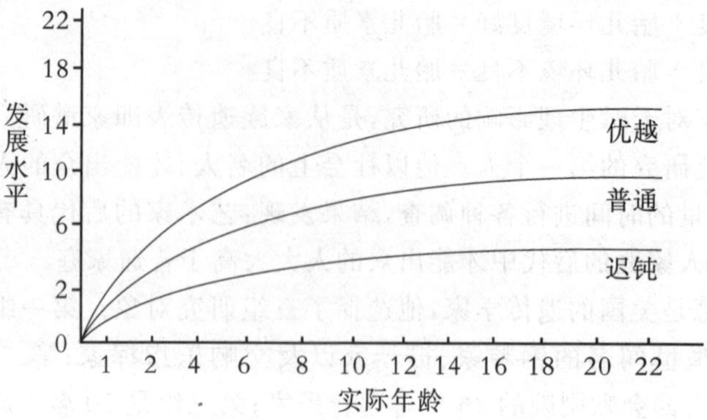

图 4-2　遗传智力影响 HRD 效果示意图

然而，上述现象是否说明高智商人的后代智商一定也高，低智商人的后代智商一定也低呢？事实并非如此。图 4-3 所揭示的三种关系同时都成立：

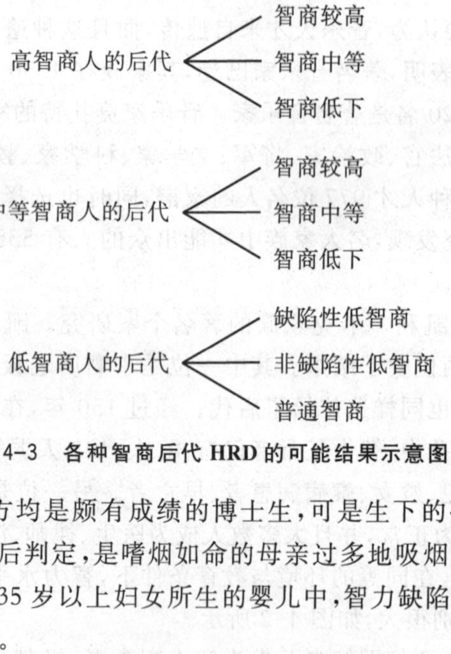

图 4-3　各种智商后代 HRD 的可能结果示意图

有一对夫妻，双方均是颇有成绩的博士生，可是生下的孩子却是智力缺陷者。医生经多次调查后判定，是嗜烟如命的母亲过多地吸烟所造成的恶果。此外，有一项调查表明，35 岁以上妇女所生的婴儿中，智力缺陷者的比例大大超过适龄妇女所生的婴儿。

综上所述，遗传基因是影响 HRD 效果的一个重要因素。如果遗传基因差，家庭环境、社会环境与教育环境再好，HRD 也难以达到遗传基因良好者的水平；反之，遗传基因良好，家庭环境、教育环境与社会环境不好，HRD 也难以取得良好的效果。我们说高素质的人的后代素质较高，低素质的人的后代素质较低，是就一般情况来说的。遗传基因只是取得 HRD 良好效果的必要条件，并非充分条件。HRD 对于人的发展的作用，大有可为。生理性开发是 HRD 的第一道工序，是后续教育性开发、社会性开发与文化性开发的基础。我们要充分注意胎儿发育与生长的生理环境影响，主动发挥 HRD 的作用。

二、人力资源形成的家庭影响分析及其启示

个体 HR 形成的家庭影响因素，包括父母及其重要成员的教育状况、文化水平、性格修养、父母及家庭成员之间的亲疏关系。亲疏关系，例如相爱相敬、争吵不休、冷漠或离异；父母或家庭的经济地位、社会地位，体现在父母或家庭与家族成员的职业、职称、职务、社会声誉、收入、居住条件；HR 主体在家庭中的关系与地位，例如所在家庭的大小、出生顺序、所担负的权利和义务、兄弟姐妹之间交往关系等。

家庭的经济地位直接决定 HR 主体在童年时的营养状况，而童年时的营养状况必然影响个人的生理素质及其发展。父母的教养状况与家庭成员间关系的亲疏，直接影响 HR 主体童年时的性格、心理状况和自我评价，决定 HR 主体后来的处世方式，表现为对他人的依赖、信赖或独立的不同程度。

日本心理学家经过大量研究发现，父母的行为态度对孩子的品性有着直接的影响，具体见表 4-1：

表 4-1　父母教养态度与孩子的品性影响分析

父母教养态度类型	孩子的品性特征
拒绝型：放任自流、漠不关心、不闻不问、不重视（消极拒绝）；或对孩子非难、体罚、惩治（积极拒绝）	反抗、攻击性行为、消极、顺从、精神发展迟钝
过分保护型：事事都由自己出面替儿女办理，过分关心（积极保护）；或儿女的每一件事都要插手与过分干涉（消极保护）	生活自理能力差，孤独，依赖性强，缺乏责任感
过分支配型：按自己意愿教育孩子，忽视孩子本身的兴趣、愿望，表现为对孩子的强制、专断与独裁	表面服从，内心反抗，表里不一，自卑，冷漠，缺乏自主性、创造性
过于顺从型：对孩子不恰当的溺爱，娇宠过甚，甚至唯命是从	自我中心，我行我素，无恒心，无耐心，羞怯，虚荣，讨厌规则，欲望过高

心理学家研究发现，HR 主体在家庭中所处的地位，也会对 HRD 产生一定的影响。调查结果表明：

(1) 出生顺序早的孩子，对痛苦的体会更深；

(2) 长子比其他孩子妒忌心强；

(3) 小家庭中长子成为名人的概率大，大家庭中末子成为名人的概率大；

(4) 独生子或长子支配性比末子强；

(5) 独生子的攻击性、自信心比长子或末子强；

(6) 末子往往比较胆怯，长子则比较内向；

(7) 长子或独生子的优越感强；

(8) 头生子严肃认真，更有责任心，更勤奋，更富有竞争性；

(9) 非头生子则比较开朗、轻松，富有幻想，活泼；

(10) 长子、独子、末子、早年丧父或丧母的孩子（我们把这些孩子称为家庭中的特殊地位者）具有较高的创造性。

还有调查发现，31 位诺贝尔奖获得者中，74% 为家庭特殊地位者；62 位杰出的科学家中，76% 为家庭特殊地位者；杰出的科学家中，有 26% 的人早年丧父或丧母；杰出的法国和英国诗人中，有 55% 的人早年丧父或丧母。

有分析认为，这些具有特殊地位的孩子，更早得到关爱，并与父或母处在平等民主的位置，因而成熟较早。

上述事实表明，家庭环境直接影响 HR 主体童年时期的 HR 形成，尤其是品性素质的形成。因此，HRD 要抓住家庭教育这一对品性素质形成起关键作用的环节，进行职前开发、职前设计、职前指导，走在职业能力开发的前面。抓住了家庭教育这一关键环节，我们日后对 HRD 中的品性素质开发，就能起到事半功倍的作用。

三、人力资源形成的学校因素影响分析及其启示

学校教育包括小学至中学的基础教育与大学时期的分科职能教育。它是获得知识、培养智能素质的重要时期，是培养集体意识、社会观念、价值观、人生观等品性素质的重要时期，也是 HR 成熟、进行职业开发前的关键时期。有人分析了《物理学大辞典》中所载的 146 名著名物理学家，发现其中 80% 以上的人都受过不同程度的学校教育，自学成才者只有 5%。对著名的天文学家、化学家的分析结果也大体相似。这说明学校教育及其环境对于 HR 的职后开发起着极其重要的作用。

学校教育影响的主要因素，包括教师、学生、校风等内容，其中教师的人格、学识水平、理想追求、生活方式对 HR 形成的影响最大。周围学生的学习态度、交往方式等，也对个体这一时期的 HR 形成有着很大影响。校风包括校纪、校规、学校体制、学校的教风、学风与培养规划等。在学校因素中，教师与校风的影响最大。

美国心理学家罗森塔尔选择了美国的一所小学进行心理素质预测试验。他先从一至六年级的学生名册中，随意抽取出一些人的名字，然后交给他们的

教师,故意谎称经过素质测评,发现名单上的学生具有最佳的发展前途。教师则以为这些心理测验具有权威性的预测作用,对这些学生的教学教育态度十分积极。八个月后,心理学家又到这所学校,对名单上的学生进行测评,发现他们的学习成绩比以前大大提高了,而且比其他学生进步速度快,性格变得开朗大方,求知欲比以前旺盛。这种现象心理学上称之为“皮格马利翁效应”。这一现象说明,教师的教学态度对于 HR 的形成具有十分重要的作用。表 5-2 说明,教师态度与学生的品性形成具有十分紧密的关系。

表 4-2 教师态度类型对学生品性的影响分析

教师态度类型	学生品性特征
专制型	冷漠,攻击性强,阳奉阴违,缺乏自制
民主型	态度友好,积极,有领导意识与欲望
放纵型	无纪律,无组织观念,无团队协作精神

中学后的职业基础教育,是在原有基础教育上进行的再教育,是一种培养职业能力的素质教育。我国古代王充就提出过“科用累能”的思想。所谓“科用累能”,是指不同学科积累不同的才能。科学智能素质又区分为专业能力与非专业能力。职业能力教育主要是提高专业能力。由于学科不同,从事某一学科的学习,会获得与此学科相适应的素质特点。例如,从事工程、技术科学的人,一般具有较强的动手能力、实验能力、操作能力与空间把握能力;从事基础学科的人,一般具有较强的思考能力、论证能力、创新能力、分析能力、想象能力、信息获取的能力等。

由此可见,要重视学校教育对 HR 的职前开发影响,要把职后开发的目标与职前的学校教育目标相联系。HRD 工作人员对学校教育目标与课程设置以及学风、教风与校风要有一个全面的了解,并在此基础上招聘与选拔相关的人才。当然,上述分析也启示我们,可以根据自己的职业能力要求,有目的地选择一些对口的大学或专业进行合作办学,主动向他们提出专业要求或教学建议。

四、人力资源的职业因素影响分析及其启示

职业因素对 HR 的影响作用是十分明显的。据说,在一个星光灿烂的夜晚,德国诗人海涅仰望天空中的星斗,把星群看做“圣者的居处”;德国哲学家黑格尔把星群看做“天上一个发亮的伤疤”;中国数学家华罗庚把星群看做“一个数列点”;围棋国手聂卫平把星群看做“棋盘中的棋子”。由此可见,职业除了影响人的职业能力外,还影响人的思维方式与观察问题的角度。

关于职业因素对 HR 的影响,无论是西方还是我国,有关的研究并不多见。

下面是一个有关科研工作对科研人员素质影响的因素分析的实例。有人研究了西方研究机构中 115 名科学家的素质后认为,有利于科学智能发展的四种因素是:高度的责任心;有很大的权力雇用研究助手;没有来自上级行政部门的干扰;职业高度稳定。①

实际上,对 HR 发生影响的工作环境因素,主要有两大类,如表 4-3 所示:

表 4-3　影响人力资源的工作环境因素

与工作任务有关的动态因素	与工作任务有关的稳定因素	
	部门及人员因素	组织及制度因素
已有的社会关系(联系) 新发展的社会关系(联系)	上级部门或人员 同事(合作者) 下级部门或人员 其他相关部门或人员	奖惩 工作条件 人员素质 体制

表 4-3 中的动态因素因人而异,具有一定的伸缩性与弹性。而稳定因素对每个成员都相同,具有一致性与刚性的特点,它对 HR 的影响相对来说要大一些。其影响性主要表现在以下几方面:

第一,影响 HR 的品性素质。一个组织的体制是僵化的还是灵活的,奖惩得当还是不当,人员素质是高还是低,工作条件是优还是劣,部门之间、人员之间是和谐的还是推诿、扯皮,类似的职业因素对人的需要、追求、欲望情绪、思想与行为等,都会产生较大的影响。

第二,影响 HR 的智能素质。同样的 HR,处在不同的工作环境中,所发挥的作用、产生的效果与最后的成果水平大不一样。如果处于具有活力体制的环境中,工作条件优越,奖惩得当,部门之间的运转相互配合、相互协调,或者在工作过程中,上级支持、同级配合、下级合作,那么 HR 的主体就会心情舒畅、士气高昂、信心倍增,容易把精力集中于事业上,HR 就能充分发挥作用,出成果,出成就。相反,如果体制僵化、奖惩失当,部门之间、人员之间相互扯皮或推诿现象严重,HR 主体就会在各种内耗中失去发挥作用的机会,HR 就难以发挥其实际效用。

职业外部环境相同,如果工作性质不同,也会影响 HR 的发展。同一种素质在不同的职业上会表现出不平衡性或差异性。例如,智力被认为是一种推理、认识与学习的能力,它是形成与发展其他职业能力的基础。研究表明,处于不同复杂程度职业中的员工,存在着智力差异的群体性。这种职业差异的群体

① 吕云峰:《人力资源素质开发系统工程探析》,武汉理工大学硕士论文,2004 年。

性表现在员工的平均智商上，如表 4-4 所示：

表 4-4　不同职业员工的平均智商水平一览表

职业类别		员工平均智商
白领专业性人员	（如会计、科研人员）	120
白领半专业性人员	（如人力资源管理人员）	113
工商职员	（如银行职员）	108
蓝领技术人员	（如机修工）	104
一般操作工		96

又如品性，在不同的职业类别中，也表现出不同的要求与特点，如表 4-5 所示：

表 4-5　不同职业品性素质要求的比较

职业类别	商人	运动员	管理人员
品性特殊要求	心理承受力强 风险意识强 敏锐 随机应变	意志坚强 坚忍不拔 吃苦耐劳	果断 机敏 理性
品性共同要求	有毅力与恒心，勤奋，认真，有责任心		

上述分析启示我们，工作环境、职业要求对 HR 具有重要的影响。因此，我们应优化环境，重视组织文化建设、制度建设、人际关系建设，重视工作设计，并以此促进 HR 的发展与提高。

五、人力资源的社会因素影响分析及其启示

HR 的社会因素包括同伴、邻里、朋友等人文环境与地理环境。国内外研究表明，行为不良的儿童，几乎 2/3 是因交上不好的朋友造成的。墨子认为："染于苍则苍，染于黄则黄，近朱者赤，近墨者黑。"（《墨子・所染》）孟母教子三迁的故事，家喻户晓，可以说，它是充分说明社会环境对 HR 影响的一个典型例证。

除人文环境外，个体所处的自然环境、地理环境也会对 HR 产生一定的影响。例如，东北人、上海人、西北人、两广人等的 HR，相互之间就存在一定的地域特征。中国古人认为，硬土地带的人刚强，软土地带的人漂亮，贫瘠地带的人丑陋。鲁迅先生在谈到南方人与北方人的差异时指出："据我所知，北人的优点是厚重，南人的优点是机灵，但厚重之弊也愚，机灵之弊也狡……”[①]地域差异包括地理概貌、交通条件、经济发展、文化习俗等。这些差异的影响沉积在 HR 中，分别表现为观念意识、思维方式、性格上的差异等。例如，上海人、深圳人的投资意识与风险意识普遍要比内地的人强；北京人的文化意识与政治意识普遍要比其他地方人强些。西方也有研究表明：HR 主体在不同地域的流动，将带来 HR 的不同变化。他们认为：城市近郊农民比偏远地区农民素质高；大都市的人比中小城市的人素质高；从偏远的农村移居到大都市的人比从中小城市移居到大都市的人素质要低。

上述事例说明社会因素对 HR 的形成与发展有着重要影响。那么，重要到什么程度呢？下面再看两个事例。

20 世纪 40 年代初，美国心理学家丹尼斯从孤儿院中挑选了一些新生儿，把他们置于暗室内生活，除了供给食物之外，几乎与外界隔绝。最初新生儿心理机能没有多大变化，可是时间一长，其心理机能明显衰退，直至痴呆。实验结束后，虽然对这些婴儿进行了无微不至的关怀和有意识的教育训练，结果只有极少数人恢复了正常，其他人终生痴愚。

1920 年，猎人在印度某地狼窝中发现了两个狼孩，大的 8 岁，小的约 2—4 岁。大的起名叫卡玛拉，小的起名叫阿玛拉。猎人把她们带回家后不久送进了当地的孤儿院。阿玛拉不到一年就死去了，而卡玛拉活到 17 岁。在孤儿院期间，卡玛拉仍保持狼的习性，如四肢爬行，喜欢吃生肉，喜欢赤身裸体，晚上四处游荡，像狼一样嚎叫。到了第三年，卡玛拉才会直立行走。她在孤儿院费了七年时间才学会不吃生肉；17 岁时，其智力仅恢复到 3 岁半的儿童水平。

上述事例表明，HR 是天赋与社会因素共同作用与影响的结晶。天赋差，人的 HR 发展与形成将受到限制；天赋好，离开社会环境，HR 也难以形成与发展。因此，我们要重视社会因素对 HRD 的作用，重视内部管理对 HRD 的作用，重视人口流动与迁移对 HRD 的作用。

六、人力资源形成与发展的人口因素影响分析及其启示

HR 的质量与人口的数量有一定的关系。表 4-6 是特曼(Terman)和梅里尔(Merrill)1937 年提供的数据。

---

① 《鲁迅全集》第 5 卷，人民文学出版社 1981 年版，第 436 页。

表 4-6　智商在人口中的分布

智力等级	智商	占总人口的百分比(%)
天才	140 以上	0.25
杰出	120—140	6.75
优秀	110—120	13
普通	90—110	60
低下	80—90	13
低能边缘	70—80	6
智力缺陷	70 以下	1

资料来源：L. M. Termanand and M. A. Merrill, *Measuring Intelligence*, Boston: Houghton Miffein, 1937, p. 34。

从表 4-6 中可以看出,占人口总数 60% 的是中等智力水平的人,向上向下偏移一个等级后发现,有 86% 的人属于可以开发与训练者。智商的这种分布说明,优秀人力资源的多少,整个人力资源质量的高低,与人口总量有一定的关系。一般来说,人口越多,可以开发出的优秀人力资源越多;如果开发到位,那么人力资源的整体质量也就越高。据此,美国舒尔茨曾说过,中国的人才是美国的 8 倍。[①] 然而,如果开发工作不到位,那么,人口数量与人力资源的质量也许就毫不相干了。

人口的性别及比例对 HR 也有直接的影响。研究表明,男女的差异首先体现在遗传物质即染色体上。这种差异带来了激素分泌的差异。激素除了影响人的体格发育外,也影响人们的行为方式。据专家测算,女性在肌肉活动的柔韧性与灵敏性方面,要优越于男性;而男性在爆发力、速度、弹跳力方面,要优越于女性。一般来说,女性的力量为男性的 2/3,速度、耐力为男性的 4/5,弹跳力为男性的 3/4。这些决定了在劳动分工上的性别群体差异。例如,矿工、建筑工、水手、战士等几乎都是男性,而刺绣、保姆等几乎成为女性的领地。这种性别群体差异,决定了会计、语言、文字类职业人员中,女性多于男性,数学家、技术工程职业人员中,男性多于女性。在美国,科学家的男女比例为 4∶1,工程师的男女比例为 20∶1。男女群体 HR 的差别分析见表 4-7。

① 陆红军:《人力资源发展跨文化学通论》,上海:百家出版社 1991 年版。转引自萧鸣政编著:《人力资源开发的理论与方法》,北京:高等教育出版社 2004 年版,第 113 页。

表 4-7 男女群体 HR 的差别分析

序号	男性	女性
1	大脑右半球占优势	大脑左半球占优势
2	数学推理、视觉空间能力、躯体运动速度和协调方面占优势	语言能力、阅读理解、手指敏捷性、文书技巧方面占优势
3	在科技人员中,注意力难以集中、难以摆脱苦恼、情绪易冲动的,男性多于女性	在科技人员中,思维迟钝、想象力贫乏、易发怒的,女性高于男性
4	在工人中,难以摆脱苦恼、记性不好、常为小事着急的,男性高于女性	在工人中,注意力难以集中、思维迟钝、易发怒的,女性高于男性
5	在思维能力、实践能力、情绪乐观、意志坚强、创造能力、决策能力方面占优势	在同情心、荣誉感、组织能力、工作原则性、谦虚、责任心方面占优势
6	价值取向顺序是: 认真—自信—进取—谦虚—勇敢	价值取向顺序是: 无私—正直—善良—宽容—勤劳
7	幸福观顺序是: 事业上成功—有一个温暖的家—有知心朋友—为社会作贡献	幸福观顺序是: 有一个温暖的家—事业上成功—有知心朋友—身体健康
8	对品性的追求是: 更崇尚发展性、开拓性、外向性的价值原则,追求成功与事业	对品性的追求是: 更崇尚自我完善、修身等内在价值性原则,追求自身完善
9	追求的社会期望与评价是: (1)生理:英俊、魁伟 (2)心理:深沉、勇敢、正直、自强、自主、独立、有主见、支配欲强、坚强、爱冒险、自负、刚毅、果断	追求的社会期望与评价是: (1)生理:苗条、美丽 (2)心理:温柔、庄重、善良、自爱、自重、斯文、遵守传统、爱子女、羞涩

实际上,男女两性在智力上并无实质性的差异。心理学家对在苏格兰 1926 年 2 月 1 日、8 月 1 日和 11 月 1 日出生的所有男女婴儿,进行了智力测验,男婴平均智商为 100.51,女婴平均为 99.7,这一差别无论在心理学上还是统计学上,均没有实质性的意义。但是为什么女婴比男婴难出成就呢?其主要原因就在于后天所进行的 HRD,在于社会因素的影响与 HR 主体的自我主观因素。

西方一项调查发现,凡是高智商的女性嫁给低智商的男性,出成果更容易;而高智商的女性嫁给高智商的男性后,出成果则较难。这是因为寻找伴侣时要求对方条件比自己高的女性,多少带有辅佐丈夫或获得丈夫帮助的心理,这本身就是主与辅的关系。这种情况无论女性受过多高的教育,都难以摆脱辅助地位的心理束缚。因此,女性之所以难以发挥自己的 HR 作用,主要应该从社会对男女承认顺序的不公平中去寻找根源,从女性自我屈从男性的心理中去找原因。

上述事例告诉我们，HRD不应忽视必要的人口环境与基础，要保证适度的人口密度，同时对女性HR的开发要打破传统的性别差异观念，承认差异但又不只看差异，要尊重性别生理差异的客观性，但要消除心理上的差异，最优化地开发女性的HR。

第三节　智力及其在人力资源中的作用

智力在个体HR体系中占有十分重要的位置，它是HR的内核与基础。然而，对智力是什么，结构如何，在形成与发展过程中主要受到哪些因素的影响等问题，我们似乎还不太清楚。

一、智力定义及其作用

什么是智力，目前学者们众说纷纭。法国的比奈(Binet)认为，智力是个体所具有的正确地判断、透彻地理解、适当地推理的一种能力；德国的施太伦(L. W. Stern)认为，智力是个体有意识的以思维活动来适应新情境的一种潜力；美国的韦克斯勒(Wechsler)认为，智力是一种有目的的行为功能运作，包括理性的思考及有效率地处理周围环境问题的一种能力；吉尔福特(Guilford)认为，智力包括认知、记忆、发散性思考、综合性思考以及评价五种能力；斯坦伯格(Sternberg)认为，智力包括学业智力、社会智力与生活智力三个方面；美国学者嘉德尔(Gardner)认为，智力包括七个方面：逻辑、数理能力；空间概念；肢体运动智能；音乐能力；语言能力；自我分析能力；人际关系能力。大多数中国学者认为，智力是指认识方面的各种能力，即观察力、记忆力、思维力、想象力的综合，其核心成分是抽象思维能力。

综上所述，我们认为，智力是个体能力系统中最为基本的一种核心能力，其他能力都是通过智力与外界环境、教育、家庭等因素的相互作用、相互影响而形成的。但是，智力并非一成不变。幼儿期的智力主要由遗传基因及母体生理环境等天赋因素决定，后天环境只是起辅助作用；学生期以后的智力，在相当程度上将受到外界环境、教育因素与自我品性因素的影响。通过这种影响作用，先天的智力从此泛化到个体行为活动的各个方面，融合到HR的各个方面，成为各种能力发展的基础与催化剂。因此，我们可以说，智力是个体HR体系中的精髓与血液，是最为关键、最为核心与最为基本的能力。

二、智力结构分析

从功能上来说，我们认为智力是个体解决问题时表现出的一种基本功能。

对于一个人来说，他所面临的问题也许可以划分为三个主要方面，这就是未知的客观事物、人际问题、生活问题，对应于这三方面的智力即为科学智力、社会智力与生活智力。三种智力结构及其关系如图 4-4 所示。

所谓科学智力，是指表现在认知客观事物与掌握学科知识、学科原理和学科方法方面的智力。科学智力来自人与自然交往过程中的直接经验，或者是通过书本学习间接经验而得到的。这种智力大家比较熟悉，因此，不再作过多阐述。所谓社会智力，则指表现在与人相处、自我反省、适应环境、察言观色方面的智力。这种智力来自于社会实践，是通过人与人之间的交往、联系、竞争与合作而获得的。社会智力实际上是一种社会学习认知能力。它可以帮助个人在社会上行事得宜，事事顺心。因此，有人又说社会智力是一种适应社会生活及与人相处的能力。台湾学者魏美惠博士认为，个人对社会生活的适应有主动与被动两种形态。主动形态为个人以积极的态度去掌握自己的命运，尝试改变自己认为不合理或不满意的生活情境，这就要求个人必须充分了解自我的能力及优缺点，同时深入了解整个外在的客观社会环境情况，这样才不至于在面对太多挫折之后，有社会适应不良的现象。所谓被动适应形态，是指自己（主体）去适应任何外在的、客观的社会环境情况。被动适应社会的人，往往被认为是社会适应力强的人。其实，这种人未曾尝试改变周围环境，只是被动地承受不同的人生遭遇。

- 智力
  - 科学智力
    - 学科的学习能力
      - 非理工科
        - 语言学习能力
        - 人文、社会学科学习能力
        - 历史、地理、生物、心理学科学习能力
      - 理工科
        - 数学、自然科学学习能力
        - 物理、化学学习能力
        - 工程、机械、技术科学学习能力
    - 非学科的抽象认知能力与创造能力
  - 非科学智力
    - 社会智力
      - 洞察别人的心思、察言观色的能力
      - 与人相处、建立友善关系的能力
      - 了解社会规范、言行举止表现合乎时宜的能力
      - 适宜新社会活动的能力
      - 参与社会活动的能力
      - 自我认识与自我反省的能力
    - 生活智力
      - 日常生活能力：解决日常生活问题与适应生活环境的能力
      - 工作能力：解决工作中的问题与完成工作任务的能力

图 4-4　个体智力结构分析图

福特（Ford）和穆拉（Miura）1983 年的研究指出，社会智力主要包括以下四

种成熟的能力①：

（1）利他能力。即察言观色、洞悉别人的需要的能力。这种能力的特征就是重视别人的存在，因此这种能力被称为利社会性行为。这种能力对于营销人员来说十分必要。一个成功的推销员，除了具备说话技巧、诚恳的态度、积极的人生观外，还必须具备敏锐的察言观色能力，如此才能取得别人的信赖。

（2）决策能力。即处理人际问题的一种决策能力，表现为处事果断，不优柔寡断、拖泥带水，且能克服困难。

（3）社会适应力。即一个人积极参与社会活动与热衷于社会活动的能力。拥有这种能力的人，可以与各种不同性格的人相处，也能与人分享生活的点滴。

（4）自我肯定的能力。即指个人拥有自信、肯定自我存在的价值，并勇于尝试新的人生经验、不墨守成规、退缩不前的一种行为特征。

所谓生活智力，是表现在解决生活问题与工作问题方面的智力，是处理日常生活中大小琐碎事情的一种能力。日常生活问题的特点是较零散，没有组织，比较杂乱，没有一个统一的标准答案。因此，它与科学问题不同，与人际问题也不一样，对应这种问题的是一种生存能力。

生活智力的获得，主要来自后天的生活环境与生活经历，它受遗传因素的影响较少，因此与科学智力不同。生活智力表现为善于安排自己的生活，在面对日常生活中的大小琐事时，能有自己建设性的表现，能以最经济的时间或最少的力气做最多的事情，知道如何处理自己的事务，它是一种包括建立良好的事业发展规划、提高自己工作效率的能力。

三、创造力的分析

所谓创造力，是指一种不同寻常的发现与制造能力。它是智力在生活上、艺术上及科技上的创新表现。美国学者吉尔福特认为，创造力是一种扩散式的思考方式，是一种想象力或联想力的表现，也是一种分歧性的思考。英国学者狄邦诺(DeBono)认为，创造力是一种感性的、非逻辑的、直觉的水平式思考。美国的威廉姆斯(Willams)认为，创造力是指认知的个性特点与做事的风格，包括思考的流畅性、变通性、开放性、独特性、精密性以及好奇性等。

创造力表现在生活、科学与特殊才能三个方面。创造力在生活上表现为自我提升的创造力，例如美化自己的居住环境，善于废物利用，能化腐朽为神奇，懂得如何安排生活，提升自己的生活品位，创造更完美的生活领域，以及开阔自己的视野等能力；在科学上，表现为科技发明与技术改革能力；在特殊才能上，

---

①　卢家楣：《情感教学心理学》，上海：上海教育出版社 2000 年版，第 2 页。

表现为某种超乎寻常的卓越能力，比如小说家、戏曲创作者、画家、体育明星、演说家、杂技人才等特殊人才，可以说都是具有非凡创造能力的人。

由此可见，创造力并非限于特殊才能、艺术创作与科学技术发明，创造力可以是一种生活方式，是一种做事的风格及个性特征。它是一种勇于尝试、不自我设限、充分发挥个体潜能及强调自我发展的态度与品性。人本心理学家罗吉斯与马斯洛认为，生活上懂得自我提升、充分发挥自己潜能的人都是有创造力的人。

一般来说，创造力较高的人具有以下明显的几种特征①：

第一，能容忍模糊概念的存在。这是指在做事情时并不一定要坚持遵守哪一种规则，在作决定时也没有任何事先预设的立场。在面对一些模糊或暧昧不明的生活情境时，并不畏惧，反而保持一个开放的胸襟，这种人往往具有丰富的想象力，不会自我设限。

第二，思考自由。当受到某种训练或处于某种环境太久之后，我们的思考方式无形中会被限制而形成一种功能僵化的现象。我们无法脱离某种思考模式。富有创造力的人刚好相反，他们能意识到自己思考上的自由，并能充分地发挥思考的功能。

第三，富于弹性。在考虑问题或解决事情时，能从多方面去考虑，凡事懂得变通而不是一定得符合哪一种原则，达到哪一种标准才可，凡事给自己预留许多变化或发展的空间。

第四，喜好冒险。创造力较高的人，一般说来自信心较高。他们较具有独立思考的能力，也不会怕失败而受别人嘲笑，对任何事他们总是愿意去冒险，不会把得失看得很重。

第五，不易被满足。伟大的发明家爱迪生曾经说过一句话："任何的创造，是靠一分的灵感，九十九分的努力。"创造者的另一特质是他们不畏艰难、繁琐，勇往直前。他们不是那么容易满足于现状，会不断地尝试寻求改进或追求更高境界的成果。他们会有一种态度或信念，那就是"楼外有楼，山外有山"。只要努力，一定会更好。

四、影响智力形成与发展的因素分析

智力在形成与发展的过程中，主要受到价值观、文化、家庭、自然环境以及社会期望与评价等诸多因素的影响。

---

① 魏美惠：《智力新探》，台湾心理出版社 1996 年版，第 142 页。

（一）价值观的影响

自古以来，国人就有一种“万般皆下品，唯有读书高”的士大夫观念。人们认为，唯有接受较高水平的教育，才能提升个人的社会地位，生活才会有保障。身为父母，如果有一个会念书的孩子，也被视为一件光宗耀祖的事情。

由于教育在我国扮演着帮助孩子改变社会地位的重要角色，加上统考、高考的推波助澜，强化了智力向科学技术方向发展的力度，从而抑制了社会智力与生活智力的发展。父母们通常不会鼓励孩子参加社交或社会活动，生怕孩子花费太多的时间去交朋友，影响学业成绩。因此，虽然许多孩子在音乐、绘画或文学上很有天赋，但却被看成不务正业而加以抑制，使许多孩子失去了进一步发展才能的机会。

美国学者莫德科伟特斯（Mordkowits）对亚裔学生的一项研究报告指出，中国人移居美国，很多是为了孩子的教育问题。有不少中国人认为会念书、会考试，拥有较高的学历，就可以证明自己的智力高人一等。其实这是狭义的智力价值观。由此可见，HRD 必须注意价值观的不良影响。

（二）文化的影响

美国学者沃波尔（Wober）在乌干达及其他部落进行过一项智力研究。他发现，在传统封闭的原始部落里，一般人认为高智力的人，是那种具有温文尔雅、不急不慢、深思熟虑特征的人；相反，受过西方教育的乌干达人则认为，反应机灵、行动敏捷的人才是智力高的人。巴干达（Baganda）部落认为，坚持原则、刚毅不屈的人是有智力的人，而巴托罗（Batoro）族人认为，温良、服从、礼让的人是有智力的人。

中国台湾学者魏美惠博士对中国台湾省、日本、美国及津巴布韦的四位学者进行过跨文化的智力观访问比较研究。这四位受访者都是美国弗吉尼亚大学的研究生，他们的年龄都在 25—37 岁，其中只有来自日本的受访者是女性。结果美国受访者认为，智力是一个人成长所累积的智慧和知识，具有开阔的心胸、丰富的人生经验的人，智力较高。其他三位受访者则认为，智力是一种学习认知的能力，因此，学习成绩好就是智力高。显然，美国学者是一种相对广义的智力观，而其他三位学者则是一种较为狭义的智力观。由此可见，文化是 HRD 中的一个重要制约因素。

（三）家庭因素的影响

家庭中的父母也会因种种有形与无形的因素对其子女的智力发展产生一定影响。家庭的社会地位与经济地位一样，对孩子的智力发展会产生重要影响。例如，一个在贫困中成长的孩子，可能对经济情况有极高的危机意识，因此可能认为必须通过高考，上一所较好的大学，才能保证这一辈子的幸福。他只有在不影响功课的前提下，才会发展自己的社会智力与生活智力。因此，这种家庭成长起来的孩子，在科学智力方面的发展一般大大超过社会智力与生活智力的发展。

在家庭中，由于父母具有绝对的权威，因此，父母的智力观及价值观会主导孩子各种能力的发展。一个只会念书不会做事或者只会考试不会察言观色的孩子，即使科学智力很高，也不一定能保证有幸福的生活。一个明智的父母，除了为孩子提供一个良好的学习环境外，还要加强自己的学习，主动去适应社会的发展，不能认为自己木已成舟，在智力方面就不求发展了，更不能将自己未完成的梦想或自己的主观意识强加在孩子身上。

对社会智力与生活智力的开发与培养，必须从生活与社会活动方面着手。父母应该鼓励孩子积极主动地参加社会活动与社会生活。如果父母缺乏这两种智力，缺乏正确的智力观，那么生长在这种家庭的子女的智力，自然也就难以在这两方面获得较好的发展。

（四）自然环境的影响

一般认为，智力的形成与发展，只与遗传、教育、社会影响有关，而与所处的自然环境没有关系。其实不然。长期生活在阴雨连绵、拥挤不堪、坐落无序的小城镇的小孩，与生活在宽阔清爽、排列有序的大城市的小孩，在思维方式上会有明显的差异。生活在沿海的人与生活在深山老林的人也不同，他们在思维方式上也会有很大的区别。例如，由于爱斯基摩人长期生活在冰天雪地中，阿拉伯游牧民长期生活在沙漠中，他们常常必须在没有路标的情况下判断自身所在的位置，否则就很难生存。因此，他们的天象观察能力非常强，空间能力与方向感特别强。美国学者嘉德尔分析认为，由于爱斯基摩人在茫茫的冰天雪地中不易找出自己的足迹与方向，因此他们逐渐养成了一种极其敏锐的空间概念及观察自然环境的能力。雪地中的任何蛛丝马迹，他们都可以察觉到，否则稍不留意踩到浮冰就可能会漂流到外海。由此可见，包括智力在内的资质会受到HR主体所处的自然环境的必然影响。

（五）社会期望与评价的影响

智力的形成与发展，除上述影响因素之外，还深受社会期望与评价的影响。美国学者研究认为，早在16世纪的文艺复兴时期，由于人们对艺术创作的评价相当高，将之视为一种智力的象征，极力提倡艺术创作之风，推动了艺术智力的发展，因而产生了诸如米开朗基罗之类的大师；18世纪，由于社会对音乐的重视与评价，因而给予了贝多芬及莫扎特许多的发展空间；19世纪之后，由于社会对科学技术的重视与评价，推动了科学智力的发展，因而产生了爱因斯坦、居里夫人等一大批科学家。中国的情况也一样。古时候，由于社会对文学特别重视，将语言能力特别是语言文字表达能力视为一种智力的表现，因此自隋唐以来的科举都是以文章、诗歌、散文写作的好坏作为选拔人才的标准。

上述事实告诉我们，每当社会的期望与评价指向某一方面的智力形态时，社会就会推动人的智力向相应的方面发展，造就一批与此相对应的杰出人才。因此，当我们要了解某一民族、某一国家的智力发展水平与方向时，应该比较全面地了解其社会期望与评价的标准与内容。

智力是可以向任何方面发展的，具有多方面发展的潜能与可能，如果我们过分地强调向特定方向的发展，那么无疑会在人类社会进化过程中，造成人力资源的严重浪费，造成智力发展结构上的生态不平衡。因此，我们应该跳出时空限制，摆脱社会的主观意识与价值评判，以开阔的胸怀，扩展自己的生活领域，开发自身的各种能力与资质。

总之，我们认为，HRD 的基本对象是人员素质，包括品德、智力、技能、能力、潜能与其他心理素质。其中智力与品德最为重要。

【思考题】

1. 试分析以劳动者个体为人力资源基本点的成因及存在的问题。
2. 试分析将人员素质作为人力资源基本点的原因及其重要意义。
3. 试分析遗传因素在个体人力资源形成和发展中的影响和作用。
4. 试分析家庭因素在个体人力资源形成和发展中的影响和作用。
5. 试分析学校因素在个体人力资源形成和发展中的影响和作用。
6. 试分析职业因素在个体人力资源形成和发展中的影响和作用。
7. 试分析社会因素在个体人力资源形成和发展中的影响和作用。
8. 试分析人口因素在个体人力资源形成和发展中的影响和作用。
9. 试分析智力的概念，并对智力结构与创造力进行简要的分析。
10. 试分析影响智力形成与发展的主要因素和具体作用方式。

【案例】

索尼公司人力资源开发的“黄金法则”①

日本索尼(SONY)是以生产电子电器产品为主的一家跨国公司，它始建于1946 年。20 世纪 90 年代，在日本泡沫经济崩溃后，很多企业举步维艰，唯有索尼能在短短几年内重新调整好经营状况，成为 13 个最有活力的企业之一，人们

① 资料来源：张岩松：《人力资源管理案例精选分析》，中国社会科学出版社 2007 年版，第 56 页。

将其发展称为“索尼奇迹”。而创造这一“奇迹”的原动力来自于索尼在人力资源开发上有独到的“黄金法则”。

(一) 选人:千甄万别,唯才是举

索尼公司非常重视招聘人才的工作,他们招聘人才不分国籍、年龄、学历、性别以及身体是否残疾,尤其欢迎在目前工作的公司不能发挥潜力的人。

索尼公司对应聘的人选考试极其严格,每个应试人员都要经过30个经理以上干部的面试。而且由这30个面试考官所做的评分表,必须在五年的工作过程中一一应验。面试通过后,还要经过集训考试,时间长达三天三夜,内容包括第一天的笔试、第二天的市场调查习作、第三天做“20年后的日本”的作文。

此外,索尼公司不惜投入大量的经费,还要做一次集训考试,以便真正了解每一个应试人的思考力、判断力等优秀与否,经过层层考试被选进来的员工素质都比较高。即便如此,公司对这些人仍不放松,继续实施彻底的在职培训,由监督人员按照自己制定的指南进行教育并向他们传授必需的技能。

索尼招聘人才不看学历,而看是否有真才实学。在20世纪60年代的日本企业界长期实行论资排辈的人事制度,并片面强调学历,索尼公司创始人盛田昭夫的《让学历见鬼去吧!》一书可谓一鸣惊人。他在书中写道:“论资排辈和学历至上使得年轻有为的人不能展示他们的能力和抱负,而即使某人拿到了电视工程学位,在他被录用以后,经理也要尽快发现他有什么真正的能力,如果他有特殊的才能或适合于其他工作,就再给他调换工作。”

在选拔高级管理人员这个问题上,索尼公司特别重视选拔和配备具有高度创新精神的经理班子。索尼从不雇用那些仅仅能胜任某一个具体职位的人,而是乐于雇用那些拥有多种不同经历、喜欢标新立异、有真才实学的人。遵循这一指导思想,索尼公司无论对经验丰富的经理,还是对初来乍到的青年雇员,雇用的方针都集中在预期的能力上。大贺典雄的使用就是一个典型的例证。大贺是一个既没学过理科也没学过商业的人,但是,由于他对音乐的独特理解被盛田看中,委任他负责磁带录音机工厂。

实践证明,盛田的做法是对的,大贺上任之初提出要想超过竞争对手,最好的方法就是争取他们的销售经理,第二年就使索尼产品销售发生了根本转变。大贺后来还成了索尼公司在数百万美元的国际谈判中最出色的谈判者之一。由于才能突出,大贺被提拔担任了公司的副总经理。

(二) 用人:爱你就给你自由发展的空间

早在1946年索尼公司的前身东京通信工业公司成立时所写的《成立宗旨》中,就提出“我们要建设技术人员积极工作的自由豁达的理想工场”。而要实现这样的理想,在索尼公司具体的体现就是实行以“毛遂自荐”、内部招聘的方式保证人才有自由发展的空间。索尼公司现有 9000 多名科学技术专家和工程师，为了促进人才的进一步发展，他们推行一种独特的公司内部人才流动制度。公司每周出版一次内部小报，刊登公司各部门的“求人广告”，允许并鼓励员工按照自己的兴趣、爱好和特长“毛遂自荐”，自我申报各种研究课题和开发项目。实行内部招聘制度之后，有能力的人才大多能找到自己较中意的岗位，而且人力资源管理部门也可以发现那些“流出”人才的上司所存在的问题。

此外，索尼公司原则上每隔两年便让员工置换一次工作，允许他们在公司各部门、各科研院所之间合理自由流动，为他们能够最大限度地发挥个人的聪明才智提供机会。特别是对于那些精力旺盛、干劲十足的人才，公司不是让他们被动地等待工作，而是主动地给他们施展才能的机会。

鼓励挑战，宽容失败，是索尼公司的用人特色，索尼的座右铭就是：“去挑战吧！”当一个人有着想干某件事的强烈愿望时，大家都会理解并帮助他。对说出“我想干这个”的人来说，索尼公司给他们提供最能充分发挥能力的场所，鼓励他们不断挑战新事物。同时，把挑战作为企业理念的索尼公司，绝对没有因为一次两次的失败就不用某个人。索尼公司深知，挑战是新事物战胜旧事物的过程，必然带有挫折，而失败是成功之母，所以某个人不会因为失败而遭到周围人的责备。因此，对于那些积极向上、勇敢开拓自己的生活、喜欢挑战自己能力极限的人来说，恐怕再也没有哪家企业像索尼公司这样有意义了。

“想做这样的事”的明确信念和索尼公司“重个人，轻组织”的企业文化相一致，两者恰到好处地融合在一起。在这样的环境中，索尼人特别乐于承担那些具有挑战性的工作，个个积极进取，人人奋勇争先，整个企业始终充满了生机和活力。几十年来的辉煌历程表明，索尼公司所取得的巨大成功，源泉正是索尼人。

（三）留人：极力创造家庭般的温馨

索尼公司强调家庭式的温馨和团结精神，以此激发每位员工的主动性和积极性，激发他们参与管理的热情。盛田昭夫认为，组织只是手段，并不是目的。组织存在和得以发展并不是组织的目的，组织终究只是作为从事业务、促进员工发展的手段而设置。人是一切经营的最根本的出发点。所谓经营，就是组织众人，使每个人的才能得到最大限度的发掘，并使之成为一股巨大的力量，从而建设一个自由欢乐的理想工厂。因此，管理者的任务就是要培育与员工之间的健康关系，在公司中产生一种大家庭式的整体观念，使员工具有一种命运共同体的意识。对于索尼公司来说，就是要使不同姓氏的索尼公司员工团结共荣得像家庭成员似的。

而索尼公司的确像个大家庭，不仅因为索尼基本上实行终生雇佣制，绝大多数员工都要在索尼公司度过一生，还因为在公司中管理者同普通员工之间并不对立，而是把他们看成是索尼公司的家庭成员，在很多工厂里员工甚至与老板具有差不多的地位。索尼公司的任何一位管理人员（包括厂长）都没有自己的个人办公室，索尼公司提倡管理人员和他的员工在一起办公，并共用办公用品和设备。为了让员工更加感受到大家庭氛围，盛田昭夫以身作则，他几乎每天晚上都要和年轻员工在一起吃饭、聊天。当夏天来临的时候，首先装上空调的是车间，而不是管理者的办公室。每当公司经营不景气的时候，削减工资总是从上层领导开始，更不轻易解雇员工。

索尼公司大家庭式文化还表现在对员工的关心和对偶然过失的包容上。如果发现某个员工更适应其他职位的工作，公司绝不会漠然视之。索尼公司也从不因为某个员工的偶然过失而解雇员工，而是给他一个改错的机会。索尼公司认为，最重要的不是把错误归罪于某人，而是找出错误的原因。

这种对员工充分尊重和坚定信任的做法使员工追求平等、渴望家庭般温馨的心理得到了极大的满足，很好地培育了员工的命运共同体观念，从而为企业忠心耿耿地工作。在索尼公司，他们作为企业的一员，自我思考，主动提高技术水平，自始至终尽职尽责地工作。家庭意识也使索尼公司员工视企业为己所有，热心为企业出谋划策。在索尼公司，平均每一位员工一年间为企业提出的改革方案达 13 件，其中大部分方案都使生产操作得到了简化，提高了生产效率。值得一提的是，索尼公司在 1973 年的石油危机中曾受到了严重的打击，公司被迫让员工回家休息，但他们不忍心在自己的公司危难之际赋闲在家，不约而同地回到公司，或扫地或除草，不管什么累活脏活，员工都抢着干。

（四）育人：以人为本，不遗余力

培训作为现代企业跟上时代发展的必备手段，索尼公司在这上面更不吝啬。索尼公司花在培训上的费用，每个员工大约每年 1.5 万日元，这还不包括在职培训的费用；大学新毕业的员工进行技术能力方面的培训时间，每人每年约 3.3 天，这也不包括在职培训。公司还拨出巨额专款，建立了索尼厚木工厂高工学校和索尼技术专科学校，用于员工的继续教育。另有各种各样的工业讲座、英语班、海外留学制度等，由从业人员自由报名参加。为了进一步帮助在职人员获取新知识，公司还设立了智能情报中心。有任何疑难问题，只要拨通公司专用电话号码中的一个，就有专人解答。

为了有效地培养复合型人才，更好地适应社会发展的需要，索尼公司在雇用一个人之后，常常立即对他们进行广泛的交叉培训。工程师和科学家要做销售工作，甚至法律学校毕业生也要到索尼工厂的生产线上见习。许多年轻经理因工作出色，有可能获得奖学金去外国深造，公司尽力安排他们到美国、英国、法国、德国去学习商贸、法律和各种科学技术，条件许可时，还每两到三年轮换一次。这种轮换不仅促进了经理们的知识更新，而且能使他们找到个人的最佳岗位，并发现他对公司最有作用的能力。结果是每个经理都安排得人尽其才，他们不仅是专家，而且是知识面很宽的专家。

自我开发是索尼公司培育员工的一个重要内容。因为经常性的提升和增加工资的机会激发了索尼公司员工潜在的自我开发的欲望。公司采取分发各种阅读材料、推荐学习书目并资助员工购买书籍的费用等方式鼓励员工自我开发，广泛地采用像读书报告会那样的小组活动以增进信息的交流共享和员工的团队合作意识。在索尼公司，有80%以上的员工都参加了这种读书小组活动。公司为了鼓励这样的活动，还给这些读书小组活动付加班费。

安居才能乐业。索尼公司为了让员工没有后顾之忧，更好地投入到工作中去，免费为员工提供住宅、医疗和娱乐场所。迄今为止，已为4200个家庭提供了住宅，为17200名单身员工提供了集体宿舍，有七个娱乐场所，还有一家医院和几个休养院。此外，为员工提供购买家产用的低息贷款、部分优惠的公司股权和高利率的公司储蓄账户。

索尼公司认为，育人不能单纯地放在对员工的教育培训上，文体活动有时比教育培训更能取得事半功倍的效果，应该把两者很好地结合起来。为此，公司成立了许多娱乐团体，如网球俱乐部、滑雪俱乐部、棒球俱乐部、围棋俱乐部等，它们经常举行各种文娱活动，公司给予部分资助。在每年春、秋季节还举行运动会，不定期的集体旅游也经常组织。通过这些活动，普遍使员工心情感到愉快，在工作中更易发扬集体精神和对组织的忠诚。

讨论题：

1. 结合本案例，谈谈如何更好地通过选人、用人、留人、育人开发组织内的人力资源。索尼公司的做法对你有何启示？

2. 在企业人力资源开发实践中，怎样给员工创造自由发展的空间，优化人力资源开发的环境？

第五章　职业资格及其分析

【本章教学目标】

1. 理解职业资格的概念、结构和特点。
2. 了解体力、健康与文化科学素质在职业资格中的地位与作用。
3. 掌握品德素质在职业资格中的作用分析理论。
4. 重点掌握职业资格的相关理论。

职业资格是对个体 HR 中职业能力系统的一种确定的与规范化的描述。任何个人与组织的 HRD 主要是围绕职业资格进行的。当 HR 主体发现自己的职业能力达不到组织所要求的职业资格标准时，就会主动地接受有关机构对自己的开发，或者通过自我学习，努力达到相应的职业资格标准要求；当组织管理者发现某个员工的职业能力系统低于岗位所要求的职业资格标准时，就会制订相应的开发计划对员工进行培训；当某个员工的职业能力系统高于岗位所要求的职业资格标准时，则要制定相应的晋升与工作设计规划，对员工进行激励与开发。由此可见，职业资格是 HRD 体系中一个最为重要的参照对象，是对组织内每个岗位与职务人力资源开发目标的规范说明。

第一节　职业资格概述

众所周知，只有符合职业资格要求的人，才能让其上岗任职。根据特定的岗位资格要求，我们千方百计去吸引并挑选那些具有职业资格条件的人，这便是人员招聘；那些低于职业资格要求的人，我们要对其进行训练与开发，这便是人员培训；那些高于资格要求的人，我们要对其进行提拔与开发，这便是人员晋升；确认某人是否具备某种职业资格的过程，便是人员测评与人事考评；了解与分析某一岗位职责与任职资格标准的过程，便是工作分析或岗位分析；确认某一职业资格的劳动价值并分配相应成果的过程，便是工资报酬。因此，职业资格也是人力资源开发与管理的核心。

一、职业资格的概念

对于什么是职业资格，实践中人们的解释和理解多种多样。有人认为，职业资格是从事某一职业必须具备的条件，包括德、才、识、体等各个方面的要求；也有人认为，职业资格是担任某一职务的客观条件。例如某公司规定，具有下列资格之一者可以担任部门经理助理职务：(1)国内外大学毕业，获得学士学位，成绩优良者；(2)专科学校或同等学力毕业，并在本公司服务二年以上，成绩优秀者。

最早对职业资格做出解释的，是原国家劳动部 1994 年颁发的《职业资格证书规定》。该规定认为，职业资格是对从事某一职业所必备的学识、技术和能力的基本要求。这种解释主要限于知识与能力，没有从更为广泛的意义上对职业资格所揭示的职业能力系统做出说明。

"资"有依据、本钱、价值、智慧、能力与资历等解释，"格"即规定、标准与要求。因此，资格可以解释为依据规定、本钱标准、价值标准、智慧能力、品质及资历等方面的标准要求。职业资格则可以解释为个人从事某一职业必备的能力系统或基本条件，包括个人的智慧能力、学识、体质、品质与经验。它是个人做好该职业或岗位工作的依据与本钱，也是预测个人工作能力大小与将来工作业绩的一种价值标志。因此，职业资格是个体 HR 与劳动能力的象征，包括从业资格、执业资格与晋升资格三个层次。从业资格是对准入水平的规定，执业资格是对操作水平的规定，而晋升资格是对发展水平的划分与规定。

职业资格也是对同一种职业中各种岗位任职资格的统称或总称，如教师资格、律师资格、会计师资格等都是职业资格的特定表现形式。

二、职业资格的结构

职业资格的结构具有三维性特点，即水平维度、内容维度与能力维度。水平维度对应着初级、中级与高级三个级别。初级是从业资格，中级为执业资格，高级是晋升资格。能力维度也可以被看做结构维度，包括学识、品性、才能、经验、身体与业绩，这六个方面既揭示了职业资格的结构特征，又揭示了职业资格的能力特征。身体、经验与学识是工作能力形成的基础，品性与才能是工作能力的核心与实质，而业绩是工作能力的表现形式。内容维度也可以被看做职业资格的时空表现形式。职业资格是人们对劳动者工作能力认定的一种新形式。虽然它本身是一种客观存在，但却是看不见摸不着的抽象物，因此应该从时间与空间的角度来揭示职业资格的时空形式。它包括历史行为表现、日常工作表现与特定考评场景中的行为表现。前者为资历与成绩表现，中者为业绩与能力行为表现，后者为潜能与特质表现。如图 5-1 所示。

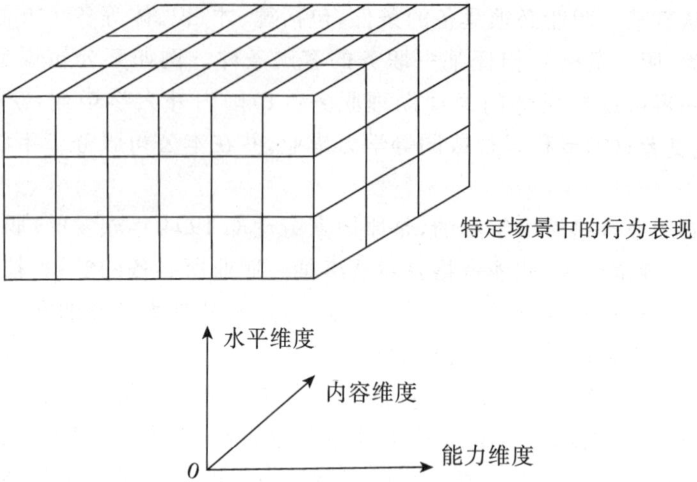

图 5-1 职业资格结构示意图

三、职业资格的作用

职业资格在人力资源开发实践中具有十分重要的作用,具体表现在以下几个方面:

第一,它为学校的专业教育提供了具体的培养目标。教育要为经济建设服务,满足社会主义市场经济的需要。教育的这种服务功能主要是通过所培养的人才来实现的。学校培养出的各种专业人才,也只有符合相应的岗位工作要求和相应的职业资格时,教育服务于经济的功能才能得到有效发挥。

第二,职业资格是科教兴国的纽带。科教兴国是我国的基本国策之一,然而科教兴国只有通过人才培养,把一定的科学技术与文化知识转化为实际生产岗位上需要的工作能力,才能发挥出兴国的威力。科学、技术与教育本身并不能兴国,它们要与生产实践相结合,要具体落实到生产实践中去,才能发挥出作用,职业资格是科学技术、人才教育与生产岗位的结合点与着眼点。

第三,职业资格为人力资源管理与开发提供了科学依据与工作目标。人的潜能是多方面的,人的发展是无限的,但人的生命期与能力最佳发挥期是有限的。如何在有限的能力发挥期内开发出人的潜能,发挥它们的效用,职业资格为我们提供了开发的目标与科学的依据。HRD 工作者应该把员工无限的发展理想与期望引导到当前的职业资格形成与发展上来,员工应该把自己的努力自觉地集中到所在岗位的职业资格要求上来,这样,人力资源的劳动价值与使用价值才能得到真正的体现与实现。如果离开一个个具体的职业资格去谈论人力资源的开发与管理,那么我们就容易产生盲目行为与形式主义行为。

四、职业资格的特点

（一）必要性

职业资格，从 HRM 的实践需求来看，是对做好某一职务（岗位）工作任职条件的规定。然而，这些任职条件相对职务（岗位）工作的完成来说，是充分的还是必要的呢？有人认为，职业资格应该是保证任职者得以完成职务（岗位）工作的充分条件。如果所设立的条件无法保证任职者完成相应的职务或岗位工作，那么，所设立的这些条件就没有多大意义，也就算不上什么任职资格条件了。但也有人认为，职业资格应该只是保证任职者得以完成职务（岗位）工作的必要条件。要完成相应的职务（岗位）工作，任职者非具备这些条件不可；然而，即使具备了这些条件，也不一定能完成职务（岗位）的工作。笔者认为，职业资格对于任职者完成职务或岗位工作来说，既应该是必要的又不能不充分。如果仅必要不充分，那么当求职应聘者很少时，我们就可能难以保证任职者的质量，在实际工作中，任职者很可能造成这样或那样的问题，会给管理者与组织带来各种损失。然而，又不能过于充分。资格条件过于充分，实际意味着资格标准要求的提高，这样正确接受的人才概率减少，而错误拒绝人才的概率增加，如图 5-2 所示：

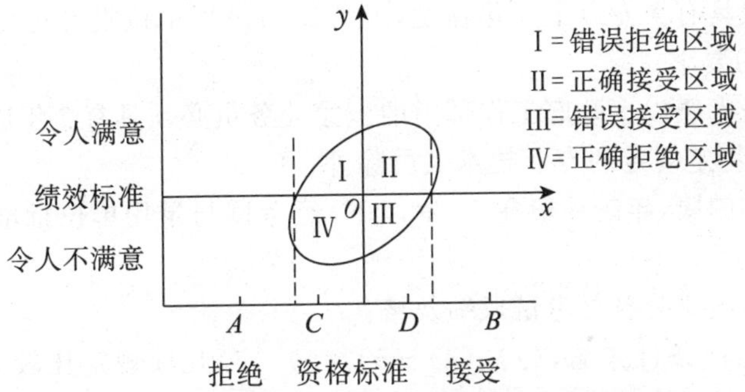

图 5-2　职业资格标准与工作绩效标准关系示意图

资料来源：肖鸣政主编：《职业资格考评的理论与方法——现代人力资源开发与管理的核心技术》，北京：中国人民大学出版社 1999 年版，第 22 页。

那么资格标准（y 轴）定在什么位置较好呢？假如说 A 点的标准是正确拒绝人才概率最大，而 B 点的标准是正确接受准确性最高，那么线段 AB 就是职业资格标准设置的允许区域。在这个区域中，必定有一个使正确接受人才机会最大而错误接受人才机会最小的点，这个点就是职业资格标准设置的最佳点。最佳点左右的范围，即为职业资格标准设置的适宜域（例如线段 CD）。

（二）绝对性

职业资格是保证所有任职者的工作绩效达标的基本条件。任何一种职务或岗位的工作，对任职者的资格要求都是客观存在的。当任职者的素质条件低于职业资格标准时，他的工作绩效必定难以达标。因此，职业资格对于任职者来说具有绝对性。这种绝对性在职业资格中表现为阈限标准限制，即职业资格要求的下限值。然而，并非所有职务或岗位的阈限标准都那么明显与绝对，我们有时难以找到某些职务或岗位的阈限标准，只能以相对标准来替代。另一方面，有些职务或岗位的阈限标准很低，几乎正常的成人个个都能达到(例如电梯司机)，但由于求职申请者众多，此时也需要提高职业资格标准的要求。这样可以使培训成本降低，而工作效益增加。

（三）客观性

从职业资格考评的实践需要来看，职业资格应该量化、硬化与客观化，这样便于操作与把握。因此，目前大多数企业的职业资格，都是有关年龄、性别、学历、资历等较为客观条件的规定。然而，从保证任职者业绩达标的作用来看，职业资格应该包括品性要求与能力要求，但是品性与能力一般是难以客观化的。例如，目前我国一般公务员的任职资格条件规定为：

(1) 具有中华人民共和国国籍，享有公民的政治权利；

(2) 拥护中国共产党，热爱社会主义；

(3) 遵纪守法，品行端正，具有为人民服务的精神；

(4) 一般具有大专以上文化程度，经考试与录用单位批准也可以适当放宽对文化程度的要求；

(5) 担任省级以上政府工作部门的国家公务员必须具有 2 年以上基层工作的经历，具有特定规定的专业技术人员除外；

(6) 身体健康，年龄一般在 35 岁以下，经考试与录用单位批准也可以适当放宽年龄限制；

(7) 参加国家公务员考试成绩及格。

从上述七项条件来看，(1)、(4)、(5)、(6)、(7)几项规定比较客观，而(2)、(3)两项则比较主观。因此，职业资格的设置应力求客观化，以客观化为主，以主观化为辅，客观规定与主观规定相结合。

（四）可操作性

目前人们对职业资格的确认，一般是采取审查形式。审查，一般是由审查者对申请者提供的有关证明资料是否真实、有效与可靠做出评判。审查质量的高低，与审查的内容、审查者的观点、审查者的经验及能力密切相关。如果职业资格设置客观与精要，那么审查起来就比较简单，操作性就强，否则操作起来就比较费劲。

例如身体条件，如果只看年龄与性别，那么身体条件的审查就相当简单与可靠；如果还要面试，看身高、体重、相貌与气色，那么操作就更复杂一些。由此不难看出，资格要求越简单，确认的操作性就越强。但是资格要求越简单，所招聘到的人才质量，可能就越得不到保证。

（五）基本性

任职资格相对于职务来说是既必要又充分的要求，具体地体现为职业资格的基本性特点。比较规范和科学的职业资格一般都具有基本性的特点，它们既是岗位标准中也是任职者任职条件中那些最为基础而本质东西的具体表现。它们是介于职务（岗位）与任职者之间的结合物与中介物。

职业资格基本性的特点，有利于广泛招聘到各种有志于为相关职务（岗位）服务的人，同时又能保证满足岗位的质量要求。然而，如果职业资格过于基本，那么合格的人就比较多，而实际招聘的人数有限，因此筛选工作就比较复杂，花费力量就比较大。另一方面，职业资格基本性的特点，要求考评过程具有严格性。如果考评过程把关不严，不坚持标准，那么将给后续的筛选评价工作带来麻烦，给招聘质量带来一定的影响。

（六）标志性

职业资格的客观性与可操作性，要求它还必须具有另一个特点，即标志性。标志性一方面体现在职业资格条件的内在规定中，另一方面又体现在职业资格的外化上。例如，生理条件的标志为年龄限制、性别限制；政治条件的标志为政治面貌与重大历史事件中的表现；经验的标志为资历；文化水平的标志为学历；能力方面的标志为工资、职务与职称。职业资格的外化标志为职业资格证书与职称证书。职业资格的标志有的是客观存在的、现成的，此时把握职业资格标志的关键是积极去寻找标志。而有的标志却并非客观存在，并非现成与直观，需要我们想办法去挖掘与建立，这种标志多半为间接标志，带有一定的主观性。例如，知识水平常常以考试分数来标志，能力水平常常以评价分数来标志，品德素质常常以群众评议等级来标志，等等。

第二节 品德素质及其在职业资格中的作用

员工对于一个组织经济发展的贡献，不仅仅取决于他们的知识、技能与能力，这些因素只能决定员工能够为其所服务的组织做些什么以及做到什么水平，而品德与工作态度则决定着员工愿意或乐意为其所服务的组织做些什么以及做到什么水平。随着高等教育的大众化与企业培训的经常化、科学化、普遍化，员工知识与技能水平普遍得到提高，基本上能够满足企事业组织对人力的智能需求。相对而言，员工的工作态度与品德越来越成为制约当前员工职业资格效用发挥的主要因素，成为企事业组织之间竞争取胜的关键因素。

一、品德在职业资格结构中的功能

（一）协调功能

职业资格决定并表现为劳动能力。关于劳动能力，马克思曾有过明确的定义：我们把劳动力或劳动能力理解为人的身体即活的人体存在，每当人生产某种使用价值时所运用的体力和智力的总和。从这个定义可以看出，劳动者的职业资格及其劳动能力，主要是由体力与智力这两个基本要素构成的。在这两个基本要素中，又有许多子要素。这些子要素在劳动者的身上能否发展，发展到什么程度，则有赖于劳动者既有的品德素质对它们的协调与促进。一个身材高大的人，如果缺乏吃苦耐劳的精神，他的体力与躯干支撑力并不能取得最佳效用；相反，身材矮小的体操运动员，由于勤学苦练，体力却很强。

在马克思的这个定义中，"总和"并不是智力与体力的机械相加，而是它们的一种有机组合。体力与智力的诸子要素是散在和独立的，它们靠什么东西在劳动者身上得到统一组合与协调呢？显然是品德素质。品德素质实际上就像一种胶合剂，把诸子要素凝聚在一起，形成整体的与实在的劳动能力。相同的体力与智力诸要素，因为劳动者品德素质不同，其"协调"与"合成"的方式也就不相同，最后形成的职业资格与实际劳动能力就有差别。当劳动形式由个体发展为社会化大生产的协作形式时，劳动能力的概念也就由个体的体力与智力总和扩展为集体的体力与智力总和。在这种情况下，劳动者的品德素质的协调功能就更为重要。

协调功能有时还表现为对职业资格的补充作用。在一定的工作岗位上，品德的优势可以弥补智力、学历与技能方面的不足。学历知识水平较低的人往往会以服从、合作与勤快的品质获得主管人员及同事们的认同与好感。

（二）驱动功能

品德的实际效用既体现在受教育者自身的修养上，又体现在对他人的影响上；既体现在品德方面，又体现在对学习、工作与身体的改善方面；既体现在精神方面，又体现在物质方面。如果一个人集体观念淡薄，过多地考虑个人利益，对待工作就可能缺乏主动性与积极性，固有的智力与体力的发挥就会受到很大影响，在工作岗位上表现出来的劳动能力就很差，难以胜任自己所担负的工作。关于驱动功能，古人也有所认识。例如从孔子开始，诸多学者就一直重视"志"的作用。这主要是由学校德育目的本身决定的。任何国家、任何民族、任何组织与学校的德育教育，其主要目的都应该是两个：一个是培养受教育者做人之"德"，以符合本社会、本阶级或本组织的需要；另一个是培养受教育者学习之"德"，为 HRD 及其日后发展服务。而"志"对这两个目的的实现，均有至关重要的作用。

（三）核心作用

品德在职业资格结构及其功能发挥中具有核心作用。北宋时期，司马光在纵观前朝历史的基础上，于《资治通鉴》中指出："自古以来，国之乱臣，家之败子，才有余而德不足，以至于颠覆者多矣。"因此他认为，德才兼备是圣人，德才兼亡是愚人，德胜才者是君子，才胜德者是小人。在这里，司马光提示了品德在职业资格结构及其功能发挥中的核心作用。司马光所指的"君子"与"小人"，从人力资源论或职业资格的角度来解释均属人才范畴，但"君子"是中等以上"人才"，"小人"是"小才"。也就是说，在一个人的职业资格结构中，如果他的品德发展优于才能的发展，那么他的才能就能得到充分的发挥，得到进一步的发展与提高，将来会有较大的发展，能够成为栋梁之才；反之则相反。

这一观点如果从现代心理学关于情商与智商对一个人事业成功的贡献的研究来解释，就更为明确了。我们把情商看做是品德水平的特定指标，而把智商看做是才能水平的特定指标。美国心理学家特尔曼认为，一个人的成就中至多只有20%归于智商的贡献，而80%归于情商的贡献。①

现代企业管理研究的成果也表明，随着高科技的发展，劳动者的品德素质在生产中的作用将日趋重要。有人预测，21世纪以后，人力资源开发的重点与关键将是开拓进取、协作竞争、敬业尽职、务实求效等品德素质。

（四）关键作用

品德素质在人力资源及其开发中的关键作用，从古至今一直为企业家、政治家与人力资源管理专家所关注。在人才选拔与人事考核中，品德往往被视为关键因素与标准。汉代王符在《潜夫论·忠贵》中指出："德不称其位，其殃必大。"汉代董仲舒认为，选贤取士要量才授官，录德而定位。过去如此，现在企业用人更是如此。

由此可见，品德是人力资源结构中的核心部分，在现代人力资源开发与管理中具有关键地位，发挥导向功能、驱动功能和协调整合功能。

二、在企业人力资源中的品性需求分析

品性素质从结构层次上看包括态度与品德。态度既受态度所指的对象影响，也受主体的性格品德影响。

众所周知，品德的心理结构形式表现为知、情、意、行、信五个层次。"知"即政治思想道德知识与认知水平，"情"即政治思想道德情感情绪，"意"即政治思想道德意志，"行"即政治思想道德行为习惯，"信"即政治思想道德信念。显然，

---

① 贺淑曼、蔺桂瑞：《健康心理与人才发展》，北京：世界图书出版公司1999年版，第9—10页。

员工对待工作的态度会在很大程度上受到其品德结构中"知"、"情"、"意"、"行"、"信"的影响。一个思想偏激、纪律性差的员工,无论其知识技能水平多高,也不可能安心工作,为企事业组织做出贡献。企事业组织人力资源的品性素质,从人员结构上看,包括高层、中层与基层人员的态度与品德。当前企事业组织对于这三个层次的人员的品性需求是什么呢?我们对此分别作了一些实证调查与分析。

(一)社会对企业职业经理人的品性素质要求

最近,我们结合北京市哲学社会科学"九五"规划项目"企业职业经理人任职资格考评指标体系研究",先后查阅了大量的国内外有关企业家素质研究的成果,通过传记、简历和个别访谈,对北京市和国内其他省市以及美国、日本等地的近100名有一定代表性的优秀企业职业经理人,进行了个别分析与职务分析,寻找决定其事业成功的品德素质。然后根据职务要求对搜集的诸多品德素质进行初步筛选,按其内容结构排列,并以问卷形式再次咨询了100多位企业职业经理人及其管理机构与人员,让每位被调查人结合自己的管理经验与实践体会,从中选择3—5条对于企业职业经理人任职十分重要的品德素质及3—5条对企业职业经理人任职成功起关键作用的品德素质,并要求对所有品德素质进行排列。最后,通过统计分析得到表5-1所示的结果。

表5-1 企业职业经理人品德素质要求调查分析

品德素质名称	重要性排序(平均)	认为重要的人数百分比	认为关键的人数百分比	关键性排序	两种排序平均数
事业心	1	62%	90%	1	1
自信心	2	48%	45%	3	2.5
坚韧性	8	30%	30%	5	6.5
果断性	3.5	42%	35%	4	3.75
勇敢性	11	6%	10%	11	11
责任心	3.5	42%	55%	2	2.75
民主性	9	18%	15%	10	9.5
乐观热情	10	14%	20%	8	9
诚实正直	7	32%	25%	6	6.5
客观公正	5.5	40%	20%	8	6.75
清正廉洁	5.5	40%	20%	8	6.75

从表5-1可以看出,对企业职业经理人德性要求中最为重要的与最为关键的前六条是事业心、自信心、责任心、果断性、坚韧性与诚实正直。

（二）企业中层管理人员与一般员工的品性素质要求

为了探讨企业对员工的品性素质要求，1999 年我们对安徽古井集团雪地啤酒厂的 900 多名员工进行了抽样调查。调查样本 294 人，约占总员工人数的 1/3，其中车间副主任以上的中层管理人员 74 人，其余均为基层管理人员与一般员工。调查内容共三大项，包括：岗位职责与任务；完成该职责任务所需的基本条件、专业知识、基本技能、主要能力、品德素质与身体需求；岗位评价。关于品德素质，我们又细分为三个调查项目，即做好本岗位必不可少的品德素质、较为重要的品德素质与起关键作用的品德素质。由于调查问卷的问题都是开放式的，被调查人的回答多种多样，所以分析时要求分析人员用最简单的、有共性的语言加以概括。最后通过统计分析得到表 5-2 与表 5-3 所示的结果。

表 5-2　企业中层管理人员品德素质要求调查结果分析

序号	品德素质名称	认为需要的人数	百分比	排序（平均数）	备注
1	大公无私	22	30%	7	
2	以身作则	36	49%	2.5	
3	乐于奉献	28	38%	4.5	
4	廉洁奉公	36	49%	2.5	
5	事业心	40	54%	1	
6	作风正派	8	11%	10	
7	坚持原则	28	38%	4.5	
8	虚心好学	26	35%	6	
9	善于沟通	6	8%	13	所有的品德素质项目均由被调查人根据自己的理解填写
10	接受监督	6	8%	13	
11	关心下属	6	8%	13	
12	顾全大局	20	27%	8	
13	道德修养	4	5%	16.5	
14	灵活果断	4	5%	16.5	
15	服从上级	2	3%	19	
16	积极进取	2	3%	19	
17	政治可靠	2	3%	19	
18	吃苦耐劳	6	8%	13	
19	团队精神	6	8%	13	
20	公平公正	9	12%	9	

表 5-3 企业基层管理人员与一般员工品德素质要求调查结果分析表

序号	品德素质名称	认为需要的人数	百分比	排序(平均数)	备注
1	谦虚谨慎	30	14%	15.5	所有的品德素质项目均由被调查人根据自己的理解填写
2	诚实正直	60	27%	6.5	
3	清正廉洁	20	9%	18	
4	实事求是	50	23%	9.5	
5	敬业爱岗	130	59%	1	
6	吃苦耐劳	50	23%	9.5	
7	学习进取	50	23%	9.5	
8	认真负责	10	4.5%	21.5	
9	以身作则	40	18%	12	
10	公正公平	70	32%	5	
11	合作共事	90	32%	2.5	
12	奉献精神	30	14%	15.5	
13	大公无私	30	14%	15.5	
14	守信	40	18%	12.5	
15	灵活机动	10	4.5%	21.5	
16	热情待人	80	9%	4	
17	守时	10	4.5%	21.5	
18	遵纪守法	10	4.5%	21.5	
19	创新	30	14%	15.5	
20	耐心细致	15	7%	19	
21	任劳任怨	90	40%	2.5	
22	精心操作	50	23%	9.5	
23	服从领导	60	28%	6.5	

从表 5-2 与表 5-3 可以看出，在企业中层管理人员任职要求中，排前五位的品德素质依次为事业心、以身作则、廉洁奉公、坚持原则、乐于奉献；在企业基层管理人员与一般员工任职要求中，排前五位的品德素质依次为敬业爱岗、合作共事、任劳任怨、热情待人、公正公平。其中有些品德素质虽然被调查人中提及的较少，排序较靠后，但并不一定说明它不重要，因为每个问题都是开放式的，回答人文化水平不一，理解水平不同，表达相异，再加上归纳分析人员的理解与表达不同。因此，在这里被列出的因素只是在一定程度上说明其在企业员工任职条件要求中的重要性。

第三节　体力与健康及其在职业资格中的作用

体力与健康在每一种职业资格中都是必不可少的因素。下面我们将对体力与健康的影响因素及其开发作一些阐述。

一、体力因素的分析

体力指人在劳动中能付出的生理力量，是指人体各器官系统在肌肉活动中表现出来的机能。它是在遗传性和获得性的基础上表现出来的人体形态结构、生理机制和调节功能。体力强弱主要表现为以下几个方面①：

（1）身体形态及其发育水平，包括体格、体型、姿势、外貌、营养状况及身体组成等；

（2）生理机制，包括机体新陈代谢水平以及各器官、系统的效能；

（3）运动能力，包括速度、力量、耐力、灵敏、协调、柔韧等素质及走、跑、跳、投、攀、爬等身体活动能力；

（4）适应能力，包括对环境条件的适应能力、应激能力及对疾病的抵抗能力；

（5）感知能力，包括视力、听力、味觉、直觉等能力。

以上五个方面决定着每个人具体的体力水平。

有人说，随着高科技物化为生产力的普遍性变化，现代生产与社会工作对人的体力要求越来越低了。其实不然。体力包括量与质两个方面。不同的生产水平与社会活动，对人们体力的质与量的要求也不尽相同。一般来说，社会生产力水平越高，技术复杂程度越高，对体力质的要求也越高；社会生产力水平越低，技术复杂程度越低，则对体力质的要求也低，而对体力量的要求越高。

体力的维持与发展需要健康作为后盾。所谓健康，是指个体在体质、精神、生理结构等方面均属完善的一种状态，包括生理健康与心理健康。健康的重要表现为寿命的延长与生命质量的提高。

二、健康因素的分析

健康主要受遗传、营养、医疗保健与心理的影响。

（一）遗传与健康

医学研究表明，许多疾病都是由遗传基因决定。因此，如何避免不良遗传

---

① 萧鸣政：《现代人员素质测评》，北京语言学院出版社1995年版，第14页。

基因的作用就成为健康开发的一个重要内容。遗传学研究表明，同胞兄妹间约有 1/4 基因相同，堂（表）兄妹间约有 1/6 的基因相同，而第三代堂（表）兄妹仍有 1/64 的基因相同。基因相同比率越高，婚后隐性致病基因相遇的概率就越大，遗传病的发病率就越高，获得健康的身体的可能性就越小。因此，我国《婚姻法》规定，直系血亲和三代以内的旁系血亲禁止结婚。实行随机选择性婚配，可以大大降低致病基因的相同概率，实现优孕优生，从而提高获得健康机体的可能性。①

（二）营养与健康

营养是指人体为维持生长发育等所需要的物质。每种营养素都为人体成长所必需，但哪种物质长期供给过量或不足，均可能给健康带来不良后果。前者为营养过剩，后者为营养不足。不少研究表明，人均收入与营养水平密切相关，提高人的收入水平是改善健康状况、降低死亡率与提高平均预期寿命的根本。这一点由表 5-4 可知。

表 5-4　1991 年部分国家人均国民生产总值和健康状况

国家	人均国民生产总值（美元）	出生时预期寿命（岁）	粗死亡率（‰）	婴儿死亡率（‰）	出生时体重不足的婴儿（%）	人均日卡路里供应量（千卡）	5 岁以下营养不良的儿童（%）
坦桑尼亚	100	51	18	115	14	2151	20
布隆迪	210	46	17	107	14	2253	38
印度	330	60	10	90	30	2104	—
巴基斯坦	400	59	11	97	25	2200	57
玻利维亚	650	59	10	83	15	2086	18
厄瓜多尔	1000	66	7	47	10	2338	38
哥伦比亚	1260	72	6	17	7	2584	2
泰国	1570	69	6	27	12	2287	26
智利	2160	72	6	17	7	2584	2
乌拉圭	2840	73	10	21	8	2770	9
葡萄牙	5930	74	11	11	8	3382	—
新西兰	12350	76	8	9	5	3459	—
法国	20380	77	9	7	5	3310	—
日本	26930	79	7	5	4	2848	—

资料来源：赵秋成：《人力资源开发研究》，东北财经大学出版社 2001 年版，第 86 页。

① 赵秋成：《人力资源开发研究》，东北财经大学出版社 2001 年版，第 83 页。

实际上，营养不良或过剩，既与家庭经济状况密切相关，又受营养知识、食物、市场供给的程度及价格等因素的深刻影响。因此，进行健康教育与保证市场供给也是提高健康水平所必不可少的。一份关于中日两国青少年儿童身高的比较研究表明，日本青少年儿童的平均身高已经超过中国的青少年儿童。据分析，这是日本几代人对自身身体素质开发的结果。①

（三）医疗保健与健康

疾病是破坏人体健康、导致死亡的主要原因。随着医疗水平的提高，大量的抗菌药物与新疫苗的出现，大量预防疾病与保健有效技术的出现，以及体育锻炼的普遍与深入，尤其是高新生物技术的发展，使人类的死亡率迅速下降，许多流行病被杜绝，预期寿命不断延长。

（四）心理与健康

在劳动中，人的心理状态表现为劳动态度、劳动热情等情感情绪，并且最终影响劳动效率、劳动质量与劳动业绩。相关的研究表明，员工情绪不稳定、情感压抑以及心理不平衡、过分紧张，不但不利于劳动效率的提高，而且极大地伤害了员工的身体健康。因此，科学与合理的规章制度以及人本化的管理，不但有利于提高组织绩效，也有利于 HR 中健康水平的提高。

三、体力健康素质的开发

体力健康素质主要由人体的生理结构与机能决定。体力健康素质的开发，包括成人前与成人后的连续开发。成人前的开发，其主要途径与方法包括计划生育与优生优育中的遗传基因控制、胎胚护理与保健、饮食营养、医疗保健与卫生、体育等，开发的目的主要是对生理结构机能与机制的促进与生长。成人后健康素质开发的途径与方法，主要包括生理结构机能与机制的维护与保护，除医疗卫生、营养保健外，主要依靠人力资源管理部门的保障工作，包括工作姿势设计、环境条件改善、作息时间安排等内容。

（一）体力形成的机制分析与保健

人体不能直接吸收光能，也无法转换外部的电能与机械能，能够利用的是摄入人体内食物中所蕴藏的化学能。劳动时，人体肌肉、器官、大脑活动需要大量的能量。人体所需能量主要来自糖、蛋白质、脂肪、水、盐与氧气作用下的化学反应，简称氧化分解。因此，从体力形成的机制来看，应保持适量的糖、蛋白质与脂肪的供应。

---

① 林琬生等：《中日两国青少年儿童身高比较研究》，《中国生育健康杂志》2006 年第 5 期。

（二）能量代谢率及其控制

测定能量代谢率，可以确定劳动者在劳动过程中的能量消耗情况和劳动强度。

1. 基础代谢

基础代谢指人在清醒、空腹、静卧状态，环境温度为20℃时的能量代谢，是维持基本生命活动所消耗能量中最低的。

2. 安静代谢

安静代谢指劳动开始之前，为维持身体某种姿势和保持身体平衡所消耗的能量，一般可用测定心率、脉搏、呼吸数或呼气量来判断，计算时多在基础代谢量上再加20%作为依据。

3. 劳动代谢

劳动代谢指人体在劳动活动时所消耗的能量。劳动时消耗能量＝总能量消耗－（安静能量消耗＋基础能量消耗）。从能量代谢率来看，为了减少劳动能量消耗，应该控制安静能量消耗与基础能量消耗。

为了减少能量代谢，在劳动过程中，要尽量减少不必要的肌肉活动量，工作环境要保持20℃—30℃的温度，减少过热过冷的刺激，穿着舒适，精神活动与情绪保持常态，以减少不必要的能量消耗。

（三）疲劳形成及其控制

1. 疲劳产生的机制

关于疲劳产生的机制，主要有以下四种理论：

(1) 能源物质消耗论。该理论认为，劳动者在劳动过程中需要消耗一定的能量，随着劳动的进行，能源物质不断地消耗，贮存量急剧下降，一旦耗竭，便出现疲劳。

(2) 疲劳物质累积论。该理论认为，随着劳动的进行，劳动者体内逐渐累积起某些疲劳物质，这些物质积累多了，人就感到疲劳。一般认为乳酸是造成疲劳的物质。

(3) 中枢神经系统变化论。该理论认为，人在劳动时中枢神经功能在不断变化，兴奋到某种程度，必然会产生抑制，抑制作用逐渐扩展到其他部位，就呈现出疲劳现象。

(4) 机体内环境稳定性失调论。该理论认为，劳动过程中不断产生酸性代谢物，使体液中的pH值下降，当pH值下降到某一程度时，人体就逐渐出现疲劳。

2. 控制疲劳开发体力的方法

控制疲劳开发体力的方法，大致有以下几种：

(1) 适当休息。休息时间的长短，要与工作的紧张程度、能量的消耗程度相互协调，才能达到消除疲劳的效果。1965 年，茂莱尔于通过研究，提出了一个估计休息时间的公式：

$$R = T(K - S)/(K - 1.5)$$

其中，R——需要的休息时间；T——总的工作时间；K——每分钟劳动的平均能耗值；S——标准的能耗极限值；1.5——休息时的能耗近似值。

休息与工作的安排，不应按时间平均分配，通常是工作初期少休息，工作末期多休息，中间高效期应休息一次。

休息分为活动性休息与静止休息。活动性休息，是指从一种工作更换为另一种工作活动，同时活动量也要相应地减少。例如，工作后的散步，欣赏展品，工间操等。

(2) 合理安排工作时间。根据人的生理习惯，夜班工作的生理机能水平，只有白天的 70%左右，因此应该尽可能在白天安排工作。

(3) 尽量减轻劳动量。

(4) 选择适当的负荷与工作速度。

(5) 选择有利的作业姿势。座椅应合理设计，坐椅高度应调整到使操作者的脚掌自然地置于地面或踏板上，大腿与小腿趋近成 90°的角，并容易改变坐和站的姿势。脚下应设柔性垫板，坐垫可用棉垫，手臂手腕亦应设垫。

(6) 改善工作环境。要有效控制温度、照明、噪声、振动、粉尘、有毒物质等环境因素，使劳动者处于比较舒适的环境中操作，以减轻疲劳。如有可能可采取音乐、色彩、香味调节，以减轻劳动者的紧张度与单调感。

(7) 转移心理疲劳。改变劳动者的精神状态，使劳动者处于乐观、积极、上进和精神焕发、斗志昂扬的情景中，改善劳动者的人际关系，化解不必要的矛盾，改进单调的作业内容，改造人的不良性格。

(8) 加强人体营养。人体必需的营养成分包括糖类、蛋白质、脂肪、维生素、无机盐和水六种。

(9) 坚持体育锻炼。锻炼能使人强壮有力，提高全身器官的机能，促进新陈代谢。锻炼还可以强化人的意志，培养拼搏精神，使人心情愉快，轻松活泼。

(10) 保证足够的睡眠时间。

第四节　文化科技素质及其在职业资格中的作用

企业的根本任务就是最大限度地降低产品成本，提高劳动生产率，在有限的生产资料基础上生产出更多更好的产品，满足社会的需要。劳动生产率的高低主要取决于劳动者的技术装备水平以及劳动者的教育水平和由教育而带来的文化科学素质。

一、劳动生产率及其增长因素分析

劳动生产率，简单地说，是指劳动者的生产效率或生产能力，通常以劳动者在单位劳动时间内所生产的产品数量计算，或以单位产品所消耗的劳动量计量。计算公式如下：

员工个人生产率＝实际劳动产量/实际工作时间×100％

员工劳动生产率＝实物产量/实际生产员工平均人数×100％

全员劳动生产率＝报告期总产值/报告期人员平均人数×100％

在劳动时间固定的条件下，单位产品消耗的劳动时间越少，生产的总产品量就越多，劳动生产率就越高；反之，单位产品消耗的劳动时间越多，生产的总产品量就越少，劳动生产率就越低。因此，劳动生产率与体现在产品中的劳动量的多少成反比，与相应的社会生产力发展水平成正比。

提高劳动生产率的主要途径有以下几个方面：

(1) 大力发展科学技术，加速实现生产的现代化；

(2) 加强员工教育与培训，不断提高员工的文化科技水平和劳动熟练程度；

(3) 按照客观经济规律办事，努力改善经营管理，提高管理水平；

(4) 充分调动劳动者的积极性。

其中第二条是最为重要的。

二、劳动者的文化科技水平与劳动生产率

员工的文化科技水平与劳动生产率的关系，主要表现在以下几个方面：

(1) 员工的劳动技能水平和熟练程度直接影响着生产定额水平。随着员工文化科技水平的提高，定额水平将相应增长。

(2) 文化科技水平直接影响着员工接受与掌握新专业、新工种、新技术的速度和水平。员工文化科技水平越高，掌握和接受新专业、新工种、新技术的速度越快，质量越好。

(3) 文化科技水平直接影响着员工对生产资料与设备的利用率。文化科技水平越高，相应的劳动技能与熟练程度就越能够得到明显的提高，因而就越能够熟练地操纵机器，有效地提高工时与材料利用率，降低消耗，并以此带动所有经过教育和培训的员工提高生产效率。

(4) 员工的文化科技水平直接关系到产品质量。员工的文化科技水平越

高，文明生产的水平越高，就越能有效地杜绝和减少各种技术事故所造成的废品，提高产品合格率，使产品质量稳步上升。

(5) 员工的文化科技水平直接关系到组织的创新与发展。员工的科技水平越高，合理化建议、技术革新的数量就越多，质量越好，价值也就越高，越能激励组织的创新与发展。

三、教育在开发文化科技素质与职业能力中的作用

缺乏文化科技素质的劳动者，在劳动过程中是无法发挥其 HR 作用的。即使最简单的生产劳动，也需要经过一定的实践与实习才能掌握。

教育之所以能提高员工的劳动生产率，主要表现在以下几个方面：

(1) 教育可以改变人的劳动能力的性质与形态，把一般的劳动能力开发为特定的、具体的劳动能力。一般来说，特定的岗位要求任职者具备特定的劳动能力。职业教育可以使任何一个普通的、只具有一般劳动能力而没有任何专业技能的劳动者，转变成为具有某种专业知识和生产技术特长的劳动者。

(2) 教育可以不断提高劳动者的能力水平。劳动者的生产技能、熟练程度与技巧，除了随他们实际工龄的增长而自然增加外，主要是靠教育与培训得到的。在一般情况下，劳动者的职业技能水平与其文化教育水平是成正比的。

(3) 教育可以高效率地改善个体的 HR。教育是一种有目的、有计划、有组织影响的过程，因此它对劳动者技能水平的提高，比那种单凭经验积累来提高劳动的熟练性、技能与技巧的方式，更加全面，也更加迅速有效。

四、文化科技素质的开发

文化科技素质开发的内容，主要包括基础的文化科技知识与技能、行业所需要的文化科技知识与技能、组织所需要的文化科技知识与技能、岗位所需要的基础文化科技知识与技能、岗位所需要的专业文化科技知识与技能、任职人所需要的特殊文化科技知识与技能。

文化科技素质的开发主要依靠学校教育，而职业能力的开发主要依靠在职培训、脱产培训与自我学习。具体地说，对文化科技素质与职业能力开发的一般形式，包括授课法、讨论法、自学读书法、视听教育、函授教育、网络教育、实验研究、项目小组、任务小组、师德相传、现场观察、岗位练兵等。

总之，职业资格是个体 HR 与劳动能力的象征。品德、体力与健康、文化科学技术水平是职业资格中最主要的因素。

【思考题】

1. 试综述各种有关职业资格的定义,并分析它们之间的区别与联系。
2. 简要分析职业资格的结构及其在人力资源开发实践中的作用。
3. 简要分析职业资格的特点及其在实践应用过程中的作用发挥。
4. 从实践的角度简述品德素质在职业资格结构中的地位和作用。
5. 针对某一具体岗位谈谈企业对于中层管理者品性素质的需求。
6. 从实际出发论述员工的工作态度对于职业资格效用发挥的影响。
7. 简要分析体力与健康素质对职业资格产生作用的原因与事实。
8. 简要分析劳动生产率、教育与劳动者文化科技素质间的关系。
9. 简要介绍几种行之有效的文化科技素质的开发途径。

【案例】

中电投有限公司员工"双通道"管理①

2013年6月中电投电力工程有限公司发布员工职业发展"双通道"管理办法,各地分公司纷纷响应,制定了员工"双通道"的管理方案,以中电投山西铝业有限公司为例,其方案如下:

为培养造就一支适应公司氧化铝产业需要的专业技术、专业技能人才队伍,更合理有效地配置公司内部人力资源,充分调动和激发员工的积极性和创造性,根据国际矿业《员工职业发展"双通道"建设实施细则》要求,特制订本工作方案。

一、工作目标

"双通道"是指在完善现有行政管理职务晋升发展通道体系的同时,建立专业技术与技能职位阶梯晋升发展通道体系,为员工开拓新的职业发展通道,使从事不同岗位工作的员工均有可持续发展的职业发展路径。通过此方案的有效执行,逐步选拔出一支能够攻坚克难、具有高学术水平和科技创新能力的专业技术专家队伍,培养出一支能够解决复杂现场问题、具有卓越操作水平的专业技能带头人队伍。

二、基本原则

以人为本原则:关注员工职业生涯发展方向,引导员工建立合理预期;

立足本岗原则:打通管理与技术技能发展通道,引导员工立足本岗、专业成才;

---

① 案例来源:中电投网站,http://www.cpipec.com;百度文库,《员工职业发展"双通道"建设工作方案》,http://wenku.baidu.com/view/5c748d02cc7931b765ce1525.html。

一线倾斜原则：技术技能发展通道主要以一线岗位发展为主，锻炼生产一线员工多专业发展；

动态管理原则：岗位晋升遵循能上能下动态管理，保障各级人才不断提升技能和价值。

评聘分开原则：各职系人员需要先通过岗位任职资格评审，公司再从中择优聘任担当相应岗位职务，并享受相应的薪资待遇。

三、阶梯模型

根据国际矿业“双通道”阶梯模型，结合公司实际向下延伸，提出“双通道”阶梯模型如下：

专业技术通道具体分为3个层级10个基本阶梯：集团公司级（首席专家、专家）、二级单位级（首席专家、专家）、三级单位级（技术带头人、主任工程师、副主任工程师、专业工程师、助理工程师、技术员）。

专业技能通道具体分为3个层级7个基本阶梯：集团公司级（首席技能师）、二级单位级（高级技能师）、三级单位级（技能带头人、技师、高级工、中级工、初级工）。

“双通道”相互贯通。每条通道分为“纵”与“横”两个方向，“纵”方向指在同一个发展通道按梯级晋升发展，“横”方向指跨发展通道晋升发展。鼓励专业技术与技能人员分别在专业技术通道、专业技能通道上成长为高技术人才、高技能人才；鼓励适度横向职业发展，培养复合型人才。

各通道原则上不交叉任职。行政管理人员聘任技术技能职位后，原有的行政管理职务不再兼任；技术技能人员聘任行政管理职务后，原有的技术技能职位不再兼任。且评、聘分开，择优聘任。

四、管理职责

主要负责落实国际矿业“双通道”建设实施细则，协助国际矿业开展“双通道”建设工作，制定并实施公司“双通道”建设工作方案；负责各部门专业技术、专业技能人才的评聘、考核及管理工作。为加强管理，成立以下机构：

(1)成立专业技术技能职位评聘与考核工作领导小组（以下简称“评聘与考核领导小组”），公司总经理任组长，组员由公司领导、人力资源部经理组成。主要负责评聘与考核工作中的重大事项。

(2)成立专业技术技能职位评聘与考核工作监督组，公司监察部主任任组长，组员由监察部管理人员组成。主要负责评聘与考核工作的监督。

(3)成立专业技术技能职位评聘与考核工作委员会（以下简称“评聘与考核委员会”），组长由公司领导担任，组员包括人力资源部经理以及从公司各部门选聘的评审专家。负责各专业技术技能职位评聘及考核工作。

五、评聘与考核

（一）国际矿业专业技术技能职位的评聘

公司技术带头人、技能带头人的具体专业设置和评聘由国际矿业按照集团公司《员工职业发展“双通道”建设指导意见》执行。

（二）公司专业技术技能职位的评聘与考核

1. 评定

主任工程师、副主任工程师只在核心专业设定，每专业原则上不超过3人。其他专业技术技能职位在每个专业设定，其中专业工程师、助理工程师、技师每专业不超过4人；技术员、高级工每专业不超过4人；中级工每专业不超过6人。

根据工作业绩、专业能力、技能、论文成果等综合情况组织开展专业技术技能职位评定工作，评定条件执行《专业技术技能职位评聘及晋升标准》。评定基本程序如下：

(1)申报。各部门专业技术、技能人员根据评聘条件自愿报名，填写统一的评审表，提供本人有关业绩及学历、职称、获奖情况等证明材料，报人力资源部门。

(2)审查。人力资源部对申报人员、推荐人选进行资格审查，会同有关部门审查其工作业绩，提出初选名单，报评聘与考核委员会。

(3)评审。评聘与考核委员会进行评议，对申报人员的工作业绩、专业能力、技能、论文成果等提出评议意见，并进行无记名投票。评议和投票结果报评聘与考核领导小组审核。

(4)审议。对审核通过的人选，报总经理办公会研究审定。

(5)公示。对评审通过人员进行为期一周的公示。

(6)评定。对公示无异议的人选，由公司颁发任职资格证书。通过评审的人员，只代表已具备担任该专业资格的必备条件。

2. 聘任

主任工程师、副主任工程师只在核心专业设定，每专业原则上不超过1人。其他专业技术技能职位在每个专业设定，其中专业工程师、助理工程师、技师每专业不超过1人；技术员、高级工每专业不超过2人；中级工每专业不超过4人。聘任条件执行《专业技术技能职位评聘及晋升标准》。

对通过评审的人员，公司择优选聘，并颁发聘书。其中主任工程师、副主任工程师、技师聘期三年；主管工程师、专业工程师、高级工、技术员聘期两年；中级工、初级工聘期一年。

3. 考核

针对已聘任人员，公司实行年度考核和聘期考核，动态跟踪管理。年度考核以工作业绩为主要内容，聘期考核内容主要包括工作业绩、岗位贡献、技术（技能）成果、学术研究论文、人才培养等。考核基本程序如下：

(1)述职。专业技术技能职位人员进行年度述职或聘期述职，其中主任工程师、副主任工程师、技师进行年度述职和聘期述职，其他专业技术技能职位只实施聘期述职。

(2)评价。由评聘与考核委员会按照考核标准对专业技术技能职位人员进行年度评价和聘期评价。

评价结果按评价成绩分四个等级：结果90分及以上为"优秀"、70分及以上为"称职"、60分及以上为"基本称职"、60分以下为"不称职"。

(3)结果使用。对年度考核结果为"不称职"的，或连续两个年度考核结果为"基本称职"的，核实确认后，在次年度予以解聘。

(4)聘期总体评价结果(A)为年度评价成绩(B：各年度分别占20%)和聘期评价成绩(C)之和。即：

$$A = \sum B \times 60\% + C \times 40\%$$

聘期总体评价结果为"优秀"的，一般不超过被考核人员总数的15%；结果为"基本称职"及以下的，一般不低于被考核人员总数的5%。聘期期满，聘期总体评价结果为"优秀"或"称职"的，可直接续聘；结果为"基本称职"或"不称职"的不再续聘，且结果为"基本称职"的在次年度、结果为"不称职"的在三年内不得再次申报。

五、晋升

专业技术技能通道职位的晋升，原则上按阶梯由低到高依次进行。首轮评聘后，晋升某一层级职位的申报人员除具备该职位的基本任职条件外，还须具备下一层级职位的任职经历。

为国家、行业或企业做出重大突出贡献的专业技术人员和技能人员，可破格评聘与晋升。

六、工作实施计划

（一）制订方案阶段

2013年4月底前，依据国际矿业"双通道"建设实施细则制定公司"双通道"建设工作方案。

（二）征求意见，完善制度阶段

2013年5月底前，将《员工职业发展"双通道"建设工作方案》初稿下发各部门征集意见、建议，修改、完善配套制度，并下发最终实施细则。

（三）组织实施阶段

2013 年 8 月底前，协助国际矿业完成公司技术带头人、技能带头人人选的审批工作。

2013 年 10 月底前，组织完成第一批专业技能人员评定工作。

2013 年 11 月底前，组织完成第一批专业技术人员评定工作。

2013 年 12 月底前，完成第一批技术技能人员聘任工作。

七、待遇

已被聘任的专业技术与技能通道各职位的待遇，原则上参照国际矿业《员工职业发展通道阶梯序列对应表》中对应的行政管理通道各职位待遇执行。取得任职资格的给予一定的补助。

讨论题：

1. 请分析中电投有限公司开展的员工分级管理所体现的理念。

2. 材料中开展的员工双通道管理机制如何体现了员工素质在职业资格中的作用？

第三部分

方 法 应 用

第六章　人力资源开发的技术

【本章教学目标】

1. 重点掌握人力资源开发的需求分析程序和方法，熟练掌握相关的评估技术，能够根据实际情况设计人力资源开发评估的指标和内容。

2. 了解有关的教育培训技术，并能够在实践中根据具体的情况灵活选用。

3. 理解课程设计的有关思想，熟悉人力资源开发课程设计的策略，能够根据现有的几种课程设计模式设计人力资源开发课程。

人力资源开发方法效用的发挥，必须有相应的HRD技术来支持，因此，在本书的阐述中，我们主要介绍HRD过程中的需求分析技术、人力规划、课程设计技术与效果评估技术。值得注意的是，这里所说的技术，是相对于HRD活动来说的，因此，在需求分析、人力规划、课程设计、教育培训与效果评估中称之为方式方法的内容，在这一章中都属于技术的范畴。

第一节　需求分析

需求分析是整个人力资源开发活动的前提与基础，见图6-1：

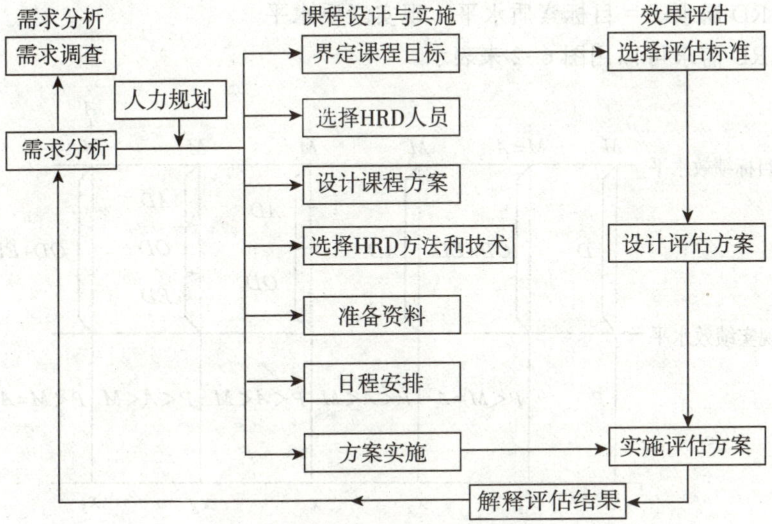

图6-1　HRD的程序操作示意图

从图 6-1 可以看出，需求分析是人力资源开发中十分重要和关键的一种技术。因此，虽然前一章有所涉及，但本节将更为系统与深入地讨论什么是需求分析、需求分析包括哪些方法、需求分析以什么为主要内容、谁进行需求分析最合适、如何进行需求分析等内容。

一、人力资源开发的需求及其分析

（一）人力资源开发需求及其模式

任何一种人力资源开发活动，都是根据需求进行的，因此 HRD 需求在现实中是客观存在的。然而，什么是 HRD 的需求呢？所谓 HRD 需求，简单地说就是人力资源持有者与使用者对 HRD 的需要或需求。这种需要或要求的产生大致来源于以下几方面的差距分析：

(1) 组织发展目标与实现这些目标过程中人员素质水平的差距，员工现有素质水平与组织发展所要求的素质之间的差距；

(2) 组织预定目标与实现这些目标实际绩效之间的差距，员工现有绩效水平与组织要求的绩效之间的差距；

(3) 员工现有绩效水平与员工个人理想水平之间的差距；

(4) 员工现有素质水平与员工个人理想水平之间的差距。

上述差距分析来自于组织与个人两方面，因此 HRD 的需求可以用以下的数学公式表示：

HRD 需求 = 目标需求（绩效与发展）- 现实水平（绩效与素质）

或者，HRD 需求 A = 目标绩效 - 现实绩效

HRD 需求 B = 目标素质水平 - 现实素质水平

HRD 需求可以用图 6-2 来表示。

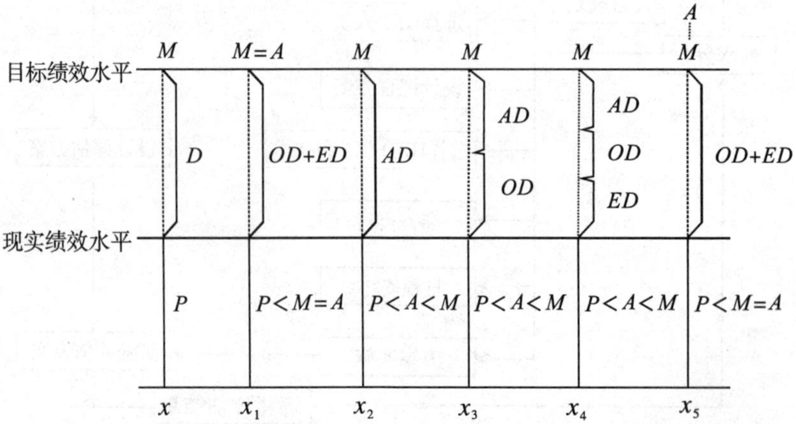

图 6-2 **HRD 需求模型**

其中，M = 目标绩效；P = 现实绩效；D = 差距；A = 素质；OD = 组织因素差距；AD = 个人素质差距；ED = 环境及其他差距。

从上面 HRD 需求模型中可以看出，HRD 需求首先产生于目标绩效水平与现实绩效水平之间的差距 x：当素质水平达到目标绩效水平所规定的要求时，绩效差距并非由素质因素产生，因此不需要进行 HRD，这种情况为 x_1，这时 HRD 的策略是改变工作环境，进行组织开发、制度开发、奖励就可以了；当素质水平 A 足够低，绩效差距完全由素质因素产生时，这种情况为 x_2，此时 HRD 的需求即为立即进行全方位的素质开发与培养；当素质水平 A 介于 M 与 P 之间，那么绩效差距来自两个方面，其中 AD 部分需要由 HRD 解决，而非 AD 的部分需要由非 HRD 的其他开发方式来解决，这种情况为 x_3；当素质水平 A 介于 M 与 P 之间，绩效差距来自 AD、OD 与 ED 三个方面时，此时，除进行人力资源开发外，还需要战略、其他管理措施与环境因素的改进，这种情况为 x_4；当素质水平 A 远远高于目标绩效所规定的水平 M 时，此时的差距并非由素质因素产生，这时的 HRD 需求并非 HRD 本身，而是制度调整、环境改善与人员激励。当这一系列开发活动进行后，就有可能消除现有的绩效差距，但是还需要进一步提高目标绩效水平，进行潜力开发。

（二）人力资源开发需求分析的形式

从上面的分析可以看到，HRD 需求分析实际上是一个用来辨别与揭示绩效差距背后具体影响因素及其开发方式的过程与程序。

HRD 需求分析是整个人力资源开发过程中的基础技术，它与人力规划技术、教育培训技术、课程设计技术和开发效果评估技术的关系如图 6–3 所示：

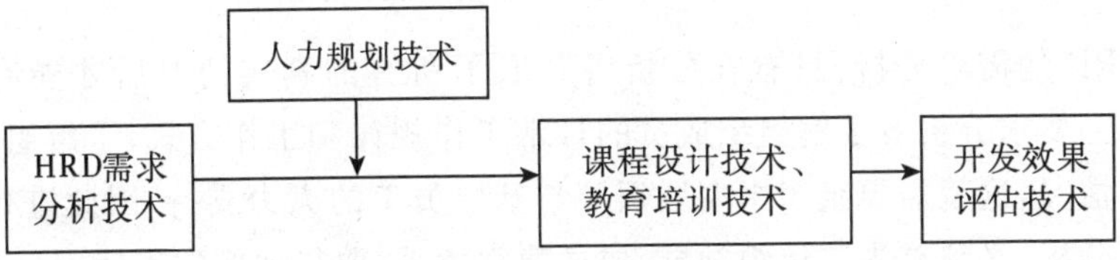

图 6–3　五种开发技术的关系

HRD 需求分析至少可以从组织、任务与人员三个层次来进行。组织分析的目的在于揭示组织中哪些部门需要 HRD 以及在何种背景下进行 HRD；任务分析的目的在于揭示为了有效地完成工作任务，必须做什么以及如何做，需要什么样的素质；人员分析的目的在于揭示谁需要进行 HRD，HRD 开发什么，需要进行什么样的 HRD。

（三）人力资源开发需求分析的一般程序

对 HRD 需求的分析，存在一定的程序。了解与把握这些程序，对于提高 HRD 需求分析的效率与效果十分有益。图 6-4 是进行 HRD 需求分析可以参考的一般程序：

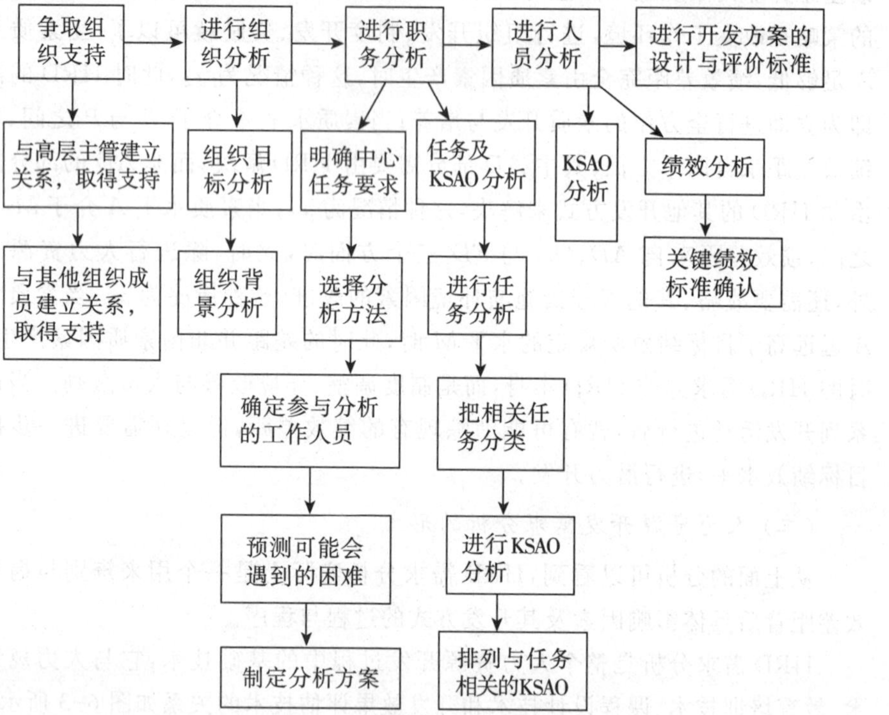

图 6-4　HRD 需求分析的一般程序图

HRD 的需求分析，只有在分析者获取了所有的真实情况后才能有实效。这实际上要求分析者了解组织成员的日常工作规律和工作方式，了解组织内部的真实情况，这就需要组织中高层领导与基层员工的大力支持，因此进行 HRD 的需求分析，必须首先与组织领导、成员建立关系，取得他们的支持。

组织分析，首先是组织战略与规划的分析，如果人力资源开发方案和组织的战略与规划要求不一致，无助于它们的实现，那么这种人力资源开发活动是毫无意义的；其次，组织分析是对组织目标的分析，长期目标、中期目标与短期目标决定了 HRD 活动的深度与进度，一般而言，长期目标对 HRD 要求较高，而且持久；最后，组织分析的内容，包括组织的人力需求分析、组织的效率分析、组织的文化分析与组织的结构分析。

职务分析，主要是对工作任务的重要性及对知识、技能、能力、品性素质的分析，明确 KSAO(knowledge，skill，ability，others)及其与完成工作任务、达到理想工作绩效的关系，明确说明每项工作的任务要求与 KSAO 要求，使每个人都认识到，承担一项工作的最低要求标准是什么。

人员分析，主要是分析任职者是否达到了每项工作任务所要求的 KSAO 水平，实际上达到了什么水平，并由此决定 HRD 的具体需求。人员分析还包括为了满足组织发展的未来工作要求，需要对人员进行什么样的 HRD 的需求分析。

二、人力资源开发需求分析的技术概述

HRD 需求的确定，是通过比较目标水平与现实水平之间的差异来确定的，因此 HRD 需求分析的技术主要是目标水平确定的技术、现实水平确定的技术以及两者之间的比较技术。

(一) 目标水平确定的技术

当目标水平的内容为标准的工作内容、工作能力与工作绩效的规定时，目标水平确定的技术就是职务分析。职务分析包括职责任务分析、职责任务要求分析、职能资格条件分析。这里的标准能力与绩效水平要求，是职务本身所要求的最低标准。除此之外，还有一种期望标准以及面向未来发展的理想标准。无论哪一种标准，都需要专家对此进行规范与界定。

1. 最低标准

最低标准是指保证工作进行的最低要求，一般由职务分析具体确定。

2. 期望标准

期望标准是指高于最低标准和在当前条件下经过努力能够达到的标准。期望标准并非最高标准，而是当事人认为最好的标准。其确定方法有以下几种：

(1) 把一些其他优秀或类似组织已经达到了的标准作为制定的依据；

(2) 把公认的代表某一个行业或一类组织的中等标准或中上标准作为期望标准，例如行业协会推荐的标准等；

(3) 根据当前组织发展与经营目标确定有关的期望标准；

(4) 根据本组织过去采用与已经达到了的标准，作为期望标准制定的依据。

3. 未来标准

未来标准是指根据发展规划预测将来可以达到或应该达到的标准。这种标准建立在预测的基础之上，是面向未来的。当然也可以把目前国内外一流组织所达到的标准或国内优良水平的行业标准，作为中下程度组织的未来标准。

(二) 现实水平确定的技术

现实水平确定的内容与维度，一般根据目标水平的要求而定。确定的方

法，一般是职业资格考评技术或人员素质测评技术，包括考试、心理测验、面试、评价中心技术、履历分析、日常观察、现场观察、答辩法、试用、比赛、情景模拟、实物鉴定等方法。

（三）两者比较的技术

目标水平与现实水平之间的比较技术，主要包括测评与考评、自我评判、专家评判与集体评判等。测评是指把现实水平调查及其与目标水平的比较进行一体化评判，而考评主要指通过专家或广大群众调查取证进行评判。

（四）人力资源开发需求分析的其他分类

根据 HRD 客体的形式，我们还可以把 HRD 需求分析技术划分为个体、群体、组织三个层次的需求分析技术。由于这种分类比较符合 HRD 的实际情况，因此，我们在后面将具体阐述。

三、组织开发需求分析

组织开发需求分析，是指从组织层面对组织的当前特征及其原因进行分析，从而决定哪儿需要进行 HRD，需要什么样的 HRD，以及在什么情况下进行 HRD。

（一）组织开发需求分析的内容要素

组织分析的重心与中心是组织的绩效目标。但实际进行组织分析时，需要我们在更为宽泛的范围内进行，因此，组织分析一般包括组织目标与战略、薪酬系统、计划系统、控制系统、沟通反馈系统、决策系统、组织环境、组织资源、组织氛围、组织效率等。

例如，对组织氛围的分析指标包括：不满；流动；旷工；建议；生产率；事故；短期生病；员工行为表现；工作态度；顾客投诉。

组织效率的分析指标包括：劳动成本；物资成本；产品质量；设备利用；工资成本；浪费量；停工期；推迟交货；维修时间。

（二）组织开发需求分析的技术

组织层面的分析技术比较多，如记录报告分析、管理诊断分析、管理开发审查、组织氛围调查、组织发展预测等。例如，组织发展预测中的趋势和机遇分析技术，主要是通过以下问题进行问答分析：

(1) 我们未来发展的前景如何？

(2) 我们未来的战略应该是什么？

(3) 员工需要什么样的新 KSAO 才能适应未来的趋势和把握未来的机遇？

（4）目前可能危及我们的未来市场地位和机遇的 KSAO 差距是什么？

（5）什么样的 KSAO 将不再需要？

（6）HRD 的重点是什么？作用是什么？

（7）未来潜在的资源是什么？

组织开发的需求一般取决于下列因素的变化：产品、服务与市场，原材料与能源，基础设施，技术，管理技术与方法，法律，社会、政治环境，经过相当教育与培训的人力的供给，贸易和贷款方式，区域经济的增长。

对于上述因素变化的预测，可以通过报纸、媒体以及国家管理部门发布的相关信息来分析，但这种分析结果中的经验性与主观性较强。要想更为科学地进行预测分析，则需要借助于技术经济预测、德尔斐技术、头脑风暴法、市场研究、人口统计与社会发展研究、战略计划等技术手段，从理论与数据上进行分析。

组织的 HRD 需求，还可以通过表 6-1 中的资料进行分析。

表 6-1　组织 HRD 需求分析的资料来源

资料来源	对于 HRD 需求分析的参考意义
1. 组织目的与目标	确定 HRD 的重点可以而且应该放在哪儿，这些将提供分析方向及分析的规范标准，该规范标准可以反映出偏离的目标及其绩效问题
2. 人力资源存量清单	确定哪里需要 HRD 来填补由于退休、流动、年龄等问题引起的 HR 差距，提供了有关 HRD 需求范围的重要的资料基础
3. 知识技能清单	每一个技能组（工种）的员工数、知识和技能层次、每种技能的培训时间等，提供了对具体培训需求的重要性的估计，对培训项目的成本收益分析有益
4. 组织氛围指数 （1）劳动—管理数据 （2）员工行为观察 态度调查 顾客投诉	这些组织的氛围指数可以帮助集中解决要培训的问题（如果培训已经被作为相关问题的解决方法），所有这些与工作参与或生产率相联系的指数既对分析有益，又可帮助管理者通过培训解决他所希望解决的问题（罢工、封闭工厂等）
5. 效率指数分析（包括劳动力成本、物料成本、产品质量、设备利用率、运输成本等）	有益于填补组织预期和被认为的结果之间的差距；有价值的反馈，特别注意典型和重复投诉 计算成本的概念可以阐释实际绩效与所希望的或标准绩效的比率
6. 系统或新系统的变化	新的或改变了的设备可以带来培训问题
7. 管理要求或管理咨询	决定 HRD 需求的最常用的技术之一

续表

资料来源	对于HRD需求分析的参考意义
8. 离职面谈	一些在别处得不到的信息经常可在此处得到，特别是有关问题领域和主管培训需求的信息
9. MBO或工作计划	提供绩效评估、潜力评估和长期经营目标；提供实际绩效数据，以便了解底线标准，比较和分析后来的绩效是否提高或下降

资料来源：M. L. Moore and P. Dutton, "Training Needs Analysis: Review and Critique," *Academy of Management Review*, 3, 1998, pp. 534—535. Reprinted by permission.

四、职务分析技术

如前所述，职务分析是通过系统地收集与分析具体工作的内容、要求、方式与方法等资料，以确定要获得最理想的绩效需要对任职者进行什么样的HRD。职务分析的结果一般包括绩效标准以及为达到此标准而需要的工作方式与KSAO。

在工作分析过程中，需要完成以下任务：

(1) 建立工作说明书；

(2) 进行任务分析；

(3) 确定工作目标及最低绩效标准；

(4) 确定完成任务的最有效的方式；

(5) 观察工作样本；

(6) 查阅与工作有关的文献，包括专业杂志、档案、政策法规、专家研究成果等；

(7) 询问与工作有关的问题，包括询问任职者、主管与高层人员各种问题；

(8) 召开培训与开发方案研讨会议；

(9) 操作问题分析，包括维修工期报告、浪费行为与结果、维修原因、推迟交货、质量控制等问题的分析；

(10) 对所选择的HRD的方式方法与建议的重要性进行分类。

对于如何进行工作分析，我们要按照以下五个步骤进行。

(一) 建立全面的工作说明书

对某一职务或几个职务建立一个全面的工作说明书。这种工作说明书主要是对职务中主要职责任务及其任职条件的说明。许多组织有现成的职务工作说明书，而且会定期升级，以便及时准确地反映工作的变化情况。因此，我们只要得到这些资料并进行抽样核实就可以了，否则，就需要我们进行工作分析，建立起一个较为全面反映职务工作内容与要求的工作说明书。

（二）进行职责任务分析

职责任务分析主要是对工作中任务的结构、内容及其要求的分析，即主要弄清每个职务的主要任务是什么，每项任务完成后应该达到什么标准。

职责任务分析法可以采用以下五种方法：

(1) 刺激、反应与结果分析法，即从刺激、反应与结果三方面来分析每一项任务，从而正确把握其内容、方式与标准要求。

(2) 时间样本法，即由分析人员在一段时间内随机地对职务工作进行观察，记录每项任务的内容与频率。

(3) 关键事件技术法。这种方法是让那些对职务工作非常熟悉的人记录一段时间例如一年来有效与无效的重要工作行为。记录的内容包括这些重要行为发生的环境与具体表现，并描述有效与无效的原因。

(4) 任务清单分析法。首先由熟悉职务工作的人逐一列出所有的任务；其次以清单的形式列出该职务所有的任务，并交给众多的主管或任职人，就每项任务的重要性和所需要的时间，进行 5—7 分制评估；然后进行统计分析，确定职务中各项任务的结构、内容与重要性。

(5) 职责任务与技能要求分析法。这种方法是首先把职务划分出几个方面的职责，然后为每一项职责找出其任务与亚任务，最后确定完成每个亚任务所需要的 KSAO。如表 6-2 所示：

表 6-2 职责任务与技能要求分析法在 HRD 专业人员工作分析中的运用

工作名称：HRD 专业人员		具体职责：任务分析
任务	亚任务	知识和技能要求
1. 列举任务	(1)观察行为 (2)选择动词 (3)记录行为	列举行为的重要特征；给行为分类 熟悉动作所对应的动词；语法技能 为人所理解；整洁
2. 列举亚任务	(1)观察行为 (2)选择动词 (3)记录行为	列举所有相关的行为；给行为分类 正确地陈述；语法知识 整洁，清楚
3. 列举知识	(1)声明必须了解的知识 (2)确认技能的复杂程度	为所有信息分类；确认是否一个技能代表一系列行为，并且这些行为是必须学会的

（三）确定完成职责任务所需要的 KSAO

KSAO 对于 HRD 非常重要，它们是 HRD 的目标与依据。其中 K 即知识，指完成任务所需要了解的相关信息、原理、方法;S 即技能,指完成任务中所需要的某些熟练性、技巧性的行为能力,其特点是准确、轻松;A 即能力,指完成任务所需要的某些身体与精神方面较综合的行为能力,其特点是直接与综合;O 即其他个性特征,包括态度、品性与兴趣因素。

对于每一个 KSAO,应该就其对绩效的重要性、学习困难性与在工作中获得的机会性等进行评估性的说明。

（四）确定 HRD 的具体需求

这一步主要通过分析与比较每个任务及其相应的任职条件的评估分数,确定 HRD 的需求系统。例如,任务在职务中的重要性、出现的频率或所花费的有效劳动时间、完成的难度、任职条件相对于职务工作绩效的重要性、学习的难度以及在工作中获得的机会等评估分数。通过这些评估分数的比较与权衡,具体确定哪些任务与 KSAO 应该正式纳入 HRD 的需求系统中。选择的重要标准是职务工作绩效,凡是那些对职务工作绩效具有决定性作用的任务与 KSAO,都应纳入到 HRD 需求系统中。

（五）确定 HRD 需求系统的因素级别

通过前面四个步骤,基本上确定了组织 HRD 的具体需求是什么,建立了 HRD 需求系统,显示了组织对 HRD 的各种需求。由于 HRD 是一种经济活动,在时间与投入有限的情况下,不可能让所有的 HRD 需求同时得到满足,因此我们应该考虑每一种需求的优先级别,具体确定需求系统中每一个任务与 KSAO 的开发顺序。

对于 HRD 需求的排序与评级,应该让整个组织的相关人员都参加。因为每个 HRD 需求可能涉及一个或多个部门,让更多的人了解 HRD 的需求本身,就可以促使更多的人认识到 HRD 的意义与价值,唤起更多的人对 HRD 的实际需求。

为了保证对 HRD 需求排序与评级的权威性、公正性与公平性,一般要先成立一个评级委员会,定期开会,对 HRD 的需求系统与有关资料进行全面的评估与分析。委员会的成员一般由组织中跨部门的人员构成,这样既可以提供不同角度的思考,又可以得到组织中各部门更为广泛的支持。

职务的 HRD 需求还可以通过表 6-3 中的资料进行分析。

表 6-3　职务需求分析资料来源

资料来源	对于 HRD 需求分析的参考意义
1. 工作说明书	概括了职务中的典型责任、义务，但并不是无所不包，有助于界定绩效差距
2. 任职资格或任务分析	列出每个工作的特定任务，比工作说明书更具体，可能扩展到工作所需求的知识和技能
3. 绩效标准	工作任务目标及其标准，可能也包括底线标准
4. 完成的结果	确定具体任务的最有效方式，但有严重局限性，工作的层级越高，要求的绩效与其实际结果之间的差距越大
5. 观察—工作样本	界定了工作对象，或部分任务范围
6. 查阅与工作有关的文献 (1)对其他产业的研究 (2)专业杂志 (3)档案 (4)政府文件 (5)博士论文	在工作结构的比较分析中有用，但可能会与特定组织内的职务设计或具体的绩效要求有很大差距
7. 询问与工作有关的问题 (1)工作执行者 (2)主管 (3)高层管理者	
8. HRD 的工作会议或学术会议	不同观点的碰撞，经常能提示 HRD 的需求或培训愿望
9. 操作问题分析	这可以提供任务干扰、环境因素等影响的信息
10. 卡片分类	可用于 HRD 的会议中，对"怎么做"的问题按照 HRD 的重要性予以分类

资料来源：M. L. Moore and P. Dutton, "Training Needs Analysis: Review and Critique," *Academy of Management Review*, 3, 1998, pp. 537—538. Reprinted by permission.

五、人员分析技术

(一) 概念

人员分析技术，是指通过对员工行为或工作行为的观察、需求调查与逻辑推断，对 HRD 的需求进行分析的一种过程。其中绩效差距分析最为关键，如图 6-5 所示。

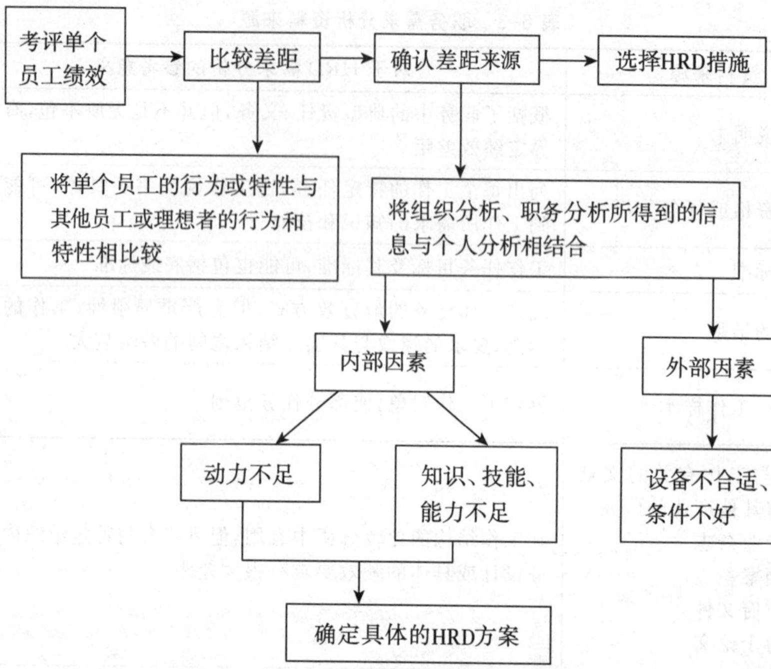

图 6-5　人员分析中的绩效考评模型

（二）类型

人员分析的技术，可以有不同类型的划分，包括总结性、诊断性、网络性与能力行为分析等方法。

1. 总结性分析

总结性个人行为分析，主要是确认员工个人整体的绩效，将员工个人的工作结果区分为成功与不成功两种类型。

2. 诊断性分析

诊断性个人行为分析，主要是确认员工个人工作成功与不成功的原因，确定个体的 KSAO、努力和环境因素等是如何相互结合，并产生成功与不成功结果的。

显然，诊断性分析也是对总结性个人行为分析的继续，分析的结果要回答总结性分析所提出的问题，从而准确地确定谁成功、谁没有成功、成功完成的任务是哪些、什么因素起了作用、没有成功完成的任务有哪些、原因是什么。

3. 网络分析法

所谓网络分析法，是指通过方框流程图示与逻辑推理相结合的方式，揭示个人绩效不佳的现状及其原因，进而确定 HRD 需求的一种技术，如图 6-6 所示。

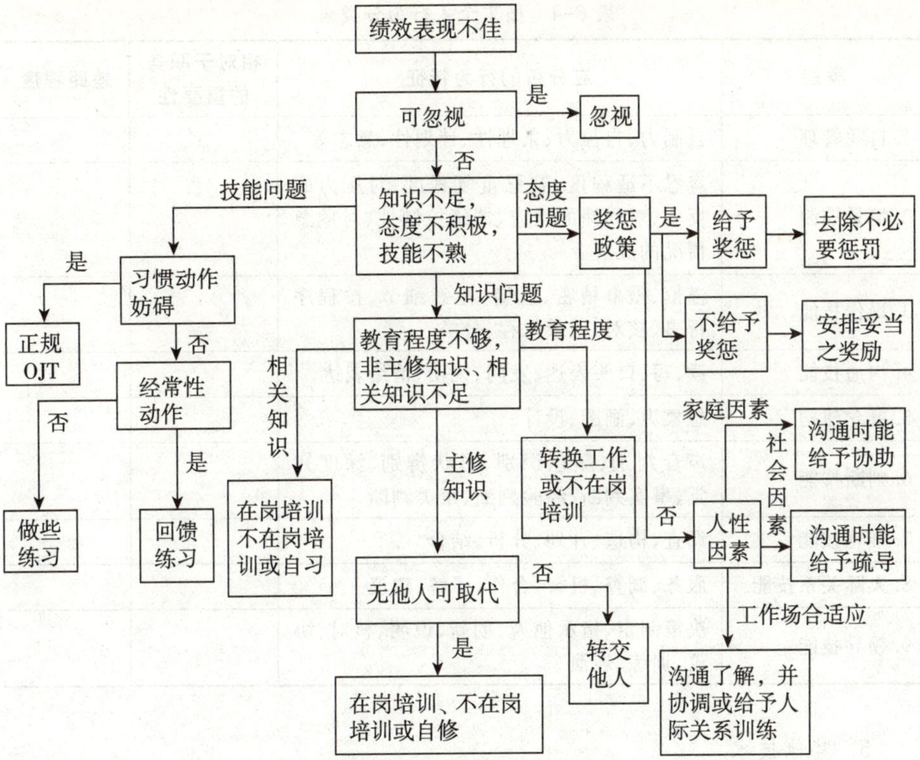

图 6-6 网络分析示意图

4. 能力行为分析法

所谓能力行为分析法，即指通过比较被分析者个人行为表现与标准能力行为特征的差距，从而确定 HRD 需求的一种技术。

在这种技术中，首先确定相应处理人、事、物与时间四个方面问题的基本管理能力。这些基本管理能力为九个类别，具体见表 6-4。

对于表 6-4 中的九类能力行为特征，并非每个职务都需要，因此确定 HRD 需要的第一步，是评判每个类别的行为特征相对于职务的必要性与重要性；接着，要评判员工实际表现与标准要求之间的差距，差距越大，说明 HRD 的需求也就越大。必要性与重要性越大，也说明 HRD 的需求越大。但两者之间要进行综合判定。

表 6-4 员工个人行为分类表

类别	应分析的行为特征	相对于职务的重要性	差距程度
1. 自我管理	自制力、自控力、条理性、计划性、意志等		
2. 情景控制	容忍不适程度、容忍重复程度、对压力的反应、对回馈的反应、情绪控制性、对危急情况的反应		
3. 操作技能	谨慎、做事精密、机警、注意细节、按程序行事、核对、记录保存、分类		
4. 沟通技能	读、写、口头表达、发问、说明、情绪表达		
5. 概念建构	想象力、画图、设计		
6. 判断技能	声音判别、颜色识别、形状辨别、深度知觉、事实判断、经验判断、审美判断		
7. 推理技能	调查、构造、计划、分析、结合		
8. 人际关系技能	服务、调查、机智、合作、了解、建议		
9. 领导技能	决策制定、指示他人、创新、说明、核对、协议、训练、表演		

5. 其他技术

个人需求，还可以通过表 6-5 中说明的技术进行分析。

表 6-5 个人需求分析的资料来源或技术

技术或获得的资料	对于确定个人需求的参考意义
1. 绩效资料或考评结果，可作为对“不足”的揭示	包括其优缺点分析，对 HRD 主题和类型可以提供定量化信息，这些数据可以用来识别绩效差距
2. 观察—工作样本	较主观的技术，但能提供员工行为和行为的结果
3. 面谈	与那些认为不需要学习的个人进行面谈；参与需求分析可以推动员工学习的积极性
4. 问卷	与面谈的方法相同；较易适应组织的具体情况；通过事先的分类结构，可能会导致偏见
5. 测验 工作知识 技能 成绩(果)	能被结构化或标准化，必须注意测量与工作有关的特质
6. 态度调查	以个体为基础，有利于确定每个员工的积极性、动力或满意度

续表

技术或获得的资料	对于确定个人需求的参考意义
7. 检查清单或 HRD 计划	每位员工的最新清单，指出每一项工作将来所需要的 HRD
8. 等级记分法	必须注意保证员工等级及相关的可信性和客观性
9. 关键事件	可观察的行为，它是导致成功或不成功的工作绩效的关键
10. 日记	个体员工工作的详细记录
11. 情景设计 角色扮演 案例研究 会议主持 商业游戏	在这些技术中，一定的知识、技能和态度可以得到展示
12. 诊断评分	检查清单中包括各种诊断评分的因素
13. 评价中心	将上述技术与公文处理相结合形成一个综合的评价项目
14. 辅导	与面谈类似，一对一
15. MBO 或工作计划	提供与组织（个人或团体的协商标准）有关的可重复的实际绩效信息，以便了解底线标准和分析实际提高或降低的绩效

（三）操作程序

在 HRD 的需求分析过程中，对于上述人员分析技术的操作程序如下：

（1）通过上述技术确认有关员工个人实际的绩效水平；

（2）确认支持实际绩效的 KSAO 与合格绩效水平所要求的 KSAO 之间的差距；

（3）分析造成差距的原因；

（4）针对差距原因选择合适的 HRD 方法，具体的分析操作程序可以参照图 6-5 进行。

第二节　人力规划技术

人力规划是一种非常重要的人力资源开发技术，是保持一个企事业组织稳定发展必不可少的工作，这一节介绍的是人力规划的概念、方法与类型。

一、人力规划概述

所谓人力规划，就是拟订一套措施，使企事业组织稳定地拥有一定质量和必要数量的人员，从而实现包括个人利益在内的组织发展目标。一定质量，在这里指企事业组织内完成工作任务的人员所需具备的能力，这种能力可以表达为受过的教育和培训、经验、年龄或拥有的相关素质。

人力规划的内容，包括晋升规划、补充规划、开发与培训规划及轮换规划等。

（一）晋升规划

晋升规划是制定各种晋升政策。对于企事业组织来说，是为了在一定的时期内拥有相应合格的人员，而对于各个成员来说，则是创造条件充分发挥每个人的才能并满足其要求。某类人员的晋升状况可用若干种指标来表达，例如，晋升前的平均工作年限、晋升的比例等。职务和年资配合起来，可作为衡量人员经验水平的指标。年资指在某种职务（级别）岗位上经历的年限。同一职务与年资的人中，其质量水平又有相当的差异，因此，只能就一类人员的平均水平来讨论其质量问题。

晋升规划有的可以用每一级别年资晋升百分比来表示，见表 6–6。

表 6–6 员工晋升规划简表

某级别的年资（单位：年）	1	2	3	4	5	6	7	8	9	10	11	≥12
晋升百分比（%）	0	0	0	0	0	0	0	35	56	60	65	0

（二）补充规划

补充规划即拟订补充政策，其目的是合理地填补中长期发展过程中企事业组织人员在数量上与规格上可能出现的空缺。在补充规划中，要表明待补充的人员的数量与规格。人员规格是指其经验水平、受教育的程度、年龄及有关素质要求。

补充规划和晋升规划之间有着密切的联系。在出现空缺的情况下，企事业组织可以从较低一级人员中提升上来补充，这叫做“内部补充”。

（三）开发与培训规划

开发与培训规划，是为企事业组织长期发展所需要的一些职位准备人员。开发与培训规划，必须指明能享受开发与培训机会的人员数量与培训要求。制定开发与培训规划所需考虑的环境条件，包括开发与培训单位的能力限制、质量要求与接受开发培训的自愿程度等。

（四）轮换规划

轮换规划是拟订组织中长期发展过程中所需人员的轮换政策。这类政策指明了各类人员所应该轮换的职务种类与时间。它反映了企事业组织人员的横向流动。

当企事业组织的人员需求量与拥有量均具有高度固定性与高度可变性时，进行人力规划对于其中长期发展具有特别重要的意义。

固定性意味着人员需求量和拥有量不可能轻易地受到影响。可变性意味着人员需求量和拥有量将随时间的变化而有规律地变化。但是，当存在很不确定的外界影响时，人力规划的作用并不大。

二、人力规划的方法

人力规划的步骤包括分析、预测、决策。

（一）分析

分析即对企事业组织现有人力资源的“盘点”与调查。分析的主要内容包括人员使用情况、年龄结构、学历结构、职称结构、职务结构等个人的核心素质。

1. 人员使用情况分析

对于人员使用情况的分析，包括人数分析与工作潜力分析。

人数分析，是指对现有人数与编制定员进行比较分析，然后按人员类别分部门、分工种列出具体人数。分析时要注意编制定员本身的合理性。

工作潜力分析，是指对实际工作率与标准工作率进行对比分析，然后据此进行工作潜力的评估。

所谓工作率，是指实际工作的时间与制度规定的工作时间的比率，即工时利用率。分析时要把直接生产工人、辅助工人、管理人员等分别对比。直接生产工人的实际工作率可以从劳动时间使用情况的统计报表中取得，而辅助工人、管理人员的实际工作率则需要靠工作日写实或工作抽样的方法，取得一次性工时分析资料。

所谓标准工作率，是指企事业组织主管部门要求达到的或企事业组织自己确定的目标工作率（P）。

$$工作潜力(人数)=[(P_1-P_O)\times T\times H]/P_O\times T \qquad (公式 6\text{-}1)$$

式中，P_1——实际工作率；

P_O——标准工作率；

T——制度工时；

H——分析期的期末人数。

计算采取四舍五入，以整人数为准。

2. 年龄结构分析

年龄结构分析包括平均年龄与年龄结构。职工在企事业组织内年龄的增加反映着经验与知识以及操作能力的增加，但到了一定的年龄，吸收新知识的能力就会降低，体力下降，工作效率也下降。一般职工平均年龄在25—49岁时，学习能力与工作能力处于最佳状态。

所谓年龄结构，是指按年龄组统计分析各类人员、各工种（专业）以及各类职务人员的年龄结构。企事业组织职工理想的年龄结构应为梯形，顶端接近退休年龄人员的数量，底端是刚进单位的年轻人员的数量。

3. 人力素质分析

人力素质分析，包括各类职工学历、职称、获奖名次、考试成绩、资格、素质测评成绩等的人数比例。

（二）预测

人力规划的第二步工作，是在人力资源分析的基础上进行预测。企事业组织对人力的需求量会因种种因素的影响而有所波动。其中有些因素，如政策法规、人员的积极性、产业结构调整、社会影响等，不能精确地用定量来表示；而产品或劳务的需求量等因素，相对来说就比较容易预测。因此，预测的第一步是依据企事业组织今后的战略制定经营发展水平（产品和劳务总量等）的中长期产量计划；第二步是把企事业组织的产量计划转换成对人力资源需求量的预测。具体地说，人力资源预测的内容可转化为对组织结构变化的预测、产品变化对人力需求的预测、新产品发展对人力结构影响的预测、设备的技术改造与更新对人力结构影响的预测、劳动效率的预测以及减员的预测等。

例如，科学技术的进步对提高劳动生产率的影响，一般可以按采用新机器和新工艺而提高的劳动生产率来确定。靠采用新机器而提高的劳动生产率，其计算公式为：

$$\Delta L = N_E / N_P \qquad \text{（公式 6-2）}$$

式中，ΔL——靠采用新机器而提高的劳动生产率；

N_E——因采用新机器而节约的劳动力人数；

N_P——计划期劳动力总数。

各个因素对提高劳动生产率的影响，都可以归结为劳动者人数或劳动时间的节约，因此，按各个因素确定计划期劳动生产率的提高幅度，可以用下列公式计算：

$$\Delta L_i = \sum E_i / (N_O - \sum E_i) \times 100\% \qquad \text{（公式 6-3）}$$

式中，ΔL_i——靠所有因素改进而提高的劳动生产率；

N_O——基期劳动者人数；

$\sum E_i$——计划期各种因素改进后节约的劳动力总数，如果把分子$\sum E_i$换成E_i则有

$$\Delta L_i = E_i/(N_O - \sum E_i) \times 100\%$$ （公式 6-4）

因此，E_i为改进而提高的劳动生产率。

例如，某企事业组织由于采用新设备、新体制节省下来 10 人，由于组织结构的调整节省下来 5 人，由于劳动熟练程度的提高而节省下来 5 人，已知基期劳动者人数为 100 人，试分别计算计划期靠每一因素而提高的劳动生产率。

靠采用新机器新工艺而提高的劳动生产率：

$$\Delta L_1 = \sum E_i/(N_O - \sum E_i) \times 100\%$$
$$= 10/[100-(10+5+5)] \times 100\%$$
$$= 12.5\%$$

靠生产组织改进而提高的劳动生产率：

$$\Delta L_2 = \sum E_i/(N_O - \sum E_i) \times 100\%$$
$$= 5/[100-(10+5+5)] \times 100\%$$
$$= 6.25\%$$

靠劳动熟练程度提高而提高的劳动生产率：

$$\Delta L_3 = \sum E_i/(N_O - \sum E_i) \times 100\%$$
$$= 5/[100-(10+5+5)] \times 100\%$$
$$= 6.25\%$$

（三）决策

分析、预测两步工作完成后就是决策了。人力规划中需要决策的主要问题是：

(1) 人员征补的决策，包括各类人员征补的数量、征补的时机、征补的方式以及对征补人员的素质要求等；

(2) 职业转移的规模、时机、政策以及去向等；

(3) 企事业组织规模扩大或技术设备更新所需增加人员的数量、质量及来源；

(4) 职工开发与培训的目标、方式、人数及经费分配等。

三、人力规划的类型

（一）人力需求量的规划

人力需求量的规划，主要是按照下述步骤进行：

(1) 估计实际人力需求量，这可以根据组织结构图表或职务注册系统求得；

(2) 将求得的实际人力需求量和实际的人力拥有量进行比较；

(3) 让各部门负责人检查(1)、(2)两个步骤结果的正确性或适合性，即看(1)、(2)两个步骤所求得的结果与管理部门所认可的是否一致；

(4) 预测企事业组织内所有目标任务的工作水平；

(5) 把所有目标任务的工作水平要求转化为每个职务组的工作负荷量预测；

(6) 让管理部门从组织变化与上级要求的角度检验工作负荷量预测的正确性；

(7) 把预测的工作负荷量转化为人力需求预测值，这要求定额标准切实可行。

(二) 人力拥有量的规划

人力拥有量取决于人员的实际结构，诸如人员数量、人员年龄、技能水平、受教育程度等因素。根据这些因素的以往变化情况，进行趋势的预测，可预测到组织未来的人力拥有量。

(三) 人力匹配规划

人力规划中最为关键的是匹配，即要让人力的拥有量与需求量相互关联，形成一定的人事配置政策及其相应的开发计划与措施。

第三节 教育培训技术

HRD需求分析与人力规划工作完成之后，需要选择合适的HRD方法，而合适的HRD方法需要合适的教育培训技术来支持。下面我们将按照知识技能、品性态度与潜能三个方面来介绍有关的教育培训技术。

一、知识技能方面的教育培训技术

知识技能的教育培训，可以具体划分为一般的教育培训技术、开发创造性与改进解决问题能力的教育培训技术以及改进管理能力的教育培训技术。

(一) 一般的教育培训技术

1. 讲授法

讲授法是讲师运用口头语言系统向被开发者传授知识与技能的一种技术，包括讲述、讲解、讲演、讲读等。

2. 面谈法

面谈法又称问答法，是人力资源开发者在被开发者已有知识经验的基础上，通过双方对话，使其获得新知识、巩固旧知识或检查相关知识的一种教育培训技术。

3. 读书指导法

读书指导法是人力资源开发者指导被开发者阅读课本或课外参考书，以获取知识或巩固知识并培训独立阅读能力的教育培训技术。

4. 讨论法

讨论法是在人力资源开发者的指导下，被开发者通过集体或学习小组的形式，发表自己对某一中心问题的意见，进行相互学习的一种教育培训技术。

5. 远程网络教育

远程网络教育是通过远程或内部计算机网络进行知识与技能教育培训的一种技术，包括电视教学、广播教学与电子网络教学等。

6. 演示法

演示法是人力资源开发者运用实物、模具等进行示范性实验，或通过幻灯、录音、录像、电影等电化教学手段，使被开发者获取知识与理解知识的一种技术。

7. 参观法

参观法是被开发者通过现场的直接观察与体验，来获取实际知识与技能的教育培训技术。

8. 练习法

练习法是在人力资源开发者的指导下，让被开发者运用所学到的知识与技能，进行模仿练习，以便巩固知识，掌握一定的技能、技巧与行为方式的教育培训技术。

9. 实验法

实验法是让被开发者通过一定的仪器设备进行独立作业，引起有关现象发生或产生预定变化，通过观察分析以获取有关知识或者培养相关技能的一种方法。实验法是把已获得的知识与方法，应用于实际情景进行检验与体验，从而获得更深刻的理解与新发现的教育与培训方法。

10. 实习法

实习法是让被开发者把所学到的知识与技能应用到工作实际中，从而达到加深理解、实际掌握、全面贯通目标的一种教育培训方法。

（二）开发创造性与改进问题解决能力的教育培训技术

1. 头脑风暴法

头脑风暴法即让所有参与教育培训的人，在没有任何压力的情况下，在愉快轻松的气氛中，不带任何偏见与固有观念、无拘无束地自由交换自己的想法与点子，由此激发创意与灵感，产生更多的新观点与新发现。

2. KJ 法

KJ 法又称川喜田二郎创造力开发法，是通过许多人收集到的大量的意见与信息，找出有关问题原因及其解决方案的一种方法。

3. ZK 法

ZK 法又称片方善治教育培训法，是把解决无意识的日常习惯性问题作为思考的途径的一种方法。例如，想想看有什么样的问题，如何解决，然后将脑海中浮现的问题及方法记录下来，再进一步思索谁较擅长处理这些问题。

4. 工作现场训练法

工作现场训练法是以现场所发生问题为契机，让现场的全体人员参与发现、分析计划与实施等活动，提高工作现场问题解决的效率，包括沟通与领导能力的改进等问题。

5. KT 法

KT 法又称条理性思考训练法，是尽可能收集信息并按条理性的思考程序寻求一个适当的解决方法，防止思考上的迷糊，以产生较理想的效果。

6. 案例研究法

案例研究法是把实际工作中可能发生或已经发生的、比较典型的事件和问题作为具体的案例提供给被开发者，通过分析、检查与讨论找出解决问题的方法。

7. 课题研究法

课题研究法通过交给被开发者与实际工作相似的课题，要求其在一定时间内进行研究并得出结论，训练其收集信息、发现问题、分析问题与解决问题的能力。

8. 评价中心法

评价中心法是运用人员测评中的评价中心技术，对被开发的人员进行教育培训的一种方法。例如，让被开发者在一定时间内将大量待处理的文件处理完，以此提高解决问题的效率。

（三）指导下属及改进管理能力的教育培训技术

1. 面谈咨询法

面谈咨询法是指管理者借与下属面谈的机会，指导下属解决问题的方法。

2. 工作现场训练法

工作现场训练法是指管理者通过日常工作安排与指导，有计划、有组织、有目的地开发下属能力的一种方法。

3. MPT 法

MPT 法又称管理人员训练法，是目前产业界最普及的管理人员培训方法，其目的是使管理人员系统、深刻地学习管理原理，从而提高他们的管理能力。

4. JST 法

JST 法又称人事研究院管理人员培训法，它让被开发者系统地了解人和事所必备的基本原理、基本条件和基本原则，提高行政人员的管理水平。

二、品德与态度教育培训法

（一）品德培养法

1. 说服教育法

说服教育法是借助语言和事实，通过摆事实、讲道理，来影响被开发者的思想素质，提高其思想道德认识的教育方法，包括讲解、报告、谈话、讨论辩论、阅读书籍报刊等形式。

2. 榜样示范法

榜样示范法是运用其他人高尚的思想、模范行为、优异的成就教育影响被开发者的一种方法。

3. 情感陶冶教育法

情感陶冶教育法是自觉地创设良好的教育情境，使被开发者在道德和思想情操方面受到感染、陶冶、熏陶，包括人格感化、环境陶冶与艺术熏陶等具体形式。

4. 实际锻炼法

实际锻炼法是通过各种实践活动，训练和培养被开发者优良思想品德的方法，包括日常实践和专门组织的行为实践。

5. 生活指导法

生活指导法是管理者就人生的整个生命领域，结合被开发者生活中的实际问题，给予具体引导与帮助，使其获得尽可能充分和全面的发展。

6. 品德评价法

品德评价法是根据一定的要求和标准，对被开发者的思想言行做出评判，并在此基础上进行奖励、批评、惩罚与指导，促进被开发者品性优化发展的一种方法。

（二）人际关系改进教育培训法

1. 感受性训练

感受性(ST)训练是通过提高被开发者对他人、团体、组织与社会的感受性，感受与周围人群的相互作用，改善与他人之间的沟通方式与关系的一种方法。

2. 沟通分析训练

沟通分析(TA)训练是通过学习体验，确认自我与他人的自主性与自律性，了解人与人之间的双向要求，改善人际关系的一种方法。

(三) 改变态度的教育培训法

1. 促进理解讨论法

促进理解讨论法是通过鼓励被开发者开诚布公地发表和积极讨论有关问题与个人行为的看法与意见,最后达成共识与相互理解的一种方法。

2. 角色扮演法

角色扮演法是通过让被开发者扮演相关角色,加深理解、体验与了解相关角色,从而改变对相关角色态度的一种方法。

三、潜能开发技术

(一) 拓展训练

通过精心设计的各项教育培训活动,把被开发者置于大自然和各种刺激、困惑与艰难情境之中,让其在面对挑战、克服困难与解决问题的过程中,得到心理磨炼与品性修养。这种方法目前常用于提高自信心,保持积极进取的人生态度,培训团队精神和合作态度,培训现代人把握机遇、抵御风险的心理素质。

(二)"魔鬼训练"

"魔鬼训练"是一种在封闭环境中进行极其严格、紧张和艰苦的训练,完成向心理和体能极限挑战的课程或开发活动,挖掘被开发者自身潜能,提高自信心、意志力与承受力的一种教育培训方法。

(三) 第五层次开发

第一层次的开发对象是知识,第二层次的开发对象是能力,第三层次的开发对象是思维方式,第四层次的开发对象是观念,第五层次开发的对象是心理潜能,相应的开发技术是心理调整技术。我国著名学者王通讯认为,这种心理调整技术具体包括"暗示""观想""梦象"三种技术。"暗示",大家比较清楚,不再赘述;所谓"观想技术",比想象更贴近现实,意指不仅要在内心里想到,而且要在朦胧中看到,甚至能够摸到自己所期望成为的那个形象,这种感受越真切越好;所谓"梦象技术",是指引导人们见到梦中形象的技术,在梦中自由想象,可以给人以灵性与感悟。如果能够把梦中的意象展现或尽可能构造,那么将会激发出许多新创造。

第四节 课程设计技术

课程设计技术在人力资源开发中处于十分重要的地位,它是知识、技能与品性开发设计的核心技术,因此在这一节中我们将系统地介绍课程基本理论、基本形式及其设计方法与技术。

一、课程

“课程”设计的思想始于西周的“六艺”，即礼、乐、射、御、书、数。“礼”指奴隶制的典章制度，包括政治、道德、礼仪等；“乐”包括诗歌、音乐、舞蹈；“射”指射箭技术；“御”指驾驭战车的技术；“书”包括文字理解与书写；“数”指算术。

在南朝开始出现了分科分馆的教育，唐代中的算学已有《九章》《海岛》《五曹》，书学中已有《石经》《说文》《字林》，医学中已有《本草》《脉经》，针灸科中已有《素问》《黄帝针经》等内容。

然而，“课程”一词正式在汉语中的出现，始于唐宋时期。唐代的孔颖达为《诗经·小雅·巧言》的“奕奕寝庙，君子作之”一句作疏时最早用了“课程”这一称谓。汉语中最早给出与现代“课程”含义相近词语的，则是南宋的朱熹。他在《朱子全书·论学》中有“宽着期限，紧着课程”“小立课程，大作功夫”等句，“课程”在这里是指“功课及其进程”之意。在英文中，“课程”一词为“curriculum”，是从拉丁语“currere”一词派生而来，意为“跑的过程与经历”，引申为学习者的路线与经历。英国教育家斯宾塞在《什么知识最有价值》一文中最早使用了“课程”一词。在人力资源开发中，“课程”一词有时也用“program”表示，这是对课程含义的动态扩展。

“课程”是教育学中的一个核心概念，它大概有三种解释：

一是指教育教学的内容及其结构。例如，《教育大辞典》认为，课程是为实现学校教育目标而选择的教育内容的总和，包括学校所教各门学科与有目的、有计划、有组织的课内外活动。①

二是指教育教学的计划与目标。例如，朱智贤先生认为，课程是使受教育者在学校里规定的期限内，循序陆续得到各种应得知识和训练，以求达到一种圆满生活的精密计划。② 钟启泉先生也持这个观点，他认为，课程是旨在保障青少年一代的健全发展，由学校所实施的施加教育影响的计划。③

三是指学习者的经验、体验与实际学习的东西。例如，陈侠先生认为，课程是学习者在学校指导下获得的全部经验，受教育者在学校范围内所引起的文明行为的养成、思想品德的提高、知识技能的增长、身体素质的改善等，都包括在课程概念之内，而且不限于课内活动，也包括课外活动。④

---

① 顾明远主编：《教育大辞典》第1卷，上海教育出版社1990年版，第257页。

② 朱智贤主编：《小学课程研究》，商务印书馆1931年版，第2页。

③ 钟启泉：《现代课程论》，上海教育出版社1989年版，第177页。

④ 陈侠：《课程论》，人民教育出版社1989年版，第14页。

实际上，课程有活动形式、内容结构、实物表现与时间表现等不同形态，教育教学大纲、课本、课时、教学计划等书面文件，都是它的实物与时间的表现形式。

广义上来说，人力资源开发可以被视为一种带有经济目的的教育与教学形式。因此，课程的概念与形式同样存在。在这里，课程是 HRD 的一种手段，是 HRD 的一种中介，是指为实现人力资源开发目标，在一定时期内所实施的有计划、有目的的人力资源开发与管理活动，包括人力资源开发的形式、内容与效果三方面的总和。然而，狭义上来说，课程是指在特定的 HRD 活动中为达到一定的目的所精心组织与设计的教育培训内容、教育培训计划与教育培训活动。本章不作特别说明的，一般都是围绕狭义的课程而论述的。

二、课程设计的思想分析

学生与在职人员的区别，主要在于他们的成熟性与经验性的不同，生理与环境上的影响是次要的。因此，教育专家对于课程设计的思想，同样适用于人力资源开发中的课程设计。下面我们将介绍比较有影响的几种课程设计思想。

（一）泛智主义课程设计思想

泛智主义，即主张 HRD 的活动无禁区，应该充分利用一切可以利用的知识与技能，来开发所有可以开发的人员。泛智主义以夸美纽斯为代表。夸美纽斯在《大教学论》中，提出了“把一切知识教给一切人”的思想。因此，在 HRD 课程设计上，这种思想主张扩大学科的知识范围，主张按被开发者的身心发展阶段确定学制与课程之间的相互联系与进程。

（二）自然主义的课程设计思想

自然主义主张 HRD 的活动应该顺应被开发者自然的心理发展与工作需要，要以被开发者的工作与生活为中心来设计课程。自然主义以卢梭为代表。卢梭认为教育有三种：我们的才能和器官的内在发展，是自然的教育；别人教我们如何利用这种发展，是人的教育；我们对影响我们的事物获得良好的经验，是事物的教育。①

自然主义课程设计的思想，主张按照受教育者身心发展的内在规律来安排课程，让受教育者在自然情景中自然而然地发展，所谓一切顺其自然而教。持这种观点的代表人物还有杜威。他认为，应该把受教育者的本能作为他们获得教育的基础，作为教育的出发点，课程的设置只能顺应这种本能的自然倾向，发展和满足这种自然倾向，而不能压抑和违反这些倾向。杜威认为儿童存在四种

---

① 〔法〕卢梭：《爱弥儿》，李平沤译，商务印书馆 1978 年版，第 2 页。

本能，即语言与社会的本能与活动、制作或建造的本能与活动、研究与探索的本能与活动、艺术的本能与活动。因此，他强调以儿童的活动为中心来设计课程。

（三）兴趣主义的课程设计思想

兴趣主义主张 HRD 的课程设计要以被开发者的兴趣为基础；在 HRD 活动过程中，要注意充分挖掘、培养与利用被开发者的相关兴趣。兴趣主义以赫尔巴特为代表。赫尔巴特认为，教学的最终目的在于德行，在知、情、意三种因素中，知是主要的，情和意的存在与表现都要依靠知，而对于知识的传授要建立在培养受教育者多方面的兴趣上。他认为，在课程的设计过程中，要尽力培养与利用这种兴趣，即经验的兴趣、思辨的兴趣、审美的兴趣、同情的兴趣、社会的兴趣与宗教的兴趣。

（四）功利主义课程设计思想

功利主义课程设计的基本思想，是把知识是否具有开发人力资源的功用价值作为选择的标准，即主张把那些能直接为生产生活需要服务的知识作为 HRD 课程的内容。其代表人物是英国教育家斯宾塞。他把学习活动按照它们有助于社会生存上的用途分为五种，并以此为依据来确定课程。①

（五）要素主义课程设计思想

要素主义的课程设计，主张在 HRD 过程中，把人类文化遗产中的精华传授给被开发者，而不是依据被开发者自己的活动与需要。这一理论的代表人物是美国哈佛大学教授巴格莱。他认为，社会文化、种族遗产是人类的宝贵财富，而这些财富光靠被开发者个人的生活经验是学习不到的。要素主义主张课程的设计要有科学性、系统性与专门性。

持这种思想的还有德国的瓦根舍因，他主张通过那些隐含着本质因素、根本因素、基础因素的典型事例，来帮助被开发者掌握科学的知识、方法与原理。他认为这样可以让知识学习与方法掌握相统一，实质训练与形式联系相结合，主动学习与接受教育相统一。今天的 MBA 案例教学可以说是这种思想的具体体现。

（六）结构主义课程设计思想

结构主义主张 HRD 课程的设计，务必使被开发者理解有关学科的基本结构，即基本概念、基本原理、基本方法与发现知识的基本过程。这种理论以瑞士心理学家皮亚杰的结构主义心理学为依据，其代表人物是美国的布鲁纳。

---

① 〔英〕赫・斯宾塞：《教育论》，胡毅译，人民教育出版社 1962 年版，第 2 页。

(七) 发展主义课程设计思想

发展主义课程设计思想主张,HRD 课程不仅要适应被开发者现有的发展水平,而且要具有促进其进一步发展的作用,因此主张 HRD 的课程设计,要有必要的难度、必要的速度与必要的强度,要以被开发者的“最近发展区”为依据,而不仅仅是以现有的发展水平为依据。其代表人物是苏联的赞可夫。

(八) 目标主义课程设计思想

目标主义课程设计思想主张以 HRD 的目的为依据来决定有关的课程内容与形式。其代表人物有博比特(F. Bobbit)、卡特斯(W. Charters)与泰勒等人。

博比特认为,教育实质上是一种显露人们潜在能力的过程,在设计课程内容时,应该先进行人类的经验分析,即将人类的广泛经验分为若干主要领域;接着进行职业分析,把已经分类的领域进一步分成更为具体的活动;然后提炼教育目标,即将人类经验分成若干类别,并且进一步做出活动分析,判断学校中学生经验与这些经验的联系,在此基础上拟定教育目标;最后选择教育目标。

博比特选择教育目标,是按以下步骤进行的:

(1) 排除日常生活中能够达到的目标,只有那些通过偶然性机会才能发生,因而得不到充分发展的能力,才应当包括在系统的教育目标之中;

(2) 注重能够克服成人社会中不足的目标;

(3) 避免社区反对的目标;

(4) 排除那些遇到实际约束,难以实现的目标;

(5) 让社区参与目标的选择;

(6) 区分适合所有受教育者的目标与只适合部分受教育者的目标;

(7) 对选定后的教育目标进行排序。

三、人力资源开发课程设计的策略

综合上述各种思想,HRD 课程的设计,大致可以采用以下几种策略:

(一) 以知识能力建设为中心

这种设计策略主要考虑被开发者应该掌握哪些知识与能力,要让被开发者掌握这些知识与能力,开发过程中应设置哪些学科,各学科中应该包括哪些科目,为什么要包括这些学科与科目,这些学科与科目怎样适当安排,前后的次序如何排列,应该采取什么形式等问题。

古今中外的课程设计,大都是以知识能力为中心。例如,中国古代的“六艺”(礼、乐、射、御、书、数),古希腊的“三艺”(语法、修辞、逻辑学)与“四艺”(算术、几何、天文学、音乐)。现代的要素主义课程设计,布鲁纳的结构主义课程设计等，都属于以知识能力为中心的设计策略范畴。

以知识能力为中心的设计策略，在泰勒的课程设计思想中表现得最为明显。泰勒在 1944 年出版的《课程与教学的基本原理》中认为，课程设计应致力于回答四个问题：学校应该达到哪些教育目标？提供哪些教育经验才能实现这些目标？怎样才能有效地组织这些教育经验？我们怎样才能确定这些目标正在得到实现？

由此推论，笔者认为要实现以知识能力为中心的 HRD 课程设计策略，其战术应该包括以下一系列的步骤：

1. 需求分析

根据工作分析对社会、行业、组织与职务需求进行调查，广泛收集任职过程及任职者能力发展中所需要的知识、技能、能力与相关的品性素质，并把这些收集来的信息准确地表达为相关的开发目标。

2. 筛选开发目标

从调查与工作分析中得到的开发目标，在数量上一般比较多，全部当做收集和编制课程的依据既不必要，也不可能，我们应该把那些不重要与相互矛盾的目标筛选掉。我们认为，筛选人力资源开发目标的标准，一是组织所奉行的管理理念与价值观，二是根据被开发者的水平现状以及组织的环境条件、制约条件，选择那些估计可能达到的目标，即保证开发目标的可实现性。

3. 以操作方式表达开发目标

需求分析与筛选开发目标两项工作，仅仅完成了开发目标的内容与方向的选择，保证了开发目标的合理性。然而，开发目标还必须具有可操作性，应该有助于选择开发的方式与手段，有助于指导整个人力资源开发过程。目前人力资源开发目标的表达，有的是对开发者的要求的表达，例如，介绍企业管理的问题与难点，演示人力资源管理的过程；有的是列举一个或几个相关的问题、概念、原理或内容要素，例如，企业发展的历史、当前企业面临的问题、企业的彼得原理；有的是采取概括化的行为方式表达，例如，发展创造性思维，形成企业所需要的敬业精神，培养解决某种问题的能力。

实际上，要让人力资源开发目标具有可操作性，关键在于指出开发应该引导被开发者形成什么样的行为，这种行为不但要具有外显性，能够被观察、被把握与被测评，而且要能揭示与表现相应的知识与能力。

4. 选择适当的开发方式与学习经验

人力资源开发目标，必须通过特定的开发行为方式与学习经验才能实现。因此，能否选择适当的开发行为方式与学习经验，实际上决定着开发目标能否实现。开发行为方式与学习经验的选择，必须遵循以下五条原则：

(1) 在所选择的人力资源开发行为方式中，被开发者应该有足够的时间与机会来理解、操作与运用开发目标中所规定的知识与能力，获得足够的学习经验；

(2) 在人力资源开发实践的活动中，被开发者能够因为实践开发目标中所隐含的行为方式、知识与能力而获得满足感；

(3) 在人力资源开发的实践活动中，所期望的行为经验反应是在被开发者力所能及的控制范围内；

(4) 在人力资源开发的实践活动中，被开发者可以通过一种学习经验获得多种不同的知识与能力；

(5) 在人力资源开发的实践活动中，被开发者可以获得许多特定的经验，用来掌握同样的开发目标中所规定的知识与能力。

5. 科学地组合开发行为方式与学习经验

思维方式、行为习惯、观念态度、持久的兴趣爱好以及品性素质等方面的形成与改变都是缓慢的，因此，必须把各种相关的开发行为方式与学习经验组合在一起，以形成连贯一致的开发活动，这样才能让所有的开发行为方式与学习经验产生积累效应与效果，实现我们的开发目标。因此，无论是开发的课程内容设计，还是开发的行为方式与学习经验的组合，都应该遵循连续性原则、顺序性原则与综合一致性原则。

思维连续性原则，是指对于那些重要的知识与能力的开发行为方式与学习经验，应该让被开发者有机会反复地涉及，以便其真正理解与掌握。

思维顺序性原则，是指每种开发行为方式、学习经验与知识能力的掌握，都是建立在前面的经验基础上，同时又是对前面的行为方式、经验与内容进行更为深入与广泛的延伸与发展，难度与深度上不断增加，而不是同一水平的简单重复。

思维综合一致性原则，是指各种开发行为方式、学习经验与课程内容要素间的关系具有相互渗透性、联结性与互补性，要让被开发者逐渐获得一种统一的观点、统一的知识与能力，最后达成开发目标规定的各种标准。

6. 引进评估机制，确保开发目标的逐步实现

完整的课程设计应包括最后对课程目标实现度的评估，评估的对象必须是被开发者实际的变化以及对知识能力的真实掌握水平。评估的程序共有四个步骤：

首先，确定评估的目标，即以开发目标为依据，直接制定出评估内容的双向细目表，其中包括评估的内容与行为标志。

其次，选择与创设评估情境。创设、选择并确定哪些情境下被开发者有机

会表现出开发目标所规定的知识与能力。

再次,选择评估手段。评估手段的选择与设计,要与评估情境相一致。例如,知识水平的评估可以采用笔试形式,而工作适应能力的评估则应该采用观察与记录的形式。

最后,分析与运用评估结果。评估的结果可以帮助我们了解课程组织实施后的实际效果与有待改进的地方,可以为课程的再设计与改进提供直接的依据。

以知识能力为中心设计课程的优点是,便于按照开发目标的要求来确定课程的内容,选择内容、编制教材时目的明确,不至于漫无边际,便于操作。一般来说,以知识能力为中心的课程设计,内容体系逻辑性强,结构严谨,理论周密,便于学习。但是,这种设计形式容易忽视被开发者的学习兴趣与需要,容易理论脱离实际。一般来说,以知识能力为中心的课程设计策略适用于学校与中长期培训开发的课程设计。

(二) 以被开发者发展为中心

这种课程设计主张课程、教材都要以被开发者为中心,一切都围绕着被开发者来运转,重视被开发者本身的特点,重视发展被开发者的个性,满足被开发者的需要。这种设计策略的依据是人本主义课程论,孔子提出的因材施教原则、夸美纽斯提出的适应自然原则、卢梭的自然教育论、赫尔巴特的兴趣性原则、杜威的儿童中心论等,都在不同程度上体现了这种课程设计的策略。其中,杜威的儿童中心论把这种课程设计的策略推向了高潮。这种课程设计策略充分体现了人本思想,重视被开发者的兴趣与需求,强调开发活动要适应并调动被开发者学习的主动性与积极性,重视理论与实际相结合,重视被开发者的个性发展。其表现形式为活动课程、经验课程与随机课程。然而,这种设计策略的不利之处是,被开发者获得的知识与能力缺乏系统性,大多是一些零散的、支离破碎的、眼前需要的知识,不利于开发目标的有效实现。

(三) 以社会或组织需要为中心

这种设计策略是依据社会或组织自身的需要来设计开发课程。这种设计一般采用以问题为核心的办法,所以叫做问题中心课程,又叫核心课程。例如,企业中的专项培训一般都是以解决企业当前实际问题为中心,把相关的知识与能力组织起来的课程体系。这是时代发展对人力资源开发课程设计提出的新要求。

目前科学技术发展十分迅速,如纳米技术、电子技术、遗传基因工程技术等,正越来越多地应用于企业生产。因此,在实际的工作中,一方面涉及的知识水平越来越深入,另一方面涉及的知识面越来越广泛,这种现实使工作面临着许多新问题，需要自然、社会、思维及其边缘交叉科学等多方面的知识才能解决。我们必须建立起相适应的学习型社会、学习型组织与学习型的人力资源开发系统，才能及时解决我们实际工作中不断面临的新问题、新情况与新课题。

这种课程设计策略的优点是针对性强，有助于解决目前现实中的各种问题；缺点是缺乏长久的持续性开发效应。对于组织内部的人力资源开发来说，这种课程设计策略比较实用。

上面所介绍的三种人力资源开发课程策略，主要是依据开发的需要来划分的。实际上，人力资源开发课程的策略，除了这三种划分外，还可以按照开发目的划分为基本素质开发目标取向、行为开发目标取向、特长素质开发目标取向与个性发挥开发目标取向四种。

基本素质开发目标取向，就是根据组织内各种职务要求分析、工作内容分析与员工个人开发需求分析，确定一些共同而基本的知识、技能、能力与品性素质，甚至引申出一般的开发宗旨与原则，将它们直接运用于课程内容设计与开发实践活动，成为人力资源开发活动过程中一般性与规范性的指导方针与具体目标，因而具有普遍性、抽象性、根本性、模糊性、规范性，可运用于任何部门与员工的人力资源开发。例如，工段长的开发目标是“掌握计算机操作技能，具备组织与领导能力，成为车间有效的工段长”。

行为开发目标取向，就是根据具体的岗位工作方式与内容，根据知识、技能与品性素质的具体表现，用一些外显的与可观察到的具体行为来表述开发目标的内容与要求，它指明了开发活动结束后，被开发者身上发生了什么样的行为变化，因此其特色是比较精确与具体，具有可操作性。行为开发目标的取向，很可能是古老的师徒制的一部分。在作坊中，师傅常常要求徒弟在规定的时间内完成特定的与具体的任务。行为开发目标取向始于课程开发科学化的早期倡导者博比特。他在1924年出版的《怎样编制课程》一书中，曾用“活动分析法”对人类经验与职业进行系统分析，由此提出了10个领域中的800多个行为开发目标。20世纪六七十年代，美国著名教育学者梅杰(R. F. Mager)、波法姆(W. J. Popham)等人认为，行为开发目标中应该包括三个行为要素：(1)用被开发者的外显行为揭示开发的结果；(2)评价者能观察到这种行为表现的条件；(3)行为表现好坏有公认的评判标准。例如，给被开发者一张三视图纸，看他在5分钟内凭借自己的智力是否能够从众多的立体实物图形中识别出唯一对应的一个。

所谓特长素质开发目标取向，是指根据每年被开发者已形成的较为突出或十分缺乏的知识、技能、经验、能力与品性素质，设计相应的开发内容与目标，其目的在于扬长避短与取长补短。例如，把一个下岗的体育教师开发为运动器件销售人员；对一个国内著名的音乐家进行英语水平培训，将其开发为国际型的音乐家。这种特长素质开发目标取向最具经济性与高效性，投入少，见效快。这种开发目标取向，起源于杜威的“教育即生长，教育即改造”的观点。人力资源开发的重要目的之一就在于就地取材、取长补短，在最短的时间内、用最少的花费开发出员工的现实生产力；人力资源开发的重要目的之二是发挥优势，弥补不足，使员工更具生产力，更具战斗力与竞争力；人力资源开发的重要目的之三是促进员工现有生产力的发展，使之提高到新水平。这三个目的都与特长素质开发目标取向相一致。

所谓个性发挥开发目标取向，是指根据每个员工已形成的生产力、个性素质以及所在的具体生产环境条件，最大限度地引导与激发其行为表现与个性发挥。在这种情况下，个性发挥取向与特长素质开发取向一样，我们对被开发者应该达到的具体标准是无法预估的，因此，这种人力资源开发所注重的是开发过程以及最终的目的，而不是每个阶段的具体目标。个性发挥取向还有一个特点，就是它所追求的不是被开发者反应的同质性、统一性与标准化，而是反应的多元性、特殊性与充分性。因此，它更加强调被开发者的创造性、方法性与个性化。个性发挥开发取向策略特别适用于高层人员的开发与研发人员的开发。

四、人力资源开发课程设计的模式

关于“模式”(Model)，不同的研究者有不同的解释，在这里我们把“模式”看做理论的价值取向及相应的实践操作方式的系统，是结构与功能、形式与内容的具体统一。单纯的理论论述与具体的操作陈述都不能成为模式。课程设计模式就是关于课程设计的价值取向与相应操作方式的统一体。

（一）泰勒目标模式

关于如何设计 HRD 课程，我们可以参考泰勒在《课程与教学的基本原理》一书中所提出的四步法。具体如图 6-7 所示：

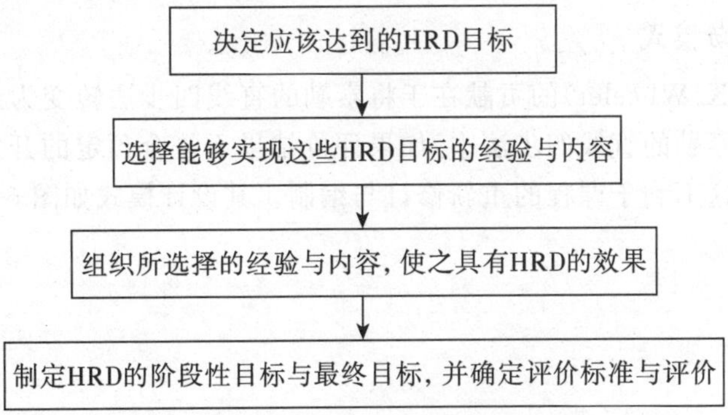

图 6-7 泰勒目标模式

（二）塔巴模式

塔巴（H. Taba）是泰勒的学生，他把泰勒提出的四个步骤扩展为八个。他认为：第一，课程设计者应该分析被开发者的需求，了解其不足、缺陷及其背景差异；第二，在确定被开发者需求的基础上，建构所要实现的开发目标；第三，依据所制定的开发目标，参考各种可供选择的内容、方法与手段的有效性与重要性，选择课程的内容与主题；第四，根据被开发者的成熟度与现有水平，安排、组织课程与学习的题材、主题的适当顺序；第五，根据题材、主题及其顺序，选择适当的学习形式或开发形式，例如听讲、实验、观察与讨论等；第六，对所选定的开发形式与内容加以组织、合理安排与实施；第七，设计适当的方法与工具，评价被开发者所产生的变化，确认开发目标达成的程度；第八，试用并验证其有效性与可操作性，依据具体情况与需要修正与调整教学。根据上述思想，我们可以制定塔巴的模式，具体步骤如图 6-8 所示：

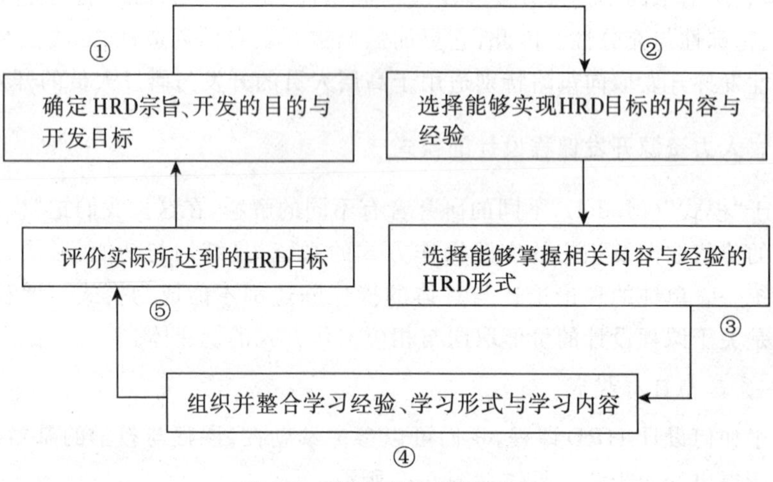

图 6-8 塔巴 HRD 设计模式

（三）惠勒模式

惠勒（D. K. Wheeler）的贡献在于将泰勒的直线四步法转变为封闭循环式。惠勒认为，在泰勒的直线四步法中，如果评价结果不符合预定的开发目标，就不能实现反馈，这不利于课程的重新修订与编制。其设计模式如图 6-9 所示：

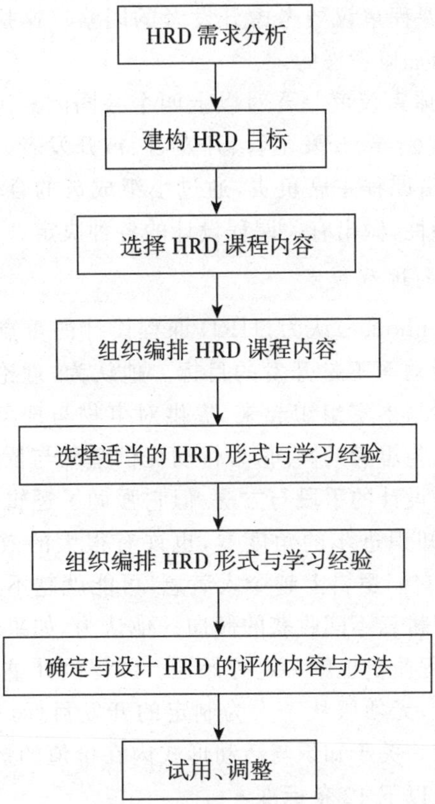

图 6-9　惠勒的 HRD 模式

（四）施瓦布的集体审议模式

施瓦布认为，无论什么样的模式都不可能解决 HRD 课程设计的所有问题，课程设计与编制中所涉及的因素是多种多样的，而且相互依存与相互影响，因此课程设计应当在实践中进行。

施瓦步认为，课程设计中要重点考虑科目内容、被开发者、开发情景、开发者四个因素。

科目内容，是指作为课程内容的知识。这些内容在实践中的操作形式与开发课程中的编排形式是不同的，两者之间不能直接转化，需要通过“审议”才能完成。

考虑被开发者，是指课程审议要从被开发者的实际出发，除了解被开发者的认知水平、知识基础与年龄特征外，还要考虑他们的情感、兴趣、生活背景以及个别差异。

考虑开发情景，指课程审议要考虑可能影响被开发者学习的各种因素，如课堂、企业文化、家庭、价值观等。

考虑开发者，指课程审议要考虑开发者的因素。这是课程目标、内容以及整个开发过程中应当加以考虑的。

施瓦布认为，集体审议就是要对以上四个共同因素进行慎重思考，并做出决议。他建议由组织领导、开发主管、开发者、被开发者、用人单位主管共同组成“课程审议小组”，由课程主席负责，通过小组成员的合作，进行集体审议，根据课程实践中的复杂性，做出有关课程设计的各种决定。

（五）斯腾豪斯的过程模式

斯腾豪斯(L. Stenhouse)认为，HRD课程设计的重点在于，选择那些具有内在价值的知识与活动而不是开发的目标。他认为，理论具有两种职能：一是把人们已获得的资料与事实组织起来，提供对事物与现象的一种理解；二是具有一种引导我们实施与思考的倾向，为行动提供基础与依据。虽然目标设计理论为我们提供了一种设计的手段与方法，但它强调了逻辑性，而失去了基础性。高度综合的理论，从知识进步的角度看，也许有很大的效用，但在应用于实践时，必须格外小心。它们逻辑上越令人满意，可能就越不适用，因此他对HRD课程设计表现出只问耕耘不问收获的倾向。他认为，如果选择的知识与活动形式真正合理，那么课程质量也就一定有保证。课程设计重点在于保证其中知识与活动形式的合理性，无须服从于人为制定的开发目标，更无须用评价标准来衡量目标的达到程度。关于知识与活动形式内在价值的选择，他在引用拉思的成果的基础上提出了以下12条标准：

(1) 引导被开发者自主做出选择，并且其选择所带来的结果比其他知识与活动更有价值；

(2) 要求被开发者进行相关探究的知识与活动，比其他知识与活动更有价值；

(3) 引导被开发者充当主动角色而不是被动角色的知识与活动，比其他知识与活动更有价值；

(4) 引导被开发者涉及真实的物体、材料与人工制品的知识与活动，比其他知识与活动更有价值；

(5) 能够由不同水平的被开发者完成的活动或掌握的知识，比其他知识与活动更有价值；

(6) 要求被开发者在新的背景下审查一种观念，进行智力活动的应用，并研究一个问题的知识与活动，比其他知识与活动更有价值；

(7) 引导被开发者研究一些习以为常而被忽视了的各种问题的知识与活动，比其他知识与活动更有价值；

(8) 引导被开发者与开发者共同处于成功或失败体验的活动与知识，比其他知识与活动更有价值；

(9) 引导被开发者改造、重温及完善已开始的各种尝试的知识与活动，比其他知识与活动更有价值；

(10) 引导被开发者学习与应用有意义的规划、标准与准则的知识与活动，比其他知识与活动更有价值；

(11) 能为被开发者创造一个和别人分享制订计划、执行计划及活动结果的机会的活动，比其他活动更有价值；

(12) 引导被开发者主动表现的知识与活动，比其他知识与活动更有价值。

五、课程设计的方法

课程设计，是指拟定一门课程的组织形式和组织结构。设计过程中要受到设计者价值观与设计技术的影响。课程内容与活动形式的选择，基本上取决于设计者对课程在 HRD 过程中起什么作用的价值观点；课程的形式与结构的设计，取决于课程目标、内容、学习活动、学习材料、学习时间、学习空间与环境、设计策略等因素的安排与实施要求。

课程设计一般按照宏观、中观与微观三个层次顺序进行。宏观设计主要解决 HRD 课程的一些基本理念问题，包括课程的价值、课程的根本目的、课程的主要任务、课程的基本结构等。设计的成果表现为课程设计的基本原则或计划方案。当课程是针对一个时期设计时，宏观设计还要说明各类课程的比例关系、门类结构、开设顺序、时间分配等。

中观设计是将宏观设计后的开发课程计划，具体化为各门课程的大纲或标准，并以课本或其他媒体形式表现出来。

微观的课程设计是将中观设计的课程大纲、课程标准或课本，依据具体的开发对象、被开发者的基础、开发环境、开发条件以及可利用的相关资源，制定具体的课堂开发方案。三种设计的操作及其依据如图 6-10 所示：

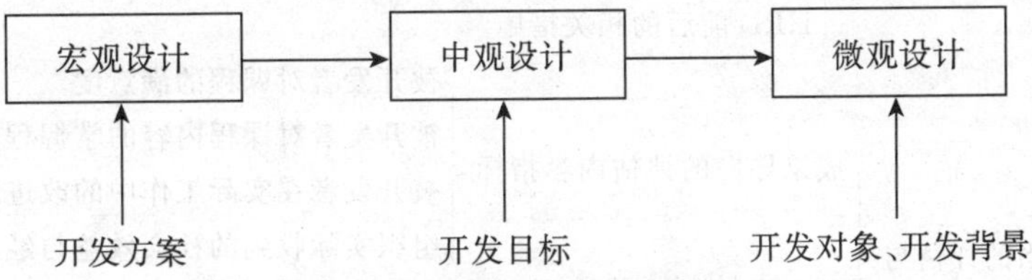

图 6-10 课程设计操作顺序图

第五节 人力资源开发评估技术

HRD 评估包括对 HRD 的过程评估与成果评估、满意度评估与经济效益评估等方面。为了正确把握 HRD 评估技术，我们有必要对 HRD 的目的与内容加以简单介绍。

一、评估的目的

HRD 评估的主要目的有以下六个方面：(1)评判 HRD 的目的是否达到；(2)评判 HRD 成本与效益的比率；(3)检查 HRD 程序、优缺点与适用性；(4)评估被开发者的受益程度；(5)评估组织的受益程度；(6)为将来改进 HRD 提供资料与依据。

二、评估的指标与内容

HRD 评估的指标与内容表现为过程评估与成果评估两个方面。

- 过程评估指标
  - 完善的 HRD 规划
    - 确定 HRD
      - 组织的经营目标
      - 各部门的需求
      - 职务的需求
      - 员工个人的需求
    - 确立 HRD 的客体与对象
      - 新员工的开发
      - 老员工的开发
      - 专业人员的开发
      - 管理人员的开发
    - 课程设计
      - 课程的门类与结构
      - 课程的内容与形式
      - 课程的价值与特色
    - 教育培训技术的选择与确定
  - 相关的配合措施
    - 师资的选择
    - 对被开发者的了解
    - 时间场地的安排
    - HRD 前后的相关措施
  - 适当的评估与追踪管理措施
    - 成果导向的评估内容指标
      - 被开发者对课程的满意度
      - 被开发者对课程内容的掌握程度
      - 被开发者在实际工作中的改进程度
      - 组织实际收到的社会效益与经济效益
    - 评估规划内容
      - 背景评估：HRD 方案的评估
      - 条件评估：被开发者在基础及 HRD 支持环境评估
      - 过程评估：HRD 组织实验过程的评估
      - 成果评估：判断 HRD 对个人、岗位、部门与组织产生的实际效果

- 成果评估指标
  - 内部成果
    - 被开发者的意见与满意度
      - 教材、讲师、设施
      - HRD 方法及 HRD 的工具
      - HRD 的内容与课程设计
    - 学习成就评估
      - 学员知识、技能、态度的改善
      - 相关内容的掌握程度、理解程度
  - 外部成果
    - 被开发者在岗位工作中的变化
      - 应用的广度
      - 应用的熟练度
      - 未能应用的内容及原因
      - 应该掌握而未能掌握的内容及其原因
    - 对组织整体的影响与效益
      - 单位产品产出率
      - 单位投入降低率
      - 人工成本降低率
      - 产品质量提高率
      - 准时交货率
      - 出勤率与流失率
      - 生产事故减少率
      - 其他方面的改良率

三、评估的技术

1. 笔试

笔试又叫测验，是通过纸笔测验的形式对被开发者进行考试，以此检查 HRD 的效果。这种方法比较适用于知识、技能开发效果的评估。

2. 问卷调查

这种方法是通过问题调查表的形式，向有关人员收集信息，并由此对 HRD 的效果做出评价的一种方法。问卷的对象可以是被开发者、管理人员、开发人员、顾客等。这种方法比较适合于满意度、感受、意见、态度等的调查与评估。

3. 跟踪观察法

HRD 活动结束后，经过几个月或半年以上，以问卷调查、实地访谈与观察的形式，了解 HRD 相关效果的一种方法。这种方法比较适合于外部成果的评估。

4. 座谈会议法

HRD 活动结束时或其后一段时间，以座谈会的形式，收集有关人员对 HRD 效果的评价意见，由此对 HRD 进行评估的一种方法。

5. 面谈法

直接与被开发者、管理人员面谈，收集有关信息，并对 HRD 做出评估的一种方法。

6. 产值效益计算法

它是通过相关的数学公式计算 HRD 效益的一种方法。评价培训成果效益的公式是：

$$\Delta U = TNdtSDy - NC$$

式中，ΔU——培训方案的收益；

T——培训对工作绩效产生影响的时间（年）；

N——受训者数量；

dt——以标准 Z 为单位的已受训雇员和未受训雇员之间实际工作绩效的平均均值（参见下面的效用尺度公式）；

SDy——未受训雇员工作绩效的变化度（标准差）；

C——人均培训成本。

说明 1：如果培训不占工作时间，C 仅含直接培训成本。否则，除直接成本外，C 还要包括由于培训而误工的所有费用。

说明 2：dt 称为效用尺度。首先我们假设在已受训雇员（实验组）和未受训雇员（对比组）之间没有工作绩效的差别。然后，通过效用尺度来判别：(1)两组之间是否存在差别；(2)这种差别有多大。

效用尺度公式是：

$$dt = \frac{\overline{X}e - \overline{X}c}{SD\sqrt{R_{yy}}}$$

这里，$\overline{X}e$——已受训雇员（实验组）的平均工作绩效；

Xc——未受训雇员（对比组）的平均工作绩效；

SD—未受训雇员工作绩效的标准差；

$\sqrt{R_{yy}}$——工作绩效评价过程的可靠性（指不同评价者的评定结果相一致的程度，也称为相关系数）。

下面我们看阿波矶（Apoyee）宇航公司的应用实例。

阿波矶是一家航天用电子元件的制造公司。它的下属工厂 A 为质量控制检验员制定了一个新培训方案。新方案强调以直观教具及有步骤地发现和解决问题为指导。下属工厂 B 与工厂 A 的地理位置不同，但两个工厂检验员的数量、平均年龄、资历、受教育程度及工资率（人均每年 2 万美元）都相等，其中最高工资 28000 美元，最低工资 12000 美元。工厂 B 作为对比组，工厂 A 与工厂 B 的基本情况见表 6–7。培训结束六个月之后，对这两个组进行了一次考试。考试时发给每位检验员一个已知缺陷数量的标准元件，要求他们在给定时间内检验元件并找到缺陷位置。

假设培训产生影响的时间为 3 年，阿波矶期望得到的改进工作绩效的收益是多少呢？

我们首先假设，在工厂 A 的已受训工人与工厂 B 的未受训工人之间没有工作绩效差别，然后计算 dt：

$$dt = \frac{9.5 - 6.0}{2.5 \times \sqrt{0.90}} = \frac{3.5}{2.37} = +1.48 \qquad \text{（变化范围从 } -3 \text{ 到 } +3\text{）}$$

表 6-7 工厂 A 与工厂 B 的基本情况

	工厂 A	工厂 B
工人数量（人）	125	125
已查出的缺陷平均数量（个）	9.5	6.0
标准差	1.85	2.5
受训者人均费用（美元）	800.00	0
评价者的评分相关程度	0.90	

将 dt 与其他给定值一起代入方程（请记住，工作绩效的变化度为 SDy = 20000 美元×40％－8000 美元）：

$$\begin{aligned} \Delta U &= TNdtSDy - NC \\ &= 3 \times 125 \times 1.48 \times 8000 - 125 \times 800 \\ &= 4440000 - 100000 \\ &= 4340000\text{（美元）} \end{aligned}$$

把这个总数分摊给 125 名工人，便是每位受训者由于改进工作绩效 3 年获得的平均收益 34720 美元，或者说每年人均收益为 11573 美元。

7. 员工绩效考评法

员工绩效考评法，即通过对比分析员工个人在 HRD 前后的绩效考评成绩变化，对 HRD 进行评估的一种方法。

四、评估技术的应用

HRD 效果评估内容与技术选用如表 6-8 所示。例如，表 6-8 中的第一层次的评估方法的应用，可以首先设计一份 HRD 活动评估表、被开发者满意度调查表以及小组面谈记录表等，然后进行评估活动，最后分析评估结果，主要分析不满意者的反应事项、不满意的频率或次数以及顾客满意度指标等。

表 6-8　HRD 效果评估内容与技术选用一览表

层次	名称	主要指标	评估的内容与指标	技术选用
第一层次	意见评估	被开发者的满意度	教材、开发者或讲师、设施、方法、工具、内容、环境、组织与管理等	问卷法、面谈法、会议座谈法等
第二层次	学习评估	被开发者的学习成就	知识、技能、观念、态度与其他素质变化	笔试、问卷法、面谈法、会议座谈法等
第三层次	行为评估	岗位工作的改善程度	出勤率、产品合格率、工作效率、事故减少率、工作态度变化等	跟踪调查法、实地观察法、绩效考评对比法等
第四层次	绩效评估	整个组织效益的改善程度	单位产品产出率、单位成本降低率、人工成本降低率、品质提高率、准时交货率、事故下降率等	产值计算法、跟踪调查法、跟踪观察法、会议座谈法等

总之，HRD 的技术比较多，本章主要介绍了需求分析、人力规划、课程设计、教育培训与效果评估等方面的技术，其中教育培训与效果评估两方面的技术阐述比较简要，这方面的资料也比较多，通过本书的参考文献可以找到更为详细的资料。

【思考题】

1. 你是如何理解人力资源开发模型的？
2. 人力资源开发需求分析的一般程序是什么？
3. 简述并比较人力资源开发需求分析的技术。
4. 职务分析的步骤是什么？
5. 人员分析技术有哪些类型？
6. 什么是人力规划？人力规划的主要内容与作用是什么？
7. 人力规划按照什么程序进行？有哪些方法与类型？
8. 教育培训技术可以分为哪几类？每类都有什么方法？
9. 品性与态度教育培训法有哪几种？
10. 潜能开发技术有哪几种？
11. 人力资源开发课程设计的策略有哪几种？
12. 人力资源开发课程设计的模式有哪几种？
13. 人力资源开发评估技术有哪几种？其评估的内容和指标一般包括什么？

【案例】

惠普商学院的现身说法①

和市面上繁杂的培训机构最大的差异是：十年以来，惠普商学院坚持分享自己的管理实践，并努力用"惠普化"的方式落地其经验，从而更好地帮助中国企业成长。

十年以来，惠普商学院始终遵从"低调"的运作方式和客户进行沟通。这种在公众层面的隐身，一方面是因为更多的客户是通过口碑相传的方式走进商学院的；另一方面，作为惠普这家拥有工程师文化的企业，平实、务实是他们更习惯的思维和行事模式。

和很多对外服务的企业商学院相似，惠普商学院诞生伊始主要依赖惠普的客户群、自己的课程体系和公司内部的讲师。中国惠普有限公司执行副总裁、惠普公司中国香港地区人力资源总监、惠普商学院院长关迟表示："成立超过70年的惠普公司在中国，要将商学院打造为独创的、为客户创造更大价值的服务机构。'十年树木，百年树人'，我们算走完了第一步，但是离基业长青的百年企业还很遥远。"

事实上，这种创造价值，惠普的受益也相当鲜明。惠普商学院的创立，最根本的原因正是惠普看到了中国客户学习先进管理理念与技能的需求。于是，惠普开始不仅仅关注销售数字本身，转而寻找可以支持客户企业长期发展的管理理念和教育系统。

幸运的是，中国文化本身是一个好学的环境，无论是IT产品设备还是西方先进的管理理念，有着强烈发展需求的客户更愿意听到惠普自己的成功经验和总结，并寻找到适合自己企业的发展战略。

对于十年的厚积薄发，惠普商学院常务副院长饶晓芸表示："过去的十年，惠普商学院可以说是从依赖发展到独立的过程；未来，将从独立进一步成长到互赖。"

也就是说，将惠普的经验传授出去帮助中国企业提升管理水平，同时从本土企业那里吸纳营养，帮助惠普探索更适应中国市场的管理实践；把国际领先的人才培养理念引进中国，同时开启中国企业优秀管理实践走向世界的大门；并真正走出去，更多地面向市场。

惠普化实践

事实上，惠普商学院的诞生和发展正好顺应了中国经济的高速发展，以及

---

①　资料来源：蒋艳辉：《惠普商学院的现身说法》，《首席人才官》2011年1月号，http://cho.zhaopin.com/articles/3125_1.html。

企业对管理诉求的强烈欲望。比如,对国内企业来说,量化管理目标的理念和方法是大量的经理人目前并不具备的,对于目标管理等理论体系,他们往往要在惠普商学院从头学起。

惠普商学院的独到之处正是让企业缩短其独自摸索过程,由讲师带给客户更多的实战经验,在最短的时间内批量培养经理人队伍。

"我们和很多民间的培训机构不同,所有的管理培训都是从惠普自身体验出发的,而不仅仅是书本上的内容。"关迟表示。

在商学院的培训课堂上,培训师在面对学员提问时,最常见的回答是:这个问题我在某年某月的某项目中同样遭遇过,当时的情况是怎样的,而我是用怎样的办法予以解决的,结果如何,今天回想起来,可以用怎样的办法,更好地完成。

这样的实践感,可以更好地拓展学员视野,启发其实践。惠普的经验相比本土企业会更有说服力,因为在其过往的发展中,曾经出现过无数次管理挑战。比如,他们曾经以用全球16万人的企业规模并购了另外一家16万人的企业,这种企业人数扩大一倍的变革在中国企业中出现的机会并不多,而惠普可以分享其在主营业务接轨、企业文化融合、合并不同销售模式等方面所积累的心得。

"大家知道,火锅店很多,但是海底捞只有一家,它是行业中的标杆企业。同样,在惠普,我们的终极目标也是成为一家标杆企业。"关迟表示。这正是惠普商学院强调的"惠普化"。即通过自己曾经跨越的挑战,形成案例,分享给国内的客户。然而,对成功的复制并不容易,惠普商学院也无意让所有的企业都成为惠普的追随者,而是希望企业通过学习消化后,更好地落地,变成"万科化"或本行业中的标杆化企业。

"我不相信会有第二个惠普,但我相信更多的成功企业会以各自有效的方式在各自的行业取得成功。不同企业所处的环境不同,企业的DNA也不相同,把企业成功条件的外层剥掉,它们的核心价值和理念以及管理方式、对人才的培养才是我们要做的分享。"关迟表示。

成功的案例不胜枚举,在过去合作过的企业中,从地产到通信再到银行等等行业,惠普商学院都有所涉猎,也是最早在国内推行跨界学习的机构之一。比如,万科在与惠普商学院合作时,正是看重了惠普在IT行业的旗舰性;同时,IT行业也是市场化程度最高、与国际接轨最早的行业,这对万科有很好的借鉴意义。饶晓芸强调,他们与企业的合作模式,在最初的一两年通常是用"惠普化"的课程以及人才培养项目,帮助对方进行基础管理理论和管理实践的培训,完成铺垫以及磨合后,再逐步帮助客户进行内化,即结合惠普实践寻找最适合企业落地的管理规划。

同时，面对瞬息万变的商业社会和不断涌现的管理难题，惠普商学院也在不断寻找突破与创新。比如在培训资料上，他们更开放地接受惠普之外的优秀内容；在客户的筛选上，从原来的锁定行业前五名的企业转变成为更多有需求的企业服务。两年前，他们便和食品企业白象集团合作，用象舞计划、小象计划等培训项目覆盖到企业高、中、基层管理人员。

"我们同样会关注客户的准备程度，他们有了对理论构架以及管理系统的需求，才更便于有效落实。"关迟表示，"我们也很看重培训的回访，通过组建同学会，不断提供后续资料等方式巩固培训学习效果。"

创新还表现在"术"的层面，从 e-Learning 到即时通讯再到 iPad 等的涌现，惠普商学院不断尝试新的培训方式，依据企业的准备状况来完善自己线上和线下的培训，从而适应更多的年轻管理者。

"惠普有 60% 的员工是'80 后'，他们的职业动机和老一辈是完全不同的，甚至带有颠覆意义。我们的客户也拥有同样的人才年龄结构，他们期望的培训和以往可能完全不同。所以，未来我们不排除用社交网站来进行培训，比如用一起偷菜的方式达成培训目的，只要方法有效就好。"关迟表示。

发展培训师

惠普看到，技术层面是培训的载体，更重要的是对惠普之道有高度认同的人才，这些人才正是惠普商学院众多的培训师。他们是惠普实践的支撑者，其现身说法共同组成了惠普商学院的培训精髓。

同时，惠普商学院也通过这套机制不断延展其内部人才。在惠普，他们认同的一点是：好的领导必须是好的老师；反之，好的培训师往往也会历练成长为优秀的经理人。"当培训师讲了 10 遍、100 遍惠普之道的时候，改变会潜移默化地发生在他本人身上。"

作为公司 HR 负责人和惠普商学院院长，关迟自己见证了这种链接的密切性和有效性。在他加盟惠普的四年多时间里，中国区从 5000—6000 人的规模成长为 1.6 万人，公司也希望内部的销售和服务者更好地了解客户的竞争环境，并将经验加以转化吸收。"让 HR 的负责人担任商学院的院长，正是希望做好内部和外部的无缝链接。我面对的最大挑战是让我们的人才在本职工作岗位上更好地发挥其价值，同时可以成为优秀的对外培训师。"

事实上，关迟本人正是这种转换的最佳实践者之一，他除了担任 HR 工作外，还在商学院教授其管理实践。"我们的培训师在备课、讲课的过程中需要付出很多心血，而一个人喜欢做培训工作，主要是发自内心的热爱，毕竟不是所有的人都喜欢讲课。"事实也正是如此，惠普商学院的大多数讲师并不会因培训获得收入，商学院方面更多是通过荣誉和一些软性活动不断激励其中的优秀者。

优秀者之所以突出，源于惠普商学院严格的筛选流程。他们对培训师采取边招募边筛选的方式来择优。通常会邀请每位经理人都去讲课，之后筛选出更适合做讲师的管理者，之后再筛选出讲得好同时又喜欢讲课的，进行重点培养。

在实践中，惠普商学院发现，真正的优秀者很容易被筛选出来。“有的人照本宣科，有的人只是将英文案例翻译为中文讲出来，好一些的会添加自己的理解和体会，更难得的是可以选择自己真正实践过的案例，并有深度地进行剖析。因此，资历也就成为培训师能够脱颖而出的先决条件。”

关迟认为，资历正是区分优秀和卓越的分界线。在我国，管理者相比国外同行的年龄要低10—15岁，时间成为影响他们积累厚度的瓶颈。“一个人的见识和见地是需要时间打磨的，有时候，经历过挫折会有更深刻的反思和认识，并更有说服力地分享给学员。现在看来，很多培训机构还不能到达这样的高度。”

在无数次课程的验证中，饶晓芸发现，同样是优秀的培训师，依然是有所区分的。一类人适合讲课，可以很好地将课堂气氛调动起来，不断激发学员的学习热情；而另外一类虽然不善言辞，但是有很多实践经验可以应用在分享环节，通过现身说法来解答学员的疑惑。惠普商学院便将两者有机结合，让擅长讲课的人讲课，擅长分享的人分享。

不断的实践激发惠普商学院进行更多突破，他们期望在下一个十年可以取得跨越式发展。不是局限于提供培训课程，而是通过过往的经验，提炼出“企业大学服务管理体系”，来帮助更多的企业建设、完善其人才培养体系，不再让人才问题困扰企业发展。饶晓芸表示：“惠普商学院未来五年的目标是要培育中国一流的企业大学。我们愿意提供一张地图给国内的企业，并与它们携手将其描绘得更加清晰，帮助中国企业在人才培养方面快速取得成效。”

讨论题：

1. 惠普在发展中运用了何种人力资源开发的技术？
2. 其他组织可以从惠普商学院借鉴什么？

第七章　人力资源开发的途径

【本章教学目标】

1. 了解 HRD 的各种形式与特点。
2. 掌握 HRD 系统的结构及其相关思想。
3. 重点掌握 HRD 中的职业开发、管理开发与组织开发方法。

人力资源开发的方法,包括开发的途径、方式、工具等中介手段。由于 HRD 方法多种多样,因此从系统论的角度确立我们的开发方法观点十分必要。本章主要阐述如何建立科学的 HRD 系统以及目前组织人力资源开发的几种主要途径。

第一节　建立科学的人力资源开发系统工程

一、人力资源开发系统工程概述

人力资源及其开发对象,本身是一种结构系统,需要组织各种技术进行系统的开发。科学的人力资源开发系统工程与一般的人力资源开发方式是有所不同的。在一般的人力资源开发系统中,其主要形式是职业技术培训和人才的选拔、录用、配置。职业技术培训的目的在于提高劳动者的专业工作技能,以适应岗位工作要求。它一般采用短训班的形式。我国在"九五"期间,曾以这种教育培训形式对全国大中型企业中层以上的管理人员进行了一次岗位职务培训,收到了较好的开发效果。但是,这种短期与单方面的培训形式是不是一种优化的人力资源开发形式呢？其开发的效果是否最佳呢？其回答是并不一定。从系统论的角度来看,这种局限于当前工作岗位需要的职业技能培训只是一种单一"点开发"形式,其效果无法达到优化状态。如果不把它纳入到组织人力资源的整体开发系统工程中,其所展示的开发效果也只能是暂时的与短期的。人才的选拔、录用与配置,常常是"一日许配,终身伴侣"。显然,这是一种"显开发",是以人力资源当前已显示的、已发现的结果为依据。同时,它也是一种"静开发"。在传统的人事管理中,除非调离或升学,否则"人"与"事"一旦配置,就长期稳定不变。

人力资源是一个复杂的结构系统，它的形成与发展是一个不断衰退、不断更新与不断生长的动态过程。这种特性决定了，对它的开发需要一种全面的与系统的开发工程形式，才能取得最佳的效果。

无论是微观的个体人力资源，还是宏观的群体人力资源，它们的结构至少存在三个子系统：一是现实需要的人力资源，二是非需要的辅助人力资源，三是再生当前所需要的潜在人力资源。只有对这三个人力资源子系统进行协调性的开发，才能产生最佳的开发效果。目前，人力资源开发的职业培训形式，只是限于对现实需要人力层的显开发，而缺乏对辅助人力层与再生人力层的潜开发。人力是一种活的资源，它不同于一般的矿石、煤炭与天然气等"死"的资源，它具有充分的再生能力。我们应树立全面系统的开发观点，注意人力资源的显开发观点，注意人力资源的显开发与潜开发相统一，点开发与面开发相统一，静开发与动开发相统一。虽然物理学上"永动机"的制造目前无法实现，但是建立全面而系统的人力资源开发工程，将有可能使人力这一活资源奔涌不息。

二、人力资源开发全程模式

人力资源开发系统工程，旨在建立一种全过程、多层次、多角度和统一化的人力资源开发模式（如图 7-1 所示）。

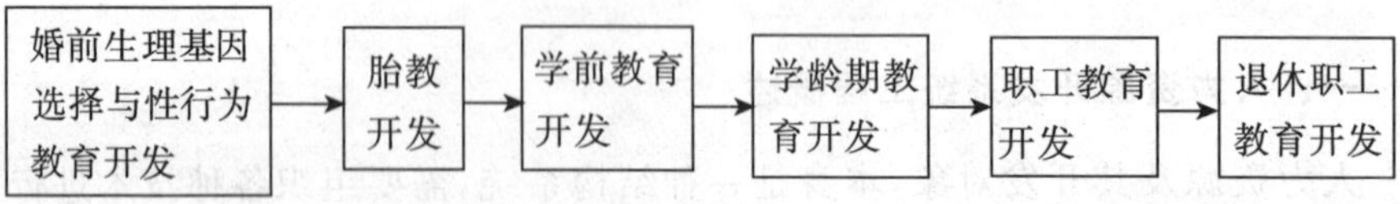

图 7-1　人力资源开发系统工程之一：全过程的终身开发模式

人力资源是随着个体生长而不断形成与发展的，建构全过程的终身开发模式的目的在于把当前我国处于分离状态的开发系统协调起来，纳入到统一的人力资源开发轨道上来，形成人力资源开发的系统合力。

终身教育的思想虽然已被人们接受，但它却是针对大学与工作后教育提出的。对于个体从生到死的发展过程中的终身教育如何系统化的研究，却很少见到。目前对于个体发展过程中各阶段的开发，或残缺不全，亟待建立与健全，或各自为战，缺乏连续性与联系性，造成内耗与低效。我国当前婚前教育的开发，主要是由计划生育办公室的工作人员负责，系统尚不完备，大多限于政策性宣传，服务于一对夫妇只生一个孩子。对于怎样去生好这一个孩子，怎样充分开发新婚夫妇的现有条件，还远远不够重视。胎教开发尚处空白。目前这种开发只停留在少数人的研究之中，实施的只有妇科保健医生的生理保护工作。学前教育开发也只是注重于身体保育、知识填鸭与规范灌输。学龄期的教育开发，目前也做得很不够：中小学忙于应试教育；大学专注于专业基础教育。职工教育主要是技术培训与学历提高教育；退休职工教育开发更是处于空白。

由此可见，目前我国的人力资源开发缺乏一个全过程的终身开发教育系统工程；人力资源形成与发展的各阶段教育开发或缺或弱，尚未形成系统合力。这不能不说是导致目前我国人力资源的数量多而质量不高和人力资源潜而不发的一个重要原因。建立个体发展全过程的终身开发系统工程的意义，就在于它能减少现有各种开发工作相互间的重复、内耗与局限，弥补当前人力资源开发系统中的空白点，尽快提高我国人力资源开发的整体效率与效果。

三、人力资源开发的素质结构模式

HRD 素质结构模式如图 7–2 所示：

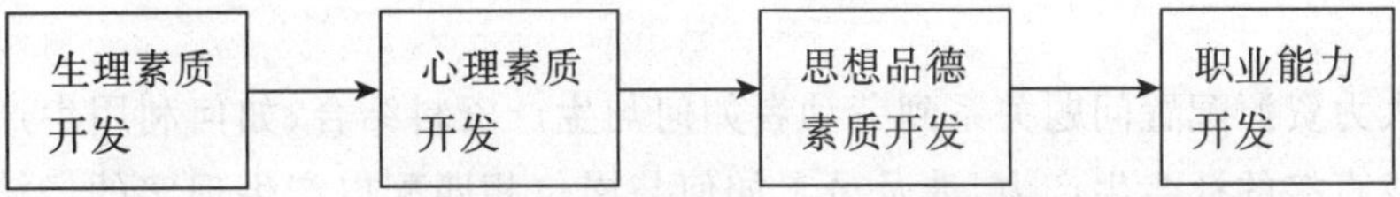

图 7–2　人力资源开发系统工程之二：素质结构的综合开发模式

现实的工作能力是个体身心素质的综合体现。建构素质结构的综合开发模式的目的就在于，把目前生理素质、心理素质、人格思想与工作能力的培养与开发工作纳入到统一的人力资源开发轨道上来，形成整体开发的合力，提高开发效果。当前我国的现状是：心理素质教育的开发空白；生理素质、人格思想与工作能力方面的开发不足；德育、智育、体育、美育与劳动技术教育的设置，缺乏明确的人力资源开发意识，在实施过程中，或趋于片面发展，或泛泛而论，陷入漫无目的的“全面”理想主义之中。这种现象可以说是造成目前我国人力资源教育开发低效的原因。

四、人力资源开发系统结构模式

HRD 系统结构模式如图 7–3 所示：

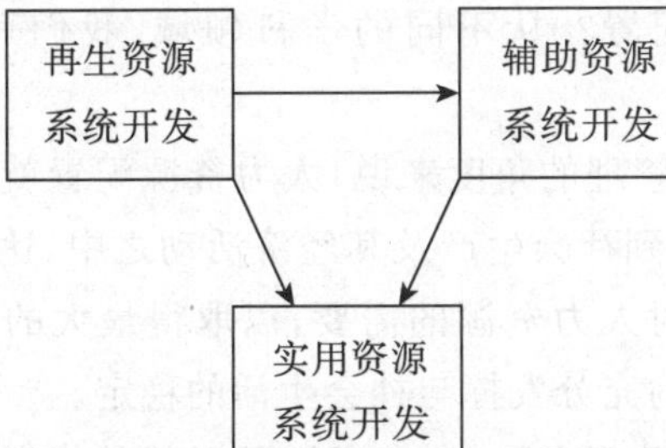

图 7–3　人力资源开发系统工程之三：系统化人力资源开发模式

无论是群体的人力资源，还是个体的人力资源，都是由实用资源系统、辅助资源系统与再生资源系统共同构成的整体系统。建构系统化人力资源开发模式的目的在于，纠正目前人力资源开发实践中人们习惯于局部与片面开发的短期行为，树立全面开发的整体意识。

总之，我们认为，在众多资源的开发比较中，应当首先选择人力资源开发；在开发人力资源的多种手段中，要特别重视发挥教育系统开发的作用；要走出目前培训开发中的“点”“显”“静”的观点圈，建立终身开发、全身心开发与群体开发的系统工程。只有这样，才能发挥组织人力资源的优势，取得预期的经济效益与人力资本效益，提高组织的核心竞争力。

第二节 人力资源配置

人力资源配置问题关系到劳动者如何与生产资料结合、如何利用生产资料以形成直接的社会生产力，涉及员工如何与岗位相匹配以产生现实的经济效益的问题。因此，它一直是经济与管理中的关键问题，是组织人力资源开发与管理中的核心问题。无论是古典的经济学家还是马克思主义经典作家，无论是一般的社会管理研究者还是专业的组织人力资源管理研究者，都不同程度或不同角度地涉及与关注这个问题。然而，不论是经济发达的西方国家还是经济不发达的发展中国家，也不论是理论研究上还是实践管理中，人们对这个问题的探索都未得到令人满意的结果。目前国有企业的改革正处于深化阶段，国家的经济建设与发展已处于全球化的时期，如何进行组织人力资源的优化配置，提高组织的生产力与竞争力，在有限的人力与物力条件下取得最大的经济效益，显然是摆在我们面前的一个十分紧迫而重要的问题。本节拟就这个问题进行阐述。

一、人力资源配置及其作用

什么是人力资源配置？从不同的学科领域，我们可以对此做出不同的解释。

(1) 从社会经济与管理的角度来说，人力资源配置就是将社会中的所有人力资源充分合理地运用到社会生产及其经济活动之中，达到充分就业与适当分布，保证社会经济发展对人力资源的需要，以取得最大的社会生产力与管理效果，实现人力资源作用的充分发挥与社会生活的稳定。

(2) 从组织管理的角度来看，人力资源配置就是将组织内外的人力资源通过一定的方式与手段合理地运用到既定的组织结构中，在组织经营与生产过程中实现人、财、物诸要素的有机结合与充分发挥，提高组织的活力与实力，取得最大的组织经济效益。

(3) 从劳动人事管理的角度来看，人力资源配置就是将组织内外的劳动者通过一定的方式与手段合理地分配到组织内部的工作岗位上，使能干的人做要干的事，会干的人用好的设备，保证组织各项任务目标按时、保质、保量完成。

(4) 从静态的观点看，人力资源配置是管理过程中的一个环节，甚至可以说是劳动人事管理过程中的一个环节；但从动态的观点看，人力资源配置却是一个过程，是整个人力资源管理的过程。可以说，从人力资源的战略、规划与招聘到人员培训、人员考评、人员分流与报酬，都属于给组织完成任务提供充分有效的人力资源配置范畴。

(5) 从抽象的角度看，人力资源配置可以说是一定时期中对一定范围内人力资源的分配。这里的“一定时期”，是指社会生产劳动与经营活动的计划时间，小到几个小时几分几秒，大到三年五年甚至几十年。计划时间的界定，要以相应的人力资源在质量、数量与结构上相对稳定或变化的程度为依据。“一定范围”，大到一个地区、一个国家、全球，中到一个企事业组织，小到一个班组与个人。“人力资源”在这里有数量与质量的问题，有地区、产业、行业与组织内部结构的问题，有性别、年龄与能力水平结构的问题，在个体内部还有素质结构与发展差异问题。

(6) 从实际工作来看，人力资源配置则是一项非常具体的人力资源管理工作，更多地属于人力资源管理技术范畴。

(7) 从组织内部管理的角度看，人力资源配置问题就是员工配置。从广义上来说，员工配置是组织内部人与事的结合，是人力资源与物力资源、财力资源的结合，是人员与生产资料的结合。人员只有与生产资料相结合，其劳动能力与价值才能得到发挥与展现。因此，从这个意义上看，员工配置是人力资源发挥经济性作用的前提；否则，人力资源对企业来说只是一种消费性资源而不是经济性资源。狭义地说，员工配置是员工与岗位的组合，是一种劳动人事的组织活动与形式，是组织内部一项人力资源管理与开发的具体工作。国外学者对员工配置也有着不同的解释，有的将其称做“placement”，有的称做“matching”，有的称做“orienting association”，虽然三者都是指员工配置，但是不同的解释有不同的管理重点。“Placement”强调的是对员工的安排或安置，使员工有事可干，有干事的条件与环境，即找到一个适当的岗位；“matching”强调的是员工与岗位双方面的选择与配合，这种配置具有双向性、动态性、协调性与匹配性；而“orienting association”强调的是员工既要适合岗位又要适合群体，既要适合物理环境又要适合心理与社会环境，这种配置具有整体性、互补性与社会性的特点。员工配置是组织人力资源管理工作中的一个关键环节，同样的人、同样的岗位，不同的配置会产生显然不同的效果。员工配置既是人力资源管理的起点，又是人力资源管理的终点。任何一个组织的人力资源管理工作者所追求的目标，都是使合适的人干合适的事，人事相配，做到人尽其能，能尽其用，用尽其事，事尽其效。

合理的人力资源的配置不但实现了劳动者与生产资料在时间上与空间上的有效结合，也实现了劳动者与企事业组织在择业、择岗、择人上的公开、公平、公正、自主与效率，有利于组织内部资源的优化重组与利用，有利于人力、物力资源的充分挖潜与发挥，能够极大地促进组织工作效率与经济效益的进一步提高；科学的人力资源配置系统的建立不但有利于提高社会生产过程中的要素配置效率与效果，而且有利于完善我国目前各种发育不良的劳动力市场与人才市场，有利于市场经济在我国的进一步发展与深化；公平的人力资源配置不但有利于组织与劳动者个人在择业、择岗、择人上的机会均等，而且有利于配置主体各方积极进取，努力开拓，改进自己的不足，实现自我开发和自主发展，实现组织与个人的理想目标。

二、人力资源配置问题的产生与发展

人力资源配置问题可以说最早产生于社会生产中的劳动分工。柏拉图认为，由于社会需求是纷繁复杂的，所以要满足人们所有的愿望是不可能的。相对而言，要求建筑工匠、农民、鞋匠、纺织工人和其他工人适当地专门化，做他们力所能及的工作，并尽心竭力地为社会服务，是更现实可行的。这种由特定的工人从事特定的工作的社会分工方法，将会为社会做出更大的贡献。然而，随着市场经济在我国的确定与发展，以及国有企业的全面调整与深化改革，人力资源配置问题目前显得更加突出与复杂。

在计划经济条件下，各种生产资料的所有权、经营权全部归国家与集体所有。各个企事业组织的管理者对于身边的生产资料缺乏应有的支配权与经营权。所有的劳动者都是生产资料的主人，劳动者及其劳动力也均归国家所有。国家对所有的劳动者实行统分、统包、统配、统酬制度，劳动者没有选择劳动岗位与劳动形式的自由，只能无条件地服从国家分配，一切听从组织安排。因此，人力资源配置与产品一样，都是在统一计划下进行，人力资源配置的主体是高度统一的政府职能部门。这种配置形式带有很大的主观性、集权性与高度统一性，人力资源配置问题并不突出。然而，随着市场经济的深入与发展，我国的经济体制发生了重大变化，生产资料所有制由单一的国有制向国有、私有、集体所有、组织所有与地方所有以及外国所有的多元化体制发展，形成了多种多样的经济实体。与此同时，劳动者、劳动力与劳动三者相分离，劳动力与劳动成为商品，劳动力由国家所有转变为归劳动者个人所有，劳动成果及其价值也由国家所有向国家或企事业、集体或劳动者个人共有分享的体制发展，企事业组织成为独立的法人，可以根据自己的任务目标自主选择合格的员工，劳动者个人也可以根据自己的条件与愿望选择合适的企事业组织。因此，人力资源配置的主体由过去的政府职能部门的单一型向多元型分化。人力资源配置主体的分化进一步导致了配置主体的独立化与个性化，市场经济条件下的竞争机制、价格机制以及人力资源的供求矛盾、层次差异、地区差异、结构差异、个体差异与价值取向差异，使人力资源配置的问题更加复杂与尖锐。当前，我国经济建设中的产业结构调整、行业结构整合、企业产品与技术及设备的更新、组织结构与经营管理方式的变更和竞争，则使人力资源配置问题更加突出。

在计划经济条件下，虽然从国家人事部到每个企事业组织都有负责员工配置的部门与机构，例如，原国家劳动人事部有流动调配司，企事业单位有调配处、调配科、调配员，但由于过分强调组织要求，忽视个人需求，要求服从革命工作需要，服从分配、服从领导，员工配置工作没有发挥应有的作用，员工一旦进入企事业组织，将被终身固定在某一个岗位上。这种静止的员工配置理念违背了人力资源管理的客观规律，束缚了人力资源开发的思想。实际上，人与事、员工与岗位的矛盾始终是存在的。员工与岗位的适宜性是暂时的与相对的，而不适宜却是绝对的与持续的。尤其在当前市场经济与知识经济的条件下，一方面，产业技术结构调整频繁，设备更新换代加快，科技创新日新月异，生产经营变化迅速，这无疑将引起岗位工作内容与要求的变化；另一方面，市场经济带来的个性的发展与解放，知识经济带来的学习型社会的形成，员工的品德素质、工作能力不断得到提高，发展潜能的愿望日益强烈。与此同时，在同一组织内待久了，难免会发生个性冲突，人际关系不融洽，出现对工资福利、待遇不满意等现象，这就加剧了员工流动与交换工作岗位的期望与要求，员工再也不愿一辈子把自己固定在一个岗位上，不愿意每年都干相同的工作，每时每刻都重复相同的行为操作。

西方人力资源专家关于库克(Kuck)曲线与卡兹(Katz)曲线的研究成果是值得我们注意的。这两条曲线告诉我们：(1)员工从上岗至达到创造高效率的黄金期，大约需要两年半左右的时间，创造高效率的峰值期大约一年左右的时间，然后便开始进入创造效率衰退期了，因此，创造效率的强盛期总共大约四年左右，从第五年开始便需要我们及时进行新岗位的配置或变化岗位工作内容；(2)一个组织，小至一个班组、一个岗位群，大至一个部门，从组成至融合需要一年半至两年的时间，然后进入成熟发展高峰期，从第五年开始便进入了衰退期，此时，就需要我们进行新的岗位配置或者进行组织重组、改革与变动，这就是组织寿命理论。

员工个人发展的需要与组织寿命理论启示我们，员工配置工作是一个动态的过程，是贯穿整个组织管理过程的，是一项无止境的管理工作。

岗位的类别差异客观存在，员工的个人差异客观存在，这两种差异的客观实在性，为我们提供了进行经常性的员工配置工作的必要性。员工配置工作也是可能的。有关研究表明，特定的岗位类别对员工的素质有着特定的需求，而特定的员工类型也有其相适宜的岗位类别。

三、人力资源配置的模式与形式

人力资源配置的模式从外部来说，比较有代表性的主要是三种。第一种是计划配置，也称行政强制型配置，即依据有关行政职能部门制订的计划，按一定比例分配劳动者，使人力资源与各部门、各机构相互配合；第二种是市场配置，即通过市场机制，通过报酬杠杆互相选择，调节人力资源供求关系，实现劳动者与企事业组织的相关配合；第三种是计划与市场相结合的综合型配置，它是一定计划机制条件下的市场配置，或一定市场机制条件下的计划配置。

笔者认为，上述三种配置在一定意义上可以说是人力资源的整体配置与宏观配置，解决的只是劳动者与企事业组织之间的配合问题。其中，计划配置中关键的问题是要做好对人力资源需求的调查与规划；市场配置中关键的问题是要建立与完善劳动力市场，这种人力配置的最终结果就是劳动合同。

人力资源配置工作不仅存在于企事业组织外部，更多的与更困难的工作存在于企事业组织内部。从目前的实际表现来看，企事业组织内部的人力资源配置形式，大致有以下三类：

（一）人岗关系型

这种配置类型主要是通过人力资源管理过程中的各个环节，来保证组织内各部门、各岗位的人力资源质量。它是根据员工与岗位的对应关系进行配置的一种形式。就组织内部来说，目前这种类型中的员工配置形式大体有如下几种：

(1) 招聘。当组织内员工数少于岗位数时，我们需要进行一种定向、定位的招聘，或者进行定位公开的招聘。这实际上就是一种以岗招人的配置形式。

(2) 轮换。当组织内的员工数与岗位数相等时，如果员工对岗位不满意或不适应，或者为了进一步挖掘员工的内在潜力，我们往往需要进行岗位轮换，这是一种交叉或循环轮换配置形式。

(3) 试用。当组织内员工数大于或等于岗位数时，对于新上岗的员工，我们往往采取试用的形式进行配置，合格者保留在岗位上，不合格者则调离岗位。

(4) 竞争上岗。当组织内员工数大于岗位数时，为了让最优秀者上岗，我们往往采用竞争上岗的配置形式。

(5) 末位淘汰。当组织内员工数多于岗位数，或者为了保持一定的竞争力时，在试用过程或竞争上岗过程中，对能力最差者实行下岗分流。这便是一种末位淘汰配置形式。

(6) 双向选择。当组织内员工数与岗位数相当时，我们往往先公布岗位要求，然后让员工自由选择，最后以岗选人。这便是一种双向选择配置形式。

(二) 移动配置型

这是一种从员工相对于岗位的移动进行配置的类型。它通过人员在上下左右岗位的移动来保证组织内每个岗位人力资源的质量。这种配置的具体表现形式大致有三种：

(1) 晋升。从下一级职务向上一级职务发展的岗位配置形式。

(2) 降职。从上一级职务向下一级职务移动的岗位配置形式。

(3) 调动。从一个岗位向周围同一级职务不同的岗位移动的配置形式。

(三) 流动配置型

这是一种从员工相对于组织岗位的流动进行配置的类型。它通过人员相对于组织的内外流动来保证组织内每个部门与岗位人力资源的质量。这种配置的具体形式有如下三种：

(1) 安置。安置指具体分派新招聘员工的工作岗位。招聘有时是按大类工种的最低要求录取人员，而不可能按每一个具体岗位的要求去“对号入座”，所以在见习期或试用期满后，就要根据具体岗位要求和新员工的素质来安置他们的工作岗位。安置所考虑的因素有性别、气质、能力倾向等。这是一种流入组织内的配置形式。

(2) 调整。调整即在组织内部进行人员岗位的相互变动。从员工数量的多与少、领导班子的强与弱、技术水平的高与低、岗位结合的合理与不合理等角度考虑，进行调整，以求得人与事的适当配合，员工与岗位的最佳结合，以适应新产品开发、新设备与新技术的要求等。这是一种组织内部相互流动的配置形式。

(3) 辞退。辞退是与不适合岗位要求、严重违反纪律或法规并严重失职的员工解除劳动关系。这是一种流出组织的配置形式。

组织内员工配置的形式虽然很多，但都具有一定的局限性，具体表现为主观性、强制性、单向性、盲目性、无序性、经验性、随意性。例如，在定向定位招聘过程中，有些组织因为对有关的岗位缺乏具体的工作分析，对有关的应聘人员缺乏客观可靠的素质测评方法与程序，主要凭个人经验与对应聘者简历的了解或单凭面谈的印象决定是否录用，有些则是凭个人关系确定是否录用；竞争上岗、岗位轮换与双向选择，往往缺乏一套科学有序的操作程序与衡量标准，带有一定的盲目性与无序性，对什么人适宜轮换到什么岗位、双向选择应以什么为选择标准、竞争上岗应以什么为竞争准则等问题，管理者常常心中无数或模糊不清，以致有些组织配置效果不佳，人际矛盾四起，甚至出现不正之风；对试用期人员的考核任其自然，没有科学全面的试验方法，只要试用期没有出错即认为能够胜任工作，带有一定的随意性，以致有些组织新员工上岗不久便出现重大事故；对安置、调动与调整，主管人员带有一定的主观性与单向性，事先很少对被安置调动或调整的员工与岗位进行深入细致的分析与研究，一般是按上级单位领导意图或形势要求行事；末位淘汰带有一定的强制性，常常缺乏对岗位与员工匹配性的研究，缺乏对岗位要求阈限值的分析与把握，只要排在末尾，无论如何都得下岗。

第三节　自我开发

HR的能动性决定了HRD的内在主体是被开发者自我。外在主体的开发必须通过内在主体的开发，才能发挥效用。实际上，自我开发是建构HRD系统的出发点与目标。自我开发是被开发者向开发目标自我努力的过程，也是被开发者自我学习与自我发展的过程。

一、自我学习

自我开发的形式在目前的组织中，主要是学习与自我申报制度。学习是指学习者为了实现自我发展或自我变化的需要主动地获取信息、改变行为、适应环境与开发目标的活动。人们总是通过各种经验与经历，学习适应环境的方法，通过观察模仿与思考改变自我，通过知识、技能与品性的学习使个人获得成长。如果一个人不能自我学习，就难以在社会中生存，难以适应现代社会市场经济与经营环境的飞速变化，因此，联合国教科文组织提倡个人终身学习与组织终身教育的理念。

自我学习，在这里是指对工作与经验的体验，如新知识、新技术、新技能、新思想、新行为与新资格的获得与发展等。

自我学习的形式比较多样，其中操作学习、积累学习、发现学习、观察学习、邻近联想学习、结构学习、范例学习与试探学习等理论与方式值得我们借鉴。

（一）操作学习

操作学习，即指通过对某一种技能或方法的实际运用来获取真正的知识、技能与思想方法。所谓“实践出真知”就是这个道理。一般来说，通过操作实践获得的知识经验，体会较深，把握牢靠，经久不忘，比较适合于那些较为复杂的、抽象的理论知识与具体实用的技术方法的学习。这种学习形式的基础是动手能力、直觉能力与归纳能力。

（二）积累学习

积累学习，即指通过对某种学习对象的逐渐认知、记忆与理解而掌握相关的知识、技能与思想。这种学习是建立在大量练习与活动的基础上，依据从量变到质变的哲学思想，主张“一分耕耘，一分收获”。这种学习形式的基础是观察能力、记忆能力、联想能力与归纳能力。

（三）发现学习

发现学习，即通过模拟前人当时的研究与探索过程，获得对某一知识、技能与思想的理解与掌握。“发现”在这里不是局限于发现人类尚未知晓的“真理”，而是包括用自己的头脑亲自获得“真理”的一切形式。

例如，如果我们想让一个孩子发现代数学中的“交换律”，就可以让他按照以下方式学习：

(1) 让他自己动手操作，在天平的左边距离中心点为 9 的钩子上挂上 2 个小环；

(2) 让他在天平的右边，寻找能保持天平平衡的各种组合，并把它们一一记录下来。

在上述操作下，这个孩子就会根据玩跷跷板的经验，发现在天平的右边距离中心点为 2 的钩子上挂上 9 个小环，在距离中心点为 3 的钩子上挂上 6 个小环，或者在距离中心点为 6 的钩子上挂上 3 个小环，都能保持天平的平衡。这样，这个孩子不但知道了 $2\times9=9\times2=3\times6=6\times3$，而且还知道了 $2\times9=9\times2=6\times3=3\times6$，甚至能推断出 $a\times b=b\times a$。这个孩子因此就像数学家一样，发现了代数学中的“交换律”。

通过发现学习掌握的东西将经久不忘。这种学习形式的基础是记忆力、观察力、直觉思维能力与推断能力。这种学习形式有助于培养与开发员工的创新能力。

（四）结构学习

结构学习，即指通过对学习对象基本框架结构的了解，达到对具体知识、技能与思想的掌握。这是一种忽略具体细节、注重整体思路与结构的学习方法，有助于开发与培养员工的抽象概括能力与宏观把握能力。例如，在上述的天平操作学习过程中，操作者先是通过天平发现 2×9＝9×2，3×6＝6×3，后来移去天平，让他凭借头脑中形成的视觉映像来运算，他会发现 1×18＝18×1，1×7＝7×1，6×5＝5×6，……最后这个孩子熟练掌握了运算规则，不用实物视觉映像，用符号也能自如地运算了，甚至能推断出 a×b＝b×a，等等。因此，我们只要把握每种知识、技能与思想的基本结构，根据员工表象系统形成的特点来设计培训，那么任何智力正常的员工都能掌握任何难度的培训内容。结构学习所注重掌握的是相关知识、技能与思想的结构，而不是具体的内容，因此，必然会迫使学习者注意学习过程、学习方法和学习态度，而不仅仅是学习结果。结构学习的基础是记忆能力、想象能力与直觉思维能力。

（五）范例学习

范例学习，即通过少数具体典型的个案学习，达到掌握更为全面与系统的知识、技能与思想的目的，是一种解剖麻雀式的学习方法。例如，MBA 中的案例教学就是范例学习的形式。这种学习方式适用于那些经验性较强的知识与技能的学习。在浩如烟海的知识、技能系统中，对人们真正有启发作用的并不多，全面掌握不如选择其中较为典型的范例进行精心研究。这种学习形式的基础是分析能力与演绎能力。

（六）试探学习

试探学习，即通过不断试验与探索，获取第一手资料与信息的学习形式。“摸着石头过河”就是这种学习思想的表现。当前每个人、每个组织都会面临许多新问题、新环境、新变化与新挑战，改革与创新是当前时代的最强音。这些都要求我们进行试探学习，才能适应工作要求。这种学习形式的基础是创新能力与操作能力。

（七）观察学习

观察学习，即通过观察别人对知识、技能与思想的学习行为，达到获得与掌握相关知识、技能与思想的目的。这是一种间接学习，其具体程序如图 7-4 所示：

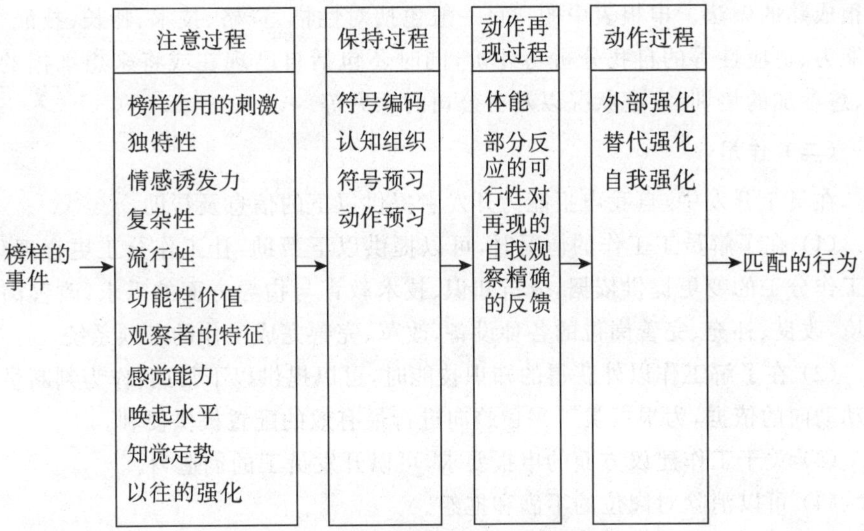

图 7-4　支配观察学习的四个过程

资料来源：施良芳：《学习论》，人民教育出版社 1994 年版，第 387 页。

实践中，许多知识、技能与思想并不是都需要我们去试探、操作与亲自学习，而是可以通过观察榜样或模仿来掌握的。进行观察学习的基础是注意力、观察力、记忆力、想象力。

（八）联想学习

联想学习，即通过把未知的东西与已知的东西联系起来进行学习的一种形式。例如，由鸽子联想到鸟，由沙发床联想到家具，由北京、上海联想到大都市，由《共产党宣言》联想到马克思，由鸟的飞翔联想到飞机设计等，都是联想学习。许多发明创造与仿生学，其实都是联想学习的结晶。这种学习形式适合于创新能力的开发。进行联想学习的基础是观察力、类比分析力、记忆力、想象力。

二、自我申报

（一）概念

自我申报是员工对自己的工作内容和适应性进行自我分析与自我评价的过程，包括定期申报轮岗与能力开发的计划与申请。

在日本，自我申报一开始是一种收集员工人事信息的方法，是一种辅助性的人事考核制度。所以，申报（制度）一直是作为人事考核的相关制度得以实施。然而近年来，随着人们对职业发展的重视与关注，申报（制度）逐渐与职业发展管理配套使用，作为职业发展中员工开发的一种方法。

据日本学者尾原丰教授介绍，目前，自我申报表的格式以及提交的方法都有很成熟的做法。申报表中的项目一般包括对性格、资格、技术、特长、技能、业务能力、适应性等的自我分析与评价，同时还包括自己现在或将来想承担的业务、想参加的培训、家庭状况以及对公司的意见等。

（二）作用

在员工开发中，自我申报能为开发者提供以下的信息及帮助：

(1) 在了解员工工作的情况时，可以提供以下帮助：让工作分工更合理化，为工作分工的变更提供依据，分析知识、技术教育与指导方面的需求，改善岗位环境，改良、补充、完善岗位的各种设备，改革、完善完成工作的各项系统。

(2) 在了解工作以外获得的知识技能时，可以提供以下帮助：作为判断员工流动动向的依据，为根据员工兴趣趋向进行最有效的配置提供便利。

(3) 关于工作建议方面的申报要求，可以开发员工的创造力。

(4) 可以消除对岗位的不满和抱怨。

(5) 有助于工作设计，以便适应员工的生活环境与素质条件，或增强员工对工作的适应性。

我国学者罗锐韧、曾繁正认为，自我申报是为任职者创造一种最大限度发挥现有能力的氛围。①

按照行为科学的理论，人只有在做他喜欢的事情时，才会有最大的主观能动性；任职人只有在做自己的个性素质所适合的工作时，才有可能最充分地发挥出他所具有的潜力；当任职者具有工作选择权、员工意识到自己对工作的自主性时，才会产生企业主人翁的责任感。

（三）程序与方法

按照制度规定，当员工在组织内进行自我申报时，首先由员工本人完全根据自己的思想、愿望、要求等，填写申报表（具体形式见表 7–1）；其次，本部门主管进行汇总与阅读；再次，部门主管根据工作的需要与整个部门其他人的申报情况，与申报人进行面谈，互相沟通思想，统一看法；最后，部门主管在申报表上签署意见，上报人力资源部，整个过程大约需要 3—4 个月。在此期间，部门主管可能要反复与申报人进行沟通，做思想工作。整个操作程序如图 7–5 所示：

---

① 罗锐韧、曾繁正：《稳定人才的三大法宝》，《领导文萃》1999 年第 1 期。

表 7-1　自我申报表样式

<table>
<tr><td>姓名</td><td></td><td>等级:级号</td><td>所在部门</td><td>—处
—科
—班</td><td>家庭</td><td>□未婚□单身
□已婚□抚养人口□人</td></tr>
<tr><td>就职</td><td>就业时间：年 个月
本企业工龄：
年 个月</td><td>□毕业生就职
□中转职工</td><td>现任职务</td><td></td><td>住所</td><td>□自宅□寄宿□租房
□公房□合租□其他</td></tr>
<tr><td rowspan="4">现有学历</td><td colspan="2" rowspan="3">□大学及以上
□大专、中专
□高中
□初中　}于　年{　□毕业
□肄业
□正在
□学习中</td><td colspan="3">主要工作经历</td><td></td></tr>
<tr><td colspan="3">工作种类与年限</td><td></td></tr>
<tr><td colspan="3" rowspan="2">技术资格或学术证书、称号</td><td rowspan="2"></td></tr>
<tr><td colspan="2">专业科目：</td></tr>
<tr><td rowspan="2">对现任工作的看法</td><td>工作适应性</td><td colspan="3">工作忙闲(工作量)</td><td colspan="2">工作难易度</td></tr>
<tr><td>□非常合适
□基本合适
□一般
□不太合适
□不合适</td><td colspan="3">□工作太忙(工作量太多)
□相当忙(稍嫌过多)
□正合适
□再增加一些亦可
□空闲过多(工作量太少)</td><td colspan="2">□太难
□稍嫌困难
□正合适
□再复杂些亦可
□过分容易</td></tr>
<tr><td>对过去一年工作的回顾</td><td colspan="6">(从自己的适应性、素质、能力考虑,自由填写对过去一年工作的感想)</td></tr>
<tr><td>对今后工作的展望</td><td colspan="6">(请写出对今后工作的想法,包括今后希望的或争取承担的职务、职种、工作地点等)</td></tr>
<tr><td colspan="7">直接上级的观察(职务________姓名________)</td></tr>
<tr><td colspan="2">关于现任工作</td><td colspan="5">(从适应性、能力、效率、协调性等观点出发)</td></tr>
<tr><td colspan="2">关于今后工作(指导要点等)</td><td colspan="5">(从能力开发、教育培训计划等观点出发)</td></tr>
</table>

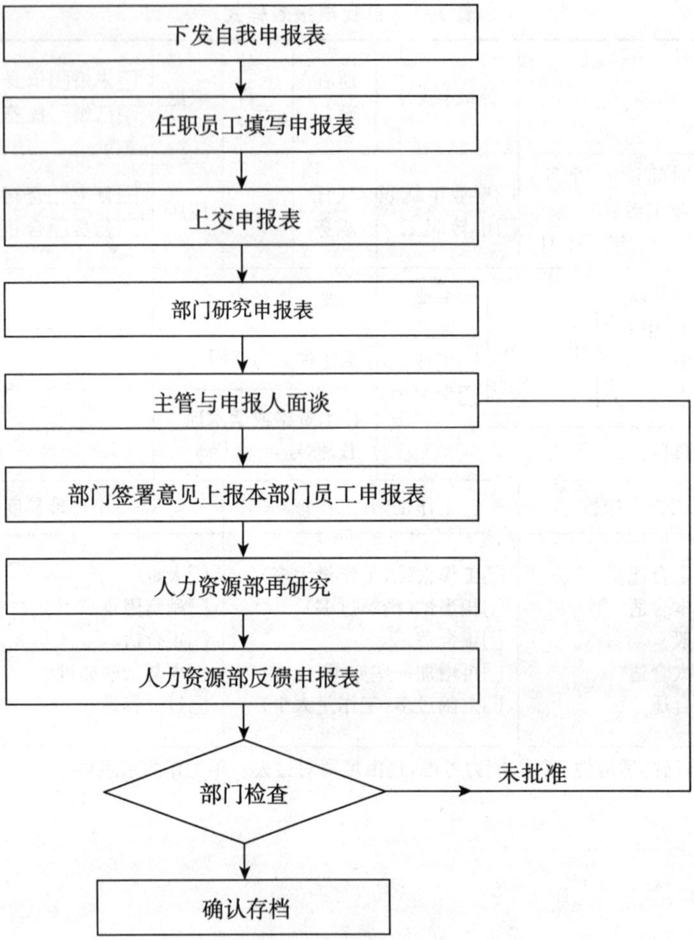

图 7-5 自我申报操作程序示意图

第四节 职业开发

所谓职业开发，是指通过职业活动本身提高与培养员工 HR 的开发形式。就目前组织内部的活动来看，职业开发主要包括工作设计、工作专业化、工作轮换化、工作扩大化、工作丰富化等。

一、工作设计及其人力资源开发功效分析

（一）概念

工作设计一般指根据组织目标要求与工作者个人需要，对工作特点、工作方式、工作关系与工作职能进行规划与界定的过程。工作再设计是指根据组织

目标要求与工作者个人需求，对已有工作中的特点、任务、方式、关系与职能进行一方面或多方面的改变过程。工作设计因素的构成示意图见图 7-6。

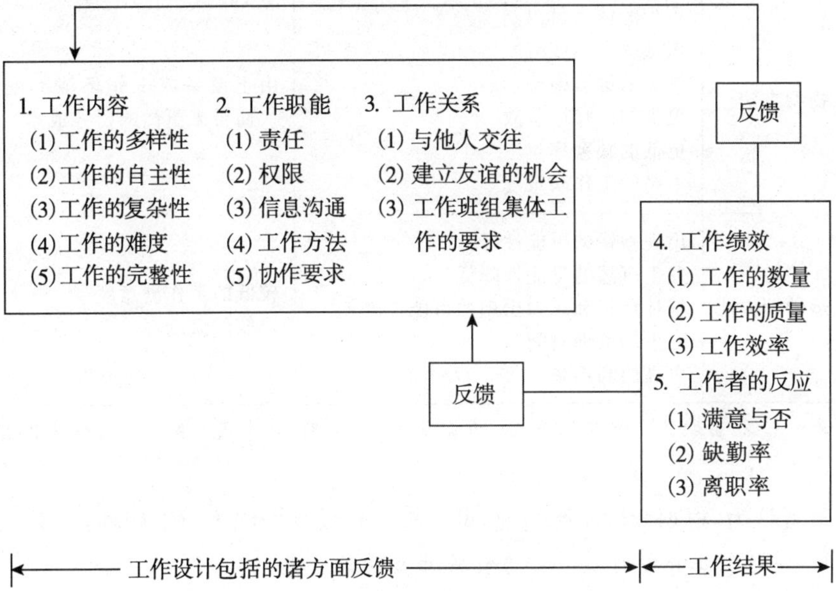

图 7-6 工作设计因素的构成示意图

资料来源：孙彤：《组织行为学》，高等教育出版社 1995 年版，第 310 页。

（二）类型

工作设计包括激励型、机械型、生物型与知觉运动型四种。不同的类型对员工的影响与开发的效果不尽相同，具体见表 7-2。

表 7-2 不同工作设计方法对员工的影响分析表

工作设计方法	积极的结果	消极的结果
激励型方法	更高的工作满意度 更高的激励性 更高的工作参与度 更高的工作绩效 更低的缺勤率	更多的培训时间 更低的利用率 更高的错误概率 精神负担和压抑出现的可能性更大
机械型方法	更少的培训时间 更高的利用率 更低的差错率 精神负担和压力出现的可能性降低	更低的工作满意度 更低的激励性 更高的缺勤率

续表

工作设计方法	积极的结果	消极的结果
生物型方法	更少的体力付出 更低的身体疲劳度 更少的健康抱怨 更少的医疗性事故 更低的缺勤率 更高的工作满意度	由于设备或工作环境的变化而带来更高的财务成本
知觉运动型方法	出现差错的可能性降低 发生事故的可能性降低 精神负担和压力出现的可能性降低 更少的培训时间 更高的利用率	较低的工作满意度 较低的激励性

资料来源：雷蒙德·A. 诺伊等：《人力资源管理》，刘昕译，中国人民大学出版社 2001 年版，第 161 页。

笔者认为，根据我国实际情况，可以把工作设计归纳为以下四种：

1. 促进型工作设计及其人力资源开发功效

促进型工作设计的理论根据是赫茨伯格的双因素理论。双因素理论认为，组织中影响人的积极性的因素主要有两大类：一类是激励因素，另一类是保健因素。激励因素的发挥可以使人得到满意，而保健因素的缺乏或不足，将使人产生不满与消极情绪。然而，无论是激励因素还是保健因素，都往往与工作本身的特点与内容直接相关，例如，工作的多样性、工作的完整性、工作的自主性、工作的重要性、工作的反馈性、工作的责任性等。因此，这种类型的工作设计主张，让员工主动工作，让工作要求适当高于任职员工的现有水平，通过增加工作的多样性、自主性、完整性、重要性、成就感、责任感、人际性，来开发与提高任职员工的相关知识、技能、能力与品性素质，提高员工工作满意度，促进员工的创造性与个性的全面发展。但这种工作设计可能给一部分员工带来心理压力，损害身心健康。

2. 优化型工作设计及其人力资源开发功效

优化型工作设计的理论依据是古典工业工程学与泰勒的科学管理思想。这种设计类型的操作思路是，通过工作分析中的方法分析手段，寻找完成某一工作的最好方法，使工作效率最大化与工作方式最简化，减少工作过程的复杂性，让工作方式变得尽可能简单，降低培训成本与任职资格要求，从而使任何人只要经过简单而快速的培训就能胜任工作。例如，目前高科技的转化与应用、计算机的应用与自动化、技能的简单化、方式的重复化等工作设计趋向，有利于任职员工的个性解放。另一方面，这种工作设计要求任职员工具备态度认真、一丝不苟、细心耐心、静心等品性素质，但这种工作设计可能造成部分员工智能退化。

3. 卫生型工作设计及其人力资源开发功效

卫生型工作设计的理论依据是人体工程学。它所关注的是个体心理生理特征与物理工作环境之间的交互作用与影响。这种设计以保护任职员工的生理与心理不受伤害、有利于身心健康为目的，是以任职员工个体的生理与心理活动特征要求为中心，对岗位周边物理环境、工作条件进行布局性安排与改善，从而将员工的身心紧张度降低到最小，将工作中对人体身心的负面影响控制到最低点，减少身心疲劳、痛苦以及健康损害等不良影响。例如，办公室座位的布置、环境的布置、座椅与桌面高低调节的设计、计算机键盘高度及鼠标的设计等，都是这种设计的代表。这种设计有助于任职员工健康素质的提高与开发，但这种工作设计可能带来任职员工身体对工作环境适应能力的退化。

4. 心理型工作设计及其人力资源开发功效

心理型工作设计的理论依据是人本主义。工作对人类来说是一种生活手段，是一种生活活动，不是生活的目的；工作是一种快乐的生活方式，而不是一种谋生的痛苦经历。因此，要让工作适应人类本身，而不是让人类适应工作，要以人为中心，而不是以工作为中心。所以，卫生型工作设计也是人本主义工作设计的一部分，卫生型工作设计所关注的是人的身体能力和身体的局限性，而心理型工作设计所关注的是人的心理能力与心理局限性。

心理型工作设计是以人类心理能力及心理的最低阈限值为依据，对相关职位(岗位)的工作内容及其方式进行设计，使能力最差的员工也能胜任工作要求，完成工作任务而不出什么差错。因此，这种工作设计通常是通过降低工作对心理能力的要求来改善工作的可靠性、安全性以及任职员工的反应性。例如，“傻瓜”照相机、计算器、翻译机都是心理型工作设计的成果。这种工作设计的优点是可以让任职员工从工作中解放出来，有利于员工个性爱好与兴趣的发展，但是却像优化型设计一样，不利于工作能力的提高，限制了任职员工个体对相关岗位技能的进一步探索以及对极限的突破。

二、工作专业化及其人力资源开发功效分析

随着社会化大生产的出现，工作分析的复杂性日益增加，工作量日益增多，一个人往往难以从头至尾完成整个流程的工作，因此有必要对整体的工作进行分解，把整体的划分为部分的，复杂的划分为简单的，让每个员工从事很少一部分工作，使工作操作得以专业化与标准化。

工作专业化，可以降低任职要求与工资成本，减少培训时间与费用，尤其是与机械化相结合的专业化工作，不需要有关人员进行管理监督，降低了管理成本；更为重要的是，工作专业化大大提高了工作的效率。

工作专业化，可以大大提高与工作专业相关的知识、技能、品性等人力资源的开发效率与效果，使任职员工的人力资源向专业所要求的方向发展。这种单向性与定向性的人力资源开发，将促进人力资源的专门化开发，有利于突破与达到人力资源的新发展与新水平。然而，正如马克思当年所指出的那样，这种专业化的分工将导致员工的片面发展。在这种专业化分工生产体系下，每个员工都只能隶属于一个生产部门，受它束缚，任它剥削，变成畸形物。工作专业化压抑了工人多种多样的生产兴趣和生产才能，人为地培植工人片面的技能，使个体本身也被分割开来，成为某种局部劳动的自动工具。

三、工作轮换及其人力资源开发功效分析

（一）工作轮换的概念

工作轮换，是让员工从一个工作岗位流动到另一个工作岗位，保证工作流程不受重大损失（如图 7-7 所示）。

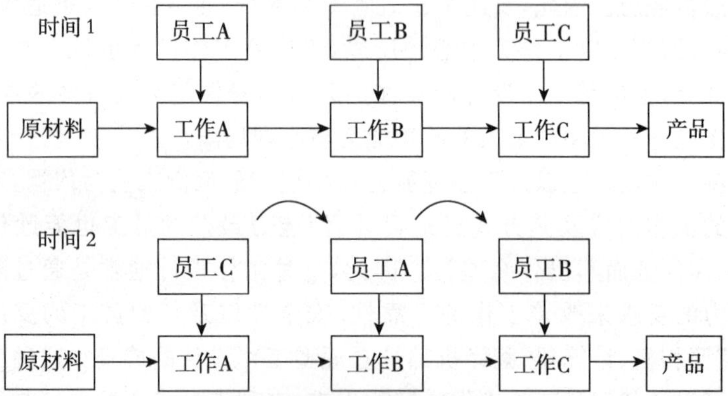

图 7-7　工作轮换示意图

工作轮换的目的，在于让员工的工作在一定时段中多样化，降低员工的厌倦情绪。然而，如果所有的工作岗位都相似而且是机械化的，工作轮换也就达不到效果；如果轮换的工作岗位之间差距过大，则每个员工轮换一次就得从头学起，那么将带来工作效率与效果上的负面影响。因此，轮换必须适度，既相异又不能跨度太大，轮换一般应该在同类范围内进行。

（二）工作轮换的形式

对于工作轮换在组织中 HRD 的具体形式与运用，我国学者罗锐韧等作了

较为全面的概括。一般来说，工作轮换主要适用于以下几种情况：

1. 管理类新员工的巡回轮换

对于新来的管理类员工，一般不会直接让他们在管理部门工作，而是分配到不同部门去工作。在部门内，为了使他们尽早了解到工作全貌，同时也为了进一步进行适应性考察，不立即确定他们的工作岗位，而是让他们在各个岗位上轮流工作一定时期，亲身体验各个不同岗位的工作情况，为以后工作中的协作配合打好基础。经过这样的岗位轮换（每一岗位结束时都有考评评语），企业对于新员工的适应性有了更清楚的了解，最后才确定他们的正式工作岗位。这一过程一般需要一年左右的时间。这种巡回轮换也常常用于专业性不太强的其他新员工。

2. 培养"多面手"员工的轮换

企业为了适应日趋复杂的经营环境，都在设法建立"灵活反应"式的弹性组织结构，要求员工具有较强的适应能力。当经营方向或业务内容发生转变时，能够迅速实现转移。于是，员工不能只满足于掌握本职专长，而必须是"多面手"与"全能工"。在日常情况下，企业有意识地安排员工轮换做不同的工作，以取得多种技能。否则，一旦关键时刻出现某些员工流失或不能工作的情况时，企业将难以应对。此外，通过轮换培养"多面手"员工后，既提高了原有员工的素质，也可以抑制某些专长人才的傲气。

3. 培养经营管理骨干的轮换

对于高级管理干部来说，应当具有对企业业务工作的全面了解和对全局性问题的分析判断能力。这种能力的培养，只在狭小部门内作自下而上的纵向晋升，显然是远远不够的，必须让干部在不同部门间横向移动，开阔眼界，扩大知识面，并且与企业内各部门的同事有更广泛与深入的接触。这种转换以基层与中层干部为最多，转换周期也较长，通常为2—5年不等。现代组织管理中，一般不会让某些人以特定"接班人"的身份参加轮换。实际上，在现代大企业中几乎没有特定接班人的概念，所有下级干部都是上级职位的潜在接班人，能否及时晋升，完全以各人的工作成绩、能力水平和适应性为决定因素；衡量这些因素时，又都以平时积累的人事考评资料为主要依据。所以，企业全体员工都应努力埋头工作，竭力争取较好成绩，以便在旷日持久的晋升竞争中取胜。这种轮换将可以极大地开发组织内的人力资源。

4. 潜能开发性的轮换

据心理学的研究，就普遍规律而言，一般人都具有墨守成规的弱点。换句话说，长期固定从事某一工作的人，不论他原来多么富有创造性，都将逐渐丧失对工作内容的敏感而流于照章办事。这种现象称为疲钝倾向（mannerism）。疲钝倾向是提高效率和发挥创新精神的大敌，组织定期对员工进行工作转换，可以使员工始终保持对工作的敏感性和创造性，克服疲钝倾向。例如，国外高校系主任任期一般限制在2—4年，能力再强也得中途让位，参加轮换，2年后再竞争上岗；在一般制造型的大企业中，产品设计人员从事产品设计工作，基本上没有超过10年的。这种制度的目的在于给设计部门不断补充新鲜血液，使产品设计不致落后于时代潮流。现代企业中，销售服务部门与产品设计部门之间人员互相轮换较多，这种轮换还起到强化相互联系、改善新产品开发质量的作用。

5. 其他形式的轮换

当组织需调整某些部门的年龄构成，员工出现不能适应工作的情况，以及需要加强或合并某些业务部门时，都可能相应发生工作轮换。在大企业中，每年都有相当数量的员工被宣布进行横向流动。这已成为现代企业的普遍特征。

（三）工作轮换的作用

工作轮换有助于对员工的人力资源开发，尤其是那种与螺旋式逐步开发相结合的轮换，最终可以达到对员工全面开发的目的。但这种开发方式是分开与独立进行的，时间上前后不统一，因此总体的开发效率与效果相对于工作丰富化与扩大化而言要差一些。

除了在能力开发方面的作用之外，工作轮换制度在组织管理上也有很重要的作用。首先，工作轮换制有助于打破部门横向间的隔阂和界限，为培养团队精神与协作配合打好基础。有些组织与部门间的本位主义或小团体主义比较严重，这种现象的发生往往是因为对其他部门的工作缺乏了解，以及部门之间人员缺乏接触，通过轮换便可消除这些弊病。其次，有助于员工认识本职工作与其他部门工作的关联，从而理解本职工作的意义，提高工作积极性。最后，对管理干部来说，在基层岗位进行轮换的经历，有助于使他们保持体察下情的谦虚态度，从而减少上下级之间离心离德的可能性。例如，某地有一个以经营效益高著称的旅馆业企业，它的经营秘诀之一就是规定所有的新员工都必须把整理客房、打扫卫生、准备膳食等最初级的工作逐项轮换做完一遍，才有可能申请担任管理职务，哪怕是名牌大学的毕业生也不例外。

（四）工作轮换的负面影响

在推行工作轮换制度中，也存在很多困难和阻力。每年大量的员工横向流动是很麻烦的事情，加重了人力资源部门的工作，也会给组织造成一定的影响。工作轮换制中可能出现的问题主要有：

(1) 对掌握某些复杂的专业技术不利，可能使这类技术水平降低或停止发展。

(2) 对保持和继承长期积累的传统经验不利，可能使工作效率降低。

(3) 因故未能及时参加轮换可能让员工产生“错过班车”的感觉而影响情绪。

(4) 常常由于业务上的需要而不能如期执行轮换。

(5) 工作轮换的出发点是组织与个人的长远利益和发展前途,因而它和当前的利益会产生一些冲突。但是,如果把自我申报制度与工作轮换制度结合起来,则能在一定程度上减少工作轮换的负面效应。因为这样做可以使组织的战略规划与个人发展目标更加趋于一致,有助于员工在工作变动较多的情况下加倍努力工作学习。

因此,应从增强组织的竞争力与持续性发展的战略高度看待工作轮换问题,而不能以眼前利益的一得一失为标准。所以,对工作轮换实践中出现的某些问题,应该采取积极的态度予以解决,应该通过改进或完善其他制度来适应工作轮换的需要,绝不能因为怕麻烦而废止工作轮换制度。

四、工作扩大化及其人力资源开发功效分析

与工作轮换相比,工作扩大化是扩大原有工作岗位的职责范围与任务,是工作任务与职责数量上的增加。例如,一个原来只负责打字的员工,后来既要求她打字又要求她校对与排版,显然,她的工作职责与范围就比原来扩大了;再比如,原来只负责送货与取款的销售人员,现在让他参与谈判与合同的签订工作,他的工作范围也扩大了。这种工作职责范围的扩大,就要求打字员由原来只注意打字技能的掌握,扩大到对校对知识、校对技能的掌握,以及对排版知识与排版技能的掌握;销售人员也由原来只专于送货与催取款的经验能力,发展为既会送货催款又能与人谈判签约的全面发展型人才。

然而,在我们进行工作扩大化的同时,应该注意所扩大的职责和任务要与原有岗位具有关联性,要注意扩大后的工作量与任职能力的适应性,如果把一些不相关或机械重复的职责任务增加到原有的岗位,很可能会遭到任职员工的抵制。因为他们会认为,只不过多增加了一些令人厌倦的重复性劳动量或毫不相干的额外工作量,这些职责任务的增加不但没有使他们的工作变得多样化与有趣,反而让他们需要付出更多的劳动时间,减少了过去的轻松与自由感,也就达不到进行人力资源开发的目的。

五、工作丰富化及其人力资源开发功效分析

如果说工作扩大化是让岗位的工作向横向扩展、向量的方面增加的话,那么工作丰富化则是让岗位的工作向纵深渗透、向质的方面提高。工作丰富化表现在对原有岗位工作六个方面的改变:

(1) 责任。不仅要增加任职者的工作责任,而且还要使他们具有相应的控

制责任，并保持工作的计划性、连续性和节奏性，使任职者感到自己有责任完成一件完整的工作，具有成就感。

(2) 决策。通过确定工作标准、控制工作速度以及改变某些领导的控制程序，给工作者更多的工作自主权，以提高他们自己在工作中的权威性和自主权。

(3) 反馈。把工作者所做工作的成绩和效果情况及时直接地反馈给工作者本人，甚至允许工作者如实地收集和保存这些反馈的资料。

(4) 考核。根据工作者达成工作目标的程度，给予工作者奖励和报酬。

(5) 培训。为满足工作者的成长和发展的需要，工作中给他们提供新的学习机会，并且鼓励他们为自己更好地发展而提出改进现行制度的建议。

(6) 成就。通过提高工作者的责任心和决策的自主权，来培养和提高他们对所做工作的成就感和价值观。

与常规性、单一性的工作设计方法相比，工作丰富化能够提供更大的激励和更多的满意机会，从而提高工作者的工作效率和工作质量，还能降低工作者的离职率和缺勤率。工作丰富化的缺点是，为了保证工作者适应丰富化后的工作，需要工作者掌握更多的技术，组织因此要增加培训费用，增加整修和扩充工作设备的费用，给工作者支付更高的工资等。

(一) 不同设计模式的人力资源开发功效分析

工作丰富化的设计模式及其 HRD 功效分析如图 7-8 所示：

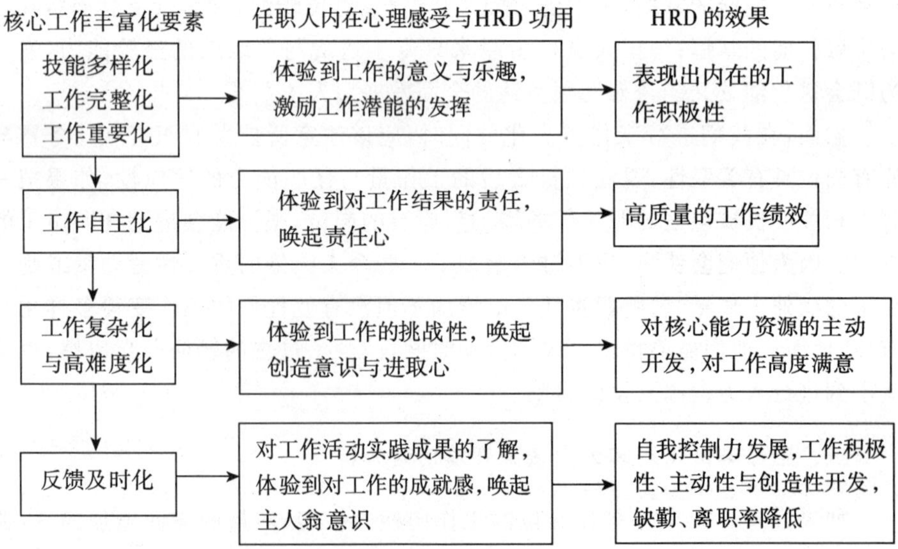

图 7-8 不同模式的人力资源开发功效示意图

（二）不同设计形式的人力资源开发功效分析

常见的工作丰富化设计形式及其 HRD 的功效分析如下：

1. 客户关系的处理

让员工同产品的用户直接接触，是工作丰富化的最重要的方式之一。一般来说，员工只对分派任务的上司负责，而对其服务的顾客不太注意，觉得自己只为上司工作而不是为客户工作。这一点在公共行政、事业单位及企业组织中都普遍存在，尤其是那些中间层次上的岗位更是明显，这样久而久之，中间层次岗位上的员工只会与上级处理关系，而不善于处理与下级或与客户关系，在专业技能上的发展与提高也会因此受到较大的限制。例如，销售中心的任务分配常常如图 7–9 所示：

图 7–9　销售中心设计形式示意图

在这种情况下，销售人员的工作是被动反应型，因为客户在未经销售中心分配前，对于销售人员来说是不确定的。对某一销售人员来说，这个月的客户可能是西北地区的，下个月则可能就是东南地区的了。因此，销售人员重点是对销售中心负责，在关系处理能力上会产生重心偏移，而在业务能力开发的心态上是被动等待。如果改变为客户关系直接处理型，开发的功效就不一样了，如图 7–10 所示：

图 7–10　销售人员设计形式示意图

在这种情况下，销售人员将会产生一种对客户负责、客户至上同时又对销售中心负责的积极心态，会积极主动地去寻找客户，全方位提高自己的销售业务能力。

2. 自行安排工作计划

在组织中，大多数员工的工作都是由组织安排的，这种职业安排不利于员工潜能的开发，员工的工作带有很大的被动性。让员工自行安排工作计划，是相信员工有能力安排自己的工作计划，因此主张组织只要确定工作最后的期限或目标，具体工作计划与程序由员工自己设计。目前科研开发部门的弹性工作制、项目工作制，可以说都是这方面的尝试。在这种职业活动中，员工的自主性与工作潜能得到极大的开发与提高。

3. 全程工作任务制

员工设计完整个生产工序或完整地写完一份报告时，会感到更多的工作成就，因此全程工作任务制允许员工完成一项完整的或完全的任务，以促使他们产生自豪感和成就感。这种心理效应会大大提高员工完成工作的质量与满意度，激发员工内在的潜力。

4. 直接反馈

一般来说，员工完成工作之后由检验部门检验，检验的结果统一反馈到员工所在的部门确认，确认后再由部门分发到各个员工，这种反馈具有间接性与一定的消极性。直接反馈则不然，它是让检验的结果不经过任何其他管理人员而直接反馈到员工本人，由员工对有关信息直接确认，并采取改善与提高措施。有的工作检查的责任也交给员工本人，由他直接检查自己的工作结果，找出错误，必要时才提请他人检查。这种直接反馈的职业活动可以消除或减少反馈过程中的歪曲与延误，提高有关员工的自主性、自信心与自强性。

第五节 管理开发

所谓管理开发，就是指通过管理活动来开发人力资源，把人力资源开发的思想、原则与目的渗透到日常的管理活动之中。通过管理活动进行人力资源管理开发，是一种非常重要而有效的方式与途径。这一节我们将讨论管理开发的必要性、重要性与管理开发的具体形式。例如，项目小组、提案制度、制度开发、过程开发、变革开发等。

一、管理开发的必要性与重要性

管理是任何组织都存在的一种活动。管理开发的必要性与重要性主要体现在以下几点：

（一）管理本身要求进行人力资源开发

众所周知，人力资源是一种活性的资源，对人力资源的管理不能像对物力与财力资源的管理那样，过于硬性化与机械化，要管好管活，要实行人性化管理与人本化管理，充分调动员工工作的积极性。泰勒的“科学管理”是使劳动者“机器化”与“零件化”，经典的能力主义管理也只注意员工是否有能力，不考虑员工是否喜欢自己的工作，不考虑个性是否与现有的工作相适应，因而被称为“非人性的管理”。如果组织不注意挖掘员工的潜能，不注意调动员工的工作热情与积极性，就等于在浪费组织内的人力资源。因此，我们要进行人性化管理，要以人为本。组织通过人性化的管理，让员工多发挥出自己的一份能力，意味着在没有增加任何费用的情况下就为组织提供了一份经营效益。这正是组织管理的最终目的，即以尽可能少的投入获得尽可能多的收益。然而，人性化管理还要求,在管理过程中,组织最终与员工个人要实现“双赢”,即在组织获得发展的同时,员工个人也要获得发展。这就要求我们在人力资源管理的过程中进行人力资源开发,在使用与消耗员工个人人力资源的同时,也让他们的人力资本得到增值。

(二)组织的持续发展与竞争力提高,要求在管理中进行人力资源开发

目前组织之间的竞争实际是产品质量的竞争,产品质量的竞争归根到底是技术与人才质量的竞争,而人才质量的竞争实质又是人力资源开发策略、效率与效果的竞争。因此,组织能否保持自己的竞争优势,保持发展的持续性,关键在于组织管理中的人力资源开发工作做得如何。一个组织如果具有健全的人力资源开发机制与动力,那么这个组织就能始终向前发展,保持自己的竞争力与持续发展的优势。人力资源对于组织竞争力的作用,在科学管理、能力主义管理与人性管理三个不同时期,分别表现为以下三个模式:

在科学管理时期,

组织竞争力=(财力+物力)×[(人力)×(管理+开发)]

在能力主义管理时期,

组织竞争力=(财力+物力)×[(人力)×(管理×开发)]

在人性管理时期,

组织竞争力=(财力+物力)×[(人力)×(管理)$^{(开发)}$]

第一个模式表明,组织中的人力经过管理与开发的各自作用得到提升,提升后的人力对有限的财力、物力将产生放大作用。在这里,开发与管理对人力及其物力、财力的放大作用是相互独立发挥的。

第二个模式表明,开发与管理对人力及其物力、财力的放大作用并非相互独立的。在这里,开发先对管理进行乘积式的放大,然后通过管理再对人力进行放大,最后通过人力对物力与财力进行放大。

在第三个模式中,开发先对管理进行乘方式的放大,然后再通过管理对人力进行放大,最后通过人力再对物力与财力进行放大。

显然,在上述三种模式中,开发最后对人力、物力与财力的作用及其在综合竞争力形成过程中所起的实际作用是不尽相同的,现代人力资源管理应该充分发挥人力资源开发的这种放大作用。

(三)任何一种人力资源管理都需要我们以人力资源开发为指导

我们知道,任何组织的人力资源管理,都必须最大限度地满足当前及未来组织发展对人力资源的需求,保持人力资本的保值与增值。然而,没有开发思想的人力资源管理是难以保证组织内人力资源不贬值的。实际上,任何组织的人力资源管理,既要通过培训对个体的人力资源进行持续开发,又要通过招聘、

流动、退休等方式,对群体的人力资源进行规模开发与动态维护。在现代的人力资源管理中,没有开发作用的人力资源管理是不存在的,没有开发思想的人力资源管理也是任何组织都不允许的。

(四)通过人力资源管理活动进行人力资源开发,具有可行性与现实性

在组织管理中,人力资源管理活动所占的时间最多,是组织管理的中心工作。它在管理体系中的核心地位与时间上的优势,有助于保证人力资源开发思想的落实。在组织管理活动中,人力资源管理覆盖面最广,对员工的影响最深,有利于人力资源开发活动的进行。

要使人力资源管理获得良好的开发效果,必须强化管理者进行人力资源开发的思想,并进行开发方法的教育与培训。要使全体人员明确,人力资源开发不仅仅是人力资源部门的事,而是全体管理者的共同责任。

二、管理过程中的人力资源开发

人力资源管理本身可以成为一个 HRD 过程。组织中的人力资源管理过程,包括人力规划、人员招聘与选拔、人员配置、人员培训、人员激励、人员考评、人员报酬等。

(一)人力规划

人力规划是人力资源管理战略与开发战略的具体体现,是人力资源开发与管理工作的起点与目标,是人力资源开发的设想与计划。人力规划在人力资源开发与管理中的作用,表现为前瞻性、预测性与预防性。它通过对组织人力资源开发战略、目标、步骤、时间、措施的制定,来实现对整个人力资源管理过程的开发价值观导向。台湾学者李声吼认为,人力资源规划是一种根据组织内人力资源开发的观点,从长远的发展战略方向制订计划,确保具备适当条件能力的人可以适时地被安置在适当的职位上,也就是适才适岗的配置计划。

因此,人力资源规划的编制,要以组织的总体发展战略为指导,以人力资源开发为导向,进行人力资源开发的需求评估,在开发需求评估基础上拟订人力资源开发计划,这样才能实现人力资源管理规划对人力资源工作者的正确引导,才能保证管理期内对人力资源的保值与增值。

(二)人员招聘与选拔

人员招聘与选拔,是针对组织的工作需要,从组织内外招募、甄选与聘用所需要人员的活动。它是一种把目前与生产资料相脱离的人转化为直接与生产资料相结合的人,把低职位的人提拔到高职位上来的管理活动,是一种识别人员、发现人员、举荐人才的过程。因此,人员招聘与选拔本身既是人力资源管理

过程中的一个环节，又是人力资源开发的一种活动。

（三）人员配置

人员配置，是把所聘人员与所聘职位相互对应并进行安排的活动，它是对人员直接使用的活动。因此，人员配置也具有人力资源开发的作用与特点，我们可以把人员配置看做人力资源开发过程中最为关键的一个环节。只有通过人员配置，人力资源才能与物力资源实现真正意义上的结合，人员才真正获得了人力资源的价值与作用，人力资源的前期开发与后续开发的价值才得到实现，才因此变得更有意义。

（四）人员培训

人员培训，是针对所配置职位的任职需要对人员的培养与训练。无论是新员工还是老员工，完成人员配置后，人员与职位之间并非 100% 的完全匹配，需要我们通过一定的人员培训活动来解决两者之间的适应性问题。人员培训，实际上是把任职的基础能力和基本条件转化为当前职位工作所需要的具体能力与具体条件的过程，把不相关的能力与素质开发为能直接运用的能力与素质的过程，把可能的劳动力转化为现实的劳动力的过程。

（五）人员激励

人员激励，即激发员工内在动机和员工相关思想需要，使之形成并产生实现组织工作目标与职位工作所需要的特定行为的过程。它是把相关思想与需要转变为直接行为能力的过程，是维持与保持职位工作所需要的思想过程。因此，从某种程度来说，培训是一种能力开发的具体方式，而激励是一种行为开发的具体方式。

（六）人员考评

人员考评，是依据职位的工作要求，对任职员工进行素质、行为与结果的全面考查与评价的活动，它是对员工工作行为的一种检查与反馈，具有激励作用。通过考评达到标准要求的员工会有一种成就感，与标准相差一点的员工会有紧迫感，而与标准差距较大的员工会有一种危机感或压力感。具体详细的人员考评，会具体指明哪些行为达到或超出了既定的标准要求，以及哪些行为未达到标准要求、距离有多少，哪些行为得到了肯定与鼓励，哪些行为得到了否定与批评。由此可见，考评对员工的行为具有一种导向性、激励性与鞭策性，考评本身就是一种开发手段。

（七）人员报酬

人员报酬，是依据人员考评的结果与任职员工的实际价值和贡献，进行的一种薪金待遇的分配活动，包括奖励与惩处在内，它是对员工工作行为的综合性强化或消退。当员工所表现的工作行为及其结果得到了较高的劳动报酬时，员工相应的思想行为就会进一步得到强化与发展，否则就会抑制与消退，或者出现员工调动或流动现象。由此可见，人员报酬对员工的工作行为具有激励或调整作用，本身也是一种开发手段。

综上所述，人力资源的管理过程本身就具有开发的机制与作用。然而，人力资源管理中的这种开发功能与作用，在人力资源管理的实践中并非自发产生，关键在于我们要有意识地去把握、去发挥。人力资源管理的开发作用如图 7-11 所示：

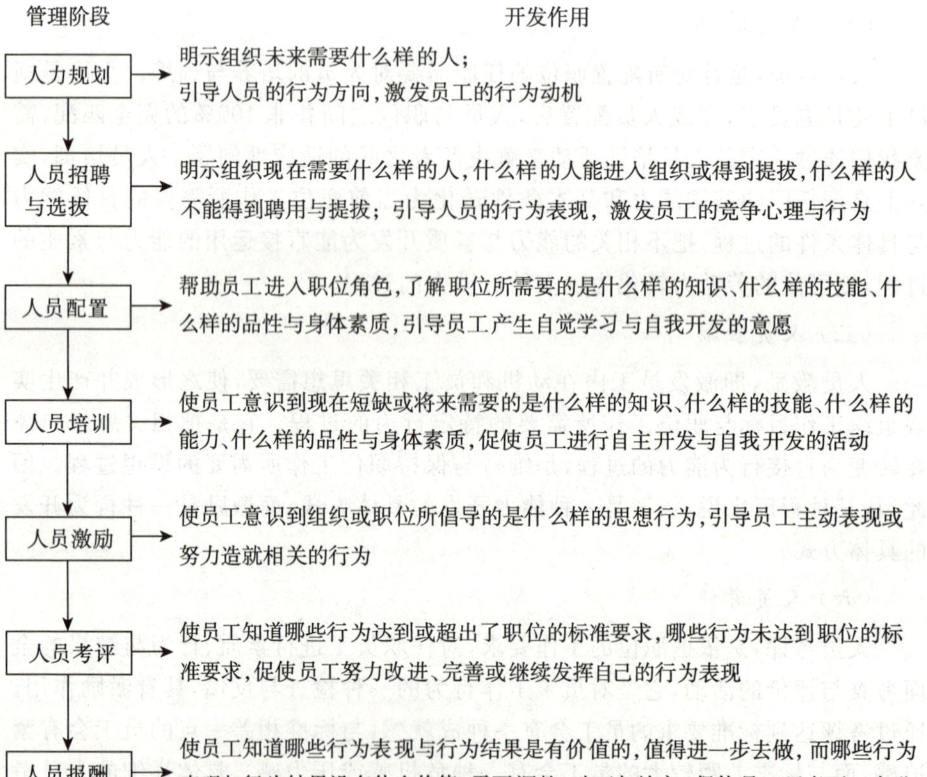

图 7-11 人力资源管理关键环节的开发作用分析示意图

三、组织管理中的其他人力资源开发形式

除了上述所介绍的各种人力资源管理活动外，组织管理中还有一些管理形式，也具有人力资源的开发作用。

（一）管理制度

管理制度，是按照一定管理理念设计，制约与影响所有员工思想与行为的一系列规定、准则、程序、方法、约定、条例、模式等书面文件或规范的总和。管理制度对员工的影响与导向是潜移默化的。管理制度的开发作用，虽然不像培训、教育活动那样直接与明显，但它对员工思想行为的影响却是循序渐进与深入的，效果上是持久的，时空上是广泛与全面的。其中，产权制度、人事制度对人力资源的开发作用最为明显与深刻。

管理制度对人力资源的开发作用，就像肥沃的土壤、新鲜的空气、充足的水源与温暖的阳光对树木成长的作用，是十分重要的。一个人力资源结构全面正常的人，将会在合理的管理制度下迅速得到开发；一个人力资源结构有所缺陷的人，也能够在合理的管理制度下得到弥补与调整。然而，要有效地发挥管理制度的开发功用，应该着力于培植制度意识，从我做起，自觉遵守；应该建立监察信息系统，及时反馈；应该建立制约机制、竞争机制与激励机制，实现相互监督、相互促进与共同发展。

（二）领导者

领导者，是指管理中的中高层管理人员。管理心理学研究表明，领导者的权力因素与非权力因素，会对员工的思想与行为产生各种影响，具体见表 7-3：

表 7-3　领导因素影响分析表

因素类别		因素性质	影响形式	
权力性	权威因素	观念性	服从感	强制性影响
	职位因素	社会性	敬畏感	
	资历因素	历史性	敬重感	
非权力性	品性因素	本质性	敬爱感	自然性影响
	才能因素	实践性	敬佩感	
	知识因素	科学性	信赖感	
	情感因素	感受性	亲切感	

资料来源：夏国新：《实用管理心理学》，中央民族大学出版社 1993 年版，第 12 页。

领导者的风格不同，对组织内人力资源产生的开发效果也就不同。具体分析见表 7-4：

表 7-4　领导者不同风格对人力资源开发的实际影响分析一览表

	风格特点	实际影响
专制式	权力定位于领导者手中，领导者独断专行，不尊重部署成员的能力和感情	有利于服从性与纪律性的培养与开发； 不利于自信心、主动性、团结协作性及责任感的培养
民主式	权力定位于群体之中，尊重被领导者的能力与资历，领导者以品性影响感召部署，使被领导者愿意接受其领导	有利于员工自信心、主动性、责任心的培养与开发； 有利于民主性、团结性、协作性的培养与开发
放任式	权力定位于员工个体，一切活动方式由员工自己摸索，领导者不参与意见与决策，对工作效果不加考察	有利于民主性、主动性、开拓性的培养与开发； 不利于自信心、责任心、纪律性、团结性与协作性的培养与开发

（三）组织文化

组织文化，是指组织在长期管理与开发中逐步形成的、为大多数人所认同的基本信念、价值标准、行为规范、行为习惯与精神风貌等。组织文化一般包括四个层面，即物质层面、行为层面、制度层面与精神层面，相对于这四个层面而存在的文化，即为表层的物质文化、浅层的行为文化、中层的制度文化与深层的精神文化。物质文化，如企业形象、产品形象、厂区内的建筑风格、厂旗、厂服等，都会对员工的行为产生视觉上的影响与感觉体验。宣传教育活动、文娱体育活动及伙伴间的行为习惯等行为文化，也会对员工的行为产生直接的引导与影响。"踏踏实实做好本职工作，就是对公司最大的贡献"，"冒一定风险是事业成功的必要代价，创新改革是我们的出路"等，则是企业的精神文化。组织内的员工，正是在这种组织文化的牵引与约束下，不断地调节个人与组织、个人与团队、个人与个人之间的思想行为，不断地靠近组织的战略与目标要求，并将自身的职业生活与组织的战略辅助结合起来，积极主动地进行自我开发。

清华大学教授张德认为，组织文化对人力资源开发与管理的作用主要体现在以下四点①：

(1) 导向作用。组织文化可以把员工的行为动机引导到组织目标上来，因此，在制定组织目标时，应该融进组织员工的事业心和成就欲，包含较多的个人目标，同时要高屋建瓴、振奋人心。

① 张德：《企业文化建设》，清华大学出版社 2003 年版，第 40 页。

“不怕众人心不齐，只怕没人打大旗”，组织目标就是引导员工统一行动的旗帜，一种集结众人才智的精神动力。广大员工了解了组织追求的崇高目标，也就深刻地认识到自身工作的伟大意义，从而不仅愿意为此努力，而且往往愿意为此做出个人牺牲。

(2) 规范作用。规章制度构成组织员工的硬规范，而组织道德、组织风气则构成组织员工的软规范。无论硬的和软的规范，都以群体价值观作为基础。一旦共同信念在组织员工心理深层形成一种定势，构造出一种响应机制，只要外部诱导信号发生，即可得到积极的响应，并迅速转化为预期的行为。这种软规范可以减弱硬规范对员工心理的冲击，缓解自治心理与被治现实之间的冲突，削弱由此引起的心理逆反，从而使组织员工的行为趋于和谐、一致，并符合组织目标的需要。

(3) 凝聚作用。文化是一种极强的凝聚力量。组织文化是组织员工的黏合剂，把各个方面、各个层次的人都团结在组织目标的旗帜下，并使个人的思想感情和命运与组织的命运紧密联系起来，产生深刻的认同感，与组织同甘苦共命运。

(4) 激励作用。组织文化的核心是确立共同价值观念，在这种群体价值观指导下发生的一切行为，又都是组织所期望的行为，这就带来了组织利益与个人行为的一致，组织目标与个人目标的结合。在满足物质需要的同时，崇高的群体价值观带来的满足感、成就感和荣誉感，使组织员工的精神需要获得满足，从而产生深刻而持久的激励作用。

（四）团队活动

团队活动，是指通过一定的项目与任务，把具有不同人力资源特点的人员组合在一起进行生产经营活动的一种管理形式，也叫项目管理。国外最早见于Toc小组活动，国内见于20世纪60年代的“两参一改三结合”。它对于员工的团队合作、创新精神与创新能力等的培养具有重要的作用，对于解放员工的个性与调动员工的工作积极性与自我开发的热情具有重要的意义。

团队活动独立于组织的职务体系以外，是员工自主管理的一种活动。现代组织管理认为，组织用职务体系来管理生产经营过程，其本来意义在于发挥劳动者的生产能力。但是，被过分组织化的日常工作，其单调重复性和员工在组织内的被动地位，又在一定程度上压抑了员工的创造本能，反而导致了工作效率的降低。为了能充分发挥员工的积极性，就需要开辟一个使他们得以发挥其自主性和创造性的场所。自主管理的团队活动正是这样的场所。

从能力开发的角度看，团队活动的作用主要有以下几个方面①：

（1）通过自主活动，员工可以独立思考，亲身实践，取得成果，可以体会到工作意义和成功的喜悦，从而提高积极性；

（2）团队活动给员工提供了互相启发和自我开发的机会；

（3）团队活动可使员工之间增进感情，加深相互了解，加强集体主义意识和协作配合精神；

（4）成功的团队活动，可以满足员工的精神生活要求：社交要求（小组活动）、自我提高要求（学习、创新）和自我价值实现的要求（成果、表彰）；

（5）团队活动可以培养和训练员工的分析思维能力，掌握分析思维的方法。

团队活动的开发作用	预期效果
1. 有效的相互学习活动	1. 提高经营效率和生产率
2. 培养协作配合精神	2. 增强组织活力
3. 精神上的满足感	3. 形成新的组织作风
4. 充实、扩大自主管理	4. 自主管理落实到基层
5. 互相启发，互相提高	5. 能力开发与自我发展

图 7-12 团队活动的开发作用

为了更好地发挥团队活动对人力资源的开发作用（如图 7-12 所示），我们可以参考表 7-5，对团队活动进行评价与改进。

表 7-5 “团队活动”的自我评价表

评价项目	评价要点	评分
1. 课题选择 （20 分）	（1）是否经小组全体成员充分讨论 （2）课题的背景和关键是否充分把握 （3）课题的解决效果是否对企业有很大意义	20 10 0
2. 推动性 （20 分）	（1）小组成员是否齐心协力参加 （2）是否取得了有关部门的充分支持、配合 （3）是否积极向有关部门提出了配合行动的要求	20 10 0

① 罗锐韧、曾繁正主编：《人力资源管理》，红旗出版社 1997 年版，第 128 页。

续表

评价项目	评价要点			评分
	评价项目	评价要点		
3. 工作方法（40分）	（1）达到目标（10分）	a. 充分达到了预定目标 b. 目标是否适当	－10 －5 －0	－40 －30 －20 －10 －0
	（2）分析（10分）	a. 是否充分利用了过去的数据 b. 分析方法是否足够深入细致 c. 是否充分运用了数理统计方法	－10 －5 －0	
	（3）小组活动（5分）	a. 集体主义精神是否发挥 b. 是否积极主动互相配合	－5 －3 －0	
	（4）总结审查（5分）	a. 是否对成果进行了全面验证 b. 验证中是否明确找出问题点	－5 －3 －0	
	（5）标准化（10分）	是否以制度的形成巩固了成果	－10 －5 －0	
4. 管理技巧的运用（10分）	（1）是否每一步应用了适当的管理方法（现代化管理方法） （2）是否充分运用了QC、JB等管理方法 （3）有无采用特殊方法			－10 －5 －0
5. 上级的满意度（10分）	（1）成果是否充分得到上级认可 （2）活动内容是否完全符合“小团队活动”的性质（经营改善） （3）小组组长的领导指挥方法是否满意			－10 －5 －0

注：参考罗锐韧、曾繁正主编：《人力资源管理》，红旗出版社1997年版，第130页。

此外，组织管理中的提案奖励活动、体制改革与创新活动，对于唤起广大员工的创新意识与热情，对于员工创造能力的培养与开发，也具有重要的作用。

第六节　组织开发

组织开发，在这里不是指对组织本身的开发，而是指通过组织这个中介，对组织中的成员进行开发的一种形式与活动。具体地说，是通过创设或控制一定的组织因素与组织行为，进行组织内人力资源开发的活动与形式。组织不是开发的目标，而只是开发的手段。例如，通过组织文化改变员工的态度、价值观以及信念，以适应组织内各种变化，包括组织设计、组织重组与变革带来的变化与影响。

组织中对人力资源开发具有重大作用的因素包括组织性质、组织体制、组织结构、组织文化、组织领导、组织动机、组织发展阶段等。

一、组织性质

组织性质，是指组织的所有制形式。一般来说，不同的组织性质决定着不同的组织与领导风格，对员工会产生不同的行为导向与影响，从而也就会产生不同的人力资源开发效果。

二、组织体制

组织体制，是指组织中各层次、各部门之间组织管理关系制度化的表现形式。一般有首长制、委员会制、等级制、职能制、集权制与分权制等形式，又有股份制、合伙制等形式。每个组织都可以选择适合其自身特点的组织体制。衡量一个组织的体制是否科学合理，主要是看它是否有利于提高工作效率、经济效益与社会效益，是否切合本组织当时的实际情况。然而，不同的组织体制对员工的行为导向与影响也是不尽相同的，因而会产生不同的人力资源开发效果。例如，员工的参与意识、民主意识、创新意识在首长制、等级制与集权制的组织中，相对来说被开发的程度要低一些，而在委员会制、职能制、分权制等组织中，被开发的程度要高一些；但合作精神、协作意识在首长制、集权制、股份制的组织中，被开发的程度高一些，而在职能制、等级制、分权制的组织中，被开发的程度就要差一些。

三、组织结构

组织结构，是指组织内各构成要素以及它们之间的关系形式。一般来说，这种关系形式包括设计目的的职能结构、纵向关系的层次结构、横向关系的部门结构以及职务岗位之间的职权结构。

组织结构的传统形式大致有直线制、职能制、直线职能制、事业部制、矩阵结构制、多维立体制与委员会（董事会）制等，近年又出现了扁平化、柔性化、网络化与变动化的新结构形式，如团队活动制、变形制、虚拟公司制、网络制等。我们不难发现，不同的组织结构具有不同的管理特点与不同的管理机制，从而会产生不同的人力资源开发的效果。各组织结构形式及其开发效果分析如表7-6 所示：

表 7-6　不同组织结构形式及其开发效果分析一览表

组织结构形式	组织管理特点	人力资源开发效果
直线职能制	既按命令统一原则设立直线指挥系统，又按专业化原则设立职能管理系统，职能人员是直线指挥人员的参谋与助手，对下级机构只有业务指导权，没有行政命令权	有助于效率意识、责任意识与纪律服从意识的培养与开发； 有助于专业管理人员的培养与开发； 不利于下级部门与人员之间的团队合作意识培养； 不利于员工积极性与创造性意识的发挥； 不利于员工的全面发展
事业部制	集中决策与关键职权，分散经营与独立核算	有利于高层领导人员综合管理能力的开发，有利于高层管理干部的个性解放与创造能力的开发； 有利于对基层负责人员管理能力的全面开发，并建立集团高层干部赛马式选拔的机制，通过观察比较把能人提拔到最高部门； 不利于在不同事业部之间培养与开发团队意识、协作精神
矩阵结构制	员工接受双重领导，具有双重责任，项目经理没有完全的职权	有利于员工团队意识、民主意识、创造性的培养与开发； 不利于纪律与服从意识的培养与开发
团队活动制	对组织的上层与基层之间的职能部门进行分解与弱化，决策权分散到工作团队	有利于员工从专才向通才方向全面发展； 有利于高层管理人员全面提升自己的管理技能与素质，适应不同工作团队解决问题的需要； 基层员工缺乏纵向提升的机会，不利于人力资源的深度开发
变形制	结构无定式，以利润为中心，分权运营，以结构变化应对环境变化	有利于民主性、创新性、灵活应变能力、自我控制能力与团结协作意识的培养与开发； 有利于个性、独立自主性的培养与开发； 不利于纪律性、服从性与忠诚意识的培养与开发
虚拟公司制	战略联盟，松散管理，利润中心	有利于组织及其内部员工多元化意识、竞争意识、风险意识与发散性思维的培养与开发； 不利于纪律性、服从性与忠诚性意识的培养与开发

续表

组织结构形式	组织管理特点	人力资源开发效果
网络制	中心层由单个领导人或多个领导人组成,直接管理一个规模较小、支付报酬较低的办事员队伍,但办事员队伍保持高度的流动性与最大限度的精干性;外围层由若干组织构成,分别承受不同的管理职责与生产职责 外围层与中心层是一种合同管理关系,呈现极大的结构变化与不稳定性,管理主要通过网络等现代通讯手段进行	有利于组织及其内部员工团结协作意识、多文化意识、竞争意识、风险意识、开拓意识与法律意识的培养与开发; 不利于纪律性、权威服从性与忠诚度的培养与开发

四、组织的其他因素

除了上面所述的组织性质、体制、结构与文化因素外,组织发展的动机与不同发展阶段,也对人力资源开发有着重要的影响。

组织发展的动机大致有:自我发展、追求个性实现、保住优秀人才与追求经济效益。当组织追求自我发展与个性实现时,有利于员工自主意识、个性意识与开拓意识的培养与开发;当组织追求保住优秀人才时,有利于员工专业能力的自我开发与意识的提高;当组织追求经济效益时,有利于员工经济意识、竞争意识的培养与开发。

组织发展的不同阶段及其对人力资源开发的效果分析见表 7–7:

表 7–7 组织的不同发展阶段及其对人力资源开发效果的分析一览表

发展阶段	组织特征	人力资源开发效果
创业阶段	组织处于幼年期,规模小,个人决策指挥,产品服务比较单一	有利于高层领导的实干能力、责任感、使命感的培养与开发; 有利于员工开拓性、创造性、吃苦耐劳、坚忍不拔精神的培养与开发
发展阶段	组织处于迅速发展期,组织结构不稳定,信息沟通非正式,领导具有很高的权威	有利于员工使命感与归宿感的培养与开发; 有利于团结性、服从性的培养与开发

续表

发展阶段	组织特征	人力资源开发效果
规范化阶段	组织开始实行制度化与规范化管理	有利于员工纪律性、责任心与业务能力的培养与开发； 限制了创新性、效率意识与开拓性的进一步发展
膨胀阶段	组织过于庞大，严格的制度化管理	有利于员工责任心、纪律性与业务能力的培养与发展； 限制了竞争意识、风险意识、效率意识的发展
衰退阶段	产品市场占有率下降，人浮于事	有利于员工危机意识、团结协作精神、开拓意识的培养与开发； 不利于员工忠诚度、归宿感的培养与开发

总之，组织内人力资源开发的途径多种多样，目前比较常用与有效的途径主要包括生理开发、心理开发、职能系统开发、辅助系统开发、再生系统开发、自我开发、配置使用、职业开发、组织开发与管理开发。在组织管理开发形式中，又主要包括教育、培训、招聘、组织制度、组织文化等开发形式。

【思考题】

1. 试分析人力资源开发系统工程提出的背景及原因。
2. 简述人力资源开发的几种模式，并比较其异同。
3. 简述人力资源配置问题产生的原因。
4. 请简要论述人力资源配置的外部模式与内部形式。
5. 试分析自我开发成为建构 HRD 系统出发点与目标的原因。
6. 比较自我学习的各种形式，并找出它们的适用条件。
7. 请列出职业开发的几种主要形式，并对其进行人力资源开发的功效分析。
8. 试分析工作扩大化与工作丰富化的区别与联系。
9. 简述管理开发的必要性与重要性。
10. 试举出人力资源开发的各种具体形式，并分析其在管理过程中的作用。
11. 简述组织中对人力资源开发具有重大作用的因素及它们之间的关系。
12. 试分析不同组织结构形式的管理特点及开发效果。

【案例】

“大明公司”的家族治理①

和多数“创一代”一样，“大明公司”的开创者朱元璋精力充沛，能力超群，白手起家，为家族奠定了良好的事业基础。为了防止家族大权旁落，在运营公司的后期，他废除了“CEO”一职，将“董事长”和“CEO”职权合为一体，直接管理“六部”和公司各个大区。在朱元璋逝世不久，家族就发生了权力内斗，他亲自选定的继承人被迫去职，分管北方大区的家族成员朱棣成了公司的掌门人。

朱棣非常能干，是个名副其实的“创二代”。他力排众议，将大明公司的总部迁到北京，并进行了规模浩大的总部建设；上马大型文化工程《永乐大典》；派遣助手六度到海外“路演”，进行大范围品牌推广；数度主动出击，将公司潜在的竞争对手蒙古驱逐出核心市场。可是，数代而下，大明公司的掌门人开始厌倦家族事务，兴趣各异：有热衷于收集珍禽猛兽、喜欢动刀动枪的，有热心于宗教事务的，甚至出现了杰出的手工艺人，更有28年不主持公司经营会议的纨绔子弟。坦白说，公司中后期家族内部的干才实在有限。

不过，由于还有一个叫“内阁”团队在操持业务，家族事业还是有惊无险地趟过了百余年。名义上公司没有CEO，这个团队以顾问的名义，参与战略决策，维持公司的日常运营，间或取得了不错的业绩，比如，在东南大区成功驱逐了倭寇。吊诡的是，恰是家族较为勤勉的掌门人崇祯频繁介入运营，不断更换管理团队，公司最终整体破产。

有人评述，中国的家族企业是“集权式、帝国式管理，有点像中国的传统政治”，公司权力架构有着“君君臣臣”的遗存。展望未来十年，中国式的家族继承将会是一个持续的主题。那么，中国的家族企业可以从“大明公司”获得哪些有意思的灵光？中国明史学会副会长，中国人民大学历史系教授毛佩琦从历史的角度，与我们分享了明朝政治制度的一些特点。

主强臣弱 vs 臣强主弱：明朝皇帝决策和行事风格的变化，关键在于内阁的出现。

《21世纪》：明朝的君臣关系的总体特点是怎样的？

毛佩琦：有些朝代皇帝勤勉，但是未必管得就好；有些朝代，皇帝不怎么管事，但是国家治理得还可以。明朝君臣关系大体有两种表现：第一种，主强臣弱。比如朱元璋就是个强势皇帝，事无巨细什么都要管，丞相会分权，他干脆废掉，直接管理六部，还设立了“四辅官”；明成祖朱棣大事也是自己拿主意。这个

---

① 资料来源：陈晓平：《“大明公司”的家族治理》，21世纪网，http://www.21cbh.com/HTML/2010-11-29/zNMDAwMDIwODAzNQ.html。

时期皇帝自己决定得多，大臣决策成分相对弱。

可是，明朝中后期情形改变了，不断出现“臣强主弱”的情形。这种情况第一次出现在正统年间，明宣宗死后继位的英宗皇帝才9岁，朝中“三杨”辅政；正德皇帝不怎么管事，宰辅杨廷和也很强势；最突出的是在万历初年，万历登基不过10岁，张居正主宰了明朝政局近十载。

《21世纪》：明朝前期的皇帝都非常强势，后期的皇帝普遍都没什么作为，甚至部分人都不怎么理政，为什么会有这种风格的变化？

毛佩琦：关键是内阁的出现，内阁开创于永乐年间，正统年间大体制度成型。“内阁”起初是一个类似秘书班子的机构，后来慢慢演变为决策机构，国家大政方针需要皇帝给出指示，内阁大臣先把建议写在一张纸，贴在奏章上面，就是“票拟”，皇帝用红字作批示，称为“批红”。皇帝说“可”，就作为皇帝意见发出；如果皇帝意见有所不同，内阁再作修改。

内阁没有直属的办事衙门，没有官署或者执行机构，决策执行的权力主要在“六部”，但文人参与决策，分散君权，决策更为科学化。过去有人说，明朝专制主义登峰造极，只适用于朱元璋统治时期；明朝多数时期的政治运行制度是“皇帝——内阁——六部”，君臣共议决定大政方针。

内阁出现之后，还产生了“廷议”制度，像册立皇太子、出征、迁都、分封亲王等国家大事，朝廷召集内阁、六部九卿及相关官员在皇帝面前不定期开会。“廷议”虽然不是西方的议会制民主，但各方面意见都有机会得到表达。

廷议制度中最典型的事件莫过于“俺答封贡”。朝廷专门举行廷议，要求不同意见的大臣写下意见，署上姓名，进行“实名投票”，投票结果是双方人数对等，一时间没有办法决定，后来发现一位重要官员没有与会，于是请他到会场，最后“封贡”议案以微弱多数通过。

《21世纪》：即使决策非常开明，最终拍板定调的还得是皇帝，在力量对比方面，皇权难道不是一边倒吗？

毛佩琦：皇帝全然不听取大家的意见，这种情况在明朝发生得不是太多，即便他想自行其是，一样要找支持自己的大臣来帮忙作论证。

事实上，明朝内阁有“封驳”制度。任何皇帝旨意，如果大臣觉得不合适，可以将皇帝驳回，拒绝执行，因此明朝皇帝想一意孤行，有时候绝难做到。

有人说清朝皇帝如何勤政，明朝皇帝如何颓废，其实不客观。相比之下，清朝大臣更多是奴才，明朝人对皇帝要求的标准高，明朝人参政意识、民主意识更强。明朝的御史可以坐在城门下，不让皇帝出去。万历要换太子，搞“三王并封”，廷杖大臣，最后还是拗不过大家的意见，只能作罢。有人说，明朝是“绝对的专制主义”，这是极大的误解。

《21世纪》：除了内阁和廷议，明朝还有哪些措施鼓励大家发表意见的？

毛佩琦：明朝有一个特殊之处，理论上臣民都可以上书言事。这种说法最集中的体现，就是在都察院和六科给事中。都察院依照“十三道”，分设监察御史，巡按州县，专事官吏的考察、举劾，可以监督内阁和各省；六科给事中则按六部设置，掌侍从、规谏、补阙、拾遗，辅助皇帝处理奏章，稽查六部事务。他们不光向同僚提建议，也经常批评皇帝，而且觉得批皇帝光荣。明朝有一种有趣的舆论风气，如果监察官员提了意见，皇帝震怒，被廷杖了，大家都认为被打的人，有风骨。皇帝可以打人板子，可往往最终不得不听从劝谏。

清朝同样有御史，但是直接将批评矛头对阵皇帝的相对就少，比如，大臣就挡不住乾隆大肆游山玩水、大兴土木。相比较而言，明朝大量知识分子仗义执言，思想解放，个性张扬，其大背景是社会经济的进步，是受到王阳明“心学”影响，与相对开明的政治制度很有关系。

慎用“藩王”：从“历史的经验看，‘藩王’要慎用。家庭内部成员具有合法的贵族身份，比职业经理人更容易挑战主事人的权威，尤其掌权的是二代继承人。”

《21世纪》：明朝的万历皇帝，28年不上朝听政，被认为是中国历代帝王中最“懒惰”的，朝廷是如何运转的？

毛佩琦：首先要理解“上朝”的职能是什么，就是每天和大臣见一个面，有事讨论，无事散会，有隆重的礼仪成分，没有太多实质意义。比如，嘉靖皇帝长期住在玉熙宫办公，跟在紫禁城听朝会，不都一样？大事他没有不知道的。

万历皇帝是常年不见大臣，主要大事他还是要决策。万历“三大征”，他一样得调度指挥，就是其人个性有些执拗，想听的就听，不爱听的他懒得听。有批评说，万历倦怠，导致朝廷中大量职官无人担任，但是他自己有种说法，觉得要这么多官员也没用，不是不知道缺官，而是他故意的。其实，那些不怎么参与日常政务的皇帝都明白，朝廷制度相对完善，祖宗成法俱在，官员各司其职，国家机器一样能运转正常，不用他们每天忙着下命令。反倒是宽松的环境，使得社会出现了活泼开放的局面。

《21世纪》：许多历史作品都将明朝的宦官系统视作与文官系统并列的一股政治力量，如何理解宦官在明朝统治中的作用？

毛佩琦：宦官代表的是皇帝，直接执行皇帝的命令，皇帝利用宦官监察百官，执行自己的意旨。毕竟是家长制的封建王朝，难道只允许官员监督皇帝，不允许皇帝监督官员？其实宦官系统是皇帝制衡文官系统的一支重要力量。

当然，明朝宦官存在独断专行，欺上瞒下这样的行为，还闹出了土木之变、魏忠贤乱政这样的祸害，但是宦官也做过不少好事，郑和下西洋、阮安营建北京这些大家都知道，甚至刘瑾这样的，还清丈过田亩，清查腐败，惩处贪官。读书人十年寒窗中了进士，才授七品官。可是，宦官仅仅因为接近皇帝，就可施加影响。这令读书人大为不平，于是攻击宦官身体残缺、心理阴暗，并不完全公允。

明朝宦官问题虽然权重，但宦官的力量从来没有强过皇权，皇帝想罢职就罢职，不像汉、唐，宦官甚至能决定皇帝的废立。宦官是明代政治天平中华那个的一极，是皇帝用于驾驭全局的工具，文官要避免皇帝的绝对权力。

《21世纪》：明朝前期，藩王地位很重，后期影响似乎式微了？

毛佩琦：朱元璋的初始想法，是亲生的儿子镇守各地，天下太平，他分封儿子为亲王，安排到全国要害之地。虽然朱元璋对亲王可能出现的威胁作了一些防范，但他还是没能控制亲王做大，更没料到他一死，藩王会向小皇帝叫板，家族企业一样要考虑，用不用"藩王"？从历史的经验看，"藩王"要慎用，特别是在权力继承上可能出现几个中心的时候尤其应当避免。家庭内部成员具有合法的贵族身份，比职业经理人更容易挑战主事人的权威，尤其掌权的是二代继承人，用人的前提是任人唯贤，而不是任人唯亲，做企业和治国都是如此。

讨论题：

1. 结合本案例的相关资料分析明朝人力资源开发的途径有哪些？

2. "大明公司"的家族治理对现今的我们有什么启示？

第八章　新员工的开发方法

【本章教学目标】

1. 了解员工导向的各种方法与经验。

2. 掌握实际工作预览的各种方法与经验。

3. 重点掌握员工组织化过程的各种理论与方法。

我们在第六章、第七章对人力资源开发的技术与途径，作了一个较为全面的阐述。从本章开始，将具体介绍不同客体与对象的 HRD。本章主要介绍新进组织员工的开发方法，包括组织化及其特性、实际工作预览和新员工行为导向。

第一节　员工组织化的过程

新员工发现自己置身于一个不熟悉的新组织，周围到处是陌生人，面对新的工作环境、新的工作要求，难免会感到压力很大，感到紧张。为了帮助新员工胜任新岗位的工作，我们应该对新员工及时进行引导与开发，让他们学习与了解新行为、新环境、新程序、新期望与新价值观，我们把个人适应新组织的过程称之为员工的组织化。

组织化是一个复杂而漫长的过程，新员工要花数周或数月的时间来了解组织对他们的工作期望，了解自己如何行事才能获得组织其他成员的认可。因此，成功的组织化对新员工和组织都很关键。

尽管组织化很重要，但是，有些组织引导新员工融入组织的工作却做得很不够，甚至放任自流，严重地影响了新员工作用的发挥。尽管有些新员工依靠自己的摸索最终也能获得成功，但却走了很多弯路，经历了许多挫折和不安。幸运的是，目前许多组织已开始认识到成功的组织化的重要性，并积极采取行动促进新员工尽快融入组织。

员工组织化，是指个体获得成为一个组织成员所必须具有的社会知识和技能。组织化的结果是，那些被组织成员认为是外来者的人转化为富有生产力且可以被组织接受的内部人员。组织化的问题，不但存在于新员工之中，也存在于调动和晋升的老员工之中。他们像新员工一样，也是将要加入团队的“外来者”，同样面临获得新同事的认可和确立自己在新环境中的地位的挑战这一问题。然而不同的是，调任者和晋升者作为一个内部人员，早已了解组织的目标和价值观。

一、组织化的基本概念

在讨论组织化程序之前，我们先来研究组织角色、角色定向、组织规范和预期等基本概念的含义。

（一）组织角色

新来员工刚加入团队时，必须了解如何适应组织生活并达到规定的绩效，预期所要完成的职责是什么，所要充当的组织角色是什么。角色是对个人在组织中从事特定岗位工作的一系列行为预期。角色所规定的是一个人应该如何适应组织和必须采取什么措施，才能保证相应的工作绩效。比如，我们遇到一个办公室接待员，期望他完成一定的角色行为，比如问候、提供信息、引导我们与想见的人见面等。因此，组织角色，即组织中的个人角色，是组织对员工从事某一职位工作一系列行为的预期。

沙因(Schein)1971 年认为，组织角色一般由下面三个维度所决定：

(1) 职务的资格维度(外来者、试用期、永久成员)；

(2) 职务的任务维度(销售、工程师、工厂操作)；

(3) 职务的等级维度(一线员工、基层主管、中层经理、高层经理)。

任何一个新员工都要了解和达到该角色所要求的资格、任务与等级。比如，一位巡警被提拔为轮值警官，只有在他了解警官必须完成的任务，能完成这些任务，并被其他人接受后，他才算完全有效地融入了该团队。

（二）角色沟通

角色沟通和角色定向，是与组织化相关的两个问题。在规范化的管理中，每个员工的角色应该被清楚地界定，并得到有关各方的一致同意，包括管理层、同事和任职者本人的同意。然而，情况并非如此。在界定和沟通角色时，任职者个人、同事、直接主管和高层经理，都可能对某一既定角色有不同的理解。尽管许多组织将职务工作说明书理解为对个体角色的正式说明，但是，大多数组织的职务工作说明书都较模糊。

组织角色的这种模糊性将导致下列三种情况的发生：

(1) 角色超越。员工认为角色要求超过了他所能做到的合理界限。

(2) 角色冲突。员工感到其他人，如老板和同事，对他的期望是含糊与矛盾的。

(3) 角色不清。员工感觉到角色不清，自己经常被要求承担不断变换的新工作。

研究表明，角色超越、角色冲突与角色不清，都将增加员工的工作压力感。工作压力感过重，将影响员工的工作满意度、工作绩效和其他组织所看重的结果，包括流动和缺勤。因此，组织管理工作者要经常进行角色沟通，保持组织角色的清晰性并消除组织角色的模糊性。

（三）角色定向

个体行为并不总是完全与自己的角色要求相吻合。因此，个人的角色定向，对组织化来说同样重要。角色定向，是指个体根据组织的有关角色期望，对自我行为进行积极调整与定位的过程。角色定向以连续统一体的形式存在，一端是"保守定向"，即遵守既定方式，另一端是"革新定向"，即在重新界定角色时采取主动改革的态度。比如，一位市场情况分析师如有革新定向，就会认为自身角色是教经理们要有市场规范意识，即使组织中其他分析师并不如此。如果员工经常创造性地以提高自己或组织效率的方式重新界定自己的角色，这对他们来说是有益的。这种创造和革新经常对组织既定的信念和行为模式提出挑战。

（四）组织规范

组织规范是存在于组织内成员之间用于控制组织内行为的不成文的行动规则。组织规范是组织化过程中重要的一部分，因为它说明了内部人员所同意的行为准则，也就是合适的行为规则。新来员工如果希望被内部人接受，思想行为就必须与组织规范保持一致。

组织规范并不涉及所有可能的行为与情况，而只涉及重要的行为。沙因指出，组织将员工行为分为三个层次，即重要行为（与组织成员身份相符的基本行为）、相关的（令人满意的但非基本的行为）和非本质的外围行为（不重要的行为）。他指出，组织化时更强调重要行为和相关行为，而较少关注员工的外围行为。相似地，费尔德曼(Feldman)观察到，组织特别注意强化那些有利于组织生存、具有核心价值观、使期望行为简单化或更能预测与帮助其成员避免人际关系尴尬局面的规范。

了解一个组织的规范并不总是很容易的。规范不仅是非正式与不成文的，而且是多种多样的，同一组织中不同团体之间的规范也各不相同。通过帮助新来员工了解组织和团体规范的方式，可以促进组织化的进程。

（五）预期

预期对组织化同样重要。预期是一种相信某事一定会发生的信念，可包括对行为、感情、政策和态度等的预期。新来员工的预期包括，他们将受到什么样的待遇，他们将被要求做什么，他们在新组织中的感觉如何等。预期在各种组织问题（包括激励和决算）中是一个重要变量。在组织化方面，新来员工的预期会影响其满意度、绩效、行为投入和继续留在组织中的可能性。华纳斯（Wanous）也发现，某些招聘者在招聘活动中的行为经常导致某些新加入者对工作和组织生活产生某些不切实际的预期。不切实际的高预期不可能达到，会导致新来员工的不满，并增加其离开组织的可能性。因此，在招聘活动中我们应该注意，不要为了吸引人员而给应聘人员过高期望的信息。如果新招聘来的员工预期过高，我们要将他们的预期调整至更为合理的水平，这样将会减少日后流动的发生。

未实现的预期不仅包括不切实际的高预期，而且也包括新来员工的期望与实际情况之间的差距。这些可能导致员工的不满，导致新员工辞职。

组织在人力资源开发中，应该意识到预期对新来者的绩效和满意度的影响，并采取措施来保证所提供的信息能产生现实的、可达到的预期。尽管组织可以帮助新来员工调整预期，但是不能完全消除新来员工在组织中的预期失落，不能保证他们对意料之外的事情不感到吃惊。因此，预期调整工作应该贯穿于人力资源管理的每一个环节。

二、组织化的内容

组织化可以理解为一个员工的学习过程。在此过程中，新员工为了被接受为组织内部人员必须了解许多信息和学习许多行为。1986 年，费希尔（Fisher）将组织化学习的内容分成如下五类：

（1）学习定向，包括发现学习的必要性，学习什么，向谁学习；

（2）了解组织的学习，包括对组织目标、价值观和政策的学习；

（3）学习在工作团体中如何发挥作用，包括对其价值观、规范、角色和友谊的学习；

（4）学习如何开展工作，包括对必要的技能和知识的学习；

(5) 个人学习,从自己的工作和组织经验中学习,包括确认身份、调整预期、设计自我形象和增加学习动力。

费尔德曼也提出了相似的观点,他认为组织化包括相互联系的三种学习过程,每一个过程强调学习不同的内容,包括获得一套合适的角色行为,开发工作的技能和能力,适应工作团体的规范和价值观。费尔德曼认为,承认社会化构成程序的多样性给组织化的研究和实践提供了一个有益的框架。

查奥(Chao)、奥利里-凯利(O'Leary-Kelly)、沃尔夫(Wolf)、克莱因(Klein)和加德纳(Gardner)等人,在综合前人研究成果的基础上提出组织化有六个维度:绩效管理、政治同盟、语言理解、人际关系、组织目标和文化认同。他们开发了一个有34个项目的问卷来测量这六个维度。查奥等人对其进行了测量并给六维度类型找到了证据,他们还进行了一个纵向研究,表明在工程师和经理的样本中,六个维度中的每一个都与职业效率相关。

总之,这些分类结果说明,新来员工会面临许多困难的挑战,学习不同的内容要求有不同的机制,因此,组织应该采用多种方法来帮助与促进员工的组织化学习。

三、组织化的结果

员工的组织化最终会形成一系列的成果。成功的组织化意味着新来员工得到相关的开发。例如,新来员工对组织和工作团体有了更多的了解,员工个人和组织产生了有效率的行为。不成功的组织化通常表现为员工未达到预期、员工不满、缺乏积极性和发生流动。表8-1列出了在相关文献中查阅到的各种组织化成果。

表8-1 组织化可能的结果

1. 角色冲突	9. 内部工作激励
2. 角色不清	10. 内化价值观
3. 角色超越	11. 革新和合作(角色定向)
4. 总体工作满足	12. 任期届满
5. 对工作的满足	13. 工作绩效
6. 参与工作	14. 互相影响
7. 自信	15. 过分服从
8. 积极投入组织	16. 得到组织成员的接受

近十年对组织化的研究，大多转向纵向研究，开始对组织化的纵向程序进行研究。比如，一些研究报告表明，早期的社会化或组织化经历对组织化的结果有着持久而深刻的影响；组织化的结果会随着时间的变化而不断加强或减弱；新来员工高度重视从主管和同事那里得到的信息，这些信息对早期的组织化有着非常重要的影响。

四、组织化的过程

前面我们已经讨论了什么是员工的组织化，组织化里面包含的一些基本概念，组织化的内容和可能的结果。在讨论组织化的 HRD 实践前，我们先来研究一下组织化过程的模型、组织对新员工进行组织化的人员开发战术和新员工在组织化中所扮演的角色。

表 8-2 列出了五种组织化的阶段模型。我们的讨论将集中在由费尔德曼于 1981 年开发的五阶段模型，见图 8-1。

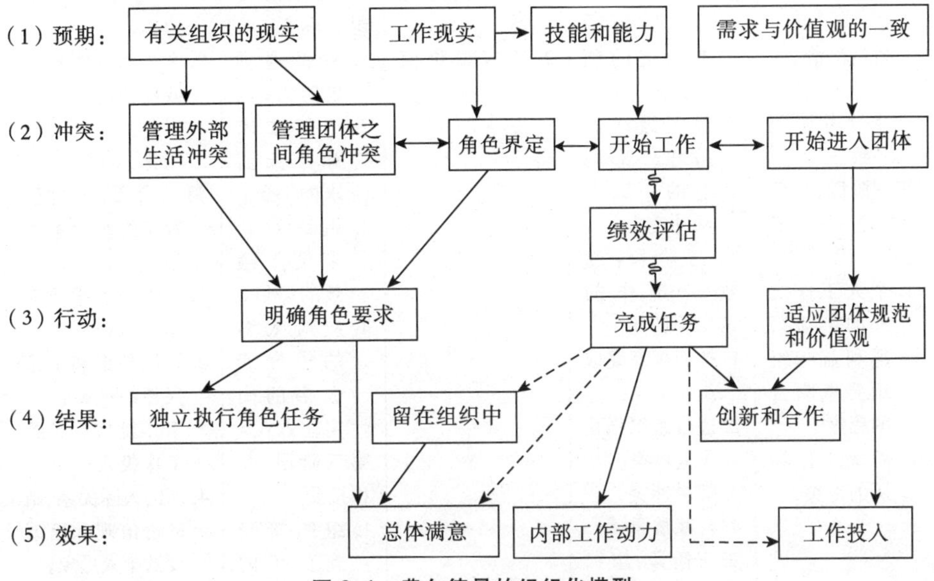

图 8-1 费尔德曼的组织化模型

资料来源：Daniel Charles Feldman, "The Multiple Socialization of Organization Members," *Academy of Management Review*, Vol. 6, No. 2 (Apr., 1981), pp. 309—318。

表 8-2 组织化过程的阶段模型

费尔德曼的三阶段模型	布切南的三阶段早期职业模型	波特、劳勒和哈德曼的三阶段模型	沙因的三阶段社会化模型	华纳斯的社会化阶段的四阶段模型
第一阶段：预想组织化——“到达” 1. 设定现实的预期； 2. 新来员工检查组织现实与自己预期的匹配程度 第二阶段：适应——“闯入” 1. 开始工作； 2. 建立个人关系； 3. 角色澄清； 4. 个人与组织绩效考评相一致。 第三阶段：角色管理——“安顿” 1. 个人工作之外的生活兴趣利益与组织要求吻合的程度； 2. 解决工作场所的冲突。	第一阶段：第一年——基本培训和初始组织化 1. 为新来员工澄清角色； 2. 与同事建立团结合作的关系； 3. 澄清同事关系与组织其他各部门之关系； 4. 确认或证明不确定的预期； 5. 确认组织利益和外部利益的一致点和冲突点。 第二阶段：绩效——工作的第二至四年 1. 按照规范完成组织工作； 2. 通过组织强化个人形象； 3. 解决冲突； 4. 自我尊重感 第三阶段：组织依赖——第五年及以后接下来的所有年份 由于个人经验而产生的多样性。	第一阶段：到达之前新来员工的预期设定；行为的奖励和惩罚 第二阶段：预期的确认和证明；不确定行为的奖励和惩罚 第三阶段：改变和树立新员工的自我形象 1. 形成新的关系； 2. 适应新价值观； 3. 获得新行为。	第一阶段：探索准确信息 1. 互相设定要求； 2. 双方创立的虚假预期； 3. 在不准确信息的基础上选择工作。 第二阶段：组织化并接受组织现实 1. 对付遇到的阻力； 2. 组织要求和个人需求的一致； 3. 组织对新来员工绩效的评估； 4. 应对太多的模糊或太多的固定化方式。 第三阶段：互相接受 1. 组织接受新员工的要求； 2. 新员工接受组织的要求； 3. 致力于组织工作。	第一阶段：进入和接受组织现实 1. 确认预期或证明不确定的预期； 2. 个人价值观与组织要求的冲突； 3. 发现要奖惩的行为。 第二阶段：实现角色澄清，开始执行工作任务 1. 界定人际角色； 2. 对付变革的阻力； 3. 个人和组织对绩效评估的一致； 4. 对付固定化和模糊化方式。 第三阶段：将自己设置于组织背景之中学习 1. 行为与组织要求相一致； 2. 解决外部和工作兴趣的冲突； 3. 工作挑战性导致工作投入； 4. 新的人际关系、新的价值观和已改变的个人形象。 第四阶段：发现成功组织化的路标 1. 产生对公司的依赖和投入； 2. 高满意度； 3. 产生互相接受感； 4. 工作投入和内在动力的上升。

第一阶段为预期阶段。这一阶段在新员工加入组织之前就开始了。在此阶段，新员工已经形成了成为组织正式成员之后将怎么样的一种印象。导致这种组织形象的信息源很多，包括谣言、轶事、广告、媒体和招聘者。比如，“我们让你从事伟大的事业”和“组织将让你成为你能成为的人”等广告语给出了一些组织内生活的信息。媒体在帮助组织建立声誉方面发挥着重要的作用。比如，有关微软的报告和广告表明，该组织是一个以智力为动力的工作场所，在那里人们的工作时间很长。

这些印象将影响应聘人的预期，进而影响员工的行为。比如，在寻找工作时，人们的期望会促使他们选择某一个组织而拒绝另一个组织，或决定留在开始选择的组织内继续工作等。正如前面提到的，重要的是经理们能给新员工提供准确的信息，调整不准确的预期，尽量避免对绩效、满意度和任期带来的负面后果。

另外，在预期阶段，个人会把自己的技能、能力、需要、价值观与所应聘岗位或组织的要求相比较，以检查两者之间相匹配的程度。这些判断会影响人们的行为，影响他们做出是否加入该组织的决策，以及影响他们和组织成员交往的方式。

第二阶段为冲突阶段。冲突在新员工正式决定加入组织的时候就开始了。正式的加入，可能意味着签订劳动合同或仅接受一个聘用邀请。在这里，新员工开始了解组织到底是什么样子。当发现组织的实际情况与聘用前自己的预想不一致时，心里会产生一些不愉快。例如，一个在加入组织前认为自己会被迅速提升的新员工，发现实际并不如预期得那么快，他就会感到失望。在此阶段，新员工必须处理生活习惯与工作冲突，解决工作小组内的任何角色冲突，界定和澄清自身的角色，熟悉工作小组，了解所要求完成的任务和形成工作的动力。

费尔德曼程序中的第三阶段、第四阶段和第五阶段，分别是行动、结果与效果阶段。当新员工接受了组织的规范和价值观、完成了他们必须完成的任务并解决了角色冲突和超越时，新员工将感到满意，内心得到激励，会全身心投入工作，会独立地完成上级分配的各项任务，并继续留在组织中工作。

从图 8-1 中还可以看出，整个组织化过程受到组织规范、组织动力、工作性质、职业发展和生活发展各种因素的影响。组织化的影响是双向的。组织化过程中所发生的事情不仅会改变新员工，而且也会改变组织内部的其他人员。

关于组织化模型，还有其他两点值得我们注意。第一，阶段模型只是提供了一个框架，它只是对典型的、一般的与特殊的情况进行了相关的描述。阶段模型的研究与实际的开发工作并不同步，对许多问题，包括组织化率和个人是否会以积极的行动来通过每个阶段，都阐述得不够详细。第二，阶段模型并不是看待组织化程序的唯一方式。比如，路易斯(Louis)于 1980 年开发了一个可能在冲突阶段发生的行为模型。按照她的观点，事后吃惊是普遍的，当新员工找到解释事项的方式并利用它们来预言将会发生什么事情时，组织化就发生了。因此，这些模型只能作为研究工作的参考。

五、员工导向的战略

新员工进入组织之后，所有的组织都以这样或那样的方式帮助他们进行行为适应与调整。范马南(Van Maanen)于 1978 年、范马南和沙因于 1979 年将这些行为称作人员导向战略，并提出了组织可以利用的七对战略，具体参考表 8-3。

表 8-3　人员导向战略

1. 程序化与非程序化导向。程序化与非程序化导向包括新员工的角色、行为发生的场景与不断拓展的工作内容。在程序化导向中，步骤是明确的，对新员工角色的规定比较清晰；在非程序化导向中，步骤往往隐含在工作背景中，对新员工角色的规定通常是非结构化的。在程序化导向中，所有新员工的开发可能有很相似的经历(无论他们是一起或单独被开发)；而在非程序化导向中，每一个新来员工的开发经历可能都不同。
2. 单个与集体导向。单个与集体导向指新员工单个或整体组织化的程度。在集体(团体)导向中，新员工倾向于形成组织集体感，并可能产生友谊。(如会说："我们总待在一起。")这里新员工能互相学习并形成一致的理念。而个人导向可能更具有针对性，但是花费可能会很多。
3. 连续与非连续导向。连续导向包含一系列循序渐进的阶段(如学徒、学员、副手或伙伴)，这些阶段是新员工在获得组织内许可的角色和地位前必须经历的。非连续导向只包含一个完整的转化发生的阶段(如在两周培训后被提拔为主管)。
4. 规范化与非规范导向。规范在这里是指完成转化期的时间与程序框架的规定。在规范化的导向中，新员工提前知道转化期何时结束。例如，学徒三年后从事导游工作。在非规范导向中，新员工无法意识到程序何时结束。事实上，用于完成程序的时间会因个体的不同而不同。
5. 组织与自主导向。在组织开发中，新来员工按照其潜力、背景、志向或其他因素被分类，然后被分别分进不同开发"轨道"。比如，有时将管理系统的应聘者分进快车道或常规车道。而在自主开发中，不对新来员工进行区分，新来员工同时进入相同的开发"轨道"，然后由他们按照自己的能力和兴趣选择不同的轨道。
6. 他人与自我导向。他人导向包括让组织里的资深员工来指导与帮助新员工成长，例如师徒传授制。在自我导向中，新员工不是由组织中的资深成员来帮助或指导其组织化，而是由新员工自我定向。在他人导向中，组织的传统价值和规范可以长久地传下去，而在自我导向中则可能引起对传统组织文化的革新。
7. 信任与剥夺导向。信任与剥夺导向指组织化过程用以保留或剥夺新员工身份的程度。在信任导向中，将强化新员工个性的独特性和生存能力。这种导向战略通常用于高层管理岗位员工的组织化。剥夺导向试图压抑新员工的特定个性(如态度和自信)，而代之以组织要求的特性。例如，军队组织中对新兵的训练就是要给每个新兵洗脑，使其适应组织的要求。

范马南认为,无论组织使用何种人员导向战略,组织对新员工的态度、行为和信念都会产生强烈影响。另外,范马南和沙因等人 1979 年认为,如果将各种人员导向战略相结合,会导致新员工形成一种特定的角色定向。参考表 8-4 的总结:

表 8-4 组织化战略

战略	角色定向
照章办事的、师徒制的和剥夺的 集体的、非结构化的、独立的 个体的、非规范的、随意的、独立的	监督的 内容革新 角色革新
制度化的: 集体的、规范的、照章办事的、结构化的、剥夺的 个体化的: 个体的、非规范的、随意的、非结构化的、明确的和信任的	 监督的 革新的

由表 8-4 可知:

(1) 一个照章办事的、制度化的、师徒制的、包含剥夺实践的导向开发战略,会导致新来员工形成一个"监督定向",他们将以组织过去界定其角色的方式来界定自己的角色。美国海军陆战队的基础培训项目就是这种方法的一个例子。

(2) 一个集体的、独立的、非结构化的程序会导致一个"内容革新"的角色定向。新来员工会对其角色的职责内容进行部分改变,但仍会从组织传统角度来考虑。

(3) 一个个体的、非规范的、随意的、独立的、信任的导向开发战略,将会导致"角色革新"定向。它不仅会改变角色的职责内容,而且会创造性地重新界定角色的任务和目标。从外部聘用高层经理时,可能是以这种方式组织化,并利用其独特品质给组织引入重要的变化。

到目前为止,只有为数不多的研究检验了上述思想。1986 年,琼斯(Jones)将组织化战略分成集体化的(集体的、正式的、连续的、固定的和信任的)和个体化的(个体的、非正式的、随意变动的、分离的和剥夺的)两类。他的研究支持了以下观点:集体化的战略导致监督角色定向,而个体化的战略导致革新的角色定向。艾伦(Allen)和梅耶(Meyer)也利用 MBA 的例子得到了同样的结果,并发现连续与分离维度是角色定向的最佳预测因子。在一个相关研究中,阿什福德(B. Ashford)和萨克斯(Saks)于 1996 年发现,集体化战略减轻了新员工的困惑不安,促使他们对工作和组织的更大投入,而个体化战略则与高绩效和辞职意向的下降有关。他们的研究增加了个体化战略与集体化战略交替使用的可能性。这些研究尽管给组织化战略对新员工态度和行为的影响提供了最初的支持,但在得出更为确定的结论之前,还需要我们使用不同的样本和方法进行更深入的研究。

组织化的第三种观点出现在最近几年。早期的组织化理论倾向于将新员工描绘成组织化过程和事件的被动反应者。然而,莫里森(Morrison)于1993年和1996年、柯兹洛斯基(Kozlowski)于1992年指出此观点不够完善。新员工经常积极寻找所需信息,既能把握环境又能弥补从主管、同事或其他来源那里没有得到的信息。这就说明组织化是双向的,并不一定局限于组织对个人采取什么措施。

许多研究已经表明,新员工进入组织后会积极寻找信息,而且所搜寻的信息对组织化的结果有较大的影响;有研究发现,新员工倾向于使用不同的信息搜寻战术,并选择从不同的信息来源获得更新的信息。

上述关于新员工在组织化中主动性的研究,对于HRD实践具有重要的指导意义。比如,如果新员工倾向于通过对他人进行观察获得信息,并由此试验什么起作用,什么不起作用,组织应鼓励他们这样做。组织应该采取的相应措施是:第一,帮助新员工减少信息试探的风险;第二,对主管和同事进行培训,让他们学会帮助新员工获取信息的办法;第三,进行角色定向培训活动,其中包含信息搜寻培训活动和对参与其中的新员工提供帮助。

六、新员工组织化的自我需要分析

新员工组织化的自我需要是什么?回答这个问题的方法,就是将老员工所拥有的与新员工所缺乏的进行比较。一般来说,老员工对其组织角色、团体和组织的规范、价值观、任职资格要求及阻碍其有效工作的因素都比较清楚,并且为了继续留在组织中工作,进行过角色适应,进行过工作团队合作的尝试。另外,与新员工相比,老员工拥有三点基本素质:

(1) 准确的期望。通常老员工知道其所处环境会发现什么事,因此较少感到意外,但新员工的预期却可能与组织现实不符。

(2) 知识基础。当意外发生时,老员工因有背景知识(历史和相关场景的经验),可以更准确地把握意外事件,新员工则缺乏此知识。

(3) 其他经验。老员工可以以同事反应作为参照来判断其对组织事件的阐释正确与否,新员工则还没有发展起值得信赖的员工关系,不能获得解释组织事件的帮助。

老员工比新员工对组织中发生的意外事件有更为深刻而独到的见解,他们有方法对此事做出准确的解释。新员工则可能做出不太合适与不恰当的解释,会导致自己潜在的不安,使自己与老员工的行为和信念不一致。例如,假设某一主管对迟到员工大声训斥，并威胁会采取惩罚措施，但事实上很少真正如此。老职员将此理解为领导在发泄多余精力，而新职员则可能会得出不同结论，会因此感到忧虑与紧张，并担心真的会如此。

因此，新员工有必要对有关预期、角色、规范、价值观等方面的情况，进行清楚的了解，在开发自身 HR 时需要得到帮助，还需要获得有效完成工作的经验。按照路易斯 1980 年的观点，新员工需要得到如何解释组织事件方面的帮助（特别是意外事件），这种帮助可以从那些真正乐意分享其知识和判断的老员工那里获得。另外，新员工还需要在形成对组织的准确期望方面、在正确处理自己的新角色方面（无论是工作还是其私人生活）得到相关帮助。

正如我们已经看到的，有关组织化方面的理论和研究，为经理和 HRD 专业人员提供了坚实的理论基础，据此可以帮助新员工制定组织化的方案。

第二节　实际工作预览

实际工作预览（Realistic Job Preview，RJP），是给应聘者提供有关所聘职位和组织完整信息的一种方法。RJP 方法与传统招聘方法完全不同。传统的招聘方法有时被称做“引诱”方法，招聘中组织试图通过有选择地介绍优点而隐瞒其缺点的方式来吸引应聘者。然而在 RJP 方法中，应聘者可以获得关于应聘职位及其组织的正反面的全部信息，了解整个事实的真相。譬如，如果组织目前效益还不明显，工作会经常加班，这一点不是被隐瞒和掩饰，而是开诚布公地与应聘者加以讨论。

一、工作预览

按照华纳斯于 1980 年提出的观点，RJP 的目标是用来提高新来员工的满意度、工作投入度和他们保留在组织工作的可能性。华纳斯于 1978 年和 1992 年研究的 RJP 程序模型提出了四个相关开发机制：打预防针、自我选择、模仿和个人投入。

（1）打预防针。消除不切实际的过高期望，给应聘人提供准确的信息，这好比给人种痘以防疾病一样。应聘者获得有关信息之后，会使他们按照工作实际要求对原有期望加以调整。

（2）自我选择。符合实际的预期能使应聘者确定该工作和该组织是否是个人所期望的。如果不是，应聘者可能不会接受该工作，对组织来说则可以避免招聘到那些不满意或工作很短时间就辞职的人。该模型指出，具有自我选择权力的个人可能感到更满意。

(3) 模仿作用。切合实际的期望使新员工对其角色有更清楚的了解,反过来能使他们开发有效完成工作的模仿机制与战略。

(4) 个人投入。一个基于实际信息决定加入组织的应聘者,会对自己的选择较为满意而加大对工作的投入。这有助于提高个人的满意度,从而可能使他们长期留在组织中工作。上述关系具体参考图 8–2。

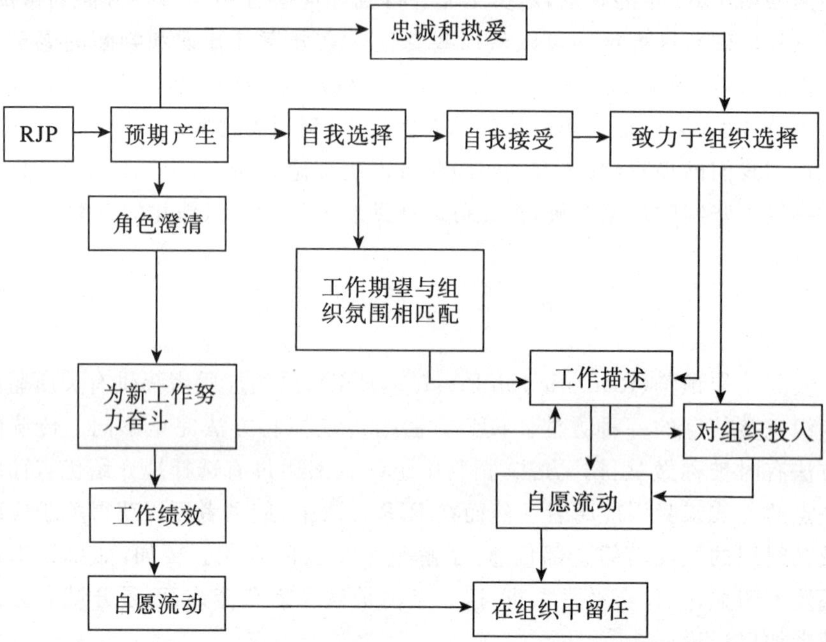

图 8–2　实际工作预览影响分析示意图

尽管 RJP 一般只发生在招聘程序中,但也可将它看做一种 HRD 方法,因为它与其他 HRD 方法有许多共同的目标和技术。组织化的工作在员工正式加入组织之前就开始了。在这一过程中 RJP 所发挥的作用,是初始或预想的组织化,目的是调整与避免新员工对组织产生不切实际的想法,使人们有一个较客观准确的期望。

二、工作预览的运用

(一) RJP 需求评估

实施 RJP 的第一步,是评估对 RJP 的需求。华纳斯于 1992 年提出用面谈和问卷来评估组织中新员工的满意度、投入度和流动度。另外,他认为还应该询问应聘者组织满足其期望的程度,特别要注意了解那些自愿离开组织的员工的理由,因为员工离开组织可能与其工作满意度无关。例如,可能是随配偶去一个对组织投入的新地点、想进行职业的变化、重新回学校深造和接受了一个更好的工作邀请等。在这些情况下，进行 RJP，作用就不大了。

另外，华纳斯于 1992 年指出，应聘者的绩效也应被考虑。一些人的流动是受组织欢迎的，特别是当他的绩效不佳时。如果情况如此，使用 RJP 提高员工的留任率就不太合适，选择培训将比 RJP 更为有效。

(二) 运用 RJP 的时机

一般在下列情况下，RJP 既有用又有效：

(1) 有许多工作可以供应聘人选择，特别是失业率较低时；

(2) 供不应求时，即组织有许多岗位而申请者有限时；

(3) 当应聘者不太可能拥有足够信息来确定是否能够实现自己的期望时，如水平要求高、复杂或“独特”的工作；

(4) 当替代费用较高时。

(三)选择 RJP 的合适媒体

有许多的信息媒体可供 RJP 选择，包括印刷媒体(小册子)、视听展示(录像)与组织代表讨论(通常与招聘者或工作执行者进行讨论)、口头发言和面谈等。鉴于 RJP 可视作招聘策略而不是一项具体工作，我们还可以利用其他信息媒体辅助招聘，包括工作说明书、招聘文件、直接观察工作环境、参观游览厂区、工作扮演、访问相关岗位工作者、了解实际工作体验。

然而，目前许多组织的 RJP 基本上强调使用小册子和录像带，对上述各种媒体效率的比较研究较少。但科拉里尔(Colarell)于 1984 年的研究发现，在减少流动方面，应聘者和相关岗位工作者的双向讨论比 RJP 手册更为有效。RJP 如果采用更加现实与直接(如录像)的信息媒体，并增加机会进行双向沟通，比利用手册、工作说明书等静态方法更为有效，但是此类媒体的费用很大。对各种媒体的效率和效用问题需要做进一步的研究。

(四) 选择正确的 RJP 内容

对于 RJP，除了要选择恰当的媒体展示形式外，还必须选择正确的内容。在内容选择上，应考虑下面这些问题：

(1) 描述性或判断性内容。描述性内容强调的是岗位本身的事实信息，而判断性内容传达的是岗位任职人的情感。

(2) 广泛性或深入性内容。广泛性内容包括与岗位相关的所有信息，而深入性内容则有所选择，更强调岗位的某些内容。

(3) 可能带来的负面效果及其程度。RJP 的内容可能会带来一些负面影响，这种影响是严重的还是一般的，在 RJP 中应该予以说明。

(4) 信息来源。如果使用视听媒体，就要选择是由演员、岗位任职人还是由主管或培训者等其他组织成员来展示。华纳斯建议：RJP 应该采用判断性、深入性、中等消极的内容并由在岗的任职者来展示。

（五）其他应该注意的问题

在 RJP 的运用中，还应注意以下几个问题：

(1) 应态度明确地鼓励应聘者进行自我选择；

(2) RJP 中的消息要有很高的可信度，并与所用媒体相匹配；

(3) RJP 所展示的信息要与组织氛围相匹配。

建议那些正在准备 RJP 的组织要根据自身的需要、预算和可支配的资源，利用可以得到的文件和研讨过的问题和观点。

对 RJP 来说，时效最关键。理论表明，应该在给出录用通知书之后发出 RJP，为的是让应聘人有足够的时间进行自我选择。然而，这可能很费时间，要依招聘者数量和使用的媒体而定。另外，如果 RJP 在录用通知书发出之前给出，那么高层管理者可能会不同意介绍组织与岗位的负面信息。

何时给出 RJP 较合适，目前还没有准确的研究。但在许多研究中都主张 RJP 较晚给出较为合适。例如，RJP 应在录用通知书发出后或在应聘者接受聘用后给出。尽管这些研究证明，RJP 在一定程度上可以降低期望值和流动率，然而也许是这些研究中所使用的时间导致了对效率的保守估计。实际上早一点给出 RJP 也许会更好，可以使用多种媒体，例如职务说明书、招聘手册和录像带，甚至通过整个组织的运作程序来传达相关的实际信息。

三、RJP 的效果

组织可用许多方法来评估 RJP 的效果，表 8-5 中列出了一些标准。我们建议组织对 RJP 进行评估，并将评估结果刊登于员工能看到的媒体上。这样可以为 HRD 人员提供据以做出设计和执行 RJP 决策的信息基础。

表 8-5 RJP 效果的评估标准

进入阶段	评估标准
进入前	组织招聘新员工的能力
进入	1. 新来员工的最初期望 2. 个体选择组织时整体工作需要与组织氛围相匹配的程度

续表

进入阶段	评估标准
进入后	1. 最初的工作态度、对工作的满意度与对组织的投入 2. 有关组织的描述性判断（与外部者的预期相比） 3. 有关辞职的想法 4. 工作绩效 5. 工作成功率和自愿流动率

对于 RJP 的效果已有较多的研究，总体研究结果表明，RJP 能有效地降低过高的期望和降低流动，能够提高新员工满意度和增加投入等。

应该注意的是，给应聘者提供实际的信息，只能改善其态度和行为，要想做得更好，组织还应确定采取什么措施来改善员工的工作条件。

总之，尽管目前为止 RJP 的效果不像倡导者希望得那样高，但它确实为新员工的组织化提供了一个实际的、相对便宜的与较为道德的方式。HRD 实际工作者应该尽量将 RJP 用于组织的社会化过程中。

第三节　员工导向

员工导向是用来给新员工介绍工作、介绍主管、同事和组织的一种活动。导向活动在新员工加入组织后工作的第一天就开始了。工作预览影响的主要是社会化的预想阶段；员工导向强调的是组织化的开始阶段。在这个阶段中，新员工发现了组织中工作和生活的真实情况。

一、员工导向的主要目标

员工导向活动的目标，主要包括以下内容：

（1）减少新员工的紧张和不安；

（2）减少起始工作中的麻烦与消耗；

（3）降低流动；

（4）减少新员工用以达到工作熟练的时间；

（5）帮助新员工了解组织价值观和期望；

（6）帮助新员工获得合适的角色行为；

（7）帮助新员工适应工作团队和团队规范；

（8）鼓励新员工形成积极的态度。

导向活动在各种规模的组织中都很常见。一项对 HRD 专业人员的调查显示，80%—85%的组织都用过一些形式的导向活动，其中员工数在50000人左右的组织使用导向活动的占93%，员工数少于500人的组织占75%。

二、员工导向的内容

员工导向的内容通常包括公司的总体情况和具体的工作信息。这些信息分别由HRD人员提供和新员工的直接主管来介绍。公司信息一般包括公司的总体介绍、关键政策和程序、任务声明、公司目标和战略、报酬、福利、安全和事故预防、员工和工会关系以及环境设施等。具体工作信息的介绍包括部门的职责、工作任务、责任、政策、规则和程序、参观各部门和介绍部门内的有关成员等。

考虑到组织化的性质，清楚地给员工传达工作信息很重要。应该给新员工解释诸如工作的责任、任务、报告程序、绩效标准和工作职责等内容。最经常使用的一个传达信息的方式就是职务说明书。但正如前面提到的，职务说明书可能会漏掉重要的工作信息。因此，工作规则、工作条件以及新员工与同事或顾客代理人的关系等，都应该在工作期望的建立中发挥作用。

应给新员工介绍组织的任务、目标、结构和产品的总体情况，这些很关键。一个能理解使命重要性的员工，更可能遵照组织的价值观而采取相应行动。一些组织用“信条”来传达其核心任务并在公司政策和目标中加以强调。

报酬和福利政策在员工导向时也应作适当解释。有些组织会花一定的时间来让员工完成报酬和福利表格，使他们了解所拥有的权利和将要加入的活动。将新员工引导到部门时，主要是让他们了解工作如何在部门内完成，部门的工作又如何与整个组织相吻合；还应与他们讨论工作流程、工作协调等问题；此外，还应同他们讨论工作场所的设备、工具与材料布局，包括供应设备、安全出口和任何特殊的地点。

三、导向的活动形式

导向的活动形式很多，包括演讲、录像、发放印刷材料和讨论等。例如，苹果计算机公司运用计算机软件传达有关的导向内容，公司内部网络为新员工随时提供有关组织及其他员工的广泛信息。导向活动的时间从几小时、几天到几个月不等。表8-6列出了康宁公司(Coming)在导向活动中的事件安排。

表 8-6　康宁公司导向活动事项安排表

1. 分发材料
(1)在录用决策做出后,尽可能早地分发导向材料;
(2)给新员工主管一本名为《主管指南》的手册;
(3)给新员工一份导向活动计划安排。
2. 到达之前
这段时间主管应保持与新员工的接触,帮助其处理住宿问题,与新员工讨论工作计划和做出基本的目标管理,安排办公室,向组织汇报工作和制定面谈日程。
3. 第 1 天
在这重要的一天里,新员工与主管共进早餐,办理人事手续,参加"康宁和你"研讨会,与研究会主席一起吃午餐,阅读新员工工作手册,参观公司,认识同事。
4. 第 1 周
在这一周,新员工完成以下工作:
(1)与主管、同事、专家进行一对一面谈;
(2)了解与工作相关的"怎么做,在哪儿做与为什么做"等问题;
(3)弄清工作手册中的问题;
(4)在社区里安顿下来;
(5)与主管一起确定 MBO 计划。
5. 第 2 周
新员工开始日常工作。
6. 第 3 周和第 4 周
新员工参加社区研讨会和员工福利研讨会,可以邀请配偶或朋友参加。
7. 第 2—5 个月
在此期间内,任务被深化,新员工每两周与主管一起进行回顾总结,定期参加六次 2 小时的研讨会,讨论有关质量、生产率、技术、绩效管理和工资报酬计划、财务和战略管理、员工关系等问题,针对工作手册中与研讨会中的问题,与主管一起寻找答案。
8. 第 6 个月
新员工弄清工作手册里的问题,与主管回顾 MBO 清单,与主管参加绩效回顾,接受完成第一阶段的导向开发工作并为第二阶段做出计划。
9. 第 7—15 个月
这段时期的特点是进行第 II 阶段的导向:部门导向、功能导向、教育活动、MBO 回顾、绩效回顾与工资回顾。

资料来源:E. J. McGarrell, Jr.,"An Orientation System that Builds Productivity", 1984, *Personnel Administrator*, 29(10), p. 76.

四、角色定向

员工导向中最重要的内容之一,是新员工和主管、同事以及其他组织成员经常进行接触。瑞查斯(Reichers)于 1987 年提出,这些接触是促进组织化的基本工具。因为这些老员工能给新员工提供组织的大部分信息。瑞查斯认为,在冲突阶段，组织化的效率依赖于新老员工接触的频率。接触越多，新员工组织化越快。由路易斯、波斯纳（Posner）和鲍威尔（Powell）于1983年进行的调查研究发现，大多数新员工认为，与同事、主管和资历老的同事的接触，对自己的组织化最有帮助。事实表明，这些接触深刻地影响了新来员工的态度，包括工作满意度、组织投入度和留下来的意向。因此，这些调查结果表明，新员工的导向应包括与主管、同事和HRD人员的经常接触。

（一）主管的导向作用

主管在导向过程中发挥着重要作用，他既是信息来源又是新员工的指导者。主管通过给新员工提供事实性信息和简单明了的实际绩效预期，并强调他们在组织中成功的可能性，帮助他们克服不安感。戈默索尔（Gomersall）和梅耶于1966年的研究表明，在用来减轻不安感的导向活动中，主管应该抓住以下四个关键点给新员工传递信息：

（1）你的成功机会很大；

（2）不要讲大话；

（3）在与他人沟通中采取主动态度；

（4）通过了解主管，新员工可以大大地减少损失，降低流动可能、培训时间、缺勤、浪费。

另外，主管应该鼓励与引导同事接受新员工。在有些组织中，明智的主管会为每一个新员工安排一个"同伴"，负责帮助新员工适应工作环境。例如，师徒制度、一帮一制度、将资历浅的员工与资历深的员工结成对子等，都是这种形式的具体表现。通过这种形式，主管和同事能够协助新员工开发他在组织中的角色。梅杰等人于1995年的研究指出，这样做能够减轻未达成预期的负面影响。

费尔德曼于1980年提出了主管在导向活动中的六项重要作用，包括：

（1）安排工作培训；

（2）一段时间内减少新员工工作以外的需要，促进其工作中的学习；

（3）提供挑战性的初始任务；

（4）进行及时的、建设性的绩效评估；

（5）诊断产生冲突的问题，确定属于结构性还是人际关系方面的原因；

（6）利用新员工来到公司的机会，重新分配任务或重新设计工作，以提高部门的效率和员工对工作系统的满意度。

为了让主管发挥上述作用，有必要对主管进行相关的培训，以帮助他们有效完成导向责任。在康宁公司，每个主管都会得到一个书面指南和新员工工作手册复印件，参加为期三小时的培训班，以了解导向系统、自己的角色和如何有效地完成自己的导向活动等。相似地，莱因哈特(Reinhardt)于1988年建议，应该给主管开办一个标准的、为期一天的课程，让他们了解第一天要与新员工讨论的问题。乔治(George)和米勒(Miller)于1996年也建议在开始导向活动前应该对主管进行培训，学会如何在整个导向和组织化过程中与新员工进行有计划的接触。

(二) 同事的导向作用

路易斯等人1983年的研究证明，与同事的接触对新员工在组织中的社会化尤为有益，因为同事可以给他们提供支持、提供信息和进行培训。另外，同事处在特别重要的位置上，他们可以帮助新员工了解团体和组织规范。应该提醒有关老员工注意关心与爱护新来员工。

正如我们前面所提到的，组织促进新员工和老员工接触的有效方式之一，是建立同伴制度，在此制度中新员工与有经验的同事结成对子。作为同伴的同事应得到相关材料和接受培训，以便能更好地胜任角色。

(三) 人力资源开发人员的导向作用

HRD人员在新员工导向中的基本角色，是设计和监督导向活动，包括制作和获得相关材料，如工作手册和研讨会活动指南等，进行导向评估研究，同时，适当完成一部分导向活动，强调新员工可得到的服务、员工权利、福利以及工作场所规则等。

HRD人员的作用，还表现在能够鼓励各管理层参与并支持导向活动，建立一个引导委员会，让关键部门的经理一直参与其中，定期与新员工会面，进行定向培训活动等。另外，HRD人员应该采取措施，通过面谈以及对新员工及主管的调查来保证导向活动按计划进行，保证导向内容不过时。

(四) 新员工的导向作用

新员工在导向活动中可以发挥主体作用，成为一个积极的学习者。在对康宁公司和得克萨斯工具公司导向活动的研究中发现，新员工被置于领导学习过程的位置上，发挥着十分重要的作用。在康宁公司，整个导向系统的设计都是基于新员工本身的学习需要，新员工起主体作用，而HRD人员、主管和经理、同事都扮演着辅助角色。在得克萨斯工具公司，新员工在沟通中采取主动行为，并设法对主管进行了解。这两项研究都显示了导向活动是有效率的。这些调查结果与其他研究一起，证明新员工在组织化过程中会积极寻找其所需的信息，可以发挥主体作用。

五、导向活动中存在的问题

目前美国企业中的导向活动与其他HRD措施一样，存在一些缺点。费尔德曼于1988年指出，大体存在下面这些潜在问题：

(1) 过分强调组织作用；

(2) 给新员工的信息太多、太快；

(3) 信息一般化或表面化，与新员工的工作任务不直接相关；

(4) 心理控制战术，与新员工讨论错误率或工作的负面影响；

(5) 对组织的推销太多；

(6) 过于强调规范的单向沟通，例如利用演讲的录像带对新员工进行宣传，不给新员工讨论感兴趣的问题的机会或提出问题的机会；

(7) 导向活动一般为一次性心智模式，将导向活动仅安排在工作的第一天；

(8) 没有对导向活动效果进行诊断或评估；

(9) 缺乏跟踪。

六、导向中信息超载

这个问题特别普遍，因此有必要特别提出讨论。一个人在一定时期内只能接受一定量的信息，否则学习效率就会下降，学习压力上升，导向活动将会无效。因此，设计者和执行者应敏感地意识到这个问题，并努力通过下列措施来预防信息超载：

(1) 在导向的初期只涉及基本信息；

(2) 提供书面材料，供受导向者在以后实践中重新回顾，特别是那些有关复杂的福利计划和重要主题、公司任务和工作规则等方面的材料更应该如此；

(3) 分阶段进行导向活动，将介绍材料按照不同的导向阶段分开；

(4) 追踪新员工，以确定他们是否理解了重要问题，同时对可能存在的另外的问题进行回答。

导向需求评估是导向设计者用以确定新员工需要何种信息的方式之一，可以帮助确定提供信息的最佳时间。比如，美国国家半导体公司曾经采用标杆法了解其他一流公司的最佳实践，如迪士尼公司和康宁公司，用导向需求评估来确定自己的导向活动的内容和结构。美国明尼苏达大学设备管理系，从新员工中随意选择一些人组成观察组，来识别新员工需要了解什么信息。进行此类需求评估，可以保证新员工在需要的时候得到他们想要得到的东西，以降低信息超载发生的可能性。

七、导向活动的设计

导向活动可以借用任何HRD活动设计的原则进行规范化管理，包括需求评估、活动设计、执行计划和效果评估。麦盖瑞(McGarrell)于1984年在康宁公司设计导向活动时进行了以下十个步骤：

(1) 设定目标。比如，康宁公司的目标包括：在前三年内将流动率降低为17%；将了解工作的时间减少17%；给新员工们提供对公司的统一了解；建立对公司和团体的积极态度。

(2) 建立一个引导委员会。

(3) 研究导向的概念。

(4) 与新员工、主管、公司领导面谈。

(5) 调查一流公司的导向实践，例如得克萨斯工具公司的导向实践。

(6) 调查公司现存的导向活动和材料。

(7) 选择导向内容和执行方法。

(8) 试验和更改材料。

(9) 制作和包装导向活动的材料。

(10) 培训主管和安装导向系统。

前面表8-6是康宁公司导向设计的结果。从中我们可以看到，康宁公司的导向活动开始于新员工工作的第一天。在那之前，应聘者接受了有关团体、工作和工作环境的介绍材料，导向活动整整持续了15个月，包括研讨会、会谈、目标设定和绩效反馈等。评估结果显示，该导向活动达到或超过了所有目标，自愿流动率降低了69%。

八、导向活动的效果

对导向活动总体效果的研究成果并不多，对各种方法的相对效果也没有足够的比较研究。许多有关导向的研究提出了如何设计导向活动的建议，但缺乏支持建议的必要论据。费尔德曼于1988年发现了设计有效导向活动的11个共同要求，如表8-7所示：

表8-7 有效导向活动的11个设计要求

1. 有效的导向活动所提供的信息应该是“新员工需要了解的”。员工能得到他们所需要的信息，但信息不应太多，要首先给出最相关、最直接的信息。

2. 有效导向活动发生在几天和几周内。尽管导向活动的强度第一天最大，但所有目标却不能都在那一天完成。实际的导向活动甚至在新员工到达前就开始了，并在第一天及以后继续进行。

3. 导向活动的内容应该在工作技术信息和社交之间找到平衡点。

4. 允许经理和新员工之间进行大量的接触。成功的组织化依赖于有益的和相互信任的上下级关系的建立。

5. 第一天对新员工有重要的影响，他们多少年以后还会记得第一天的印象。因此，对最初一天的导向活动要仔细计划并由那些有良好社交技能的人来操作。第一天所要求填写表格等文字的工作应该最少。

6. 好的导向活动要使新员工能适应其直接主管。尽管人事主管和其他人员可以作为新员工的重要信息来源，但让直接主管作为一种固定的指导和帮助源很重要，而且直接主管可以最好地观察新员工面临的潜在问题并帮助他们加以解决。

7. 导向活动应帮助新员工在社区里、在新住所安置下来并促进新员工适应新环境。如果后勤无保障，新员工将难以完全把精力集中于工作和任务中。出于这些理由，许多组织给新员工提供找房子的服务，并在一些导向活动中吸纳配偶参加。

8. HRD人员应该把新员工逐一向那些将与其共事的人作介绍，而不是在第一天里全部简单介绍一遍。

9. 在给新员工提出新的要求前，应允许他们有足够的时间来站稳脚跟。

10. 好的导向活动是令人愉快的，它们减少不安而不是增加不安。导向活动应站在同事角度设计，采取帮助与支持的行为，以便使新员工产生对公司的积极态度，而不应该只唱高调毫无行动。

11. 最后，组织应系统地分析新员工的需求，并对导向活动的效果进行评估，需要时应加入新的主题和问题，将导向活动的非本质部分删掉。

在结束导向活动前，要清楚新员工在加入组织时所面临的重要挑战，这些挑战既对个人有利又对组织有利，可以促进组织化进程。尽管我们已经讨论了实际工作预览、员工导向，但组织化过程却不仅仅限于这些项目，而是贯穿在员工终身的职业发展之中。因此，HRD工作者应该注意其他可以促进组织化的相关培训和职业开发活动，包括进行及时的绩效考评和提供挑战性的任务，使所有新员工都能从有关的辅导、培训、处理压力和个人问题的咨询中受益。

总之，新员工是我们组织内人力资源开发中的新生力量，是HRD人员最关注的对象。对于新员工的开发，我们应通过组织化、实际工作预览和新员工行为导向等不同手段来实现。

【思考题】

1. 试分析新员工组织化的必要性与重要性。
2. 简述组织化的阶段模型并分析其优缺点。
3. 试分析企业制定人员导向战略的基础与依据，以及应当注意的问题。
4. 工作预览运用的步骤及应注意的问题是什么？
5. 员工导向的内容及其活动设计的步骤是什么？
6. 比较在新员工导向中不同角色的作用。
7. 员工导向活动中存在的潜在问题有哪些？你有何改进的意见？
8. 如果你是一名人力资源主管，你将如何设计员工导向方案？

【案例】

西门子打造更多创新教练①

在庞大的西门子,创新速度始终是中国区的优势之一,面对广泛的市场需求,创新教练运用启发式提问,让科学家们更快找到新点子。

在西门子中国研究院医疗研究负责人许晓东开始带领团队攻克中西医融合信息化系统项目的时候,徐亚丁请他描述医生一天的工作状况。"这个问题听上去很简单,但是我当时回答起来有些困难,如果没有真正到医院待上一两天,仔细观察过,就无法真正了解他们的状态和需求。"许晓东表示。

为了更好地解决项目中遭遇的问题,许晓东带领团队开始走进医院,贴近客户了解需求。如今,这个中医院信息平台加入了很多新创意。比如他们发现,医生在临床治疗过程中拥有高强度的工作压力,为了满足其快速高效地录入病例的需求,他们在产品中添加了三维人体经络穴位模型,只需用鼠标在立体模型上直观地点击即可完成处方诊断的录入,甚至可以进行中医微创手术的可视化演示。最终这个由很多新点子组成的方案获得了市场的认可,也取得了很好的收益。

许晓东本人在 2005 年 4 月刚加入西门子的时候就被徐亚丁的理念吸引,"他很有远见,不按常规思路做事情,也让我不要有太多条条框框,同时我们要时刻关注中国市场的需求,用我们的人才、技术给中国社会带来价值。这和很多外企老板的想法是有所不同的,而且他总是会问很多问题,甚至会把我'逼到墙角',但这确实能够帮助我们推出创新的点子,这种方式也让我对如何实现创新有了更多理解"。

徐亚丁正是西门子中国研究院院长,他把自己称为创新教练。通过启发式的提问,如今许晓东也开始运用这样的方法推进自己部门内部的工作。在部门会议上,面对员工的好想法,他总会先引导大家阐述这个方法可以解决什么问题,如果问题没有定义清晰,就不算是创新。同时,他更加注重部门间的沟通,让大家发散思维,相互启发。

另外,流程的作用也不可小觑。虽然西门子倡导宽松的研发氛围,但如果缺失了流程中不断审核的过程,就不容易把握正确方向。这种审核实际上也是在某种程度上进行提问,帮助员工寻找问题、进行思考,而后激发更多灵感。

"好的老师才能带出好的学生,所以提出好的问题的能力正是创新教练所必备的,在徐亚丁的帮助下,我也正在向这个方向努力。"许晓东表示。

---

① 资料来源:蒋艳辉:《西门子打造更多创新教练》,《首席人才官》2009 年 10 月号,http://cho.zhaopin.com/articles/1930_1.html。

追问激发创新思维

《首席人才官》：西门子研究院创新教练具体的教练方式是什么？理论上，每个项目或者实验室负责人都应该是创新教练。

徐亚丁：首先我需要从自身做起，而后是我们的部门总监和项目经理，我们希望在项目经理层面都能够达到这样的水平，一个好的教练可以把一个平均水平的团队带到顶尖的位置，这种教练不是在学校里面上课就能够满足的，要到实战中去历练，但事实上，现在还没有完全达到我们希望的程度，我们还需要更多努力。简单讲，创新教练就是要能够去问，问对的问题，用问问题的方式来启发那些作研究的人，要让他们自己去思考，而不是告诉他应该怎么做，这是研发领域中非常重要的一点。

《首席人才官》：怎样解释"对的问题"？

徐亚丁：可以从大的层面一直问到细节，比如大的问题是，做这个项目的目的是什么？这看似简单，但要回答好就需要知道这个项目和中国的发展是否合拍，我们的市场和效益在什么地方。小问题的例子比如，有员工说自己的技术是最好的，是世界第一，我就问他，既然你是世界第一，那么谁是第二好，和他相比你的优势是什么？用这样的问题追问下去，我们的员工开始学会更深层次地思考，这样员工整体素质也有了快速提升。

《首席人才官》：我更愿意将您谈的创新教练归结到领导力中，通常研发中心的工程师都更喜欢钻研技术，您如何引领团队走向公司认为的真正意义上的创新？

徐亚丁：我们西门子研发是专注于工业研发的，所以我们和学院派有很大差别，直接来讲，我们更关注是否为企业带来了效益，所以这是一个商业化的过程，也需要用企业的方式进行管理。西门子中国研究院正在建设一个兼顾P&B&R&D的创新基地。除了R(研究)&D(原型开发)，中国研究院还重视P(社会责任)和B(业务发展)，这意味着我们的创新需要有社会责任并且能够满足西门子业务发展的需要。为了使我们的创新达到这个要求，我们要求中国研究院的研发人员做到"三了解"——了解用户、了解竞争对手、了解西门子产品组合和发展蓝图。

《首席人才官》：这种意识需要公司进行怎样的宣导？

徐亚丁：作工业研究要关注外部环境，所以我一直在向组织灌输这种更加商业化的理念。首先我一直在强调这些内容，慢慢渗透，不断重复。当这种意识深入人心的时候，就成为一种创新的思维方式和创新文化。

《首席人才官》：文化能真正影响创新的产生吗？

徐亚丁：我很喜欢强调外部环境，除了文化以外，我们西门子的行业涉及非常广泛。作工业研发,想出来一个别人都没有想到的技术还是有相当难度的,所以这种跨部门、跨领域的合作可以很好地帮助我们。另外,公司高层对创新的重视非常重要,一个经典的案例是当年索尼研发最辉煌的时候,是他们的CEO亲自负责这个团队。我们强调创新是我们的命脉,要让员工了解这些,而且要有一定的方法去激励他们,比如我们有年度发明家、有3i活动,这些综合起来形成了公司的创新文化。

《首席人才官》:您本人是西门子中国研究院的创办者,这四五年的时间里,研发中心的团队力量发生了怎样的变化?

徐亚丁:最初我们只有20多人,现在已经有250人左右,最初只在北京,现在南京和上海也分别成立了研发中心,所以我们的规模肯定是增大了,团队力量也得到加强。这个行业完全靠人才,是知识密集型行业,所以我们从成立之初就明确了我们的人才培养方向。我们把人才分成了五级:第一层是执行层面的;第二层要增加思考的能力;第三层需要拥有创造性思维的人,可以跳出框框想问题;第四层则需要有战略性的想法,最顶尖的需要有愿景。这样的人才梯队是一流水准的研发中心。我们刚才强调的创新教练也正是在第三和第四层次的人才。

《首席人才官》:针对这样的人才分布,您用什么方法找到这些人才?

徐亚丁:前两个级别的人相对容易寻找,而有所创意的人就需要靠猎头和朋友推荐的方式寻找,这也是我们花了很大力气做的事情。这种方式的成功率比较高,因为我们没有那么多时间。而且我们的团队现在是一个全球化的团队,有来自各个国家的人,这种混搭的方式也可以激发创新。但要求他们都是既聪明又勤奋的人。同时公司要为这些人才搭建一个平台,给他们树立信心。我本人就是一个争强好胜的人,我也希望自己的团队可以力争上游。

《首席人才官》:管理研发中心的团队和管理其他部门的团队是否有一些实质性的差异?

徐亚丁:我认为差异不大。首先,管理者要真诚,这样大家才能真诚;其次,要有一定的包容度,让大家和你不一样,否则就变成了一言堂。只要员工能干,我们就要给予他足够好的平台,比如在美国,西门子位于东海岸,我们有个非常优秀的研发人员,由于家庭原因需要去西海岸,为了这个人,我们在西雅图专门成立了办公室,因为在公司眼中,这是值得的。

《首席人才官》:很多人认为,中国的文化和教育体制导致我们在创新上存在先天劣势,您本人在西方工作了三十余年,通过比较,您的看法是什么?

徐亚丁:任何事情都有两面性。在美国,幼儿园的老师提问,小朋友甚至没有听清楚什么问题就高高举手,如果这么看来,中国人在西方人眼中似乎是没有创意的。但从另一方面来看,中国人想好答案才发言也反映了我们的专注。在美国硅谷,在那样一个充满创意的环境,中国人成功的例子非常多。在美国,中国人要占到研发人员的30%,而且表现杰出,所以说中国人没有原创是不正确的。我们聪明而且勤奋,重要的是靠启发,没有好的导向就不容易有好的创意。

《首席人才官》:这种引导仅仅靠发问就可以满足吗?

徐亚丁:从西门子内部看,在十年的时间里,我是有信心做到领先的,因为需求是创新之母,我们要让员工理解市场的需求,而中国的市场恰恰为创新提供了很好的土壤,我还没有看到世界上哪个地区有中国这样多的需求。我们难道始终要跟随西方的脚步?我们有个规则是80/20理论,即80%的需求通过主流创新去满足,而20%的需求通过能够改变游戏规则的颠覆性创新去满足。我深信中国能够走出自己的方法。我们的原创可能和西方不一样,可这也是能够真正让我们去颠覆主流技术有利的渠道。

《首席人才官》:您对中国的研发市场充满信心,但西门子是老成持重的欧洲企业,流程比较长,这肯定为我们的创新制造了一定的障碍。

徐亚丁:我不想去掩饰问题,这确实是我们需要改进的地方。但可喜的是,我们的管理者都看到了问题所在。

我们公司每年都有全球高级经理人的商业研讨会议,去年在柏林会议上,公司CEO罗旭德强调,我们现在最重要的是速度、速度、速度、速度,这个词他连说了四遍。所以可以看出来,这是我们未来会改善的地方。我们也认为在提速的同时不能丢掉我们的品质,我们需要在两者间寻找平衡。

《首席人才官》:目前看来,中国研究院的成立时间不过三四年,中国区的研发速度在全球大概处于怎样的位置?

徐亚丁:中国的速度还是非常快的,主要是因为我们有这样的市场需求。我在西门子很多国家工作过,各个国家都有不同特点,美国的创新速度很快,但有时候不像德国那么尽善尽美,我们也希望用全球的思维来管理我们的研发。

比如把美国的想法拿到中国这个充满"需要"的市场去做初步的实现,再让德国方面进行完善,能够进入高端市场,这样大家都是赢家。

《首席人才官》:这种速度似乎更依赖于外部,从内部管理上,你怎么做到更快速度?

徐亚丁:有两点需要努力,一方面我们要借鉴创新,另一方面是形成竞争。同时还是要用流程保证我们的品质,但这个流程要简单高效,否则反而影响效率。

讨论题:

1. 新员工是公司的新生力量,西门子是如何开发新员工的?

2. 我们政府部门的人力资源开发能从西门子的案例中借鉴到什么有用经验?

第九章　老员工的开发方法

【本章教学目标】

1. 了解老员工开发实践中的各种方法与问题。
2. 掌握职业规划与管理的各种理论与方法。
3. 重点掌握职业发展模式及其规划与管理的各种方法与经验。

老员工在这里是指已经进入组织或工作了一段时间的员工。对这些员工的人力资源开发，导向开发方法就不再适用了，需要我们采用新的方法。这一章主要介绍职业规划、职业管理与老员工开发实践问题。当然，这些方法也可以从新员工导向开发阶段开始。

第一节　职业规划与职业管理

在这一节，我们将首先阐述什么是职业，什么是职业规划，什么是职业管理，以及它们之间有什么差异；其次，我们将回答在当今经济结构大变动、员工忠诚度普遍降低的情况下，职业规划与职业管理是否有效，职业规划与职业管理在 HRD 中具有什么作用等问题。

一、职业

"职业"的英文为"career"，依据《牛津字典》的解释，"career"是指人生的道路或进展，不同学科的研究人员对此有不同的解释。

（一）职业的不同解释

目前我们可以概括出如下几种不同的解释：

（1）指职业特点或组织的性质。此时，"career"描述的是职业本身，如销售或财会，或说明员工在组织中的工作期限。

（2）指个人的职务晋升与发展。从这个意义上，"career"是指一个人在职业或组织中的不断进步和不断的成功。

（3）指一门职业的地位。一些人用"career"来区别于"profession"，如把律师或工程师与管道工、木匠、一般办公室工作相区别，律师被认为有职业，而木匠则被认为没有。

(4) 说明陷于工作之中。有时“career”被用于否定的意义，描述一个人极度陷于任务或工作之中，如平常所说：“我们休息吧，别管他，他有职业病。”

(5) 说明一个人一生所有工作的汇集。“Career”指一系列相关工作的汇集或集合。

(二) 职业的定义

上述的每一个解释虽然有其合理之处，但是也都有它的局限性，因为界定过于窄小。笔者比较同意格林豪思(Greenhaus)的观点，他认为“career”最好描述为“与工作相关的经历与活动，该经历将持续一个人的一生”。

在这个定义中，既包括“客观事件”，如工作，又包括对工作的“主观观点”，如个人的态度、价值观和期望。因此，与一个人工作相关的活动及其对活动的反应都是“职业”的一部分。而且，这个定义与下列两个观点也是相一致的：职业随时间而发展；每一个人都有自己的职业，而不论他的专业如何、层次如何或工作模式如何。

这个职业定义也注意到了个人、组织和环境对工作发展的影响。尽管工作和职业的选择在很大的程度上由个人的内因决定，但组织和其他外因也发挥了一定的作用。社会环境的影响因素包括国家的政治、经济、家庭和教育制度等因素；个人方面的影响主要由他们的技能、知识、能力、态度、价值观、性格和生活境况所决定；组织方面的影响主要表现在组织为员工提供职务及其相关的信息，提供各种发展机会和工作条件。在这些因素的影响下，员工会对将来从事什么工作与职业做出相应的选择。如果他选择继续留在同一组织中长期工作的话，情况更是如此。

在整个的职业选择与变化过程中，三者的影响的权重不太一样。一般来说，个人和组织更为主动一些，都有各自的需要和一些优先的考虑。但是我们应该注意到，三者的影响对一个人的职业发展都很关键，我们在进行职业规划与管理的过程中要全面考虑。

总之，职业是一个人工作经历与活动的总和，受到社会环境、组织因素与个人素质的影响与制约。

二、职业发展规划

(一) 职业发展规划的概念

职业发展规划，是指规划者对每个员工职业选择的可能性、制约因素、发展方向、发展内容与发展结果，进行认真分析与计划的过程，包括组织规划与个人规划两种形式。组织规划是指组织作为主体对其所有的人力资源，在充分征询个人意见的基础上，对每个员工的职业发展方向、内容形式与发展结果，做出全面的计划与安排；而个人规划是指，由个体采取的了解和试图控制其工作发展方向与内容的活动。个人规划不一定是由个人单独完成，他可以得到顾问、主管和组织内外其他人的帮助。一般来说，职业规划以个人设计与组织指导相结合的方式为佳。因此，我们认为，职业规划是指规划者为了在组织中积极地运用每个员工的人力资源，长期持续地确保每个岗位所需要的人员与能力，谋求个人发展与组织发展双赢的一种 HRD 活动。

（二）职业规划的内容

职业规划主要包括以下几方面的工作：

1. 了解任职者的需求与特点

具体内容包括：

（1）个人的兴趣、爱好与特长；

（2）个人的性格与价值观；

（3）个人所选定的目标与方向；

（4）个人的生活经历与前景；

（5）个人的工作经验；

（6）个人的学历与能力；

（7）个人的生理与身体状况；

（8）个人的优缺点。

2. 分析外界条件与制约因素

内容包括：

（1）组织发展战略；

（2）人力资源规划与需求；

（3）晋升发展机会与途径；

（4）政治环境与导向；

（5）社会环境与需求；

（6）经济环境与兴衰；

（7）法律与政策影响；

（8）科技发展与影响；

（9）家庭的期望。

3. 分析与评价职业目标

内容包括：

（1）各职业目标设定的原因；

（2）达到各职业目标的可能途径；

(3) 达到各职业目标所需的条件;
(4) 达到各职业目标可能得到的帮助;
(5) 达到各职业目标可能遇到的阻力与风险;
(6) 达到各职业目标可能得到的结果与发展前景。

4. 确定对策与措施

内容包括:

(1) 权衡得失与风险,选取最佳目标与路线;
(2) 获得实力与各种任职条件的活动安排;
(3) 排除各种阻力的计划与措施;
(4) 争取各种支持与帮助的计划与措施;
(5) 化解各种风险的对策与措施。

(三) 职业规划的类型与作用

职业规划从时间上看,有短期、中期与长期三种形式。短期规划一般在1年以内,中期规划一般为3—10年,长期规划在10年以上。

生命无法再来一次,但职业发展可以改造与设计。这是汤姆森(Thomson)的观点。他认为每个人都是自己职业发展的建筑师与设计师,每个人都有追求更好生活的能力与权利。为了使自己的职业发展取得成功,除了幸运之外,努力与坚持是必需的。问题在于如何努力,如何坚持,因此下一步的职业发展管理更为重要。

三、职业发展管理

(一) 职业发展管理的概念

职业发展管理,是指员工个人或组织为准备、执行与监督职业发展规划及其实施的活动。职业发展管理的目的在于,通过员工和组织的共同努力与合作,使每个员工的职业发展目标与组织发展目标相一致,使员工个人发展与组织发展相吻合。因此,职业发展管理从主体形式上看,包括自我管理与组织管理两个方面。组织方面的任务,不仅要帮助员工个人执行职业发展规划,进行职业管理,包括为员工提供必要的教育、训练、轮岗等发展的机会,使员工能够配合组织的发展战略与经营要求,制定切实可行的个人职业发展规划,并努力促进其实现,还要采取措施,保证组织所需要的人力资源不断得到满足,这是职业发展管理的重点。一般来说,职业发展管理主要由组织来完成。例如,人员接任梯队计划通常都是由组织的高层管理者秘密进行,确定哪位员工可以培养和应该培养,以便将来替代那些较高职务的人。

就人力资源开发的观点来看,职业发展管理是兼顾个人与组织双方发展的需要，对员工进行适当的培养、教育、升迁、转移、转换与激励，使员工的职业能力得到充分发展，并将其配置在组织内最恰当的位置上，达成个人与组织双方的既定发展目标，改善工作生活品质，获得事业上与经营上的成功。

（二）职业发展管理与职业发展规划

职业发展规划更多地强调发挥个人的主观能动性，组织要主动帮助员工个人了解自己的兴趣、价值观、机会、制约因素，了解自己的能力、选择的可能性以及最后可能的发展结果，并为员工提供支持与指导，促使他们努力达到目标。而职业发展管理则更强调组织的作用，要督导员工个人对规划的积极实施，强调组织在准备、实施与监督员工职业发展规划方面的主导作用。

一方面，职业发展规划工作先于职业发展管理工作，是职业发展管理的起点与终点，因为职业发展管理工作要以职业发展规划为依据，而职业发展管理的目的就是要努力实现职业发展规划的目标；另一方面，职业发展管理工作又包括职业发展规划。职业发展管理工作是从职业发展规划制定开始的，在整个管理过程中，要求对职业发展的方向、目标形式与时间进行必要的调整，对发展规划进行再规划。

四、市场经济与职业管理

HRD正面临着五大挑战：人口的不断膨胀、全球经济的竞争、工作技能要求的变化、终身学习的要求和学习型组织的来临。这些问题不但影响职业管理，而且引起了雇佣关系的变化。

（一）雇佣关系的变化

传统上，许多员工认为，如果他们加入了一个组织，只要有工作能力，并努力工作，不出什么问题，他们就可以想工作多久就多久，认为工作、福利等是自己应该享有的权利。组织与员工的关系是伙伴关系，对于员工的忠诚，组织回报以工作安全和稳定。组织经常用“家”的概念来比喻组织与员工的关系，比如，20世纪80年代以前，美国大都市生命保险公司的员工都将其公司叫做“母亲付账”（一个管理者引以为豪的昵称），因为员工认为无论发生什么事，公司将照顾他们。我国20世纪80年代以前的国有企业工作，也被人誉为是“铁饭碗”。

在这种社会契约背景下，职业规划与职业管理被当做组织的事，其目标是保证那些有能力和符合组织文化的人充实到高级管理职务上。职业开发认为是为了满足组织建立内部劳动力市场的需要而采取的一项措施，职业发展被界定为获得晋升和加薪。

个人通常也从这个角度来认识职业管理。当他们有晋升的愿望或被选为或自愿参加组织的开发活动时，他们才制订职业计划，挤入管理层级并拼命往更高层级发展，这通常是员工主要的职业发展目标。

这类长期依赖关系要求有一个稳定的、可以预测的环境和一个确定的组织结构。但现在，稳定和可预测已经让位于变化和不确定。目前组织应对变化的措施是缩小规模、减少层级、组织再造、削减成本、组织兼并、技术革新和更多地以绩效为导向的改革，这些改革已经彻底改变了传统的雇佣关系。

因此，雇佣关系已经变成这样一种关系：伙伴关系让位于双方利益的交换关系、长期安全的承诺让位于员工自己对自己负责、组织保障变成了自我保障，员工从致力于获得机会向继续被留用转变。

下面的例子来自一家国外公司的公告板，这家公司正在进行着大规模临时解雇：

- 我们不能承诺你能在公司工作多长时间；
- 我们不能承诺我们不被收购和兼并；
- 我们不能承诺你有晋升空间；
- 我们不能承诺当你到达退休年龄时组织还存在；
- 我们不能承诺，你的退休金每年都能到位；
- 我们不期望你永恒地忠诚组织，甚至不能肯定我们目前需要这个。

目前许多产业和职业，包括娱乐业、农业、建筑业，以及相关行业、专业服务，例如法律、财会和建筑设计等，总是有相当多的组织的雇佣关系是短暂的与不确定的，传统意义上的职业概念正在变化。但对大多数人来说，传统的和与其配套的东西还在被当做职业的模式，要求自己能在具有稳定关系的组织中工作或在主流职业中工作，才被认为是有一份“真正的工作”或“职业”。

（二）雇佣关系变化对职业规划的影响

鉴于上述雇佣关系的变化，组织职业规划的工作还有必要吗？答案是肯定的，至少有以下几个理由：

(1) 可能还会有许多大型组织与其员工要保持长期劳动合同关系，计划和实现一个互利的未来，达成组织和员工的最大利益，职业规划则是实现这种战略的关键部分。

(2) 虽然许多组织的规模及其工作会随着时间的变化而改变，然而组织中也要保留一些核心员工，与其保持长期关系。出于组织的利益，组织需要职业规划与管理来保证其核心员工特别是经理能用其能力和愿望来应对新的市场要求。

(3) 虽然目前雇佣关系不断变化，但是职业规划和职业管理活动也被作为吸引有潜力员工来组织工作的招聘手段,作为激励员工积极投入和发挥创造性的工具。

什么应该改变,什么正在变化,是组织职业规划设计要全面考虑的,因此,变化是规划的前提与条件,规划是应对变化的最经济与最有效的手段。在目前经济结构大调整、组织工作大变动与人员大流动的情况下,我们应该精心进行职业规划与职业管理,以此来满足组织和个人的发展需要,为双方能在动态变化的环境中不断获得成功、获得满足与发展提供充分的机会。

五、职业发展规划与管理在人力资源开发中的作用

职业发展规划与管理为 HRD 活动提供了一个未来的工作方向,为应对环境变化的挑战、组织目标的实现以及与之相适应的人力资源开发提供了一个科学的依据与思路。对于组织来说,职业发展规划与管理的作用,具体表现为以下几个方面:

(一) 把个人发展需要与组织发展需要联系在一起,形成 HRD 的合力

人生在世,谁都想成就一番事业,而且层次越高的核心员工这种需要和愿望就会越强烈。然而事业的成功,并非人人都能如愿以偿,问题在于组织与个人对每个员工的职业发展规划与管理水平是否到位。在职业发展规划与管理过程中,组织能够了解员工个人的职业发展需要,因此可以进行针对性的人力资源管理工作,主动把组织发展的目标与个人发展的目标有机结合在一起,目标一致,形成开发动力。在职业发展规划与管理过程中,由于组织会主动帮助员工个人认识自己,客观分析环境影响,树立科学目标与选择适当的职业,并采取有效措施帮助员工个人克服职业发展过程遇到的各种困难,避免人生陷阱,获得事业发展,因此,员工个人会在情感上与组织形成人力资源开发的亲和力。

(二) 在双赢中让员工个人适性发展

HRD 不仅要满足组织发展的需要,也要满足员工个人发展的需要,这正是职业发展规划与管理遵循的基本原则。所谓让员工个人适性发展,就是让员工的个性得到了发展,个人就会得到满足,产生动力,自我激励。

双赢是现代 HRD 的宗旨。在职业发展规划与管理中,员工个人赢得胜利,表现为自己的发展需要得到了合理的满足,自己的个性特长得到了应有的发展,自己的职业发展目标如期得到了实现,即自己成为组织中的人才;组织赢得胜利,表现为组织的发展需要得到了满足,员工自己的发展目标如期得到了实现,每个员工都得到了应有的发展,成为人才,组织拥有了更多的人才群体,人力资本价值得到了提升。

（三）在满足中留住更多的人才

组织中人才流失的原因较多，但主要有三个方面：一是报酬问题，待遇太低，人才难留；二是才能发挥问题，英雄无用武之地；三是职称职级问题，有位无名，有职无权，没有自己向往的适当角色。因为社会上一般人对能力的评价有一个世俗的观点，往往认为职务的高低是一个人能力大小与贡献多少的体现。

上述三个问题对人才的影响可以比喻为小圆凳上坐着的人与三条腿的关系。如图 9-1 所示。

如果三条腿中的任何一条腿短一些，小圆凳就会倾斜或倒下，坐在凳上的人才就会因此流失。而职业发展规划与管理，就是努力保持小圆凳上的人不流失的有效手段，它通过组织与员工个人双方的讨论、分析与设计，让每个员工在组织中始终有自我满足的报酬待遇、才能发挥的空间与适合的职务角色，这样三条腿也就稳定了。

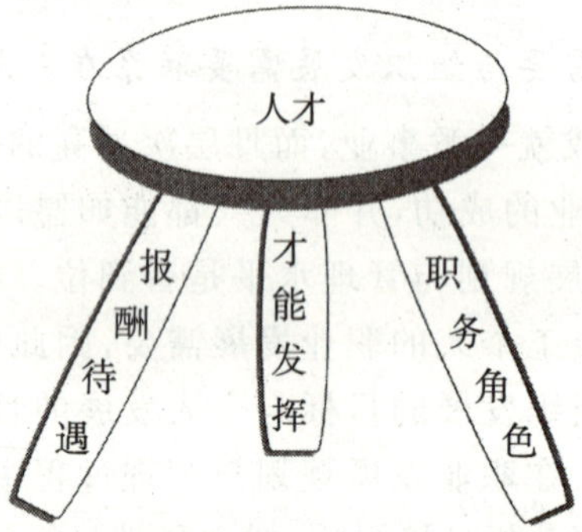

图 9-1　影响人才去留的三因素示意图

第二节　职业发展模式

职业发展模式是指对不同员工职业发展阶段及其顺序过程的一般描述形式。对这种过程的描述一般表现为职业发展阶段的年龄划分。模式只是对多种类型职业发展的一般描述，不一定能够准确地符合每个人职业发展的具体年龄阶段。由于每个人的情况不一样，有的发展速度快，有的发展速度慢，有的发展到某一阶段就停滞不前，有的在某一阶段发展时间极短。了解与研究职业发展的模式是进行职业发展规划的基础，因此在进行职业发展与管理之前，必须先了解职业发展的模式。

一、职业发展模式的分析与比较

两千多年前，我国春秋时代的先哲孔子，就把个人的职业发展模式划分为五个阶段。他说："三十而立，四十而不惑，五十而知天命，六十而耳顺，七十而从心所欲，不逾矩。"(《论语·为政篇》)在这里，孔子视30岁前为确立人生目标与立业阶段，31—40岁为创业发展阶段，41—50岁为成熟期与成功期，51—60岁为拓展期与传播经验期，61岁以后为维持期或收缩期。

国外不同学者划分的职业发展模式见表9-1所示：

表9-1　不同学者划分的职业发展模式一览表

专家姓名	发展模式及其内容
休普(Super)	0—25岁为试探阶段；25—45岁为创立阶段；45—65岁为维持阶段；65岁以后为衰退阶段。在维持阶段又分为继续成长与停滞两个阶段，如图9-2所示。
沙因(Schein)	4—15岁为职业发展成长阶段；15—25岁为职业发展探索阶段；25—45岁为职业发展确立阶段；45—65岁为职业能力维持阶段；65岁以后为职业能力下降阶段。
利文森(Levinson)	16—22岁为成长期；22—29岁为成年期；29—32岁为过渡期；32—39岁为安定期；39—43岁为潜伏的中年危机期；43—59岁为成熟期。

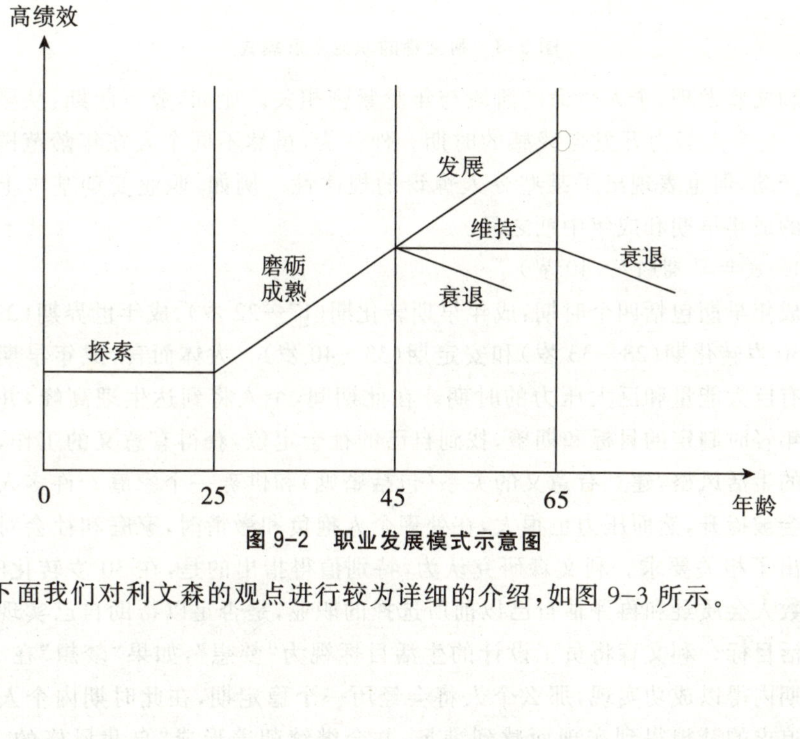

图9-2　职业发展模式示意图

下面我们对利文森的观点进行较为详细的介绍，如图9-3所示。

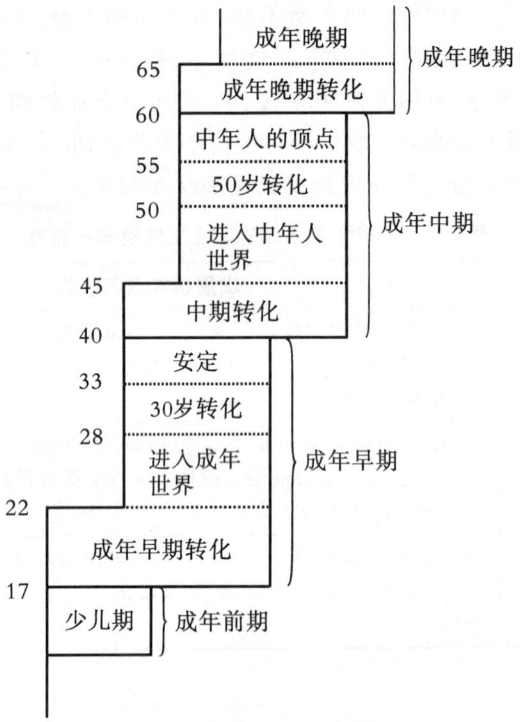

图 9-3 利文森的职业发展模式

利文森发现，个人生命的阶段与年龄紧密相关。比如，成年前期，从婴儿到22岁，是个人努力开发自我感的时期。他认为，虽然不同个人在年龄范围内有一些变动，但也表现出了某些令人惊讶的规律性。例如，职业变动基本上在利文森的成年早期和成年中期之间。

1. 成年早期(17—40岁)

成年早期包括四个时期：成年早期转化期(17—22岁)、成年世界期(22—28岁)、30岁转化期(28—33岁)和安定期(33—40岁)。大体而言，成年早期是一个拥有巨大能量和巨大压力的时期。在此期间，个人将到达生理高峰，并努力达到年轻时制定的目标和期望，找到自己的社会定位，获得有意义的工作，表现自己的生活风格，建立有意义的关系(包括婚姻)和供养一个家庭。许多人在此期间会被提升，然而压力也很大，在处理个人抱负和激情时，家庭和社会对个人也提出了相关要求。利文森研究认为，特别值得指出的是，在30岁转化时期，大多数人会质疑和再评估自己以前所选择的职业，是否足以帮助自己实现自己的生活目标。利文森将员工设计的生活目标视为“梦想”，如果“梦想”在30岁转化期内得以成功实现，那么个人将会经历一个稳定期，在此时期内个人会因为所追求的梦想得到实现而感到满足，并会继续朝着形成“自我风格的人”而奋斗。

2. 成年中期(40—60 岁)

生命中期的转化阶段(40—45 岁),是从成年早期至成年中期的过渡。利文森等人的研究表明,一个人的生活,在成年早期和中期之间会发生显著变化。在这一时期,对自己的职业目标、抱负和所追求的梦想,会有很多质疑,经常反问的问题包括:我在这一生中做了些什么?在我死前想完成什么?我要留给家人和他人一些什么?事实表明,生命中期的转化阶段,会对个人的职业发展产生强有力的影响。在这一阶段中,个人面临着体能的下降、孩子成人、父母身体状况下降或者死亡以及朋友和同事的死亡等一系列问题。上述问题与思考,会使个人变得更接受自己和他人,变得更为明智、更富同情心。然而,这一转化期如果不成功,就会导致痛苦和不振。

中期转化期后是稳定期(45—50 岁)、过渡期(50—55 岁)和另一个稳定期(55—60 岁),在此稳定期是成年中期的结束。一个人在 40 岁或 50 岁的后期,随着他变成团体和组织的资深一员,会经历巨大的满足感或挫折感。

3. 成年晚期(60 岁—死亡)

成年晚期开始于成年晚期转化期(60—65 岁)。这一时期面临着其他一些主要生活事件,包括退休、身体状况进一步下降、家人或爱人的去世等。面临的主要挑战是如何与生命达成妥协,并接受既成事实,而不是遐想与假设还会发生什么。目前有关文献对此阶段的研究要比前几个阶段少。

利文森的模型是对职业发展研究的贡献。利文森的模型是基于经验研究,与成年开发的早期观点相一致,且有所拓展(如与埃里克森[Erikson]的研究相比)。尽管利文森本人承认该模型必须接受进一步的检验和提炼,但是其他研究支持了该模型所划分阶段的顺序和设定的年龄界限。另外,有证据表明,该模型最初是为白人男性的研究而开发的,但是也适用于黑人、妇女和其他文化的人。特别是有关各种职业包括家庭妇女的研究结果,也提供了一些证据,表明年代模型准确地描述了妇女生活的季节。

利文森和埃里克森的模型有些相似之处。比如,他们都将年龄段作为发展的标志,识别了一些成年人在发展中必须处理的类似问题。然而,利文森模型的不同之处在于他进行了更好的区分,并将成年人的发展分成了几个稳定期和过渡期。

更为重要的是,成年早期、中期和晚期代表了职业发展过程中较普遍的顺序,其观点为我们研究职业发展提供了一个有益的方式。职业是一个人生活的一部分,会受到生活问题的影响。HRD 专业人员可以用这些观点来识别组织中员工所面临的特定问题并分别制定职业发展规划。另外,利文森的模型还提出了职业发展过程中几个富于生产力和令人满意的稳定期。

二、职业发展模型的比较

下面我们将讨论与比较两种职业发展模型。一个是传统的,另一个是较现代的。

(一) 传统的职业发展模型

目前有许多职业模型来解释成年人在职业生涯中的发展阶段。每一个模型都强调与生涯阶段相联系的并有一定顺序的年龄阶段,并将职业置于个人生活的背景中,包括许多重叠的部分。考虑到这些模型很相似,格林豪思先后于1987年和1994年将这些方法综合成一个五阶段模型,见表9-2:

表 9-2 格林豪思的职业发展五阶段模型

1. 准备工作与职业选择
   典型年龄范围:0—25岁,然而有变动
   主要任务:开发职业自我形象,评估各种职业,进行最初职业选择,获得必要的教育准备。
2. 进入组织
   典型年龄范围:18—25岁,然而有变动
   主要任务:从令人满意的组织获得工作职位,根据准确的信息选择合适的工作。
3. 早期职业的建立和发展
   典型年龄范围:25—40岁
   主要任务:了解工作,了解组织规划和规范,融入所选择的职业和组织,提高能力,追逐梦想。
4. 职业中期
   典型年龄范围:40—55岁
   主要任务:重新评估早期职业和成年早期,重新确认或修改职业目标,做出成年中期的合适选择,保持在工作中继续富有工作能力。
5. 职业晚期
   典型年龄范围:55岁至退休
   主要任务:持续富有工作能力,维持自尊,为有效退休做准备。

对于表9-2的内容,我们将分别加以描述:

第一阶段:工作准备(0—25岁)。这段时期的主要任务包括形成将要选择与从事的职业的概念并加以界定,为进入这些职业做好必要的准备。这些活动包括评估可能的职业、选择职业和获得必要的教育。有许多研究来识别影响职业选择的因素,至少有九种理论。一个人在此阶段所作的职业选择,是最初选择而不是最后选择,因此主要任务是建立起个人职业的最初方向。

第二阶段:进入组织(18—25岁)。在此阶段,个人选择一个工作和组织,这一组织是他选择的一个职业领域。个人所获得信息的数量和质量将影响个人的最初选择，要么它是个人职业的成功导入，要么是一个错误的起点。在此阶段，个人所面临的困难是最初工作的挑战、最初的工作满意（通常比晚一点的职业阶段满意度低，因为最初期望和组织现实之间存在差距）和个人组织化（变成一个内部人员）。

该模型的最后三个职业阶段，是按照利文森个体发展阶段来构建的（如成年早期、中期、晚期）。格林豪思认为，这些发展阶段中的每一个任务都是影响职业发展的重要因素。

第三阶段：职业早期（25—40岁）；在此阶段，个人正在寻找自己在事业上的定位，追逐自己的生活梦想，在职业和组织中确定下来。必须面对的具体挑战包括技术熟练化和被组织文化同化，即学习其规范、价值观和期望。成功地解决这些挑战，能产生工作满意度、岗位和责任的提升，获得工资提升和社会奖励。总之，早期职业阶段是确定地位和采取措施的阶段。

第四阶段：职业中期（40—55岁）。按照利文森的模型，职业中期开始于生命中期的过渡期。因此，个人在职业中期面临的任务之一是，对早期职业中采取的职业结构和选择进行再检查。个人可能会确认或修改"梦想"，做出与中年人相适应的选择和保持工作中的生产力。这一阶段对一些人是严重的危机，但对另一些人则并不一定是危机。职业中期经常发生的两件事是"职业高原"和"职业过时"。所谓"职业高原"，是指在工作责任和工作晋升上难以再得到提高了；所谓"职业过时"，是指发现自己的职业技能不足以完成新的职业技术变化的要求了。正如前面所说的，能够成功地解决这些挑战的个人，将继续富于职业能力，而不能成功地解决这些问题的人则就会体验到挫折和不振。

第五阶段：职业晚期（55岁至退休）。个人在职业晚期面临着两个挑战：第一，必须保持职业能力和维持自尊，有时会受到社会对老年员工的绩效和能力过时等负面观念的影响；第二，个人面临失业和退休的影响，退休会带来许多情感上、经济上和社会方面的变化。因此，个人应该提前制订退休后的工作计划。由于目前产业结构调整与社会保障制度的发展，组织试图削减人事成本，强迫一些员工比计划更早地退休，取消了法定的退休年龄和单位对退休金的管理，许多人会面临着一个没有退休计划的职业发展。有些个人不得不面临职业的重新变化，这必然会带来更多的问题。

格林豪思模型有助于识别一个人职业生涯中典型的正常事件和经历的顺序。那些在生活中较快开始新职业的人，将会与模型中的年龄范围有所偏离，即使年龄有所不同，但面临的挑战却相同，个人要根据在特定职业发展阶段的其他问题而考虑如何规划它们。

（二）当代职业发展模式

当前，我国处于与经济全球化、组织结构动荡化、职业技术革新化、工作关系团队化和雇佣关系不确定化的非常时期，这些变革对我们看待职业的方式产生了重大的影响。根据这种变化，一些专家例如霍尔（Hall）已经开始质疑传统的职业发展模式与当今世界的相关性。这些当代职业发展模式都认为，个人和组织都必须保持灵活性并增加适应性，以便在高度变化和不确定的环境中获得成功。

当代职业发展模式的第一个观点是，霍尔和米尔维斯（Mirvis）已经提出了“变化自如职业”的概念。“变化自如职业”的概念，从希腊神“Proteus”得名，这位希腊神可以随意变化自己的模样。这一概念认为，驾驭自己职业的是个体而不是组织，个人在需要时可以重新创立其职业。个人在生活中搜寻自我价值和自我实现，其职业由工作选择和经历（工作、教育和其他）组成。每个人的职业是独特的，不需经历一系列关联的、可预测的阶段变化。“变化自如职业”包括任何灵活的、特别的职业过程，既有山峰又有峡谷，既有左拐弯，又有从一个工作转向另一个工作的右拐弯等。

这并不是说，在不同人的职业中没有任何的共同要素。“变化自如职业”观认为，终身学习和个人发展是职业发展的重心。因此，一个人的职业将可能由一连串的“探索—试验—掌握—退出”等小的阶段（或较短周期的学习阶段）组成，个人可以在不同的产品领域、技术领域、组织和其他工作环境中出入自如。按照这种观点，一个人的生理年龄并不重要，重要的是所谓的职业年龄或个人在特定循环中的年数。

“变化自如职业”基本的要求是，必须有积极的职业管理。霍尔和米尔维斯认为，尽管变化自如职业较自由和令人快乐，但是它也有负面影响，包括恐惧、不确定、快速变化等，丧失了个人过去常常用以识别自己和感知世界的支持，例如，按工作名称和与雇主关系来界定自己。

当代职业发展模式的第二个观点，即“多职业概念模型”。该模型提出了四个不同职业经历的模式。这四个模式的特点在于，不同的时间内，各类工作内部及跨工作的运动方向和频率不同。这四个职业发展模式分别如表 9-3 所示：

表 9-3　现代四种职业发展模式及其特点

职业发展模式	模式特点
直线型	通过组织层级运动至更大权力和更大责任的职位； 动力是权力和成就； 变动的时间是线条； 美国的传统职业观
专家型	致力于专业发展； 强调建立某一专业方面的知识和技能； 较少是传统层次上的向上运动，更多的是从学徒到师傅，由获得能力和稳定的欲望来推动； 根植于中世纪行会观念
螺旋型	跨相关职业、学科或专业的终身的周期性（7—10 年）运动，在继续运动前有足够的时间进入特定区； 可以获得较高层的能力； 动机包括创造力和个人成长
变化型	在不同或不相关工作之间及其领域内频繁地变动； 非传统； 动机包括追求独立和变化

布鲁索特（Brousseauet）等人于 1996 年讨论认为，这四个模式可以进行不同的组合，形成许多新的综合模式。他们说，传统职业管理比较偏向于直线型或专家职业模式，但现代职业管理则偏向于短暂或螺旋型职业模式。因此，组织和个人依据所面临的挑战，正以所谓的多元形式来进行职业管理。这种职业管理形式将组织的战略、文化与个人的职业发展模式匹配起来。

（三）传统和现代职业模型的权衡

如果我们要问哪个模型更为科学，那么比较可行的回答是，依赖于与你交谈的对象和他所从事的工作情况。有些组织和产业仍然与传统的模型相吻合。比如，即使目前美国面临着技术变化、经济衰退和政治压力，但是其邮政服务仍然保证其员工雇用的安全。在其他组织和产业中，传统模型则不太合适。比如，在信息产业部门，高速变化导致了新的组织结构、非传统雇用模式的空前增长。另外，在一些产业，已经出现了一些传统职业发展模型的替代形式。比如，在财务、法律等专业服务公司和艺术娱乐、电影业等，职业发展模式很少符合传统的阶段发展模式。

笔者同意尼科尔森（Nicholson）于 1996 年提出的观点，个人、组织和专家不仅仅是用一套职业发展理想模式来代替另一套，而是从实际出发探索适合个人发展的不同模式。从这个意义上说，我们对现代的“变化自如职业”的模式表示欢迎。这种观点促使人们回顾与检讨过去自己多种可能的偏见或陈见，并鼓励个人和组织提出一些能满足其特定需要的目标与方式，来管理和规划员工的职业发展。显然，任何职业发展模式不可能适合所有的人。个人应该为自己的生活和工作负责，然而组织也负有进行职业管理的责任，这既有利于组织的利益，又有利于员工的利益。

然而，笔者认为否认与放弃职业发展的年龄阶段模型的观点都是偏激的。尽管每个人的职业发展都是独一无二的，但其中却有一些共同的东西。许多人在不同的生活和职业阶段都会经历一些相同的事件和转折，并客观地受到其观点、决策和行为的影响。虽然阶段模式理论具有一定的概括性与分解性，但是这种划分不是目的，不是要机械地将每个人的职业发展过程分成特定的几个阶段，而是为了更好地理解他们在不同的职业和生活阶段中职业是如何展开和如何联系的。

总之，职业发展阶段模式和职业发展变化模型，为职业发展规划与管理的实践提供了坚实的基础。通过理解这些模型中提出的问题，个人可以更好地考虑、规划和管理自己在职业发展过程中的各种经历与转折，能帮助组织提高指导与管理员工解决职业转折困难的战略和战术；这些模式还能创立既满足组织HRD需要又满足员工自我发展需求的职业管理制度。

第三节　职业发展规划与管理

一、职业发展规划方法

职业发展规划的过程主要包括确定职业志向、任职人条件分析、职业机会预测与评估、职业内容选择、职业路线设计与比较、职业发展目标锁定、行动计划制订、评估与反馈等八个步骤，其操作程序如图 9-4 所示。

（一）职业志向确立

志向是事业成功的基本前提。北宋时期我国的哲学家张载在《正蒙·至当篇》中指出：“志大则才大，事业大……志久则气久、德性久。”明代的朱熹在《朱子文集》中指出：“士之所以能立天下之事者，以其有志而已。”因此，在制定职业发展规划时，首先要确立职业志向，这是职业发展规划制定的基础与关键。职业志向的确立完全由员工个人决定，组织只起咨询服务或参谋作用。

（二）任职人条件分析

任职人条件的分析，既包括任职人的自我分析，又包括组织的分析。分析的内容包括知识、技能、能力、品德、性向、兴趣、特长、性格、气质、价值取向、工作动机等。任职人条件的分析是职业发展规划的依据,不可缺少。

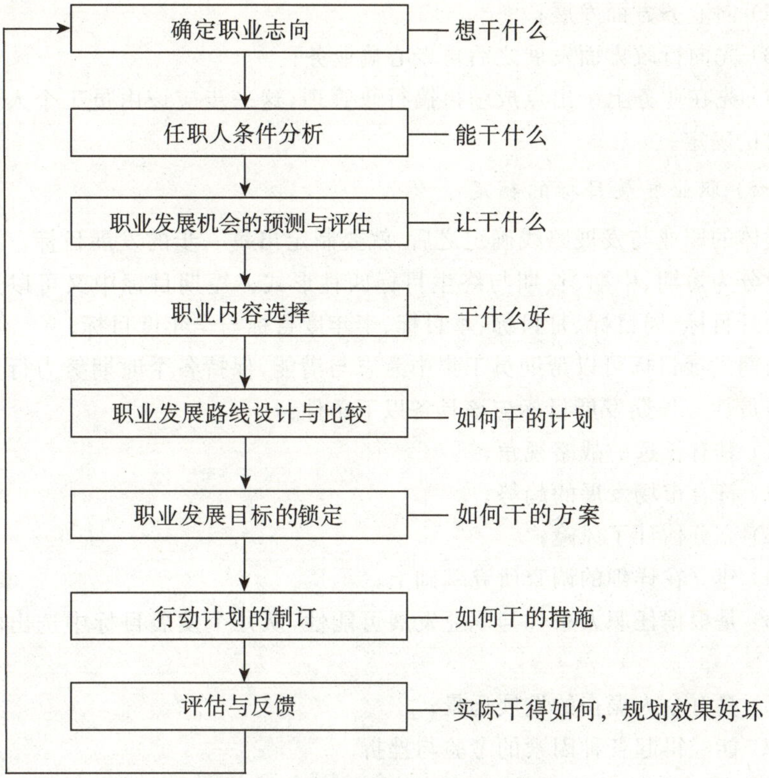

图 9-4 职业发展规划操作流程图

(三)职业发展机会的预测与评估

职业发展机会的预测与评估,主要指对任职人所在组织内外环境因素影响的分析,并对有关的职业发展的机会及有利因素、不利因素进行预测与评估。预测与评估的内容包括组织环境、政治环境、社会环境与经济环境,在组织环境中又需要进一步分析组织发展战略、人力资源需求、晋升发展机会等,主要表现为对人力资源规划的了解与分析。这一步工作可由员工个人与组织共同完成。

(四)职业内容的选择

职业内容的选择,主要是根据任职人所具备的条件的分析、职业发展机会的预测与评估的结果,对任职人究竟应该从事何种职业做出判断与选择。这一步工作可以由任职人自己决定,也可以由任职人与组织共同商定。

(五)职业发展路线设计与比较

具体的职业种类确定之后,还需要设计具体的发展路线。例如,选定在公司财务部后，还需要进一步考虑与比较以下几种发展路线，并从中确定一种：

（1）向行政管理方面发展；

（2）向业务方面发展；

（3）先向行政方面发展之后再专心搞业务；

（4）先在业务上干出点成绩再搞行政管理，这一步应该由员工个人与组织共同讨论确定。

（六）职业发展目标的锁定

具体的职业与发展路线确定之后，就要制定出每一步的发展目标。发展目标一般分为短期、中期、长期与终生目标四种形式。短期目标中又可以进一步具体为日目标、周目标、月目标、季目标、半年度目标与全年度目标。

长期发展目标可以帮助员工集中意志与潜能，保持各个时期努力行为的一致与连贯性。长期发展目标应该具备以下条件：

（1）具有长远的战略视角；

（2）符合市场发展的趋势；

（3）充分估计了风险；

（4）建立在详细的调查研究基础上；

（5）是根据任职人条件与职业发展可能性，从几个发展目标中选出的最佳目标；

（6）具有令人振奋的发展远景；

（7）能经得起各种因素的考验与挫折。

如果员工缺乏职业发展的长期目标规划，那么就很难确定自己要干什么，很可能是做一天和尚撞一天钟，不太会自觉自主地集中力量去增强自己的职业能力与经验。

进行长期发展目标规划对组织也是十分有利的。组织可以由此规划人力培训与升迁通道，尽量从内部培养人才，协助员工发展，使员工为组织的远景发展尽力尽责；组织可以让新员工感觉到，只要肯努力，就有发展机会。

然而，光有长期发展目标，缺乏明确而清晰的短期目标，也无助于长期目标的最终实现。短期目标应该具体明确与切合实际，要有时间性、挑战性与成就性。短期目标包括成就目标与条件目标两种。所谓成就目标，是指可以用数据或客观指标来界定所达到目标的程度；所谓条件目标，是指为了达成所订立的目标而应具备的知识、技能与品性素质要求。

短期目标一般以一年为限，制定时应注意以下要求：

（1）表述力求明确清晰；

（2）要注意与长期目标相配合；

(3) 有明确的判定指标与完成进度；

(4) 切合实际而非空想；

(5) 具有明确意义与价值；

(6) 具有明确的完成期限；

(7) 具有达到目标的能力要求；

(8) 了解实际环境以帮助目标的推进；

(9) 目标依次按重要性标明区分；

(10) 目标内容力求简要，数目不可太多。

(七) 具体措施与行动计划的制定

具体的职业发展目标锁定之后，就要针对每个目标的实现制订具体的计划、方案与措施，具体落实各项计划，主要包括配置、训练、教育、轮岗等各方面的措施。

(八) 评估与反馈

职业发展规划主要是根据以往的情况来制定。实际影响职业发展规划的因素很多，它们随时随地都在发生变化，而有的变化事先难以预测，因此，职业发展规划在实施过程中应根据实施的结果适当地加以修正与调整。

二、职业发展管理方法

为了有效地进行职业发展管理，首先必须了解管理过程中可能涉及的各种影响因素，其次明确各种导向模式，再次明确各管理主体的分工，最后还要明确有关的经验与方法。

职业发展管理工作的流程如图 9-5 所示。

(一) 影响职业发展管理的因素

1. 个人因素

(1) 心理特质：每个人都有其独特的心理特质和个性，如智能、情绪能、性向、潜能、价值观、兴趣、动机等。

(2) 生理特质：包括性别、身体状况、身高、体重以及外貌等。

(3) 学历经历：包括所受的教育程度、训练经历、学业成绩、社团活动、工作经验、生活目标等。

2. 组织因素

(1) 组织特色：包括组织文化、组织规模、组织气氛、组织阶层、组织结构等。

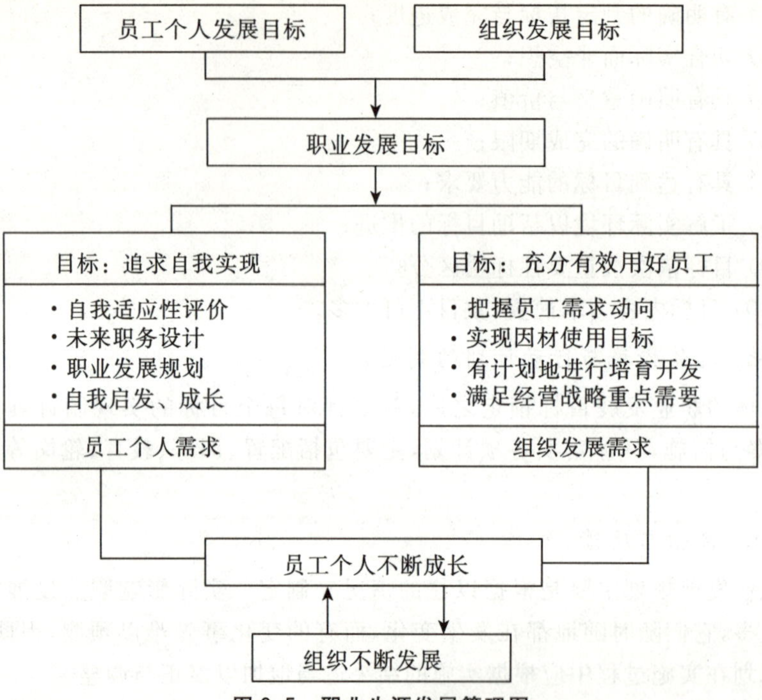

图 9-5 职业生涯发展管理图

注：参考张添洲：《生涯发展与规划》，五南图书出版公司 1994 年版，第 183 页。

(2) 人力需求：包括组织人力需求的预测、人力规划、人力供需、升迁政策、招募方式等。

(3) 工作分析：诸如职位分析、工作能力分析、工作绩效评估、工作研究等。

(4) 人力资源管理：包括人事管理方案、工资报酬、福利措施、员工关系、发展政策等。

3. 环境因素

(1) 社会环境：如就业市场的人员供需状况、国家有关人事劳动方面的政策、法规的颁布与实施等。

(2) 政治环境：如政治的变动、国际政治风云的变化等。

(3) 经济环境：如经济增长率、市场的竞争、经济景气状况等。

4. 其他因素

(1) 家庭背景：父母的职业、社会地位、家人的期望等。

(2) 科技的发展：产业结构的调整、高新技术的影响、现代化技术发展与转化等。

(3) 人际关系：包括与主管、客户、同事或部属之间的关系等。

(二) 职业发展管理的战略导向

目前组织内职业发展管理的战略导向大致有三种，即以学习为导向的职业发展管理、以能力为导向的职业发展管理和以建立共同价值观为导向的职业发展管理。这三种职业发展管理的现代战略代替了传统的以个人或以组织为导向的职业发展管理战略。

1. 以学习为导向的职业发展管理

21 世纪是高新技术经济迅速发展与成长的时代，企事业组织为了适应这一时代的变化，学习是其唯一的发展战略。学习成为员工个人与组织发展的重大需求。彼得·杜拉克认为，学习型组织是未来组织发展的模式，学习是生产活动的中心，学习是新工作方式的代表。组织为了开发与利用内在的各种资源与潜能，就必须进行持续性学习，学习变成了解决组织与员工个人问题的核心。《第五项修炼》的作者彼得·圣吉认为，未来最成功的组织将是学习型的组织。因为未来唯一持久的优势，是有能力比你的竞争对手学得更快，学习将成为员工个人与组织发展中最有效的手段。学习是挖潜现有员工与组织能力的有效工具，是保持员工与个人适应不断变化的市场与技术环境、实现持续发展的关键。建立以学习为导向的职业发展管理模式，要注意引导员工个人改善心智模式，建立共同愿景，团队学习，系统思考，实现自我超越，实现学习、挖潜修炼与发展的转变，这是强化员工与组织竞争力的关键所在。

2. 以能力为导向的职业发展管理

克内菲尔坎姆（Knefelkamp）与斯列皮兹（Slepitea）认为，在员工个人与组织的不同发展阶段，需要有针对性地进行相关的能力建设与开发，才能面对新技术与市场环境的挑战。关于这些能力的内容与开发目标见表 9-4：

表 9-4　不同职业发展的问题、任务与开发措施

发展阶段	面临的问题	开发目标	能力建设内容	开发措施
35 岁以前的探索阶段	1. 第一位是要保住工作； 2. 学会如何处理和调整日常工作所遇到的麻烦； 3. 为成功地完成所分派的任务而承担责任； 4. 确定适合自己能力的工作单位或职位。	1. 了解和评估相关职业与组织的信息； 2. 了解职务说明书； 3. 了解如何与其他人、同事搞好关系； 4. 开发某一方面或多方面的专业技能。	1. 积极培养扮演新角色、自我调整、持有开放性的态度； 2. 培养自我肯定的能力； 3. 学习相关经验，树立自信心； 4. 增加锻炼机会。	1. 适时进行信息反馈与咨询指导、帮助个人认识自我； 2. 适时分派资深员工进行协助与指导； 3. 适时进行工作轮调，给予工作锻炼机会，使其积累工作经验。

续表

发展阶段	面临的问题	开发目标	能力建设内容	开发措施
35—45岁的建立阶段	1. 选择专业并决定应承担的义务； 2. 确定专业方向与组织发展的一致性； 3. 重新确定前进的进程和目标等； 4. 在几种可能的职业发展路线中做出选择。	1. 开发更为宽广的职业与组织选择空间； 2. 了解与掌握自我评价的方法与信息； 3. 了解如何正确处理工作、家庭与其他利益之间的矛盾。	1. 积极培养管理、沟通、分析与综合方面的能力； 2. 培养实事求是、客观与科学的处事态度。	1. 建立评估系统，包括自我评估、组织与政策评估、人力资源管理评估等； 2. 及时与员工商讨，了解有关问题与要求，帮助其成长，并培养相应的能力。
45岁以后的维持或后继阶段	1. 承担更大的责任或收缩某方面的责任； 2. 培养关键性的下属； 3. 退休。	1. 扩大和加深兴趣的广度与深度； 2. 了解其他综合性的成果； 3. 了解如何合理安排生活、避免被工作所控制。	1. 对相关职业能力持续开发； 2. 对指导能力进行开发与培养。	1. 以工作满意度与专业进展为成功的评估标准，而不是以晋升为评估标准； 2. 控制工作欲望，以扮演新角色、追求工作生活品质的提升为主要目标。

3. 以建立共同价值观为导向的职业发展管理

组织与员工之间的分歧，很大程度上在于价值观的取向不同，因此在组织与员工个人之间建立一种共同的价值观十分重要。建立共同价值观的活动，包括组织与员工个人之间要力求在共识与远景上达成一致。

美国微软公司总裁比尔·盖茨认为，他的事业之所以能够成功，很重要的一点就是他能让员工与组织一起专注长期目标，达成如下的共识与远景目标："每张桌子都有一个电脑，人人都可以用手指简单的动作来取得详细的资料。"迪士尼乐园的成功是员工们达成了"要使人人都开心"这一个共识与远景。这种共识与远景是一股迈向长远成功的积极力量，鼓舞着组织与员工不断朝向美好的共同远景而努力。

三、职业发展管理模式

（一）以个人为导向的管理模型

正如前面讨论的，在职业发展管理过程中，个人会面临许多决策和措施。格林豪思和卡拉南都提出了一个如何管理职业发展的模型。

格林豪思于 1987 年指出，该模型描述了一个比较理想的职业发展管理程序，即人们将可能采取的职业发展管理方式，而并不是人们实际的发展模式。该模型表明，有效的职业发展管理在个人做出职业抉择的时候就开始了。这些反应包括八种活动：职业探索、自我和环境意识、目标设定、规划开发、规划贯彻、朝目标前进、工作和非工作来源反馈以及职业评估。这些活动的详细描述见表 9–5。为了完成这些活动，个人可以运用信息、机遇，并获得家庭、教育、工作和社会机构的支持。该模型表明，职业发展管理有一系列的操作步骤，其进展顺序对每个具体的个人来说可能不同。

表 9–5　职业管理活动

1. 职业探索。职业探索包括收集关于自己和环境的信息。比如，一个从事职业探索的年轻妇女，会收集其技能、价值观和偏好的信息以及可能得到的工作和组织的有关信息。

2. 自我环境意识。成功的职业探索会加深个人对自我、对环境所具有的机会和制约因素的了解。这种对自己和环境的了解，会导致个人设置或修改已有的职业目标，如果目标已经设定，就会进行战略开发。

3. 目标设定。职业目标是个人决定要努力达到的结果。这类目标或许具体，如我想到 35 岁成为财会公司股东；或许抽象一点，如我想成为一个成功的受人尊敬的厨师。如果职业目标是基于对自己和环境的了解而制定的，就是现实的。

4. 规划开发。一个职业规划是完成职业目标的具体行动计划。有效的规划应该包括要完成的行为和完成的时间表。这里所介绍的许多 HRD 实践和计划，可以作为个人职业发展的一部分，比如，一位警官的职业发展目标是成为一个中士，他的发展规划会包括参加大学或其他培训课程、成功地完成中士考试。如果规划是基于对现实的自我和环境的了解，就会更有效。格林豪思于 1978 年列出七种职业发展规划：增强当前工作的能力、更加投入工作、开发技能、开发机会、培养导师关系、形象建设和参与组织政治。

5. 规划贯彻。规划贯彻包括执行个人开发的战略。遵守一个现实的规划而不是一个没有清晰界定的计划，将会增加职业目标达成的可能性。如果有计划可遵循，目标则较易达到。然而，一些人可能制订了详细的计划，但却没有成功执行。规划的贯彻执行能促使员工不断地向目标前进，并且得到工作源和非工作源的反馈。

6. 朝目标前进。朝目标前进是指个人接近职业目标的程度。

7. 工作和非工作源反馈。有关职业目标进展价值的信息，可以来自工作源，例如工作合作者、主管和专家，以及非工作源，例如朋友、家人和老师。

8. 职业评估。有关职业目标进展的评估反馈信息，可用于个人对自己的职业进行评估。这种评估会导致对职业的重新探索，职业管理过程会在另一个活动循环中继续。

职业发展管理周期是一个解决问题、做出决策的过程。收集了一些信息后,个人对自己和周围世界更加了解。个人设定了目标,开发和实施了制订的计划或战略,并获得了一些反馈,这将为不断变化的职业发展管理提供更多与更有效的信息。具体过程如图 9–6 所示。

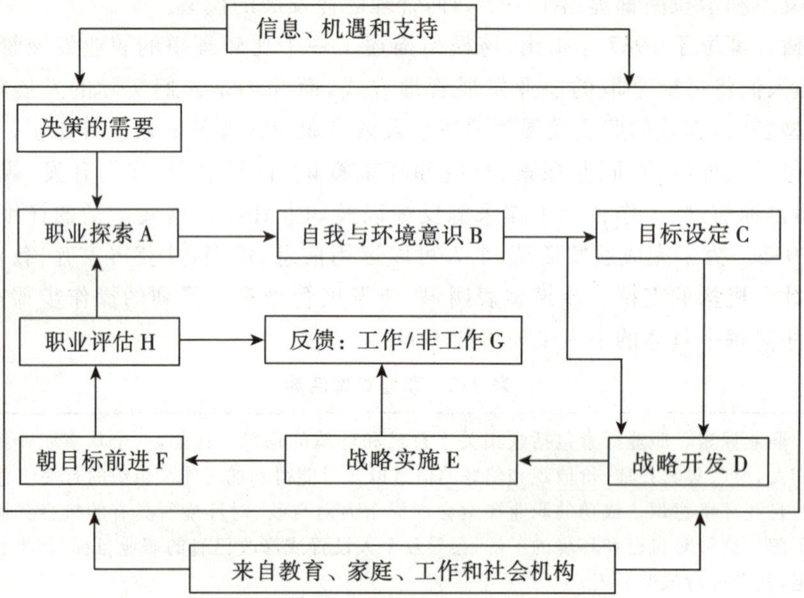

图 9–6　职业发展管理模型

资料来源:J. H. Greenhaus,"Career Management," Hinsdale, IL: The Dryden Press, 1987, p. 18.

职业发展管理过程是一个不断进行的循环活动。职业抉择往往来自于个人对自己既有职业的质疑,以及包括雇用、减员、兼并或收购等组织的决策与环境变化。

值得我们注意的是,个人提升和满意,不一定是职业管理成功的可靠指标。职业发展管理模型的运用,包括对自己和环境的了解、目标的实现、职业战略和不断的反馈,这些才是职业成功的更重要的指标。

按照图 9–6 所示模型,可以帮助组织和员工更好地理解有效的职业发展管理到底需要采取什么措施。显然,建立职业目标并朝着它努力对每一个员工都是必要的。鼓励员工以这种方式管理职业的发展,对每一个组织也是有益的。由于流动和退休而导致的关键人物丧失,以及应对竞争和其他环境的挑战,使得组织的需要随着时间的改变而改变。协助员工完成好职业发展管理过程,能够保证组织得到足以完成重要任务和目标的人力资源。

(二) 以组织为导向的职业管理模型

格林豪思模型是以个人为中心,其他专家提供的模型是以组织为中心。我们将对其中的三个加以简要描述。

1. 多元方法模型

正如前面描述的,布鲁索特等人 1996 年认为,至少有四个职业发展模式代表着员工可以选择的职业模式。他们还认为,组织应有反映这种模式的职业变化特征,即直线型、专家型、螺旋型和短暂型。组织的职业变化包括组织的结构、有价值的绩效因素和给员工提供的奖励。同时,组织的职业变化应该支持其战略方向,如寻求分散投资的组织,应采取螺旋形的职业发展模式。

布鲁索特等人认为,职业规划管理的多元方法,可以作为一个组织和个人对职业发展管理的联合方式。他们认为,组织和员工作为一个联合整体,会从多元方法中受益,它将各种数量和类型的组织结构与许多不同的职业经验机会相结合。组织将保留足够的结构以维持一定的核心能力和组织领导,而利用更少的结构化安排来满足外部变化和不断增长的需要。

布鲁索特等人操作化地提出了三类多元化的职业发展管理方法:(1)顾问;(2)个人职业发展规划合同;(3)自助餐方法,包括许多职业通道的选择、培训机会的选择、绩效评估计划和奖励制度的选择,据此可以做出符合自己职业发展目标的选择。

设计和管理多元的职业发展变化,要不断地评估组织战略、员工职业规划和动机之间的差距,识别最优的组织结构,然后识别和执行合适的职业发展管理实践。

2. 职业发展管理系统模型

尼克尔森认为,职业系统有三个主要要素:

(1) 人员系统,包括甄选、培养和激励人力资源;

(2) 工作市场系统,包括发展的机会;

(3) 管理和信息系统,促进人员、观点和信息的交流。

考虑到组织所面临的竞争性环境,尼克尔森认为,将这三个系统联系起来是职业发展管理的关键。他认为,职业发展管理必须通过信息系统,将人员系统和工作市场系统联系起来。

通过确保信息的到位,建立和维持公司间人员和工作数据库形式的合作。尼克尔森认为,这样将给组织和个人获得完成职业发展目标的各种知识。他认为,该系统给个人带来的结果将包括工作和人员相匹配,给组织带来的结果包括更好的团队工作、使团队充满灵活性和活力。

3. 以团队为基础的职业发展模型

许多组织都在朝以团队为导向的结构转化，因此将团队经验用于职业发展管理是可能的。斯安尼(Cianni)和伍纳克(Wnuck)于 1997 年指出，在以团队为基础的组织中，职业发展的责任由个人、团队和组织分担。一个职业发展模型能促进个人的成长和保证团队的发展。斯安尼和伍纳克认为，团队职业发展模型的基本特征如下：

(1) 团队成员作为角色模范；

(2) 团队奖励那些促进团队绩效和成长发展的行为，奖励那些促进个人成长和发展的行为；

(3) 团队确定团队和个人的培训机会；

(4) 团队集体晋升到组织更高层组织；

(5) 组织评估团队，团队评估个人。

模型规定了团队在不同职业发展阶段的活动。第一阶段，将个人融入团队，包括团队能力和项目管理培训、团队建设、技能和人员风格评估；第二阶段，继续开发团队，包括团队问题解决和绩效监督培训、任务轮换和辅导；第三阶段，使团队更独立和更负责，包括了解组织所用工具的培训、能力潜力评估、领导轮换和让成员组织第一阶段团队活动的可能性。

职业发展的团队模型的优点，包括生产率的提高、忠诚度的增强、组织灵活性的提升和留住高绩效者。但是，并不是所有团队都能从该方法中受益，斯安尼和伍纳克指出，该模式旨在帮助组织扩展新的市场或建立新的项目。

四、职业发展管理中的角色定位

(一) 个人的角色

每一个人都对自己的职业负基本的责任。我们对“职业”的定义，清楚地表明职业是个人现象。尽管过去有许多员工感到可以将职业发展的责任交给组织，但当前组织和员工之间社会契约的频繁变化，使得每个人都应该承认员工个人对自己的职业发展要负起责任，要改变自己的职业管理态度，从消极、自满转变为积极主动。

格林豪思的职业发展管理模型，为职业发展规划和职业管理提供了一个有益的框架。它是一个理性的模型，因为它假设职业发展管理的最佳方法是：仔细收集信息，计划并确定目标、决策、行动和跟踪方式。

进行有效职业发展需要何种能力呢？专家们提出了各种观点。霍尔于 1996 年提出将职业发展视为终身学习，认为人们必须学习如何学习，自己获得知识，变得更具适应性。其他一些专家如福克斯(Fox)于 1996 年也提出个人应具备做出决策和接受任务的能力，善于学习和不断开发新的工作技能。

琼斯和迪菲利皮(DeFillippi)于 1996 年概括了成功人士职业发展所具备的六种技能：

(1) 知道是什么——了解职业发展机会、威胁和要求；

(2) 知道为什么——了解追求职业的目的、动机和兴趣；

(3) 知道在哪儿——了解在职业系统中进入、培训、提升的地点和界限；

(4) 知道是谁——了解自己可以获得的机会、资源及其支持者；

(5) 知道何时——了解职业时间的安排和活动选择；

(6) 知道怎样——了解和获得有效完成任务和责任所需的技能和能力。

每一种能力都面临一定的任务，如对付不确定性、管理职业活动、建立职业发展通道、控制关系、安排职业时间和促进协作。事实上，琼斯等人认为，与某些人及资源形成一定的关系并在这种关系中工作，是职业管理发展最基本的任务和能力。他们认为，以上六种能力是互相关联的，了解"什么、哪里和何时"有利于形成对职业的初步了解，而知道"为什么、怎样、谁"则为职业发展管理提供了自我认识。

(二) 经理的角色

职业发展管理过程给许多经理和主管提供了管理的权利与机会。比如，在职业评估中，主管可以指出有关员工的突出能力和缺点。主管能提供组织内职业发展通道和机会的信息，支持员工的职业发展规划，例如提名员工参加培训，调整员工的日程，允许他们参加培训项目，发挥职业发展过程中的核心反馈源作用。

在员工职业发展管理过程中经理充当以下四种角色：

(1) 辅导者——倾听、澄清、探讨和界定员工职业的人；

(2) 考评者——评价、澄清绩效标准和工作责任的人；

(3) 顾问——指导职业选择、帮助设置目标、作为推荐和提供建议的人；

(4) 协调者——就行动计划与员工协调，在员工与可得到的人力和资源之间建立联系。

前面提到，主管的参与是职业发展过程中取得成功的一个关键因素。表 9-6 展示了一个角色培训提纲，经理和主管可以参考进行训练。

表 9-6 经理和主管在职业发展管理中的角色培训设计

第一天： 1. 回顾与重温开发方案； 2. 确认目标和目的； 3. 制定职业发展模型； 4. 分析评估经理在职业辅导中的优点； 5. 充当辅导角色； 6. 实践辅导技能和行为； 7. 充当评估者角色； 8. 实践评估方面的技能 第二天： 1. 充当顾问角色，了解组织； 2. 进行多重角色设定； 3. 进入咨询角色，进行领域分析； 4. 发展规划； 5. 进行职业讨论，包括气氛建设、角色澄清、建立合作和结束活动； 6. 进行结束性评估

资料来源：Zandy B. Leibowitz, etc., *Designing Career Development Systems*, Jossey-Bass Inc., 1986, p. 130.

(三) 人力资源开发专业人员的角色

在许多方面，HRD 专业人员在职业发展管理中的角色，与在其他 HRD 活动中的角色相同，即采取一定的措施来帮助组织和员工完成其目标，包括帮助组织与员工完成在需求评估、职业设计、方案执行与效果评估中所有基础活动中的任务。

霍尔于 1996 年就 HRD 专业人员如何帮助员工成为自己职业的主人，提出了以下建议：

(1) 以承认员工"拥有"其职业为起点；

(2) 为员工的开发努力提供信息和支持；

(3) 承认职业开发是一个关系协调过程，在这一过程中任职者发挥着协调的作用；

(4) 成为职业信息和评估技术专家；

(5) 成为职业服务和新职业合同的专业咨询者；

(6) 宣传与促进职业规划，而不是制定职业规划；

(7) 通过工作中的关系促进与宣传学习；

(8) 成为组织变革的建议者。

关于职业发展管理过程中不同主体的角色定位,有关学者作了较为全面的总结。见表 9–7 所示:

表 9–7 组织中不同角色在生涯发展活动中的职责

职业规划活动	职业管理活动
员工的责任 1. 确定自己的能力; 2. 分析职业选择; 3. 决定发展的目标与需求; 4. 与主管沟通发展的取向; 5. 与主管一同制定可行的方案; 6. 朝既定的行动方案努力	员工的责任 提供准确的资料给主管,内容包含技能、工作经验、兴趣与职业期望
主管(经理)的责任 1. 帮助员工,把他们导向正确的发展道路; 2. 分析评估员工所陈述的目标与需求; 3. 协助员工完善彼此可接受的方案; 4. 适度地提醒员工朝目标努力或修正原来的计划	主管(经理)的责任 1. 确认员工所提供的讯息是否有效; 2. 给员工提供未来职位晋升的讯息; 3. 确定未来职位可能发展的途径; 4. 确定职业发展的选择方案(包括工作机会、训练方案、工作轮换计划),使员工适才适所
组织的责任 1. 提供个人职业规划的方式、资料、咨询等所需要的协助; 2. 提供适当的职业发展训练,对象包括员工与主管; 3. 提供技能训练方案以及在职发展的机会	组织的责任 1. 提供资讯查询系统与流程,以配合主管决策之需; 2. 组织并定期更新所有的资讯; 3. 确保资讯有效使用:设计便利的方式来汇集、分析、解释、使用资讯;监督并评估职业发展过程的有效性

表 9–7 显示了不同的角色对职业发展规划所应负的责任。①

首先,在员工职业规划方面,必须确定个人较有兴趣的工作与期望,并要求其主管或组长,讨论个人的工作期望与职业选择。与此相对应,在职业发展管理方面,员工应提供职业发展过程中的有关资讯给公司或组织。

其次,在经理对员工职业规划的责任方面,由于经理的角色是协调个人需求与组织需求的差异,因此,经理的角色偏重于咨询者与指导者。经过工作行为的考核和面谈,经理可以帮助员工描绘自己职业计划的清晰蓝图,并由教育与训练方案来提供所需的知识技能。在职业发展管理活动方面,经理的角色是提供组织内发展的资讯查询系统与可能的机会。

---

① 李声吼:《人力资源发展》,五南图书出版公司 1997 年版,第 167 页。

最后，组织对员工职业发展规划所应尽的责任，是支持员工与经理对职业规划的努力与尝试，并提供必需的资讯与训练。此外，在职业发展管理的功能方面，则是积极寻找组织和职业发展的相关资讯。

总而言之，职业发展规划不仅对员工个人的前程深有影响，而且对组织的未来亦极为重要。因此，组织应提供适当的职业发展规划方案与发展协调方案，由主管或特别工作组，适时对员工个人在工作上提供协助与指导。职业发展规划对个人与组织都是前瞻性的规划，尽管影响变数很多，但是组织如果能根据员工职业发展阶段中的特性，协助员工进行职业发展管理，并建立人力资源资讯系统以便适当地规划人力，进而提升组织整体生产力，对当前企事业与行政组织确实是十分有益的。

关于职业发展的管理，我国学者孙彤有过以下几点建议①：

(1) 充分注意职业发展规划正负两方面的效果。职业发展规划具有正负两方面的作用。当员工期望适当时，职业发展规划就能促进员工的上进心，提高工作效率，改善组织效应；反之，如果员工期望过高，例如非要五年内当上总工程师，那么就容易失望与离职，甚至出现组织分裂。

(2) 制定职业发展规划要留有余地，执行规划要有灵活性。在职业发展规划目标与实施方案中，要有高、中、低三种标准，执行时根据具体情况与环境，灵活选择与操作。

(3) 在实施职业发展规划过程中，要为所有员工提供平等就业与就职的机会。

(4) 指导员工既要了解自己又要了解职业与职位。

(5) 指导员工把生活提升规划与职业发展规划有机地结合起来。

第四节　老员工开发的实践活动

通过对许多大型组织的 HRD 活动调查后，格特里奇(Gutteridge)、莱博维茨(Leibowitz)和肖尔(Shore)(1993)将老员工的开发活动形式归为六类：员工自我评估活动、个人咨询或职业讨论、内部劳动市场信息交换、工作匹配系统、组织潜在评估程序、开发项目。表 9-8 列出了这六类活动的适用人员、场合及其比例。

① 孙彤主编：《组织行为学》，高等教育出版社 1990 年版，第 343 页。

表 9-8　员工职业开发形式

实践使用者	使用的百分比	计划使用的百分比
（一）员工自我评估活动		
1. 退休前的培训班或研讨会	46%	11%
2. 职业计划培训班	34%	18%
3. 职业工作手册（单独）	18%	15%
4. 电子指导书	13%	17%
（二）个人咨询或职业讨论		
1. 主管或一线经理	83%	9%
2. 人事管理员	83%	6%
3. 特别辅导者		
（1）内部	24%	4%
（2）外部	17%	2%
4. 高级职业顾问	22%	8%
（三）内部劳动市场信息交换		
1. 职业通道设计或双职业通道	34%	14%
2. 职业介绍中心	22%	14%
3. 职业信息手册	20%	13%
4. 其他职业信息	22%	16%
（四）工作匹配系统		
1. 工作海报	84%	6%
2. 替代或接任计划	65%	18%
3. 内部安置制度	56%	9%
4. 非正式讨论	52%	4%
5. 技能存量目录或素质清单	37%	22%
6. 人事委员会	24%	2%
（五）组织潜在评估程序		
1. 回顾程序	68%	7%
2. 工作分配	65%	15%
3. 晋升预测	46%	14%
4. 心理测评	34%	7%
5. 评价中心	14%	11%
（六）开发项目		
1. 费用报销	95%	1%
2. 室内培训和开发项目	92%	6%
3. 外部讨论会和研讨会	91%	2%
4. 员工定向	86%	7%
5. 工作轮换	54%	15%
6. 职业讨论的主管培训	44%	22%
7. 工作丰富化或工作再设计	41%	14%
8. 导师制度	21%	16%
9. 双向职业配对项目	8%	5%

一、自我评估

（一）概述

自我评估活动，如自我评估工作手册、职业和退休计划研讨会，强调为员工提供系统的职业鉴别能力和职业偏好的调查方式。自我评估活动可以由个人、团体单方面或两种方式相结合来完成。有效的自我评估应该达到以下要求：

（1）为自我评估经历设定阶段；

（2）帮助个人探究其价值观、兴趣、技能、情感、个人素质、时间目标和决策风格；

（3）有助于回答诸如“我是谁?”“我的生活和职业要达到什么目的?”“我怎样达成自己的职业目标?”等问题。

（二）自我评估手册

自我评估工作手册提供了一些信息和一系列实践指导，可以帮助个人发现自己的价值观、能力和偏好。这些手册可以从第三方购买或请人专门为组织设计。

由第三方设计的自我评估工具的优点是：可以随时买到，由职业开发专家设计。然而，它们不是为特定的组织和职业发展战略设计的，HRD人员需要开发一些补充材料来弥补这些工具的不足。

（三）工作手册

HRD工作手册可能会更好地使员工获得了解组织内各种资源的机会。这类手册所包括的内容有：组织职业发展政策和相关程序说明；组织结构、职业发展通道和工作说明；相关培训、教育和开发课程；员工如何获得更多信息的指南，如组织内掌握资源人物的姓名、地址和电话号码等。

工作手册中包含的内容还可以通过计算机网络来发布。比如，美国军队就使用了军官微机自我评估系统“军官职业信息和计划系统”（OCIPS）；美国大学生测试项目组编制了一个叫DISCOVER的微机系统，该系统提供了工作手册中类似的职业信息和自我发现练习测评量表。

（四）优缺点分析

使用自我评估工作手册和微机手段的优点之一是，它们根据员工个人的需要而完成，是一对一的方式。在一个互动团队讨论中提供自我评估信息也是有益的，因为可以分享和交流各自的感悟。此外，职业计划中退休前的研讨会也可达到此目的。表9–9详细地列出了使用职业信息手册的优缺点。

表 9-9　职业信息手册的优缺点

(一)优点 1. 能为自我设立职业计划进程和速度提供一个结构的方法; 2. 可以单独使用或作为其他职业开发方法的补充,可以提高职业研讨会和职业顾问工作的效益和效率; 3. 适合低成本地、大规模地运用于各个不同的组织层级和各个不同的生活或职业阶段; 4. 它是完全秘密的,不会泄露可能是机密的内容; 5. 适合在一段时间内而不是在一个或两个密集场合中进行职业计划; 6. 强调通过自我引入探究和发现的方式进行学习; 7. 没必要进行个人或团队的计划和召集。 (二)缺点 1. 一些个人会没有耐心读完所有材料; 2. 可能是一个人的单独经历,许多人需要团队提供信息,并进行反馈和强化; 3. 工作手册常常过分强调职业计划而牺牲了执行的可能性; 4. 很可能将职业工作手册与其他职业开发程序,如主管职业讨论,结合起来; 5. 职业工作手册通常假定所有职业问题都类似,因此,不能回应特定目标团体如妇女、少数民族成员以及职业中期员工的独特需要; 6. 害怕与其他人主动打交道的个人难以将其学习范围拓展为自我知识以外; 7. 需要可观的起始投资。

团队职业研讨会的优缺点列于表 9-10。优点包括立即了解许多人的能力、从同事处获得支持和开发信息的机会以及接触其他人的意见和反馈。另外,促进者和其他团队成员的反馈也可帮助个人发现所有的自我偏见或自我疏忽等,这些内容都是单独使用自我评估手册发现不了的。然而,团队职业研讨会也存在潜在的缺点,如日程安排困难、设计难以适合所有参与者的需要(因为他们来自组织的不同层次)。一些人可能会被团队背景或环境所吓倒。

如果能有效完成自我评估活动,则可以给员工个人提供一个合理的、据以开发自我的职业发展目标和战略的基础。正如本章前面所讲的格林豪思职业管理模型所揭示的,自我评估和对环境评估是建立有效职业发展目标和战略的重要环节。职业顾问和内部劳动力市场的信息也可为该任务提供有益的信息,达到同样的目的。

表 9-10　团队职业研讨会的优缺点

(一)优点 1. 为职业计划提供了一个具体的结构,提高了参与者完成计划任务的可能性; 2. 由于事前安排好了时间和地点,研讨会可以帮助参与者决定何时进行职业规划; 3. 它是传达组织职业开发理念的有益工具; 4. 为参与者提供了互相学习的机会;

5. 能提供一个非威胁性的环境，参与者可以在其中完成某些测评；

6. 团体互动本身可以带来快乐。

(二)缺点

1. 召集一批关键人物来参与研讨会，费用和后勤保障可能花费较多或有困难；

2. 如果没有很好地设计和执行，研讨可能很有趣，但却没有什么成果；

3. 通常，最重要的职业思考不可能在一个或两个集中的会期中完成，职业选择的过程需要一段时间才能完成；

4. 一些最重要的职业计划能力不可能在课堂内充分获得，如自我主动探究和现实检验，必须在工作或在家中加以实践；

5. 参与者由于年龄不同以及所处的职业阶段、学习风格等差异，或没做好准备，或不乐意同时完成同样的事；

6. 从同一个公司召集人们一起来进行职业规划，可能会导致一些意想不到的尴尬的问题出现。

二、个人咨询

(一) 概念

个人咨询指员工和组织代表之间就职业发展问题进行一对一的讨论。格特里奇、莱博维茨和肖尔1993年进行的调查显示，组织基本上用人事专员、主管或一线经理作为职业咨询顾问。另有学者指出，咨询形式包括从简便的、非正式交谈到年度绩效评估讨论和与经理或咨询专业人员的一系列讨论不等。

(二) 程序

个人咨询可以回答广泛的问题，它要么被单独使用，要么作为其他职业发展管理活动的补充。布兰克(Burack)和马泰斯(Mathys)于1980年认为，职业咨询程序由下列三个阶段构成：

(1) 引导和探究，这个阶段主要是咨询双方建立关系和确立员工的咨询目的；

(2) 理解和强调，包括为个人自我评估和职业目标提供支持；

(3) 设计方案，此阶段为实施职业发展战略提供支持。

在此过程中，顾问可以给员工提出行动建议并提供支持，给予他们行为方式和自己所持意见的评估与反馈。

(三) 再就业咨询

咨询可以用于那些继续留任的员工和接近退休、临时解雇和已经解雇的人员。其中的再就业咨询，即外部流动与安置的咨询，特别强调帮助被解雇的员工学会如何寻找适合自己的新组织与新职位，如何向新组织、新职位要求转化。外部咨询在20世纪80—90年代较为盛行，特别是当组织面临着一系列特殊事件，如减员、兼并和收购时，外部咨询更为重要。这些咨询特别强调工作搜寻技能、压力管理和职业计划的指导。在所有形式的个人咨询中，外部咨询最有可能由中介机构的顾问来完成，因此许多咨询公司会提供这种服务。

（四）退休咨询

退休前的咨询和研讨会，包括帮助员工做好从有工作到无工作转化准备的许多活动。正如前面提到的，退休隐含着个人保障和经济方面的巨大不确定性。因此，退休前的咨询内容包括对财政计划的讨论、社交调整、家庭问题和为休闲活动做好准备等。

（五）咨询顾问的选择与改进

个人咨询中一个重要的问题是选择谁作为顾问。一般来说，经理和主管最适合做顾问。他们了解组织，熟悉员工的绩效和实际能力。另外，他们所处的位置也便于为员工提供支持和追踪员工的行为。然而，选择经理和主管作为职业咨询顾问也有缺点。第一，如果他们不接受职业发展问题和咨询技巧的培训，如倾听、质疑和澄清等的训练，就有可能缺乏有效咨询的必要技能。第二，即使经过了咨询技能的培训，一些主管和经理还可能缺乏能力和完成咨询任务的动力。他们将咨询视为一个额外的负担，因为组织不为此支持额外的报酬。此外，有的员工可能不愿与现任经理或主管讨论自己的职业规划，或不愿从非专业人员那里得到有关的建议。

格特里奇于 1986 年指出，如果让经理和主管作为顾问，可以采取下列改进措施：

(1) 其在职业发展咨询中的顾问角色必须事先确定；

(2) 所有顾问必须接受培训以胜任其角色；

(3) 咨询双方应该有机会讨论各自在职业发展咨询方面的顾虑；

(4) 顾问的角色应与组织的报酬或奖励制度相挂钩，例如，把咨询工作列为经理与主管的职责并在绩效评估中评估。

三、内部劳动市场信息交换和工作匹配制度

从事职业发展规划的老员工，除了需要准确的自我评估信息以外，还需要准确的环境信息。为了达到这个目的，组织应提供给员工组织内各种工作机会的信息。几个常用的方法是建立工作信息通报制度和职业发展通道以及内部人力资源市场。

（一）工作信息通报

工作信息通报，又常被称为工作海报，是一个最常见的职业信息交流媒体，

是将组织内空缺职位的信息在向外部社会公布之前先让内部员工了解。典型的工作信息通报，包括工作说明、工作要求、报酬等级和申请程序以及要填写的表格等。空缺职位的信息要么被贴在公共领域，如在食宿场所附近，要么贴在专门的布告栏中。有兴趣的员工可以申请并被加以考虑。工作信息通报制度被广泛用于各种公共和私人组织中。

工作信息通报既是职业信息的来源，也是招聘和甄选的工具，员工能了解到不同岗位对各种技能和能力的具体要求，并作为职业发展规划与管理讨论的基础，以此作为建立职业发展目标和战略的依据。如果实际的招聘工作能够做到公正公平，那么工作信息通报可以使广大员工意识到，他们在组织中努力工作是有前途的，从而能够大大提高士气。然而，如果员工怀疑仅有那些低层或不太好的空缺岗位信息才张贴公布出来，或者所列出的职位虽然很好，但是任职要求仅使"内定"的某个候选人成为唯一合适的人选，那么工作信息通报也可能带来负面影响。

（二）职业发展通道

职业发展通道是一系列的职位晋升链，通常包括员工在不同时间内可以晋升的相关职务的要求。比如，一个高校教师的职业发展通道可能包括临时教师、助教、讲师、副教授、教授、博士生导师、科学院院士等。职业通道展示的是工作变动的可能性，它与工作说明书和工作任职资格说明书结合在一起，可以帮助员工制定职业发展战略与规划。

一些组织运用多向职业发展通道，例如上升到更高责任的通道，既包括管理的也包括非管理的通道，两者都能得到相对平等的报酬和同样的尊重，这样可以满足缺乏管理技能或缺乏成为经理愿望的员工的发展需要，它比传统的金字塔型结构提供了更多的员工开发的可能性。

除了运用职业发展通道和工作信息通报，也可以通过手册和小传单的形式来告知员工内部职业发展的各种机会，了解可以获得的各种资源，例如有哪些培训项目和费用资助项目可以帮助员工自我开发并实施其职业发展战略。

（三）内部人力资源市场

对组织老员工开发具有参考价值的是另一类内部 HR 市场，其信息来源是员工素质存量清单。素质存量清单是一个数据库，包含每个员工所具有的知识、技能、品性、教育背景、绩效水平和职业偏好等方面的信息。它通常是组织人力资源信息系统（HRIS）的一部分，HRD 人员可用此信息来识别员工的能力和指出应提高的技能。素质存量清单信息在美国一些组织中通常是通过员工的自愿报告来收集。因此，该方法潜在的不足是员工可能提供不完整、不准确或过时的信息给组织。

第五节　老员工开发实践中的问题

员工开发在我国还存在许多不足，因此在设计与实践老员工开发活动时应考虑以下三个问题：

一、职业动机开发

职业动机开发是职业发展管理中的主要目标。按照伦敦(London)的观点，职业动机是指人们如何选择其职业、如何看待其职业、在工作中所做出的努力程度和做此工作持续的时间。显然，伦敦在这里把职业动机的一系列特征归为三个层面，即职业意愿与努力、职业理想、职业个性与追求。一个人有何种层面的职业动机依赖于其在每一个分类中的位置。比如，一个高职业动机的员工在困难和障碍面前，会继续追逐其职业目标(职业意愿与努力)，设计和追逐现实的职业目标(职业理想)，并高度投入工作和拼命努力地追逐自己的职业目标(职业个性与追求)。

尽管职业动机在一定程度上由个人的生活经验所决定，但是职业活动和实践却能帮助员工开发其职业动机。比如，自我工作手册和个人日记能够用来建立职业理想。因为职业动机能影响员工的职业决策和对职业的投入，组织应适时地提供职业开发活动以促进此类动机的发展，这对组织提高工作效率是十分有益的。表 9-11 列举了一些参考建议。

表 9-11　提高职业动机的方法建议

1. 支持职业意愿：
通过反馈和正强化来建立员工的自信心；
创造成就的机会；
通过奖励革新和减轻害怕失败的担心，创造一种敢于冒险的环境；
显示人际关系的影响，鼓励团队凝聚力和协作的工作关系
2. 促进职业理想：
鼓励员工设定自己的职业目标；
给员工提供获得其职业目标的相关信息；
提供定期绩效反馈
3. 建立职业个性特点与促进职业表现
通过工作挑战和职业成长鼓励努力参与工作；
提供职业开发机会，如领导岗位晋升的潜在机会；
通过职业认可或经济奖励来奖励一流的表现

职业动机的开发，还有助于解决那些由于组织缩小规模和临时解职而失去工作的人所面临的问题。伦敦于1996年提出，如果解决了职业动机问题，重新安置这些被解职员工的努力就会更有效，这些努力包括政府和社区支持失业员工找到工作、对下岗员工进行再培训、工会与国家共同开发再培训计划项目或培训内部备用劳动力等。伦敦提出了许多建议，包括经理和行政管理人员如何通过职业动机分析成功地安置下岗工人，以及组织如何帮助调整或提高老龄员工的职业动机等HRD中的问题。

二、职业高原

目前，许多组织的金字塔式结构模式及其扁平化改革，带来了管理岗位的减少，使每个员工的职业发展遇到顶层“天花板”的限制，即员工不能在组织中再“往上走”。另外，职业进展不一定是连续的上升，而是有运动也有静止，这些因素导致了“职业高原”现象的发生。费伦斯(Ferrence)等人于1977年将“职业高原”界定为“职业生涯中的一个点，在此点上进行另外的发展或晋升的可能性很小”。关于“职业高原”，有关学者(例如莱塔克、沙因)认为，它对许多员工来说，是一种外伤性的损害，特别是对那些渴望职业成长的人来说，会产生较大的压力、挫折感、失败感和内疚感。研究结果表明，职业高原对员工的影响是综合的，既有负面影响，又有正面影响。例如，费尔德曼和韦兹(Weitz)等人于1988年研究证明，员工会因此产生快乐和富于生产力。对这种综合的影响至少有两种解释。第一，费尔德曼和韦兹认为，导致高原现象的因素影响了员工对高原的反应。比如，如果因为员工缺乏技能和晋升的能力而导致高原现象，那么他们将可能展示较差的绩效和工作态度。费尔德曼和韦兹提出了一个模型，具体描述了产生职业高原的六个原因以及对绩效态度和管理措施的影响，参见表9-12。尽管该模型有待经验的检验，但它却展示了目前人们对职业高原的实际解释和直觉的认识。

表9-12 职业高原的原因和管理措施建议

产生职业高原的原因	对绩效和态度的影响	相应的管理措施
1. 个人技能和能力		
· 甄选系统有问题	绩效差	重新设计甄选系统
· 缺乏培训	工作态度差	改善培训
· 绩效考评不准确，对反馈不满意	工作态度差	改善绩效考评和反馈制度
2. 个人需求和价值观		
· 不需要继续上进	绩效一流	继续奖励，依照绩效持续保持的时间来决定奖励的幅度与力度

续表

产生职业高原的原因	对绩效和态度的影响	相应的管理措施
·自我封闭的制约	工作态度好	继续奖励，依照绩效持续保持的时间来决定奖励的幅度与力度
3. 缺乏内在动力		
·技能缺乏多样化	能接受的最低标准的工作绩效	形成自然性的工作单元
·任务缺乏个性特点	工作态度下降	听取员工个人意见，任务综合化
·任务重要性低	工作态度下降	建立开放反馈渠道
4. 缺乏外在奖励		
·少培训，很少晋升	绩效差	重新设计报酬制度
·奖励制度不平等	工作态度差	重新设计晋升政策
·对制度不满意	工作态度差	鼓励太不满意的人离开
5. 压力和冲突		
·工作中的人际关系问题	绩效差	工作轮换
·组织气氛压力大	工作态度差	预防性压力管理
·角色冲突	工作态度差	角色协调差
6. 组织		
·成长缓慢	绩效差	休年假，离职培训
·外部经营条件	绩效好	给"明星"提供更多"资源"
·"防卫性"公司战略	工作态度下降	给绩效差者提供反馈，让其离开或退休

有关职业高原综合影响的第二种解释，是由查奥于 1996 年提出的，他强调概念的度量化方式，倾向于将职业高原操作化地按二分法来界定，即高原与非高原，并用工作期限如自最后一次晋升的年数来指出员工是否处于职业高原。高原二分法忽略了一个事实，即员工对其职业处于高原期时不同的意识程度会导致不同的反应。此外，更为重要的是，查奥认为，确认职业高原的关键是员工对处于高原的感觉，因为员工的职业进展感会决定他对此做出的反应和感觉。因此，他假设，持续的对职业高原的知觉测量方法，能比传统工作期限方法更好地解释处于高原的真实反应。查奥于 1990 年开发了一个高原的知觉量表来检验其假设，发现知觉方法比传统工作限期方法更好地解释了四种反应间的更多的变化。他还发现高原的负面影响在员工职业生涯的早期更为明显。特伦布利(Tremblay)、罗杰(Roger)和图鲁斯(Toulouse)等人于 1995 年的研究也得到了类似的结果。

总之，这些研究表明，职业高原比预想的更复杂。这些研究对职业发展管理实践有两点启示：

(1) HRD专业人员应通过确定员工对职业发展停止的感觉来评估员工是否处于高原期，并试图找出导致职业高原的原因；

(2) 根据造成高原期的原因采取解决问题的行为。

另外，艾廷顿(Ettington)于1991年提出，随着组织结构的扁平化，高原是不可避免的，对组织来说，重要的是找到一个维持员工工作动机和效率的方式，她发现经理可以成功地处理高原期问题，如展示有效工作绩效以及工作与生活的满意度等，组织应积极探索并进行职业高原的人力资源管理实践。我们应该努力拓展员工在组织中的成长机会，克服向侧面与纵面进行职业移动的瓶颈障碍，建立一种向上下左右都能流动的职业发展网络系统。

三、一线员工与临时性员工的开发

在HRD中，人们重视的是对经理人、专业技术人员以及中高层管理人员的开发，对于一线员工、临时性或流动性员工的职业开发需求几乎完全被忽略。导致这种忽略的一个原因是，经理和HR专业人员认为这些员工工作时间短，最多是一年期合同工，没有进行职业发展规划设计与培训的必要性。然而，鉴于此类员工人数众多，在组织效率上发挥着主体作用，HRD专业人员应积极主动地进行一些职业开发活动，使得组织更好地运用这些员工的潜力，同时满足他们发展的需要。一些HRD专业人员开始注意这个问题。有关调查结果表明：

(1) 员工满意度经常来自重复的和非挑战性工作本身。

(2) 变化的现状(如一个工种到另一个工种，蓝领到白领)要求重大的个人投资和较大的文化调整。比如，白领职业比蓝领要求更高的教育水平，跨越“领线”的员工需要得到同事的帮助。

(3) 中高层管理人员、专业技术人员、白领员工在职业中比一线员工更易受挫折，因为直线运动的机会更为有限和更难得到。

有些组织如美国的康宁公司和洛克希德·马丁公司已经开始探讨一线员工与临时工的职业开发问题，以便更好地满足这些员工的发展需要，保证组织将来再招聘临时工时其需要能够得到满足。两个公司都承认，应鼓励一线员工与临时工在职业开发中采取主动，并争取得到管理者的支持。洛克希德·马丁公司所进行的研究项目包括职业或生活计划研讨会，它对全部员工开放。康宁公司所进行的研究项目包括四个部分：职业探究、规划软件与录像、描述公司职业可能性的信息手册和对主管如何进行职业咨询培训。这两个公司在调动员工参与自我职业开发的积极性以及对一线员工、临时工的职业开发活动方面是成功的。

这两个公司的经验都是组织解决自身和广大一线员工、临时工发展需要的范例。我们希望这些活动能抛砖引玉，引起我国学者与组织管理者更多的研究和实践。

总之，组织内的人力资源开发，不仅是新员工的问题，也是老员工的问题。老员工的开发主要是通过职业发展规划与管理来实现的。值得注意的是，职业发展规划问题在即将退休的员工与临时工中同样存在，做好他们的职业发展规划工作，对于组织来说同样重要。

【思考题】

1. 你是如何认识职业发展规划的？其主要内容包括什么？
2. 浅析职业发展管理与职业发展规划的关系。
3. 职业发展规划与管理在人力资源开发中的作用是什么？
4. 试分析与比较各种职业发展模式。
5. 描述传统职业发展模型和当代职业发展模型并作比较。
6. 职业发展规划的操作程序是什么？
7. 请简述职业发展管理工作的流程。
8. 比较以不同战略为导向的职业发展管理模型。
9. 简述老员工开发的六类活动形式。
10. 员工开发实践中常遇见的问题是什么？你认为应该如何改进？

【案例】

杯酒释兵权：如何安置"掉队"元老？①

元老，古时指天子的老臣，现在也可以指企业的"开朝元老"。元老曾在企业成立初期在极其恶劣的环境下，艰苦创业，勇挑重担，为企业做出重大贡献。

然而，随着企业的发展壮大，外部环境以及内部结构的变化很多，元老自身的素质已经无法跟上企业发展的步伐，有些企业甚至因此而发生重大问题。

情景案例

"华总，昨天的生产线停车事故原因已经查明，主要是由于机电车间没有及时对关键设备进行维修，生产线疲劳运行造成设备损坏。"华泰集团总裁办主任马军向总裁华英先生报告道。

---

① 资料来源：苗兆光：《杯酒释兵权：如何安置"掉队"元老？》，《销售与市场》，http://money.163.com/11/0113/13/6Q9I63AQ00253G87.html＃。

"负责生产的李副总有什么意见?"华英问。

"李强副总认为生产调度主任张勇应对这次事故负主要责任,他擅自修改了生产线定期维修计划,没有按时计划组织生产线检修。"马军答道。

华英站起来说:"张勇他可是生产系统的老人,怎么会出现这类问题?"

"是的。如果这几位老的管理人员再不调整的话,李副总以后的工作很难开展。"马军帮助分析道。

"事情估计不会严重到这种地步。请你通知李副总下午两点钟来一下,我向他了解一下具体情况。"华英安排道。

生产困境

刚刚结束生产业务例会的李强接到马军的电话通知,结束通话后他打开办公电脑开始汇集近期生产系统在组织管理方面出现的一系列问题。

作为主管华泰集团生产管理的副总裁李强是刚刚空降到华泰四个多月的高级经理人。来华泰前,他是一家大型国有企业的生产经营副总经理。受朋友之邀,加盟在本地区较有影响的民营企业华泰集团。

接手华泰的生产管理工作后,经过对华泰各生产分厂或车间的调查了解发现,华泰的生产管理极其薄弱,生产工艺标准、设备运行管理标准和产品检验标准几近空白,生产一线的员工既缺乏标准的操作培训,又不能按设备运行标准定期开展生产设备的保养与维护,造成生产线时常因为某一台设备故障而停车,给企业造成不必要的经济损失。

以上问题暴露出华泰集团各级生产管理人员专业素质的不足,大部分管理人员是从生产车间的员工中选拔产生的,他们大多数人文化水平低、年龄偏大、缺乏现代生产管理知识,仅凭借经验维护生产线的刚性运转。管理人员更多时间是在充当救火队员的角色,头痛医头,脚痛医脚。

"这支队伍需要改造,不然的话,很难摆脱目前的生产困境。"李强整理出一份下午谈话的纲要,他希望下午与总裁华英进行一次深度沟通。

事件分析

14:00,李强在总裁秘书飞雪的陪同下来到华英的总裁办公室。

两人寒暄过后,李强说:"华总,关于这次生产事故,我也有责任,我请求集团给我处分。"

"李总,请不要误会,关于事故处理,属于你的职权范围,我一定不会插手的。这次请你来,不是为了追究责任,而是希望与你沟通生产系统存在的问题,帮助你改善生产管理工作。"华英坦言道。

"华总,近期我组织有关人员对公司的生产业务进行系统的调查,发现虽然我们企业的生产运行已经有三个年度,但是生产管理还处于原始的经验管理阶段，这与你对集团公司设定的总体管理目标存在较大差距。”李强简要介绍近期的工作后继续阐述自己的意见，“这次生产事故以及造成的经济损失本来是可以避免的。根据生产调度计划，上周机电车间应该对生产线进行停车检修，而生产调度处主任张勇则根据个人工作经验擅自更改检修计划，以节约维修成本为名将这次检修任务与下次检修工作合并。他的老部下、机电车间主任游刚由于工作原则性不强、缺乏工作魄力，对张勇的指示言听计从，放弃了这次例行检修计划，最终造成生产设备疲劳运行，导致事故的发生。”

“以前发生过此类事件吗?”华英问道。

“根据一线生产技术人员反映，过去三年经常发生类似事件，只是没有这一次严重。”李强道。

“既然经常发生，张勇他们怎么没有向我报告过?”华英疑惑道。

李强解释说：“问题就出在这里，张勇他们至今没有意识到这类事件与设备疲劳运行有关，或者说是他们过去将此类设备事故均作为正常设备故障处理，而没有认识到或根本不知道这是由于设备缺乏定期检修维护造成的设备事故。”

“他们已经管理这套生产线三年了，难道认识不到这一问题的严重性吗?”华英问道。

“这不是他们是否认识的问题，而是他们缺乏生产线管理的专业技术知识。在企业建设初期，企业需要的是张勇他们吃苦耐劳的创业精神、敢想敢干的工作作风，这对于生产线的试车运行具有不可估量的价值。特别是前两年，生产设备都是新的，不会出现大的设备事故。张勇他们的粗放式经验管理才能够保障企业最基本的生产要求。”李强为华英分析着。

“但是，为保障生产线的长期生产运行，需要管理人员需要根据每一台设备的运行磨损情况制订定期的设备维修计划，对逐渐老化的生产设备进行定期维护和检修，使各生产设备处于良好运行状态。这就需要专业化管理素质，这是张勇他们所不具备的。”

李强最终向华英介绍自己的意见：“我承认他们确实在过去为企业做过贡献，他们对企业的忠诚也不容怀疑，但是随着企业的发展，他们的知识和能力已不能满足企业现在以及未来的管理需要，不适合再继续担任目前的管理职务。”

李强讲到这里发现华英想打断自己的讲话，就向华英做了一个暂停的手势后继续道：“我知道对于你来讲将这些创业元老调离管理岗位是一项极其艰难的决策，但是他们现在已经与部分知识型管理人员在工作中时常产生冲突，严重影响到企业的生产运营。”

“李总，如果对张勇他们予以严肃批评，能否再给他们一次机会，通过培训学习和专业指导等方式帮助他们完成专业化提升。”华英提出一个李强曾经预想到的问题。

李强略加思考：“这个问题我也多次考虑过，但最后我否决了这一想法。第一，他们有着较强的抵触情绪，不会接受培训；第二，他们难以完成这样的培训任务，因为他们几乎已丧失了学习的能力。我们曾经组织过此类培训，他们的培训效果非常不尽如人意。”

“好吧，李总，我感谢你提出的这些管理意见。请你和马军主任今天下午5点组织召开一个生产系统班组长与骨干员工座谈会，到时我也参加倾听基层员工对这次事故及这几位管理人员的意见，然后我们明天再讨论如何调整的问题。”华英道。

员工问难

17:00在集团办公大楼的5楼大会议室已经坐满了来自生产一线的员工。他们中有的是生产车间的骨干员工，有的是企业成立时招聘的第一批老员工，有的是班组长和工段长，也有生产调度室管理人员。由于昨天的事故会影响到这个月的绩效考核，大家的情绪比较激动。

会议开始后，华英先诚恳地表明自己的态度：“各位同事，下午好！对于这次生产事故，我深感痛心。为了在以后的工作中不再发生类似事件，希望大家对我们的生产管理工作提出意见或批评，帮助企业改进生产运营管理。我们将虚心接受认真改进公司管理工作，决不辜负你们的信任。”

“华总，你好！”机电车间一位老技师站起发言，“我们大家非常感谢你创办这个企业，使我们有了工作机会。但是，对于目前企业存在的各种管理弊端，我们深感忧虑。就拿这次生产事故来讲，本来是完全可以避免的，就是由于调度部门的个别干部无视设备状况，不听机电车间的劝告，一味赶产量要进度，造成这种现象已经不是第一次了。请问，像这样不懂技术的管理人员为什么还能获得公司重用？”

老技师的发言在会场内引起一阵议论，使原本心情复杂的员工们情绪更加高涨。有几位年轻的基层管理人员开始跃跃欲试。

“我来讲几句。”一位来自第二生产车间的青工站起接过话筒，“我们第二车间从试车生产到现在已经两年了。由于产品销售不畅，两年来生产线一直开开停停，造成生产不连续、产品不稳定、职工收入偏低。公司为什么不选派有能力的经理改变这种局面而任其连续两年出现经营亏损？”

华英极其重视这些发言，他让马军一一做好记录。

“华总，你好！我们这些新员工有一个疑问：公司为什么聘用年纪大、文化低、既不懂技术也不懂管理的张勇担任生产调度主任这一重要管理职务？难道像部分老员工所讲的，因为他是你的亲戚吗？”一位新入职的大学毕业实习生发言道。

“你提的这个问题比较有代表性，特别是在新员工中。说到张勇，你们这些新来员工可能并不完全了解他。你们知道当初他们是在怎样艰苦的环境下工作的吗？你们知道张勇曾经为企业做出何等贡献吗？张勇的职务是他用自己对企业的忠诚、勤奋劳动的汗水和工作成果换来的，这与他的出身没有关系，希望你们能够更加深入客观地了解他。”华英解释道。

“华总，你好！我们知道张勇主任曾经为第一车间的建设做出重要贡献，但是以他的能力确实无法领导生产调度室的重要工作。对于这些曾经为企业创建做出过贡献又不适合目前管理需要的管理人员，公司计划如何安排他们？”一位老资格的车间主任问道。

“请问华总，根据公司总裁办的调查，营销部门有多名销售人员出现挪用公款的问题。乔东作为营销副总经理，负有不可推卸的责任。公司准备如何处理这些员工和管理者？你是否会由于乔东以往的工作成绩而予以袒护？”一位年轻的生产组长提到最近在公司影响极坏的恶性事件。

…………

员工们的发言越来越多，提出的问题越来越尖锐，其中有许多问题是华英以前没有听到的，他的内心非常痛苦，为这些公司元老们，同时也为企业。

讨论题：

1. 结合本章案例与相关理论，谈谈如何对待这些“开朝元老”，是顾念旧情、暂作观望，还是勇敢调整、让昔日的伙伴退居二线？

2. 结合本章案例，谈谈我们对于组织中的老员工，如何进行合理的人力资源开发？

第十章 主管人员的开发

【本章教学目标】

1. 了解主管人员开发的目的和内容，了解国外主管人员的开发形式，思考其对我国主管人员开发的借鉴意义。

2. 理解主管人员开发的定义并把握理解该定义的几个关键点，了解主管人员开发过程中容易出现的问题，掌握这些问题的改进方法。

3. 重点掌握主管人员开发需求分析方法，掌握主管人员开发的方法，并能够在实践中根据具体的情况灵活地选用。

在第八章和第九章中，我们主要阐述了如何开发组织中的新老员工，虽然这些内容也适用于主管人员的开发，但是主管人员作为组织中一种重要而关键的人力资源，有必要专门论述其开发的方法问题。这一章的内容主要阐述主管人员开发的概念、方法与实践。

第一节 主管人员开发概述

在这一节，我们将就什么是主管人员开发，主管人员开发的必要性与重要性，以及主管人员开发的目的、内容与过程等问题进行讨论。

一、主管人员的开发及其必要性

主管人员在这里是指在组织中对人力、财力与物力拥有一定支配协调权的管理人员。例如，小至项目经理、工段长与科长，中至处长、部门主管，大至公司总经理、学校校长、医院院长与城市市长。常言道："千军易得，一将难求。"由于世界经济形势的变化与我国经济体制的变革，组织的管理与发展不断遇到新的挑战，管理任务日益复杂。我们正面临着主管人才的短缺问题，许多大中型企事业组织的发展与效益因此面临着严重的威胁，这就使得目前对主管人员的开发需求比过去任何时候都更为迫切。学校教育更多的是致力于解决主管人员的基础知识与基本能力的培养问题，许多直接而实用的管理知识与能力要靠组织自己进行开发，这就使得主管人员的开发问题变得十分必要。过去六十多年的事实表明，主管人员是世界各国组织中最有活力的重要因素，领导人的主要任务是负责对组织的发展战略与结构调整进行决策，要保证领导人的决策正确与科学、决策得到正确与有效的贯彻与实施，变成现实的目标，必然需要对主管人员进行开发，需要中间层的广大主管人员准确及时地把握有关政策，有能力对改革中遇到的新问题与新方法进行探索、修正与执行，以便最终达到组织目标。组织要想成功与持续性发展，除领导人外，还必须要有一个素质高、灵活性与适应性强的主管人员团队。这一切就使得对主管人员的开发变得十分重要且关键。

尽管目前不少组织实行扁平化与网络化的组织结构形式，中间主管人员的数量大幅度减少，尽管目前的组织管理主张与过去不同，要求更少的控制与命令，要求更多的协调与辅导，中间管理职能不断削弱，但事实表明，主管人员仍在组织的适应性与成功性方面发挥着关键的作用。实际上，组织中间职能部门的管理人员减少，要求每个主管人员的管理比过去更具效率；管理职能的转变，要由控制命令型向协调辅导型转变，更加要求主管人员的管理具有灵活性与创新性。因此，从一定意义上说，这一切不但没有削弱主管人员开发的重要性，反而增加了当前主管人员的开发的复杂性、困难性与挑战性，培训与开发的任务十分艰巨。这要求我们尽快把许多主管人员从传统的控制命令管理方式中转变过来，从单一的国企管理过渡到跨国管理，适应我国加入 WTO 后的新变化。

美国每年有 100 多万主管人员参加开发活动，仅美国工业企业每年就为此投资 70 亿美元。由此可见，主管人员的开发在美国是一项非常重要的活动。

什么是主管人员的开发呢？麦考尔(Mccall)、隆巴尔多(Lombardo)和莫森(Morrson)等人认为，它是组织有意识地给现职经理与潜在经理提供学习、成长和改变机会的活动，以期形成一批能使组织有效运作和拥有必要技能的经理人员。

参考上述观点，笔者认为，这一定义中有几个关键点需要认真把握。

第一，每个组织都具有不尽相同的主管人员开发方式。这些开发方式是独特的、具体的与有效的，关键在于我们要自觉地和有意识地去发现它，去分析它，去正确把握与总结。

第二，我们可以把主管人员的开发定义为，组织有意识地给现有的主管人员或潜在的主管人员提供学习、成长与改变的机会，以期建立一支能保证组织长期持续有效运作，拥有必要的知识、技能、品性与观念的主管人员梯队。在这个定义中，我们特别强调主管人员要拥有必要的知识与观念，而不仅仅是技能；强调要保证组织有效运作的长期性与持续性，而不仅仅是满足当前组织工作的需要；强调的是建立一支梯队，具有持续的接替性与延续性，而不仅仅是一批主管人员。

第三，主管人员的开发，既包括对现有的主管人员的开发，又包括为其他有希望的（自己愿意或有一定潜力的）人员提供学习、成长和改变的机会。尽管不能保证这些人都在开发中取得成功，但如果不提供开发机会，主管人员的开发就根本无从谈起。

第四，主管人员的开发，是一种有意识、有组织与有计划的活动。尽管无意识的开发活动也客观存在，但它不是开发活动的主流，我们也不能据此对开发活动放任自流。如果听任开发活动自由发展，相信"时势造英雄"和"市场造英雄"，那么将会大大影响组织发展的速度与进程，降低组织达成各类需求和愿望的可能性。

第五，主管人员的开发是一项投资活动，要使其投资合理并取得成功，主管人员的开发应该纳入到组织战略发展的一体化方案中，并紧扣组织的经营目标。

二、主管人员开发的目的与内容

主管人员开发的最终目的，是提高未来组织的核心竞争力与最终的工作绩效，直接的目的是让现有与未来的主管人员具备必要的知识技能与观念，满足组织持续发展的管理要求，让主管人员树立愿意与乐意为本组织发展服务的正确价值观与态度，具备相应的能力、经验与知识，使这些人能顺利完成组织内的社会化与角色化的任务与过程。

因此，主管人员开发的内容包括品性、能力、知识三大块，在每一块中又有许多子因素，而且主管人员所处的层次不同，开发所选择的重点也不同。具体见表 10-1：

表 10-1　主管人员开发内容一览表

层次 \ 内容	品性（包括态度、价值观等）	能力（包括经验、技能等）	知识（包括信息等）
高层	观念更新，思想更新（高层开发重点所在）	工作方法更新，决策科学化	国家政策，同行竞争，对手信息
中层	对待领导的态度； 对待下属的态度； 对待改革的态度； 对待组织的态度； 树立乐于为组织服务的正确价值观与态度	理解把握创新能力； 组织实施能力（中层开发重点所在）	组织内外的政策、法规与现代化管理知识

续表

层次＼内容	品性(包括态度、价值观等)	能力(包括经验、技能等)	知识(包括信息等)
基层	对待领导的态度； 对待群众的态度； 对待改革的态度； 对待组织的态度； 树立充分体现组织与领导先进的思想与能力的服务态度	操作实施能力； 理解把握能力； 解决实际矛盾与问题的技能技巧(基层开发重点所在)	组织内外的新知识、新政策、新法规(基层开发重点所在)

如何确定上述开发的具体内容，可以采取双向表格，见表 10-2，先确定任职差距，然后进行具体描述。

表 10-2　双向表格

项目	未来所需要的内容	现在拥有的内容	需要具体开发的内容
品性与观念			
能力			
知识			

罗伯特·卡茨认为，不同层次的管理人员所需要开发的技能是不尽相同的。有关技能内容与需要程度，如表 10-3 所示：

表 10-3　技能内容与需要程度

被开发者	技能及其需要程度		
高层管理人员	概念形成技能	人际关系技能	技术处理技能
中层管理人员	概念形成技能	人际关系技能	技术处理技能
基层管理人员	概念形成技能	人际关系技能	技术处理技能

在概念形成技能上，从面积分配情况来看，高层管理人员需要程度最大，基层管理人员需要程度最小，中层管理人员居中；在技术处理技能上，高层、中层、基层三个层次的管理人员的需要程度依次递增；在人际关系技能上，三个层次的管理人员需要程度相同。

三、主管人员开发中的问题及其改进

综观各级各类组织中的主管人员开发,我们发现目前所存在的主要问题是:

(1) 开发工作与组织目标相脱离。开发工作是为了实现组织的目标而培养现在与未来需要的各种主管人员。然而,经常存在的问题是实际的开发活动与组织目标之间缺乏有机的联系与结合。

(2) 只强调开发计划而不注意开发效果。1996 年以来,随着国外 MBA 教学的引进,原国家经贸委在全国范围内进行了规模空前的主管人员开发活动,要求在"九五"期间以及 21 世纪初的十多年中对企业主管人员进行一次较为全面的工商管理培训,以顺利实现我国经济体制的转变和经济增长方式的转变,可以说目前已取得了一定的成效。但其中却也有不少企业与组织存在着赶形势与走过场的现象,存在重文凭轻能力的形式主义做法,有些企业最后是借培训开发之名,行国内外旅游与提高个人文凭之实,花费了国家不少钱财,收效甚微。

(3) 只开发少数经过挑选的主管人员。对于主管人员的开发需要花费一定的人力、物力与财力,因此有些组织只对少数经过挑选的主管人员与现职主管人员进行开发,而忽视对潜在管理人员的开发。实际上,鉴别与挑选有开发前途的主管人员是困难的,只对少数挑选出的主管人员与现职主管人员进行培训与开发的观念是不明智的,开发战略应该面向未来,开发对象应该是全体员工。美国有一项对 84 位雇主的调查表明,约有 90%的基层主管、73%的中层管理人员与 51%的高层管理人员,都是从企业内部一般员工提升上来的。[①] 这就说明,组织内部员工的开发是培养主管人员的主渠道。因此,对主管人员的开发要面向全体员工与潜在的主管人员。

(4) 开发方案千篇一律,缺乏针对性。由于主管人员的背景、要求、愿望、潜力与层次不同,这就要求开发的内容与形式要做出相应的变化,根据这些特殊情况与组织要求进行有针对性的再开发与安排。然而,许多企事业组织却由于种种原因,进行统一的开发。实际上,不同的开发需求决定着不同的开发计划,决定着不同的开发方式与开发内容,不存在适合所有对象与要求的开发内容、开发计划与开发方法。我们应该根据具体的开发对象,因地制宜、因人而异,保证开发活动的针对性与实效性。

(5) 主管人员的开发是强迫进行的。我们常常发现这样一种现象,听课的主管人员是被迫而来的,是上级派任务的结果,并非主管人员本人的自愿。学

---

① 〔美〕加里·德斯勒:《人力资源管理》(第 6 版),刘昕等译,中国人民大学出版社 1999 年版,第 264 页。

习理论研究表明，学习的效率来自于情感上的积极接受。我们可以强迫主管人员走进教室，却难以强迫他思考与兴奋起来。因此，我们对主管人员的开发要兼顾个人的需要，要先唤起他们发展与学习的需要，再进行开发活动，在自愿与自觉的学习需要下，对主管人员所进行的开发才能富有成效。

(6) 理论与实践相脱离。有的人认为主管人员长期在实践中生活，他们缺乏的不是实践而是理论素养，因此开发方式总是送其到学校去深造，培训内容主要是系统讲授。实际上，主管人员的实践经验是零碎的、表面的、杂乱无章的，需要开发者与培训者协助他们进行梳理与串联，把经验上升到理论，把感性认识转变为理性认识。这就需要开发的计划、内容与方式特别注意理论联系实际，注意举一反三，注意从细微平凡之中引申出大道理。空洞的说教与灌输，不但无法使主管人员的实践经验得到升华，反而在理性与感性之中又增加了一层不知所云的信息。高深的理论讲授与培训，也许会使少数顿悟能力强的主管人员受益匪浅，但却让大多数的主管人员无所适从。

四、主管人员的开发过程

主管人员的开发过程如图 10-1 所示：

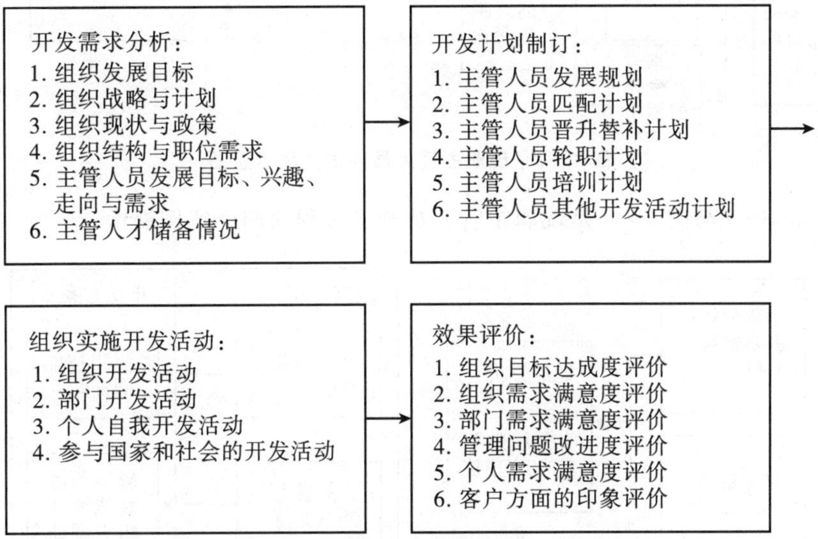

图 10-1　主管人员的开发过程示意图

由图 10-1 可见，主管人员的开发过程主要是针对整个组织与潜在主管人员的开发来分析的，包括需求分析、计划制订、组织实施与效果评价四个阶段。在需求分析阶段，主要抓住组织发展需求、个人发展需求与整个人员现状三个关键点；在计划制订阶段，主要抓住发展规划、晋升替补、轮换与培训计划这几个方面；在组织实施阶段，主要抓住制度管理、机制激励与问题应对措施几个方面；在效果评价阶段，主要抓住组织领导评价、员工评价、客户评价与主管人员自我评价几个方面。

图 10-2 是针对现职主管人员开发来分析的。

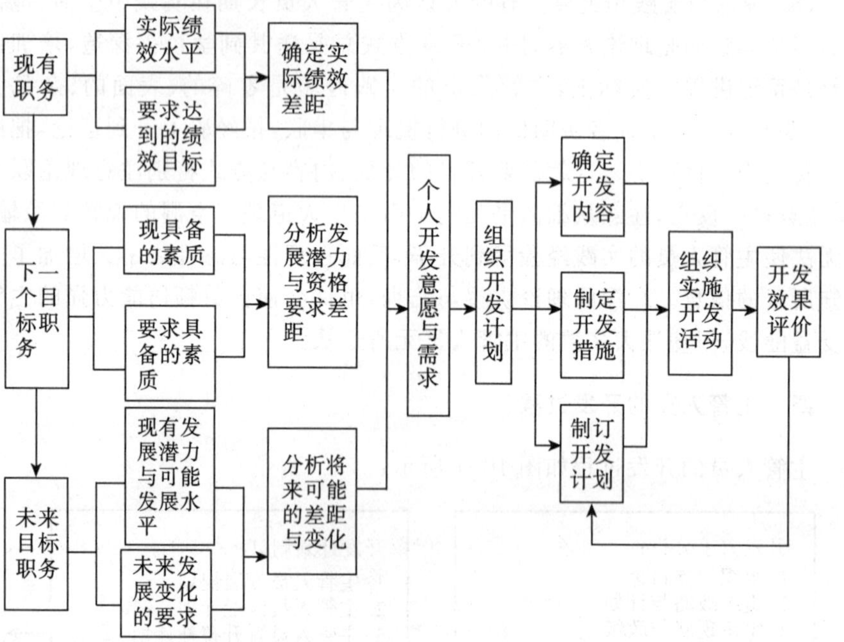

图 10-2　现职主管人员开发过程示意图

图 10-3 与图 10-4 是现职主管人员开发过程的两个实例展示。

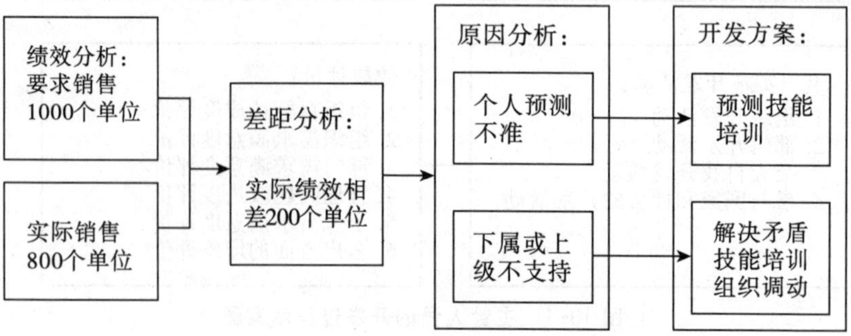

图 10-3　销售主管人员开发实例示意图

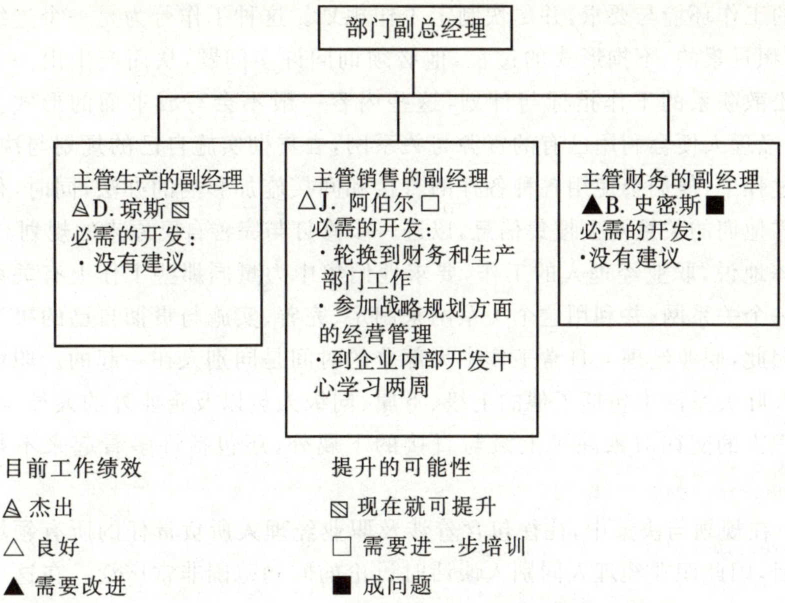

图 10-4　生产、销售与财务三位副经理开发比较图

第二节　主管人员开发需求分析方法

主管人员的开发是一种核心人力资源的开发，需要我们制订周密的计划与方案。然而开发计划方案的制订，是建立在组织对主管人员工作要求分析的基础上，主管人员开发方法的选择与比较，也是基于对组织要求的分析。因此，这一节我们将介绍主管人员工作特征分析、角色分析与素质模型分析的具体方法及其比较。

一、工作特征分析法

工作特征分析法是指借用工作分析的方法，对主管人员的工作特殊性与基本特点进行分析的方式方法，包括观察主管人员完成任务及其特点，对这些任务与特点进行归类。例如，有关研究人员对 15 位总经理的日常工作进行了长时间的观察分析，从他们的研究以及我们的分析中发现，职业经理人的日常工作主要是决策与计划、组织与控制、贯彻与实施。职业经理人的工作特征如下：

(1) 每位职业经理人上任伊始，都是利用当时掌握的有关业务和企业的情况，利用已有的人际关系，利用自己的智能、公共关系与交往技能，去更多地了解自己的工作环境与要求，并尽快制定工作规划。这种工作行为是一个连续不断的、日积月累的、不拘形式的过程，他必须询问许多问题，从而产生出一个互相有着松散联系的工作指标与计划，这些内容一般不会写成书面的形式。稍后，职业经理人便会利用已有的资源与关系网，去贯彻实施自己的规划与决策。在这一过程中，他们会使用各种各样的直接和间接施加影响的办法；同时，他们还会依靠他们的关系网去搜集信息，以进一步修订与完善自己原来的规划。

具体地说，职业经理人的工作，要求他们集中力量同那些工作上有关系的人建立一个关系网，并利用这个关系网来制定、完善、实施与贯彻自己的决策与计划。因此，职业经理人日常工作中大部分的时间是同别人在一起的。职业经理人的人际关系网中包括了他的上级、下属、同级人员以及企业外的人员，因此职业经理人的交往对象除了上级与直接的下属外，还包括许多看起来不相关的人。

(2) 在规划与决策中，往往包含着涉及职业经理人所负责任的所有领域的各种项目，因此职业经理人同别人谈话时讨论的问题范围非常广泛。在这个过程中，必须日积月累地搜集情况，搜集的方法通常是就同他们责任范围有关的各种问题向关系网中的人询问。因此在同别人的交往中，职业经理人要问许多问题，但是别人很少看到他们做出重大决定。

(3) 为了建立与维护关系网，职业经理人必须善于运用各种各样的技巧，必须花费一定的时间去处理一些对于企业来说不重要而对个别重要的个人来说很重要的问题。因此在职业经理人与别人的讨论过程中，开玩笑和谈非工作问题的情形较多。有些问题的讨论，看起来与业务和企业关系不大，并不怎么重要。

(4) 在利用人际关系网实施决策规划时，职业经理人一般要使用各种各样的直接和间接施加影响的办法，下命令只是其中的一种办法。因此在与别人谈话中，职业经理人极少下命令，但他往往试图对别人施加自己的影响。

(5) 职业经理人的工作规划，使他们能以一种随机应变的方式(从短期来说非常有效)对他们周围不断发生的事做出反应，但同时又知道他们这样做是符合某种比较广义的和比较合理的原则，因此他们同别人待在一起的时间，很少是事先详细地加以安排的。

(6) 职业经理人周围较为稳定的人际关系网，使他们能够与每个人进行非常简短的(也是高效的)交谈，因此同别人的谈话往往是简短的、不连贯的。

(7) 职业经理人的工作非常繁重，迫使他们想办法节省时间，因此他们的工作时间都很长并且始终紧张。

尽管不同的研究最后所得到的结果不尽一致，但有人作过系统比较后认为，主管人员的工作特征在十个要素上是一致的。这十个要素包括：长时间地工作；工作地点大多在组织内部；活动层次较高；工作经常被打断、具有间隔性；任务活动多样；主要通过口头、会议、电话与网络进行沟通；要与各种人员打交道；经常注意收集各种信息；很难有时间对工作进行深思熟虑的思考与计划；难以准确估计每项工作所要花费的时间。

二、角色分析法

角色分析法主要是指通过观察法或问卷法来获取相关的资料，对主管人员在组织内担负的管理职能进行分析的方式方法。例如，法约尔 1949 年利用观察法发现主管人员在组织中担负着五种角色，即计划者、组织者、指挥者、协调者与控制者；而明茨伯格（Mintzberg）在 1973 年与 1975 年提出，主管人员在组织内担负着的角色具有多样性：从人际关系方面看，他们担负着形象首脑、领导人、联络人的角色；从信息交流的角度看，他们担负着监督者、传播者与发言人的角色；从决策方面看，他们担负着企业家、矛盾解决者、资源分配者与谈判者的角色。但是有人认为，上述的角色分析尽管流行，实际并没有准确描绘主管人员所做的事，缺乏具体性，不能充分描述各种角色之间的关系。

三、素质分析法

素质分析法指通过信息调查与实证分析，确定完成工作任务所需要的各种能力素质的体系结构。下面介绍任务结构能力模型分析法与四维模型分析法。

（一）任务结构能力模型分析法

任务结构能力模型分析法，是在与 12 个组织中 2000 位经理面谈的基础上开发而成的，是由 MoBer 咨询公司完成的。该方法所强调的分析重点，是产生高绩效的管理能力、技能和个人特征，而不是经理所担任的角色。它把所分析的 321 种能力归为六个类别，即人力资源管理、领导、目标和行为管理、指导下属、重视他人、特殊知识。表 10-4 列出了前四类之间的关系。“重视他人”没有列在技能层次模型中，因为其关键能力不存在于那个层次。“特殊知识”也未列出，因为鲍伊兹（Boyatzis）认为，它对其他能力的影响是“一般性的”。

表 10-4 任务结构能力模型中的能力及其类别

类别	相应能力
1. 人力资源管理	运用社会力量 积极关心他人 管理团队的能力 自我评估准确 自信
2. 领导	运用口头演讲 概括化 逻辑思维
3. 目标和行为管理	以效率为导向 积极 关注影响 问题的诊断能力
4. 指导下属	运用信息的能力 自主性 开发他人
5. 重视他人	分析客观 自我控制 忍耐力和适应性 记忆
6. 专门与特殊的知识	专门的工作信息

该模型的主要贡献在于,试图从产生绩效的能力和各能力之间的关系这两个方面,来描述管理工作所需要的能力结构模型。它是一个以能力为基础的主管人员素质模式。该模型的缺点是基于狭窄的测量工具的分析,难以代表或显示管理绩效所需要的全部特性、技能和知识。另外,分析能力的方法也遭到尖锐的批评。鲍伊兹所用的工具被称做“行为事件面谈法”(BEI),是请经理们描述三个他们认为最有效的工作事件和三个最无效的工作事件。巴雷特(Barrett)和德皮内(Depinet)(1991)指出,该方法不适合测量鲍伊兹所描述的能力。鲍伊兹于 1982 年所描述的能力是“一个人潜在的特征,它可能是动机、特性、技能,个人自我形象或社会角色与知识”。

图 10-5 是上述有关模型的图形揭示。

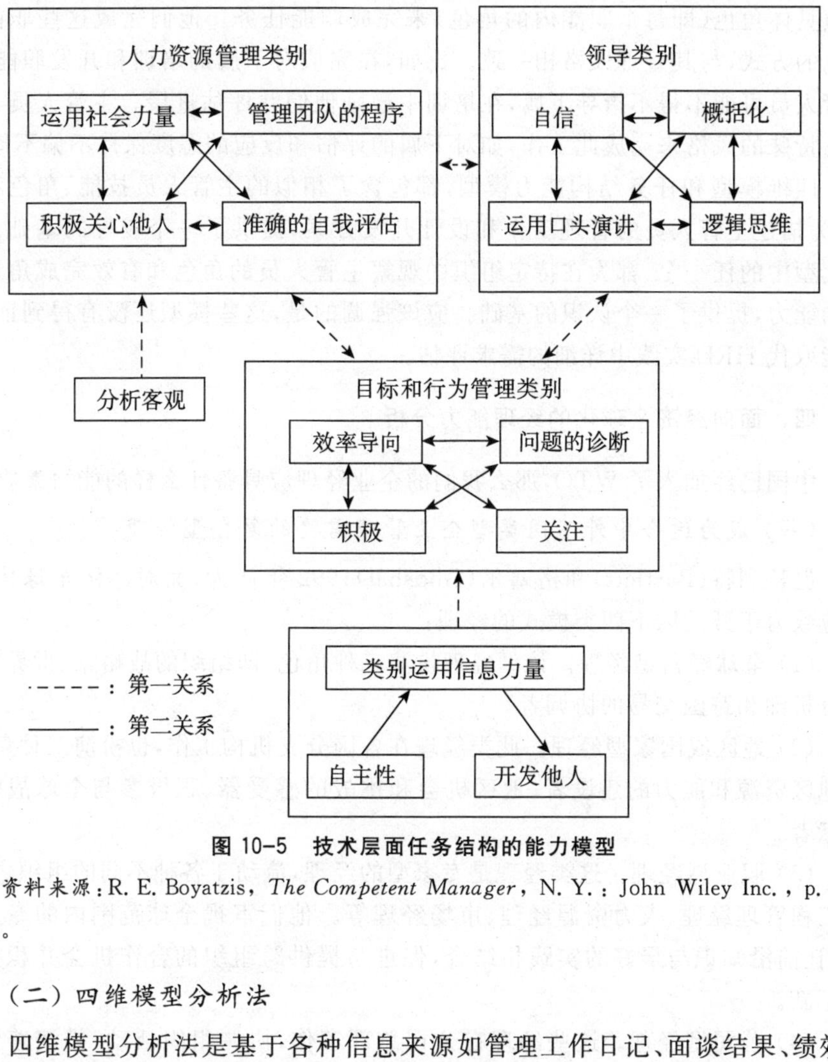

图 10-5 技术层面任务结构的能力模型

资料来源：R. E. Boyatzis，*The Competent Manager*，N. Y.：John Wiley Inc.，p. 194，1982。

（二）四维模型分析法

四维模型分析法是基于各种信息来源如管理工作日记、面谈结果、绩效考评档案、观察结果等资料进行分析的方法。它将管理角色描述为以下四个维度：

(1) 六个功能群：预测和计划，培训和开发，有渗透力的沟通、影响和控制专业或职能领域和管理；

(2) 四个角色群：革新者、评估者、激励者、指导者；

(3) 五个（相关）工作目标群：同事、下属、上级、外部、自己；

(4) 管理风格：描述经理形象和方法的特征，如客观、个人影响、领导、能量层级、敢于冒险。

四维模型表明主管人员要与各种不同的工作目标群（如下属）打交道，通过扮演具体角色(即每个职能内的角色)来完成职能任务。他们完成这些职能和角色的方式,与其管理风格相一致。比如,在完成对下属的培训和开发职能时,主管人员可能不得不指导下属,在培训中激励他们并评估进展。主管人员会以自己特殊的风格来完成此工作,如对下属的评估和反应的态度保持不偏不倚。

四维模型和任务结构能力模型,都包含了相似的主管人员技能、角色和活动,为描述主管人员的管理工作和设计开发方案,提供了一个较好的基础。两个模型中的任一个,都为在特定组织中观察主管人员的角色和有效完成角色所需的能力,提供了一个认识的基础。应该强调的是,这些模型还没有得到证实,不能取代 HRD 实践中详细的需求评估。

四、面向经济全球化的经理能力分析

中国已经加入了 WTO,那么我们的企业经理应具备什么样的能力素质呢?

(一) 成为适合中外不同类型企业管理需要的复合型经理

巴特利特(Bartlett)和格塞尔(Ghoshal)1992 年认为,面对经济全球化,组织应致力于开发以下四类模式的经理:

(1) 全球经营型经理。该型经理扮演三种角色,即组织的战略家、世界资产的分析师和跨国交易的协调者。

(2) 地区或国家型经理。此类经理在各国分支机构工作,也扮演三种角色,即地区资源和能力的建设者、地区机会和挑战的感受器、积极参与全球战略的贡献者。

(3) 职业型经理。这类经理是专家型的经理,流动于各种不同的组织之中,如工程管理经理、人力资源经理、市场经理等。他们审视全球范围内的专业信息,让前沿知识与最好的实践相结合,促进与提供跨组织的合作机会并积极进行革新。

(4) 公司型经理。这些经理在公司总部工作,协调组织活动,扮演着领导者、人才观察者的角色,即识别与发现潜在经营者、地区或职业型经理以及有潜力的基层主管开发者。

(二) 具备立足公司、放眼全球的跨国管理能力

阿德勒(Adler)和巴塞洛缪(Bartholomew)于 1992 年经过大量案例分析认为,在经济全球化中,有效管理者必须具备以下跨国管理的技能:全球视角、地区整体反应能力、合作学习能力、迅速转化和适应能力、跨文化反应能力、协作精神和外国经验。

他们分析认为,跨国经理要比传统的国际性经理具备更广泛的技能,后者是从较狭窄的角色角度来开发培养人才的。阿德勒和巴塞洛缪指出,组织的人

力资源管理战略必须修改，以便能够有效地管理和开发这样一些经理。他们通过对 50 个北美公司的调查认为，这些公司的 HRD 战略与经营战略相比更不具全球性。他们还提出了如何修改 HR 制度的建议。比如，开发活动应该保证经理能够在世界的任何一个地方与来自全世界的人一起工作。

阿德勒和巴塞洛缪于 1992 年提出的全球经理观与巴特利特和格塞尔于 1992 年提出的全球经理观至少有两个方面的不同：

第一，巴特利特和格塞尔采取的是以角色为导向的观点，而阿德勒和巴塞洛缪强调的是经理所需的能力；

第二，阿德勒和巴塞洛缪建议所有经理都应“全球化”，而巴特利特和格塞尔则认为，全球管理只要求一部分经理来执行全球管理的功能和角色，大部分经理因为担任局部地区的企业经理拥有不同的能力。

（三）具备快速的学习与反应能力

斯伯莱茨（Spreitzer）、麦考尔和马奥尼（Mahoney）于 1997 年认为，基于过去的成功来确认经理所需要的能力是不够的，因为经理必须面向未来、应对与现在和过去完全不同的问题与能力要求的挑战。因此，斯伯莱茨等人建议，以经验学习的能力作为识别有潜力的跨国型经理和开发有效率的跨国型经理的标准。

通过现有的文献，斯伯莱茨等人提出了预测具有跨国管理潜力经理 14 个指标（图 10-6）：

- 跨国经理的 14 个测评指标
  - 8 个决策能力指标
    - 对文化差异的敏感性
    - 商业知识
    - 表明立场的勇气
    - 善于发挥人的最大潜力
    - 行为诚实
    - 有洞察力
    - 致力于成功
    - 敢于冒险
  - 6 个学习能力指标
    - 善于运用反馈
    - 文化冒险
    - 寻找学习机会
    - 乐于接受批评
    - 寻求反馈
    - 灵活敏感

图 10-6　跨国经理的 14 个测评指标

斯伯莱茨等人开发了一个被称为“望远镜”的工具，可以对经理的每一个指标评分，以确定谁拥有有效的跨国管理潜力。他们选用了6个跨国公司和21个国家不同层次的838个公司作为样本，建立了“望远镜”的常模，作为预测跨国型经理成功与否的工具。

斯伯莱茨的方法的价值在于以下三点：

(1) 让HRD专业人员了解到，应该包括什么样的内容和采取什么样的方式来选择国际性主管人员；

(2) 提醒HRD专业人员充分考虑经理可能面临的非过去能力所能应对的挑战；

(3) 为HRD专业人员提供了一个优秀的模型，告诉他们如何收集资料证据来鉴别国际性主管人员所需要的各种能力。

(四) 未来经理的能力模型

斯伯莱茨等人于1997年提出，将来国际性的主管人员所需要的能力将以学习能力为标志。奥尔雷德(Allred)、斯诺(Snow)和迈尔斯(Miles)于1996年提出，组织结构决定了主管人员所应具备的核心管理能力，不同的组织结构将要求主管人员具备不同的能力。在对不同经理、人力资源管理人员和应聘者的调查基础上，奥尔雷德等人总结出了21世纪国际性职业经理人应具备的五类素质：具有以专业知识为基础的技术特长；跨国管理能力和国际经历；协作领导能力；自我管理技能；良好的品德，包括正直、灵活性和可信等个人品性。

第三节　主管人员开发方法

主管人员开发的方法，大体上可以区分为在职开发与离职开发两大类，在每类中又具体划分为许多不同的开发方式，概括起来大体有如下一些：

一、预备职位经历

预备职位经历，即让被开发的主管人员在预先准备好的职务台阶上经历一番工作锻炼，待其达到有关能力标准后再正式任命的一种在职开发方法。例如，副职制、助理制、执行委员会制、初级董事会制，都是这种方法的具体体现。

(1) 副职制。设立副职一般是让其协助正职处理某一职务的工作。这种协助有的是全面性的协助，有的是分解式的协助。全面性的协助一般只设一名副职，其承担的职能相当于助理；分解式的协助即设多名副职，每个副职分别协助正职的某一方面的工作。但是作为开发策略而设的副职，一般没有最终决策权。副职制可以让被开发的主管人员与有经验的正职一起工作，得到正职的关心与指导。副职可以观察学习正职的工作方式、工作风格、性格特点与优秀品质等，得到迅速成长。

(2) 助理制。助理制的设置目的与副职制大体相同。

(3) 执行委员会或初级董事会制。执行委员会或初级董事会制在实行多头管理体制的组织中可以作为开发主管人员的一种工具。在执行委员会或初级董事会中，被开发者全部被任命为委员，他们因此有机会接触各级各类有经验的领导人，有机会熟悉涉及整个组织的核心人物与各种事务，了解不同部门之间的关系以及经常遇到的各种实际问题。

例如，有的企业的初级董事会一般由所有中层管理人员组成，并让他们对整个公司的政策提出建议，让他们熟悉与分析公司的问题，并给予其决策的机会与权力。所讨论的问题比较重要，层次较高，包括组织结构、经营人员的报酬以及部门之间的冲突，要求他们对这些问题做出自己的分析与建议，并最终形成报告，正式提交给董事会。

这种方法主要是为中层管理人员提供处理全公司范围问题的机会，建立一种让他们的相关经验与能力得到发展的机制。初级董事会人数一般在10—12名不等，全部来自各个部门的主管人员。

值得注意的是，在执行委员会或初级董事会中，要给予这些被开发者充分接触组织中各级各类有经验的领导人的机会，给予他们向正式委员会或董事会提交报告或建议的机会，以便让他们分析问题、解决问题的能力得到足够的锻炼。

二、晋升开发

晋升开发，是根据被开发主管人员的发展潜力，把他从较低的职位提拔到更高级的职位，从而引起一系列的开发活动，包括组织方面与个人方面的开发。被开发者因此也得到了能力上的提高。

晋升开发包括临时提升与有计划提级两种。临时提升一般指由副职临时代理正职行使职权几天、几个月不等。例如，经理休假、生病、出差或突然出现职务空缺时，常常出现由副经理临时代理现象。在代理时间内，副职代理正职制定政策、进行决策并充分履行职责，因此可以得到实践的锻炼，能力会得到一定的提高。

有计划提级，是指按照组织事先设计的职务系列，按照既定的资格要求与考评方式逐级晋升，从而使主管人员的能力不断得到发展的过程。一般来说，主管人员明确自己的发展通道与阶梯，知道自己所处的环境与前进的方向。例如，银行储蓄所主任大体知道自己可能的发展路线是，由主任到支行副行长、支行行长、分行副行长、分行行长，再到总行副行长与行长。于是，这位主任就很可能会积极努力去学习,掌握与培养各级职务资格所要求的各种知识、技能与素质。这样,该主任就能正常按时得到提级,他的能力也就得到了快速的提高。

三、职务轮换开发

职务轮换,是指让主管人员分别到不同的相关职务上任职,以拓宽其知识面与能力范围的一种管理活动。职务轮换有两种方式:一种是平面式或平行式轮换,另一种是螺旋式轮换。前一种只是扩大知识面,后一种才既能扩大知识面又能提高能力水平。因此,主管人员开发中的职务轮换通常是螺旋式轮换。例如,人力资源部经理任职三年后轮换到分公司担任总经理三年,再到总部担任主管人力资源的副总经理。这里的职务轮换就是螺旋式轮换。

职务轮换的好处是:(1)通过职务轮换,主管人员将逐步由按某一方面的技术要求思考问题转变为按管理原则进行思考;(2)通过职务轮换,既有利于主管人员找到自己的职业兴趣与特长,又便于上级为他们安排适当的职务;(3)通过职务轮换,可以让主管人员对不同部门的问题有更为广泛与更为本质的了解,对不同问题具有较为全面与本质的处理能力。因此,它可以为组织选拔与开发出高层的领导候选人。

四、辅导

辅导,有时又叫实习。实习是相对被开发者来说,而辅导是相对开发者来说。辅导是指被开发者与某个有经验的主管人员一起工作,而这个主管就被指定负责对被开发者进行辅导。被开发者辅导期满后,有可能直接替代辅导者,接替辅导者的主管职务,也可能作为后备主管人员储备或转移到其他职务上从事管理工作。一般来说,在辅导与实习期间,被开发者不承担实际的管理责任,所谓有职无权,不担责任。这样有利于被开发者大胆工作,积极锻炼,得到充分的学习机会,同时也有利于保证组织工作正常有序地进行,不至于受到实习人员或被开发者工作不熟练的负面影响,有助于保证现任主管人员因退休、提升、调动、辞职等离开岗位而出现空缺时,组织内有足够的后备人员能够及时顶替。

为了保证辅导与实习的有效性,担任辅导人员的主管必须善于沟通、示范与教学,而且具有耐心与智慧,善于在被开发者与自己之间建立起一种信任的气氛,善于适度地给被开发者授权,赏识与表扬做得好的行为。应该让担任辅导的主管人员认识到,辅导被开发者是需要花费时间的,但是如果很好地去做,它能避免由于被开发者出现差错带来的巨大损失。从总体上来看,它将节省大家工作中的时间、金钱与人力,对所有的人包括上级、下属和组织都是有利的。

这种辅导与实习在某些组织具体为替补训练。其优点是被开发者在预定接替的工作环境和职位上工作。在他们看来，这为准备晋升提供了一个极好的机会，因此会积极主动学习。对于即将离退休的辅导者来说，因为即将离开，一方面有站好最后一班岗的思想，另一方面会把辅导看做栽培自己看好的接班人的好机会，看做灌输自己的思想与观念的好机会，因此也会有一定的积极性。但也有缺点，某些主管人员唯恐自己被取而代之，不愿向被开发者传授他们的知识、经验与技能，被开发者与辅导者之间可能会因此相互产生一些矛盾与隔阂。

五、决策学习

决策学习，也叫解决和处理问题的行为学习，是让被开发的主管人员学习如何分析与解决其他部门问题的一种培训技术。在这种形式中，要求被开发的主管人员定期开会，4—5 人一组，在会上就各自的分析与解决方案进行讨论与辩论。会议一般每周一次，每个人所分析与解决的问题不太相同，大家一起共同讨论，相互比较工作笔记与具体的分析思路、解决思路。这种方法始于英国，通常涉及不同组织间的相互合作。例如，一位来自财务部门的主管人员，可能被派到本公司或外公司人力资源部去做他的问题解决方案，而人力资源部也可纵派一位主管人员到财务部门做他的问题解决方案。

这种方法具有先导性与贡献性，它以实际问题的方式给被开发的主管人员以真实的体验，让被开发的主管人员正确地掌握决策步骤，引导他们如何明确问题、收集数据、提出假设、制定对策、优化选择与验证结果。因此，有利于被开发的主管人员分析问题与解决问题能力的系统开发。不足之处在于，这种形式要求被开发者到本部门外的单位从事问题研究，在某种意义上本部门暂时流动走了一位称职的管理人员，会给本部门带来一定的损失。

六、评价中心技术

评价中心技术是一种既可以用于主管人员管理能力测评又可以用于主管人员管理能力开发的方法。它主要是通过模拟一些典型的与实际的工作情境，例如无领导小组讨论与有领导小组讨论等，让被开发的主管人员置身其中，对各种问题做出相应的分析与问题解决。这种问题解决行为形式，一方面有助于提高被开发主管人员的能力，另一方面也能够考察与评价主管人员的领导与授权等相关技能。常见的评价中心技术包括管理游戏、公文处理、角色扮演、有领导小组讨论、无领导小组讨论等。有关学者认为，评价中心技术中的角色扮演，是一种比较有趣、花钱不多且又能开发许多新技能的方式。由于角色扮演是一种假设的情景，扮演者不必有太多的顾虑与禁忌，可以尝试采取各种不同的管理方式开展自己的管理工作,然后再尝试采取专断的方式开展自己的管理工作。而在实际的管理工作中则不允许有这种方便的实验机会。[①] 评价中心技术的不足是,花费时间较多,如果活动中指导人员不能清楚地告诉被开发的主管人员他们将从中学到许多东西,那么被开发者就很可能会认为是在浪费时间。

七、敏感性训练

敏感性训练,主要用于开发主管人员对他人情感、态度与需要的敏锐感觉技能。管理人员必须通过他人来完成任务,在以人为本与团队合作的现代社会中,我们必须尊重上级、下级、同事与合作伙伴的情感与需要,提高对人的敏感性技能,否则我们就难以取得管理上的成功。敏感性训练一般包括以下三个方面的目标:

(1) 使主管人员能更好地反省自己的行为,清楚自己在他人心目中的形象;

(2) 更能洞悉他人的情感、态度与需求,理解他人,理解群体活动过程;

(3) 通过群体活动,培养、开发、判断与解决自己和他人的情感、态度与需要相冲突的问题的能力。

在敏感性训练中,要求被开发的主管人员相互间直接地交流各种朴素的感觉、感情与态度,并从开发者与小组其他人员那里获得对自己行为的真实反馈。成员之间的反馈是十分坦率与直截了当的,有人也因此在心理上受到了一定的伤害,因为他们受不了这种挫折与打击。还有的学者认为,在敏感性训练中,由于群体压力及动力的影响,参与者难以控制自己,被迫暴露自己的本性,因而有可能侵犯个人的隐私权。因此,有人建议进行敏感性训练应该注意以下几点:

(1) 让感兴趣的人自愿申报参加,不要强迫;

(2) 筛选参加训练的申报人员,不要让那些情感脆弱、容易受到伤害与受不了批评的人参加;

(3) 慎重选用培训者,保证他们具备相应的控制调节能力;

(4) 对所有参加训练开发的主管人员,首先明确相关的训练目的与方法,让他们有一定的心理准备,提高心理承受力;

(5) 事先树立明确的培训目标与要求。

第四节 国外的主管人员开发

这一节主要介绍美国主管人员开发的相关形式。虽然这些形式在其他国

---

① 〔美〕加里·德斯勒:《人力资源管理》,刘昕等译,中国人民大学出版社 1999 年版,第 213 页。

家也存在，但这里我们以不同于中国的情况为背景，更详细地介绍这些开发形式的应用方法。

一、组织外部的教育开发

组织外部的教育开发，包括用来帮助主管人员在正式课堂中获得广泛的知识和技能的一切活动，特别是在颁发文凭的学校中。目前，管理教育仍然是组织外用于开发主管人员的一个极流行的选择。

（一）工商管理学士或硕士学位课程教育

传统的管理教育一般为四年制的学院或大学教育，提供的是学士或硕士学位，强调的通常是管理知识和一般能力。对此存在着不同的观点。有人认为，管理教育的课程应以基础的管理知识与素质培养为中心，例如市场研究技术、计划和决策模型等。有人认为应以开发实践中经理工作所必需的技能为中心，例如沟通技能、人际关系协调能力。大多数商学院的教育课程对两者同时强调。MBA 和 BBA 一般遵守“美国商学院协会”(美国管理教育最大的评估机构，简称 AACSB)的评估标准。AACSB 按照上述两种观点来区别学士和硕士的教育，认为学士教育应该将“基本教育和基本商业研究”相结合，而硕士教育主要是给学生提供专业方面的一般管理视角。AACSB 的标准一般以任务为基础，它规定可以根据组织的要求(如教学、研究)灵活安排课程的内容、结构和实践等。

按照 AACSB 课程标准，学士和硕士课程应包括以下几方面的内容：道德、全球化、政治、社会、技术、法律和法规、环境及人口统计。学士课程应提供会计、行为科学、经济数学和统计学方面的基本知识，连同其他一般教育，至少占总课程量的一半。硕士课程应围绕一个核心，主要介绍财务报告与分析、市场概况、国内和全球经济的环境、商品和服务的生产、组织行为。两个层次的课程应提供书面和口头沟通的培训。硕士课程要保证毕业生有基本的定量分析和计算技能。

商学院在 20 世纪 80 年代末和 90 年代初被社会批评为无效率。这种批评导致了 AACSB 对商学院的教育进行全面的评估。评估结果表明，商学院不能满足组织的实际要求，不能把学生培养成为有效的经理。其缺陷主要表现在课程之间缺乏跨领域的结合，例如，在理财与人力资源管理中间，没有进行很好的结合，毕业生缺乏“软”技能(如沟通、人际关系)、国际视角和知识广度(即太强调商业问题而忽视了获取更广泛的知识)。波特(Porter)和麦吉宾(Mckibbin)于 1988 年提出的建议是，商学院应修改其课程来克服这些缺点，以便更能满足学生和组织在当今和将来的环境中更具竞争性的需要。

商学院也回应了这种挑战。比如，宾夕法尼亚大学的沃顿商学院就是其中之一，在它所提供的开发服务项目中，课程完全迎合21世纪商业实践的需要。它所提供的不是以学期为单位的单独学科，而是提供四个六周的单元课程，将各学科加以结合，修改后的课程仍然特别强调开发“人的技能”、解决实际问题和获得全球视角。课程是由学生、教师、校友、未来学家、CEO和公司招聘专员共同开发的，目前它已成为其他学院争相效仿的样板。

另一个革新和变化的例子，是位于俄亥俄州的Case Western Reserve University的Weatherhead商学院。1990年秋季，它的教育项目得以实施，特别强调最终的学习结果，包括考虑所有利益主体需要（如学生、校友、潜在雇主）的满足，鼓励学生以新颖的方式来考虑问题，激发学生的创造性思考和行动，将教师置于经理的角色而非教师的角色等。该教育项目具有以下要素：(1)在课程中，给学生提供和开发与管理职业相关的以应用能力为基础的方法(KSAS)；(2)开发一个适用于个人的学习计划；(3)建立工作团队，团队中有许多组学生，他们定期与当地的指定顾问讨论，这样可以将课程学习与实践相结合；(4)管理和商业学科尽管缺乏现实证据，但企事业组织仍然继续支持此类项目。

沃顿和Weatherhead的例子代表近来商学院的活动和变革。学生参与许多问题的讨论、与工商业组织合作等，已经成为许多商学院的共同做法。教学也进行了革新，许多商学院将运用计算机和电信技术作为课程的中心，以团队为导向、以应用为基础的教育项目被广泛运用。

应该注意的是，本科生和研究生的学位课程只是对经理人开发的一部分，期望由此培养出“理想经理”所需要的KSAS则是不明智的。笔者认为，商业教育课程为职业经理人的开发提供了学科基础，可以作为经理人反思其经验与开发新技能和新知识的手段。通过学校教育毕业的学生不是“经理人”的最终产品，只是具有成为“经理人”的潜能，还需要进一步的开发和实践的磨炼。

（二）经理人的教育项目

参加MBA项目的学习时间很长，通常需要2—3年的时间。由于专职经理很繁忙，因此许多大学和中介机构开发了一些替代项目。这些替代项目从专门的MBA课程、经理人的MBA和EMBA到某一特定主题和问题的短期课程以及一次性课程不等，都可以被称做经理人的教育项目。经理人的教育已经成为许多大学和机构的主要业务。比如，据估计，欧洲工商管理学院(INSEAD)、哈佛(Harvard)和创造性领导中心每年分别从经理人教育项目中赚得370万美元、301万美元和235万美元。

据估计，每年在北美的102个商学院中，有9500个经理人员参加了EMBA项目。大多数课程被浓缩或加快进度，每周上课一次，通常在周末，一般在两年内完成。这些学生大多为年龄较大的专职经理，他们来自各种组织，具有丰富的管理经验。

EMBA 项目的优点是，主管人员在与其他组织经理的交流中，会产生出许多新观点，教师的高质量指导以及由大学带来的声望等，会提高主管人员的人力资本价值。

但是，EMBA 也有缺点：主管人员不能获得组织所需要的特定信息，学习费用较高，真正有实践经验的指导教师不多。另外，一些批评者还认为，有些经理人项目仅仅是简化了的 MBA 版本，指导质量低，入学标准宽松，主要目的是为学院增加收入。

EMBA 项目是否是开发经理的有效项目，现在还没有相关的实证研究。目前的评价通常基于趣闻轶事。少数对 EMBA 项目的评估研究，通常的依据是，参与者常常满意此经历，感到接触到了许多新观点和新的人，获得了不断升级的自信。

(三) 其他经理人教育的途径

经理人的教育不一定是综合的 MBA 或 EMBA 项目，还包括其他主题的专门课程。这些课程通常强调特定的主题、问题或技能，具有独立性，即不在学位课程中。1980 年以前，此类项目的主要提供者是"美国管理协会"(AMA)，它现在仍提供上百种主题广泛的专门课程。尽管其化机构也提供课程和项目，但 AMA 几乎占有垄断地位。目前的情景则不一样，没有哪一家能控制该领域。除了学校以外，其他组织如创造性领导中心、威尔逊学习中心、产业协会和许多咨询公司也都提供这类课程。

许多课程设计的意图是将理论与实践相结合，以便给参与者提供可以立即加以运用的信息和工具。电信技术的进步，特别是卫星传送、录像会议和互联网的发展，使得远距离学习越来越成为经理人教育的一部分，它将导致经理人教育方式的快速变化。据估计，所有组织中大约 10%、大型组织中大约 22% 使用了商业卫星进行远距离教学。例如，Westcott 通讯公司联合八家商学院建立了一个"经理人的教育网络"，与包括柯达、迪士尼和德州仪器(Texas Instruments)等公司在内的 100 家课堂相连；密歇根大学与大不列颠电讯公司联合，提供现场直播的课程给美国、欧洲、亚洲的公司。

使用组织外部教育机构提供的课程的优点是，可以减少组织自己设计课程的成本。课程提供者一般具有专门知识，它们可以设计和包装课程，采取以工作者实际需要为导向的方式方法。另外，卫星课程可以在主管人员方便时传送，不要求他们离开组织外出参加学习。然而事实表明，这种方式也有缺点。首先是缺乏质量控制，在高度竞争的环境中，许多提供者会降低标准，以保证在短期内有足够的业务。尽管市场力量会最终(理想地)淘汰质量差的课程与项目,但这需要时间,许多主管人员在此过程中会受到质量差的课程的影响。其次,课程内容不能完全与所用媒体相匹配。比如,鉴于现在的技术状况,卫星传输对知识传送更适合,通常是演讲,而人际关系技巧课程则最好是面对面进行。最后,课程内容缺乏针对性,不能解决特定组织所遇到的特定问题。

此外,大学提供的短期课程的缺点是,过于注重知识的系统性和基础素质的训练性,缺乏实际的经验性,不是以实践为导向。解决这个问题的有效方式是,组织提出具体要求,大学进行具体设计,或者组织与大学合作修改既定的课程,使其符合组织的特定需要。大学也越来越愿意为组织服务。比如,一个以新泽西为基地的健康保障机构和医药公司,说服麻省理工学院(MIT)特别设计了一些课程,为其经理人提供战略技术管理、领导和质量培训。其他还有福特公司和密歇根大学、IBM和沃顿的合作实例。尽管该方法可以解决质量和针对性的问题,但是费用却很昂贵,每个开发项目,例如3—4天的课程,所需费用从50000—80000美元不等。解决这种问题的办法是,组织应“到处逛一逛”,要与许多学校和专业教授联系,然后再协商一个合理的价格。

无论是否请大学专门设计特定的课程,组织内部提供的短期课程仍然可以作为未来主管人员开发的补充部分或重要部分,因为它可以根据自身的方便和实际条件量力而行地设计课程。保证组织购买的课程符合其需要的最佳方式是,首先请有关专家对自己的主管人员开发需求进行专门的分析,并且在使用前后对所购买的课程进行评估。评估时可以参考以下课程设计的原则:

(1) 有效的经理人教育应该是经验、培训、教育和其他开发形式的相互结合,而不是仅仅依赖于课堂教学这一技术;

(2) 与现实的商业问题紧密结合的即时互动教学形式,是有效的经理人教育的必要因素;

(3) 在经理人的教育过程中,应该充分激活和开发参与者的积极性;

(4) 经理人教育应有利于开发领导者的个人才能和组织需要的知识基础;

(5) 有效的经理人教育应帮助开发与建立组织各层次的领导人才库。

二、组织内部的培训与开发

研究表明,目前美国大约有90%的组织把内部培训和在职经验作为开发经理的一部分。大多数组织将外部课程和内部课程、项目培训相结合。下面我们主要介绍公司内部课程、公司学术机构或“大学”、在职体验三种开发形式。

(一) 公司内部的课程

组织经常自己设计课程和进行研讨,并以此作为开发经理的一个方式。此类课程一般是根据组织或经理所提出的特定问题、要开发的技能和个体特征进行针对性的设计。这种活动可能从强调一种具体的技能或问题的课程(如评估员工绩效、预算)到一系列互相联系的课程不等。例如,为期两周的一系列研讨会,让非经理的核心主管人员熟悉各部门和各个产品以及公司所面临的挑战等。通用电气公司(GE)曾经设计了一系列课程,用于开发经理们在全球竞争环境中获得成功所需要的素质。该开发项目是在该公司位于纽约的管理开发中心中进行的,其中的核心课程包括"公司领导会议""新经理开发课程""高级管理课程""经理人项目""主管研讨会"。该项目的开发对象包括刚从大学毕业的学生到资深的公司官员。课程设计的目的是为了解决 GE 经理所面临的各种挑战,包括展现 GE 所面临的各种实际问题,并为参与者提供解决问题的机会与方法。

设计和实施此类课程时,要保证课程符合开发经理的实际要求,既要避免冗长,并让参与者看到课程与整体开发计划的关联性,也要帮助 HRD 的经理们了解组织提供的课程与总体开发活动之间的关系,比如,GE 将 80% 的开发内容通过在职经历来完成,20% 通过正式的课程进行教学。这将使经理们了解到,将来开发下属的主要任务与方式,主要是给他们提供重要的发展经历。有些组织还进一步扩大范围,邀请海外与国外的成功经理参与开发活动。比如,GE 就邀请一些海外知名公司的经理和主管,如俄罗斯国际航空公司和中国的经理,与自己组织中的经理们一起参加课程开发,目的在于开发经理的全球管理技能和才能,建立关系,以便以后更好地进行合作和获得更进一步的商业机会,并让其了解其他组织和国家是如何进行经营的。

(二) 公司内部"大学"

许多组织认为,实现管理者开发战略的重要措施是自己成立一个内部大学,在这里,所有的经理都可以完成特定的课程。采用此方法的组织有 GE、IBM、麦当劳、施乐等公司。这些组织的学校设施相当完备。例如,一个占地 100 英亩、风景如画的校园,有多栋建筑和学员宿舍楼。内部大学所承担的是特定的开发任务,针对的是组织的特定需求和完成工作的特定方式。比如,麦当劳在伊利诺伊州的"汉堡大学"(Hamburger University),为其经理开设的课程是,培训如何保证质量、服务和清洁的技术。汉堡大学的课程,包括强化组织理念的操作程序,动用了许多培训方法,包括演讲、讲座、讨论、视听和设备的操作经历等。

施乐公司把其位于弗吉尼亚州占地 2000 英亩的公司的生活学习和健身中心,改造成了公司教育培训中心。该中心能同时容纳 1000 名学生,提供销售服务培训和管理培训等课程。管理培训课程强调的是,授予主管人员重要的商业知识，让其了解经理的工作要求和自己的特点。教员从公司内聘，课程的设计由那些经过课程设计技能培训的专业人员负责，他们都能利用各种技术设计课程，例如录像、计算机。这些人员与顾客、项目问题专家和讲师一起研讨，共同分析开发需求和课程设计。

（三）在职体验

一般认为，在职体验是主管人员开发中最重要的方式。例如 GE 的主管人员开发，80％的课程内容是通过在职体验进行的。许多组织都是将工作任务和经历作为主管人员开发的重要手段。尽管在职经历对开发如此重要，但是许多组织还是对这种开发形式不够重视，听之任之，希望经理们自己发现要学习的东西。此外，在职经历中相关事件对开发的影响，以及如何充分利用此类经历提高开发效果，还有待研究。不过，有的学者已经指出，许多在职经历会强化经理们的旧有态度和行为，而不是鼓励他们采取提高工作效率的新态度和新行为。

1. 关键事件法

如果我们要充分发挥在职经历作用的话，就需要研究一系列具有开发潜力的关键事件，把它们设计为可以教授的课程和学习方式等。在这方面，“创造性领导中心”(CCL)在经理人开发中所进行的一系列对经验角色作用的研究，可以说是一次有益的探索。CCL 的研究者曾经研究了 36 个大组织中的 191 个成功经理，请他们描述职业发展中所经历的关键事件，并解释自己从中学到了什么。在这些调查中，研究者从 616 个事件中编制了 1500 个课件。它们被归类为 32 类课件，体现 5 个主题：计划和工作战略、关系处理、基本价值、经理人性格、了解自我。关键事件也被归为 5 类：初期影响、劝说领导、在职领导、面对重要人物、面临困难。表 10-5 列出了构成每一课件的类别的内容及其包含的教学意义，表 10-6 列出了关键事件的类别及其举例。

在关键事件的学习中，存在情感、方法技能和其他获取效果的干扰。开发者要善于发现与利用关键事件中所包含的开发主管人员的机会(如特殊任务、挑战性任务)。为了让主管人员从这些关键事件中获益，开发者必须提供必要的提示、支持、资源、反馈和活动时间。开发者在运用关键事件开发主管人员时，应该注意以下几点：

(1) 机会主义——善于利用成长过程的学习机会；

(2) 个人主义——充分考虑被开发主管个人的独特性；

(3) 长期眼光——充分注意开发经理是一个长期过程(如 10—20 年)；

(4) 鼓励自我激励——想办法让被开发者本人进行自我奖惩；

(5) 在职方法——强调主管人员在工作中进行学习。

表 10-5 课件类别及其教学意义

1. 计划和工作战略：
   - 技术或专业技能
   - 时工商业的全部了解
   - 战略思考
   - 承担完全责任
   - 建立和使用组织结构和控制系统
   - 解决问题的创新方法
2. 关系处理：
   - 处理政治环境
   - 使员工实施解决方案
   - 经理人是什么样的人
   - 如何与上司或其他经理共同工作
   - 谈判战略
   - 应付你无权管理的人
   - 了解其他人观察问题的视角
   - 处理冲突
   - 指导、激励下属
   - 开发他人
   - 处理下属的绩效问题
   - 管理以前的老板和同学
3. 基本价值观：
   - 不能靠你一个人管理所有的事
   - 重视人性管理
   - 搞好基本的管理
4. 经理性格：
   - 必要时粗暴一点
   - 自信
   - 对付超出你控制的情景
   - 通过灾难提高人的防范意识
   - 对付模糊情景
   - 必要时使用(或滥用)权力
5. 了解自我：
   - 在工作和个人生活之间进行平衡
   - 了解工作中什么使你激动
   - 明确个人局限和盲点
   - 对自己的职责负责
   - 承认和抓住机会

表 10-6 关键事件类别及其举例

1. 初期影响：
   · 早期工作经历
   · 第一个管理职位的工作
2. 劝说领导：
   · 特别的工作任务
   · 队员行动相一致
3. 在职领导：
   · 从零开始
   · 围绕工商业
   · 管理较大范围
4. 面对重要人物：
   · 老板
5. 面临困难：
   · 个人精神创伤
   · 职业障碍
   · 变化的工作
   · 经营错误
   · 下属绩效问题

上述 CCL 研究中所描述的关键事件与方法对于我们的深入研究具有重要参考价值，但是它也存在一定的局限性。例如，研究的样本几乎完全是男性、白人和中年经理，都是来自六个大的组织内部。然而，我们仍认为该研究在此领域具有开创性。

2. 行动学习法

除了“关键事件法”外，至少还有两种可以用于主管人员开发中的在职经历方法，这就是导师制与行动学习法。导师制是大家比较熟悉的一种方式，我们不再重复介绍。行动学习法最早在欧洲提出，逐渐在美国得以流行。它原本是鼓励一线经理投入精力，修改其行动程序的一种方式。目前的行为学习，包括让主管人员选择一个组织问题，写出描述该问题的案例、研究过程与结果，或者与面临相同问题的经理讨论如何解决问题的方式等。这个做法有点像“活的案例”方法，不是分析过去已被解决了的问题，而是分析与解决目前正在不断出现的问题。广为人知的例子是 GE 的工作能力测验项目，据估计，目前已有 220000 多人参加了该项目。

虽然主管人员在职经历开发的各种方式及其效果，还需要进一步的研究，但是在职经历应该成为我国企事业组织中开发主管人员战略的重要组成部分，在主管人员开发的实践中应该充分发挥它们的作用。

三、主管人员开发方法应用举例

主管人员开发的方法很多，有许多培训技术和培训主题，包括领导、激励、人际关系处理技术、决策方法、文化培训和技术知识培训等。下面我们主要介绍在人际关系技巧开发方面常用的形式，即领导技能培训和行为模仿。

（一）领导技能培训

领导是管理中被研究和讨论最多的主题。人们普遍相信，领导技能是有效管理所必需的，特别是对那些想实施变革的组织。在市场上，我们可以找到许多帮助经理人成为有效领导的书和文章。然而，问题在于这些文献通常是轶事性的，缺乏科学的理论基础，而且通常互相矛盾。目前广泛应用的领导培训方法——领导匹配培训，则克服了上述的问题。

1. 费德勒的领导匹配培训

领导匹配培训是基于这样的观念设计的，即有效领导发生在领导者的风格及他所面临的情形相匹配时，该项目的理论基础是费德勒(Fiedler)的领导情景理论。费德勒认为，每个人根据自己的要求都有自己特殊的领导风格，该风格指明他们将如何行动。因为风格基于领导者的需求，所以很难改变。按照费德勒的说法，这种风格并不是在所有环境中都有效。因此，领导者的任务是诊断环境，要么将自己置身于有利于自己风格的环境中，要么改变环境以便有利于自己的风格。

领导匹配培训是一种自我管理程序中的指导技术，可以帮助领导者达到以下目的：(1)诊断自己的领导风格；(2)诊断环境，将其分成有利的和不利的两类；(3)改变环境的关键要素，以便与自己的领导风格相匹配。整个培训项目大约需要花费 5—12 小时来完成，讲座、讨论和其他培训媒体可以作为其补充。

受训的主管人员用测评系统中提供的问题来评估自己的领导风格和环境是否适应。领导风格用“最不受欢迎共事者”(LPC)量表来测量，见表 10-7。

该工具要求领导者描述他们最不愿与之工作的人，使用了一系列两极形容词(如友好的—不友好的，友好的—敌对的)。领导者的反应指出了他们是关系协调需求型领导还是任务完成需求型领导。费德勒认为，所有领导都有两种需求，但只有其中一种占主导，主导需求必须首先得到满足。因此，以关系为导向的领导者将首先建立关系，然后再集中力量完成任务；反之则是以任务为导向的领导。

表 10-7 最不受欢迎共事者量表

容易相处的	8	7	6	5	4	3	2	1	不容易相处的
友好的	8	7	6	5	4	3	2	1	不友好的
拒绝	1	2	3	4	5	6	7	8	接受
紧张	1	2	3	4	5	6	7	8	放松
远的	1	2	3	4	5	6	7	8	近的
冷的	1	2	3	4	5	6	7	8	暖的
友好的	8	7	6	5	4	3	2	1	敌对的
无聊的	1	2	3	4	5	6	7	8	有趣的
争吵的	1	2	3	4	5	6	7	8	和谐的
忧郁的	1	2	3	4	5	6	7	8	兴奋的
开放的	8	7	6	5	4	3	2	1	谨慎的
诽谤的	1	2	3	4	5	6	7	8	忠诚的
不令人信任的	1	2	3	4	5	6	7	8	令人信任的
善解人意的	8	7	6	5	4	3	2	1	不善解人意的
讨人厌的	1	2	3	4	5	6	7	8	悦人的
令人愉快的	8	7	6	5	4	3	2	1	令人不愉快的
不诚挚的	1	2	3	4	5	6	7	8	诚挚的
友好的	8	7	6	5	4	3	2	1	不友好的

环境是否有利于领导行为,依赖于领导者对环境的控制。可以用三个因素来测量,即领导与成员的关系、任务的结构以及领导者的地位权力。“领导匹配”说明书中有每一个维度的测量标准。情景理论表明,任务导向型领导在高度有利和高度不利的环境中有效。高度有利的环境则意味着高度控制,例如,与下属的关系良好、高度结构化的任务、足够的奖励和惩罚下属的权力。不利的环境可控程度低,例如,与下属的关系不好、模糊的或无结构的任务、奖惩的权力不够。该理论进一步表明,关系导向型领导在中度有利的环境中比较有效,即给领导者提供中度的环境因素控制。

在被开发的主管人员诊断了自己的领导风格和环境是否相适应以后,培训项目则强调领导者可以改变环境使之与自己的风格相匹配,因此会提出一些如何改变领导成员关系、任务结构和地位权力的行为建议。比如,为了提高地位权力,领导者可以通过充分运用组织给予的权力来证明谁是老板或确保此类信息被下属接收。

目前人们对费德勒的领导情景理论和领导匹配项目有广泛的了解与运用。该项目被用于许多环境中进行测试,如公众健康志愿工作者、ROTC 军队领导、警察和其政府中层管理者。总之,有证据表明,“领导匹配培训”能够提高领导效率。布尔克(Burke)和戴(Day)1986 年在分析 70 种已出版和未出版的研究管理开发的文献后建议,是否使用领导者匹配培训,要根据研究证据和成本效益的分析而定。

2. 权变领导培训

领导者是那些吸引我们注意力、给我们介绍远景、激励我们追求远景和介绍我们如何达到远景的人。这些观点是巴斯(Bass)所称的"权变领导"的核心。权变领导的主要因素包括个人魅力(提供远景和提高下属的自我期望)、智力模仿(帮助下属改变其假设和强调理性的解决方案)和个性化考虑(如提供辅导和个人开发)。

权变领导似乎更符合大多数对"真正领导者"的观点。有证据表明,权变领导的要素与组织结果相关联。比如,巴林(Barling)等人 1996 年将权变领导培训操作化为一个一天的团体培训会和四个按月进行的个人后援者会议,重点放在帮助参与培训的主管人员变得能更明智地模仿。在一天的会期里,主管人员审查其领导观念,被介绍有关权变领导的方法和在组织的任务背景下其他类型领导的资讯,了解目标设计和其他领导行为。在对一个银行分支机构的经理(共 20 人,分成两组)的对比研究中,巴林等人发现,经过培训的经理,被其下属认为在所有权变领导的三个方面得分都很高。另外,经过培训的经理,其下属也表示,他们在组织中的投入有明显增长。总之,有证据表明受过培训的经理的组织有更好的财政增长。

3. 领导者的相互开发

主管人员开发最近的一种方法被称做"领导者开发领导者"。这一趋势表现为高层经理经常直接参与开发组织内的经理。比如,在百事可乐、GE、壳牌石油和美国海军等组织中,主要领导人将主管人员开发视作其基本责任。科恩(Cohen)和蒂希(Tichy)1997 年在对一些组织的最佳领导人进行调查的基础上,得到了下面一些足以解释领导者为什么要开发领导者的观点:成功者是由其可持续的成功判断的;成功公司在各级别中都有称职的领导者;获得更多领导者的最佳方式是让领导者开发领导者;为了开发他人,领导者必须有一个可以传授的观点;领导者是创造组织未来故事的人。

领导者相互开发的方法包括:

(1) 故事法。在上述观点中,有两点值得特别注意,即"一个可传授的观点"和"讲故事的人"。科恩和蒂希认为,可以传播的观点强调四个领导领域:有关产品、服务、市场的观点,对领导价值观的实际生活解释,做出艰难的决策,工作的精力与活力。可以传授的观点必须基于领导者的经历并以经营为导向的故事形式描述出来。科恩和蒂希认为,故事是以一个参与者的方式来传达领导者对将来的远景的看法。领导者所讲故事的关键,是要找到一个合适的替代案例,并由此介绍组织前进的方向和如何到达目的地。

壳牌石油公司学习中心基于上述观点进行了有益的实践。在实践中,HRD专业人员的核心作用是"帮助"领导者精制其教学方法。这要求HRD人员扮演与领导合作和驾驭文化活动倾向的角色。

(2) 实验法。领导开发的第二个方法是"创造性领导中心"的"领导者实验法"。该方法的目标是准备和鼓励领导者在其面临的领导环境中更有效地行动。该方法是在CCL和其他地方进行的对领导和领导者开发活动研究基础上开发的。它持续六个月,一开始是一个为期一周的会期,参与者进行一系列评估和反馈练习,包括提前从主管、下属、同事处获得全方位的反馈信息,同时开发一个主管人员的行动计划。这些会期包括与"变革伙伴"合作、以行为为导向的练习和非传统的学习行为,如制作艺术作品。三个月后,参与者又开始一个为期四天的会议,要求对经理工作的进展和三个月来的学习进行评估,并据此对行动计划进行修改。修改后的行动计划在此后的三个月内加以实施。

显然,上述只是目前美国用于开发领导者方法中的两个例子。HRD专业人员为了提高组织的竞争能力,在具体设计和实施领导开发方法时,应该将相关理论和方法与本组织的实际情况与需要相结合,并不断地评估和修改有关的开发活动。

(二) 行为模仿培训

行为模仿培训是一种流行的培训技术,原本是用来培训人们动手、人际关系和认知方面的技能。该技术是基于班杜拉的社会学习理论,被戈尔茨坦(Goldstein)和索尔素尔(Sorcher)1974年应用于主管培训中。其合理性在于,人们可以通过观察他人如何模范地完成任务而进行间接学习。只要他们清楚地模仿榜样行为的各个组成部分,记住行为是什么,再实际完成此行为,并被鼓励将所学到的行为加以运用,就能像榜样一样掌握相应的管理技能。

行为模仿通常包括五个步骤,即示范、记忆、模仿练习、反馈、转化运用。

1. 示范

在示范阶段,被开发的主管人员观看榜样完成此相关行为的电影或录像,行为被分割成一系列具体的学习点或关键行为。比如,如果学习目的是让培训主管学会如何处理员工投诉,那么将播放一个主管如何适当地处理投诉的录像。榜样模仿行为的关键点包括:(1)虚心倾听;(2)在员工说完前不要说话;(3)避免冲动,以免使员工产生防御心理;(4)询问员工所期望的解决问题的方案;(5)就具体的步骤和最后期限达成一致。

2. 记忆

在记忆阶段,受训的主管人员深入理解行为以加强记忆。这些活动包括回忆学习要点、讨论每一要点里的道理、解释模范的行为、说明学习要点。

3. 练习

在演练阶段，每一个受训的主管人员与其他人一起进行角色扮演。比如，每个被要求学习如何处理员工投诉的人，都有机会与其他人员一起扮演投诉人和处理投诉人。

4. 反馈

在反馈阶段，每一个受训的主管人员都能得到反馈，被告知他表现如何和应该如何改进。

5. 转化运用

在转化运用阶段，鼓励受训的主管人员将新学到的行为运用于工作中。在有些行为模仿学习中，受训的主管人员最后还被召集起来，讨论运用新学习的技能时所遇到的问题和成功之处。

杰斯特(Gist)、施沃雷尔(Schwoerer)和罗森(Rosen)1989年报告了一个将行为模仿培训应用于计算机软件操作的例子。受训者观看录像，其中榜样详细地解释完成每一个任务的操作步骤。录像还回顾了关键的学习点和向受训者演示如何操作。在展示完每一步以后，培训者关掉录像，让受训者自己来做，计算机上的监视系统将及时反馈结果，由此来校正受训者的表现。

（三）模仿学习的改进研究

行为模仿被认为有效的原因之一是它提高了受训者的自我效验感，它是一种信念，相信自己能完成某一特定任务。高效验感的人比低效验感的人做得更好。

有关的研究已经揭示了改进模仿学习的机制。研究表明，在模仿学习过程中，强调学习要点的重要性、分析重要行为的关键和由榜样人来展示学习要点，可以使学习者充分回忆和更好地表现这些行为。

此外，鲍德温(Baldwin)1992年认为，应该在培训中提供多种脚本，让受训者既接触积极的榜样也接触消极的榜样。鲍德温认为，提供多种脚本增加了受训者将所学技能应用于其他场合的可能性；提供积极的和消极的榜样不仅可以帮助受训者学习新的行为而且还能让他忘掉以前无效的行为。鲍德温的研究报告了以下两个重要的发现：

(1) 既使用积极的榜样又使用消极的榜样，比只使用积极的榜样可以让学习者产生更多的举一反三的行为；

(2) 仅仅观看积极的榜样只会导致对行为的复制。

尽管对这个问题还需要做进一步的研究，但是这些研究结果表明在行为模仿培训中，要依照培训目标的不同而使用不同的榜样模仿方法。例如，培训的目的是要求学习者在某一特定场合重复这种行为，还是要求能在各种场合运用此行为。

行为模仿也受到过批评。帕里（Parry）和赖克（Reich）1984 年认为该技术有以下几个缺点：

(1) 使用简单的行为榜样；

(2) 受训者或许不知道被培训行为中潜在的理由，比如，培训班训练如何处理骂人的顾客，如果告诉受训者应该让顾客发泄，那么还应告诉他们为什么；

(3) 课程令人乏味，因为遵照了相似的模式，让所有受训者进行同样的角色扮演；

(4) 不正确行为的例子很少被使用；

(5) 如果培训的对象是口头表达能力，那么使用电影或录像由于有许多外来的刺激容易受到干扰，书面的榜样或许更适合这些场合；

(6) 许多受训者进行的是即兴表演而不是真正的角色扮演；

(7) 尽管在短期内强调行为比强调其态度更有效，但改变态度也很重要；另外，主管人员不会长期坚持使用新学到的行为。

帕里和赖克 1984 年认为，如果克服了这些缺点，那么模仿培训技术将会变得更有效。罗森鲍姆（Rosenbaum）1984 年回应了帕里和赖克，提出行为模仿培训的设计和执行要求严密的技术，榜样人只是作为一种参考而不提出处理问题的唯一方式，模仿培训与成人学习观点相一致。这些争论是积极健康的，其中包含了对完善模仿培训方式的研究，能导致更好地将行为模仿用于帮助经理（和他人）提高人际关系技巧。佩库里克（Pescuric）和拜厄姆（Byham）1996 年指出，行为模仿培训还应形成一个互动的以计算机为基础的自我适应的研究学习模式。他们认为，以课堂为基础的培训与行为模仿培训是比较传统的方法。此外，还有三种培训方法：课堂培训加在辅导者指导下进行的在职实践；首先对原理、榜样和操作进行自我实习，接下来在课堂加以实践；自我学习加上在职实践。如果你想深入了解该技术，那么你可以参考戈尔茨坦和索尔素尔的书，特别是德克尔和内森的书。

（四）主管人员开发项目的设计

主管人员开发项目的设计，应按照 HRD 项目的一般方式，即需求评估、课程设计和开发活动与效果评估。更具体地说，应遵循下列一些建议：

(1) 管理开发必须与组织的战略规划相联系，必须满足组织和那些特定开发的人的需要；

(2) 进行一个专门与全面的需求分析，包括调查组织中经理是如何工作的和具备有效表现所需的技能；

于像通用汽车一样巨大庞杂的企业来说，顶级高管个人的力量是有限的。

有些首席执行官的能力比较单一，他们的能力组合可以在某个部门游刃有余，面对其他部门时却捉襟见肘。以鲍勃·纳代利在家得宝（Home Depot）的日子为例。他为家得宝带去了新的管理方法，不过公司无法忍受他“一切都得听我的”那种作风。马克·赫德在惠普的时候可能也有同样的毛病。在查克·普林斯的任期伊始，他的眼界对于花旗集团（Citigroup）来说十分重要，不过在他后来的任期内却未必如此。一般来说，这也可以解释为什么许多受过良好训练的通用电气公司高管在担任其他企业的首席执行官时表现并不出色。因为他们为那些企业带去的并不是企业当时急需的东西，又或者企业当时急需，但后来并不需要。

因此，对于许多企业的董事会来说，他们也许还有一线希望，去建立一个连贯的首席执行官接班人计划，也就是说，他们还有机会去重新思考首席执行官运作模式本身。

考虑到当今企业的复杂性，以及对于管理和绩效的必要敏感度，也许我们需要对超级英雄、超级首席执行官的逻辑做出一番反思了。也许在首席执行官接班人的问题上，董事会应该确保“首席××官”们的一系列技能可以适应企业战略不同时期的需要。

首席财务官的职位通常是在企业内部轮换的，为什么首席执行官不这样呢？如果“首”字头的高管们知道，他们当中一人可能成为下任首席执行官，他们也许会共事得更好。而且这样一来，董事会将不得不确保高管之下中层团队有充足的技能储备，以便为高管层提供足以胜任的后备人选。

这种模式还会带来另一个重要的好处——解决困扰了美国企业四十多年的首席执行官薪酬问题。

首席执行官的薪酬问题可谓“史不绝书”，我们可以为不了解这个问题的读者举两个例子：Nabor Industries 的首席执行官尤金·艾森伯格的薪酬比该公司首席运营官高出一倍多，是该公司其他高薪人士的好几倍。从全年总收入的角度衡量，他的薪水比该公司据称薪水排名前五的一位员工高出了六倍多。而在甲骨文公司，首席执行官拉里·埃里森的薪水比该公司薪水前五名中大部分人士高出一倍还多，而且是首席财务官薪水的 14 倍。

在企业内部采用高管轮流担任首席执行官的方式，能够使董事会控制首席执行官，而不是由首席执行官控制董事会。从此，企业既不用给某一个人付巨额的薪酬，也避免了完全依赖某一个人的局面。企业可以多培养一些拥有多样化技能的候选人，他们的技能可以在有限的任期内发挥作用，企业可以根据任期长短支付相应薪水。由于企业有数位具有资历的、经受住了考验的备选首席执行官，知道了这一点，投资者也会从中获益。有些董事会未能执行合适的接班人计划，也未能控制首席执行官的薪酬，他们也许在无意间给我们指出了一种更好的、更有成本效益的首席执行官模式。

讨论题：

1. 高管人员关系公司的前途发展，结合本章的内容与案例谈谈如何有效地对高管进行开发？

2. 从案例中，你认为我们对主管人员的开发应树立什么样的理念？

第十一章 人力资源开发在组织、区域与国家发展中的应用

【本章教学目标】

1. 了解HRD在组织发展、区域发展与国家发展中的应用。

2. 结合本书第一、二章中的相关理论理解HRD与组织发展、区域发展、国家发展之间的关系与作用机制。

3. 重点把握HRD促进组织发展、区域发展与国家发展的具体经验与案例。

前面十章我们主要阐述了人力资源开发的基本理论与方法，本章主要阐述人力资源开发在管理实践中的应用案例与经验，以增强大家对人力资源开发的实践认识与愿望，尽量学以致用，为解决实际管理问题服务。

第一节 人力资源开发在组织发展中的应用

组织是人力资源开发的基本单位和最微观层面。组织为了实现自己的内部和外部目标，通过整合组织的战略、构架、制度和文化等要素，将组织的人力资源充分调动和运用，以提高组织的人力资源核心竞争力，使组织创造出更大的价值。本节将在组织范畴内探讨人力资源开发的实际应用。

一、人力资源开发与组织发展

组织发展既是组织经营与管理活动的基本目标，也是组织经营与管理活动的客观结果，它能够进一步提升组织成员的技能与能力，从而使组织在各个层面的绩效得以提高或改善。

组织发展与人力资源开发相互影响、相互促进。人力资源是构成组织具有活动性和创造性的关键要素，人力资源的行为是组织行为的基础，它促成了组织与环境的匹配和组织目标的实现。人力资源开发是旨在提升组织人力资源质量的管理战略和活动。人力资源开发对于组织发展的价值体现在其能够提

升组织人力资本存量，以满足人力资源与组织发展的动态匹配。因此，人力资源开发成为影响与决定组织发展的关键因素，是促成组织发展的重要手段。

人力资源开发是在特定的组织环境中进行的，因此组织发展本身也影响着人力资源开发。例如，组织的架构、岗位设置、文化、资源等，都影响着人力资源开发的进程与实效。组织发展对于人力资源开发的影响，主要通过改变特定发展阶段的组织要素而得以体现，即通过组织发展解决组织的问题从而进一步促进人力资源开发。

就人力资源开发与组织发展的关系来看，人力资源开发是促成组织发展的重要措施。人力资源开发通过培训开发、职业生涯开发等活动提升个体及组织的人力资源水平，满足了人与岗位匹配、人与组织匹配及组织与环境匹配的要求，促进了人力资源与组织的动态匹配，从而有利于组织的发展。同时，人力资源开发要求更合理的组织模式、更适宜的企业文化、更广阔的组织平台和更趋完善的组织职能与行为。

二、组织人力资源开发

组织人力资源开发是指，组织为了达到提升组织人力资本、提高组织整体绩效和实现员工发展目标，对组织内的成员所实施的潜力发掘、素质培养、能力发展、培训教育等活动。组织人力资源开发具有内部化和集中化的特征。内部化是指组织将每次人力资源开发所需要的功能、资源都内化到组织之中，组织基本上依靠自身的功能与资源完成人力资源开发的任务。集中化是指组织将人力资源开发所需要的功能与资源集中在一起使用，使其在时间上与空间上具有连续性。

组织内的人力资源开发不但关注组织当前的任务需要，也关注组织未来的发展。组织人力资源开发的目标包括两方面：一方面让组织准备好面对复杂多变的环境；另一方面解决一个小群体的整体开发，而不是个体的开发。①

组织人力资源开发所针对的对象主要是组织内部成员，有时也会扩展到组织外部。开发的主要方式有学习、培训、岗位轮换、员工援助、绩效辅导、职业生涯开发等。

三、人力资源开发在组织发展中的应用

人力资源开发包括人员配置、教育、培训、调配、使用、管理等多种方式，其中人力资源配置是人力资源开发在组织中应用的最基本形式，也是组织内人力

① 谢晋宇：《人力资源开发概论》，北京：清华大学出版社 2005 年版，第 341 页。

资源开发的基石。人力资源配置是否得当，直接关系到整个组织人力资本的蓄积和运行，继而关系到组织内外部目标的实现。人力资源发展是人力资源开发的最高层面，主要是指在组织成长过程中的个人发展，它关注的是人员的长期发展。人力资源提升则是人力资源开发与管理的首要目标与重要依托，人力资源开发成效很大程度上都体现在人力资源的提升上。因此，本节将选取人力资源配置、人力资源发展与人力资源提升，分别详细介绍其在组织发展中的应用情况。

（一）人力资源配置在组织发展中的应用

人力资源配置主要是指为了提高工作效率、优化人力资源管理而实行的对人员的吸纳、分配、平衡以及吐故纳新等过程。人力资源配置对组织发展及内外部目标的实现具有重大影响力。

人力资源配置在组织中的应用具体表现在以下几个方面：

1. 人员的吸纳

人力资源的吸纳是组织内人力资源开发的初始阶段，也是决定整个组织人力资源原始质量的关键阶段。在这个阶段，应该一方面加强选拔、甄别优秀人才的手段，保证吸纳的人力资源具有对组织有用的基本技能、全面的知识体系、良好的道德素质、优秀的发展潜力，适应和认同组织文化；另一方面应该提高本组织对于优秀人才的吸引力，通过合理的薪金设计、明晰的发展前景、良好的工作环境、积极的组织文化等多种方式吸收优秀的、能为组织创造价值的人力资源，并避免人力资源流失，维持组织内部人员稳定。

2. 人员的分配

组织需要通过确定人与人之间的关系、人与任务之间的关系以协调人的分工及协作，完成组织的目标和任务。通过设计组织结构体系和岗位/职务体系，明确人员与岗位的匹配、人员与任务的匹配。合理进行人员分配的前提是明晰、完整、成体系的工作分析和职务设计。人力资源开发部门通过对公司工作环节进行研究，合理进行工作职能分析，在此基础上进行结构体系和岗位体系设计，实现“人尽其才”，达到人力资源与其他资源的最优结合。

3. 人员的平衡

人员与岗位的匹配不是一成不变的，在人员调岗或晋升时，需要重新进行员工岗位配置，关注员工与新的工作岗位、新的工作任务是否匹配，是否需要重新调整人员或进行上岗前培训，这是人员平衡的一方面。另外，从组织自身角度来看，组织面临着外部环境变化、自身战略目标调整、组织规模扩张等问题，这也促使组织内部工作岗位体系变化，主要表现为工作岗位的增减和岗位职能的变化，这就要求人力资源在原有配置形态上进行调整，使之达到整体协调和平衡。

4. 人员的吐故纳新

随着组织的发展,组织战略目标需要调整,其组织形态也会相应地发生改变,组织对人员的要求产生变化,因此,在组织内部,应该存在一个合理的流动机制,保证人力资源能够适应组织变化,促进和推动组织向前发展。人员的吐故纳新是人力资源更新、保持活力的重要方式,这个过程需要严格考量组织目标的变化、工作任务的改变、对员工新的需求。

(二) 员工发展在组织中的应用

在传统的人力资源管理中,员工的个人发展曾一度被忽视,但在现阶段人力资源开发中,它被作为一个重要的层面提到组织的目标中。员工发展关注"组织能够带给员工什么",一方面,员工发展是吸引和招募优秀人才的重要手段;另一方面,一个关注员工发展的组织能够通过充分挖掘员工潜能,实现组织与个人的共同发展,实现二者的可持续发展。

员工发展在组织中的应用主要包括以下几方面:

1. 职业生涯规划

组织要为内部员工职业生涯规划提供有力支持,保证个人发展有明确的目标和合理的计划。通过进行个性测评、职业生涯发展咨询、职业生涯研讨会等形式帮助员工确定职业生涯锚,协助其制定职业生涯发展规划。同时,进行员工职业生涯管理,为员工职业生涯发展提供相关资源和支持,并通过监督、跟踪等方式帮助其进行管理和及时调整规划,适应变化的需要。同时,要开展职业生涯开发培训活动,一方面要进行面向员工的培训,以满足其职业生涯发展的需要;另一方面要进行面向管理者的培训,以促使其承担起评估、帮助和指导下级职业生涯规划的角色。

2. 人本管理

人本管理就是将"以人为本"的理念应用到组织管理中,把人作为管理活动的核心和组织最重要的资源,把个人的发展作为组织发展的重要目标之一。实施人本管理,一方面需要调动组织内人员的积极性、主动性、能动性去开展组织活动,充分挖掘员工潜力;另一方面,关注个人成长,基于组织员工个人发展和实现需要,克服一切从组织利益出发的传统人事管理观念,树立"以人为本"的现代人力资源开发理念,实现组织发展和个人发展的双重目标。

3. 积极创新

创新是组织进步和发展的源泉,也是员工发展的核心与关键。在促进员工发展的过程中,我们需要特别关注组织与员工创新的需要。一方面,建立鼓励创新的体制,避免僵化的行政体制和陈腐的工作制度,在组织内部创造鼓励创新的氛围和组织文化；另一方面，关注创新型人才，建立创新型人才开发和储备机制，给予他们宽松的工作环境，挖掘其创新潜能，为组织创造更多财富和价值。

（三）素质提升在组织中的应用

素质提升是指，通过学习、培训、激励、组织文化建设等一系列有效的手段和方式，提高员工素质，增加团队凝聚力，降低人力成本，提高组织效率。

素质提升在组织中的应用包括以下几个方面：

1. 教育和培训

教育和培训是人力资源开发的重要途径。组织对员工进行培训时应该考虑到组织的需要和人员发展的需要，进行差别化的教育和培训，根据不同岗位、不同职务，设计不同的培训计划。同时，应考虑到不同员工所欠缺的方面，制定个性化的教育培训方案。在进行教育和培训时，应规定相应的约束、激励和考核机制，保证其成效；同时，建立全面畅通的反馈机制，核定培训效果，查补不足方面，并根据反馈完善教育和培训方案。

2. 考评和激励

人力资源开发必须通过激励手段保证人力资源活力。激励手段包括设定完善的绩效考评体系、明晰的晋升渠道、合理的薪金设计、竞争性的发展机会等。考评和激励能够激发员工工作热情，保证平等开放的竞争环境，保证人力资源要素的活力，最大限度地开发其潜力，为组织创造价值。

3. 组织文化建设

营造良好、适合的组织文化氛围，有利于增加组织成员对组织目标的认同感，增强团队凝聚力，降低组织成员内耗，减少人力成本，提高人力效率。加强组织文化建设，一方面要合理定位组织文化，通过硬件和软件两方面营造氛围；另一方面要创造平等开放的竞争环境，通过团队绩效方式增强成员团队精神。支持、协调、合作的组织文化有利于人力资源的开发和组织的长远发展。

第二节　人力资源开发在区域发展中的应用

人力资源开发在区域发展中的应用，是区域实现合理可持续发展的需要，也是国家发展和国际发展的基础。提高人力资本对社会发展和经济发展的贡献率是促进区域合理可持续发展的重要手段。本节将在区域范畴内探讨人力资源开发的实际应用。

一、人力资源开发与区域发展

当今社会，区域发展面临着严峻的资源和环境的制约，同时肩负着更重大的责任,传统的依赖资源和大量廉价劳动力的经济发展模式已经不适应区域发展的需要,为了实现区域协调可持续发展,新的人力资源开发模式已被提上了区域发展的战略层次。提高人力资源质量,增加人力资源对经济发展的贡献率,降低资源消耗,减少环境污染,是现阶段区域人力资源开发的重要目标。

人力资源是区域发展中的首要资源,人力资源开发是区域可持续发展的重要因素。目前,在我国区域发展过程中,还存在着结构性对接障碍,即人力资源结构与区域内的部门、行业结构结合的失效。在中央"放权让利"的思想指导下,区域各级政府力图使自身成为经济投资主体和经济收益主体。地方经济权益的扩大,使地方政府对区域内部资源配置和产业结构状况给予了极大关注,并全面规划区域发展,调整产业结构。然而,产业结构的调整与人力资源结构的调整往往难以同步,通常是后者滞后于前者,从而产生结构性对接失效。①

区域发展离不开一个完善的区域人力资源开发系统,这一方面有助于确保区域产业结构调整、经济调整与人力资源调整的同步发展,促进区域经济与社会的协调发展,另一方面有利于改善组织人力资源管理的外部环境,创造组织人力资源提升的新空间,通过区域整合,实现地区间的共赢发展。

二、区域人力资源开发

(一)区域人力资源开发概况

区域人力资源开发是指地区内各级政府和组织对所在地区的人员进行的启智开发、正规教育、职业培训等服务,具体来说,包括教育、培训、调配、使用、核算、周转等全过程。区域人力资源开发是一系列有计划的活动和过程,它关注区域内人力资源存量状况、人力资多样性、人力资源缺乏和断层、人力资源结构和平衡、人力资源质量和利用、人力资源开发的有效性和合理性。

区域人力资源开发包括对区域内所有个体、组织及社会三个层面的开发。就个体层面而言,一般包括知识、技术与能力的开发;就组织层面而言,它不仅包括个体层面的开发,还包括人岗匹配、人际关系和谐、知识共享、团队建设等多个方面;就社会层面而言,人力资源开发要求充分挖掘区域内人力资源的潜能,提高人力资源使用的整体效益。②

在区域经济一体化背景的推动下,区域人力资源开发合作机制迅速发展。各地区都开始向周边区域以及全国范围拓展人力资源的开发与合作,积极探索多样化的有效的合作途径和渠道,利用区域整合优势实现各区域内人力资源的

---

① 周银珍、赵彪等编著:《区域人力资源管理》,北京:中国电力出版社 2007 年版,第 1—3 页。
② 同上书,第 101—103 页。

共同发展。我国的西部开发、中部崛起以及振兴东北老工业基地战略均将人力资源开发放在了重要位置。目前，京津塘、长三角、珠三角等大量合作区域也正在实践着区域内的人力资源开发。

（二）区域人力资源开发案例——以泛珠三角为例

我国泛珠三角区域就是区域人力资源开发的典型案例。“泛珠江三角洲地区”（即“9+2”经济地区）这一概念是2003年7月在国内正式提出来的。泛珠江三角地区包含了中国华南、东南和西南的九个省份及两个特别行政区，它们是：福建、广东、广西、贵州、海南、湖南、江西、四川、云南以及香港和澳门特别行政区。

从区域发展的背景来看，首先，泛珠三角地区各成员的产业结构不同。按经济发展水平和产业结构高度，大致可分为三个层次。[①] 第一层次是“香港、澳门”，经济发展水平最高，第三产业发达；第二层次是“广东、福建”，经济发展水平较高，农业比重低，制造业发达；第三层次是“江西、湖南、广西、海南、四川、贵州、云南”，经济发展水平和产业结构层次相对低，国民经济以工农业为主体，农业比重高，第三产业发展水平较低。这种产业特点使该地区存在着很强的互补关系。其次，泛珠三角经济区的人才资源的结构不同。从就业结构来看，江西、湖南、广西、海南、四川、贵州、云南的大多数劳动力从事第一产业，其中相当一部分人可以经过培训进入第二产业，为当地和广东的工业化进程做出贡献；港澳地区第三产业的人才众多，可以通过交流、培训等方式带动其他地区第三产业的发展。这给内地九省与港澳的人力资源合作提供了有利条件。总之，不同的产业结构与人才结构需要不同比例的人才，所以有必要整合泛珠三角地区的人力资源，使整个区域的人力资源发挥最大的作用。

目前，泛珠三角地区已达成了一系列人力资源合作协议，并建立了泛珠三角合作信息网。[②] 2004年7月，《泛珠三角九省区劳务合作协议》在广东签署，标志泛珠三角区域劳务合作全面启动；2005年6月，在长沙举行的第三次联席会议上签署了《泛珠三角九省区人才服务合作协议》，并正式建立了泛珠三角区域九省区人才服务合作联席会议制度；2011年9月，第七届泛珠三角区域人力资源合作联席会议签署了《泛珠三角区域九省区企业用工合作交流协议》，泛珠三角区域将以促进区域内人力资源合理配置和企业用工对接为目标，共同构建资源共享、合作密切的企业用工信息平台。泛珠三角的人力资源合作已初具规模，基本实现了人才跨省的合理流动。例如，内地八省为广东经济发展提供了

---

① 毕斗斗：《泛珠三角生产服务业区域合作展望》，《中国第三产业》2004年第8期。

② 参见 http://www.pprd.org.cn/。

大量人力资源，港澳地区每年向内地输出一定的管理人才，同时从内地输入高科技人才。

虽然泛珠三角经济区展开人力资源合作已经有一定的基础，但还缺乏对人力资源开发的整体规划，泛珠三角经济圈各成员间的合作还仅仅停留在劳务领域，远远不能满足未来知识经济对人才的需求，也没有最大限度地发挥人力资源开发与合作的潜力。因此，需要重新审视泛珠三角地区的人力资源，进一步加强区域内人力资源的交流与合作，利用优势互补，提高泛珠三角人力资源开发的综合实力和整体水平。这对于促进该区域的经济社会繁荣发展，增强区域整体实力和竞争力，都将具有重要的现实意义和战略意义。

三、人力资源开发在区域发展中的应用

（一）制定区域人力资源开发框架

根据区域经济和社会发展的需要，确定区域人力资源开发的基本原则，是制定区域人力资源开发框架的前提。区域内人力资源开发的基本原则包括：以人为本；整体规划；动态适应；协调可持续发展；以及不同区域特定情况下特定的原则等。区域人力资源开发的基本原则是区域人力资源开发的指导、目标和衡尺，人力资源开发框架必须遵循这些原则。

区域人力资源开发框架包括：人力资源开发战略、人力资源开发规划、人力资源开发政策和法律保障体系；人力资源开发绩效考评体系。

人力资源开发战略是区域内人力资源开发指导性的政策、纲领和方针，是整体性、长远性的规划，对于具体的人力资源开发措施具有指导性意义。人力资源开发战略的制定不仅要以现实条件为依托，合理、切合实际地进行规划，更要有长远的眼光和高瞻远瞩的战略性，是区域发展制胜的法宝。

人力资源开发规划是在战略制定后，对具体区域进行的具体规划行为。首先，对区域内人力资源状况进行测评和分析，对其进行摸底；其次，制定详细的区域人力资源开发规划，包括规划的时间段、目标、依据、方法、具体措施；再次，对区域人力资源开发规划加以实施，对其进行评估；最后，设计规划的反馈机制，对规划实施过程中的效果和遇到的问题进行及时反馈、修正和完善。

人力资源开发的政策和法律法规保障体系的建立是保证人力资源开发顺利进行的制度保证，必须对人力资源开发进行政策上的倾斜和支持，同时结合刚性的法律法规，使得人力资源开发能够在有据可依的制度内运行。

建立区域内人力资源开发的绩效考评机制，是保证其健康发展的需要。对区域内不同的人力资源开发手段进行科学合理的测量和考评，估量出最有效的人力资源开发方法，并对无效的人力资源开发手段进行改正和弥补，促使区域

内各组织提高人力资源开发效率。

（二）加大区域内教育和培训投入

提高人力资本在区域内经济贡献率中有显著成效，而改善人力资源品质，教育和培训占了重要方面。加大区域内教育和培训投入，是提高人力资源品质、增加人力资本存量的最好方法。

区域内教育和培训投入按照投资主体可分为：个人教育投资，即家庭对个人教育的投入；社会教育投资，即政府或其他公共组织对社会教育的投入。

个人教育投入的多少，取决于家庭对个人教育的投入成本和收益。当个人教育投资能够给家庭带来丰厚而显著的收益，就会促进家庭对个人教育进行投资；相反，当个人教育投入并不能给家庭带来大于教育成本的回报，那么家庭将减少教育投入。而教育成本转化成物质收益的程度又取决于社会中的知识转化率，即知识转化成物质财富的速度和效率。一个低耗节能的现代经济体必须是一个知识经济体，在日益现代化的今天，知识、技能和创新在经济发展中占了越来越重的分量。因此，个人教育投入随着社会对知识和技能的重视在不断增加。

社会教育投资又分为正规教育、职业培训教育、科普启智教育等方面。

正规教育包括学前启智教育、义务教育、高等教育等。对这些教育的投资包括硬件和软件两方面：硬件方面主要是对教育基础设施建设的投资，例如新校舍的建立，新实验器材的增添，新教学设备的投入，以及对所有硬件的维护和维修费用；软件方面主要是对师资力量的开发、教育内容的更新等方面，例如对教师队伍的培训，对新教材的编写，对学生社会实践、出国交流和进行学术研究等方面的经费支持等。

职业培训教育，主要是针对社会发展和经济发展中对于某些具备特殊技能人才的需求，而设立的专门的专才教育，是相对于正规教育的通才教育而言的。职业培训教育有利于分流正规教育的负担，并满足社会和经济发展的需要，使得区域内人力资源能够实现人尽其才、才尽其用。

科普启智教育，是指政府或其他公共组织旨在提高社会文化、知识水平而进行的具有科普或文化享受效果的投资。例如，图书馆、博物馆、展览馆、剧院的建设，免费文艺节目的提供，免费影片的放映等，都属于科普启智教育。科普启智教育不但有利于提高社会知识储备，也有利于社会文化氛围的形成。

（三）利用市场手段进行人力资源配置

区域内人力资源开发的目标高于组织内人力资源开发目标的部分包括：减少失业；减少贫困；为区域社会和经济发展提供其所需的人才储备。

失业是区域内人力资源过剩的表现，减少失业的主要手段是合理调配区域内过剩的人力资源。区域内人力资源开发部门可以通过教育和培训、提供就业指导、打造就业选择平台、制定相应的就业保障法规等政策，为刚性和隐性失业者提供就业机会。但从根本上来说，通过发展市场经济，创造就业岗位，是减少失业的有力措施。同时，市场经济对知识型人才提出要求，可以促使人们去攫取社会教育和培训资源，并加大家庭教育投资。另外，发达的信息传递手段可以帮助人们了解地区人才供需的状况和走势，便于人员流向那些人力缺乏的地方，人才的流动和平衡减少了人力资源的浪费。

人力资源开发部门可以通过失业补助等方式减少区域内贫困的水平，同时通过对他们所需的技能和教育进行补给，使其重新获得就业岗位，减少贫困。而市场经济可以通过市场上的供需信号向人力资源开发部门对人才需求提出建议，人力部门则针对需求对失业者进行培训和教育投入，这样，通过市场自动调控的手段，可以满足个人和社会的双重需要。

建立市场化的人才流动机制是区域内人力资源开发的重要应用。通过市场调节的手段，将不同经济部门、不同行业、不同组织的不同需要向市场进行反映，对人才进行选择。区域人力资源开发部门努力建立开放、平等、透明的人才双向选择平台，促进人才在区域内自由流动，并创造条件，吸引区域外部优秀人才，增加区域内部人力资本存量。

第三节　人力资源开发在国家发展中的应用

所谓国家人力资源开发，是指一个国家为提高其人力资源数量与质量而进行的活动，例如中国的计划生育政策、普及九年义务教育、劳动人事制度改革、医疗卫生保障制定等；政府人力资源开发，是指政府部门从政府管理的目标出发，通过人口管理、学校教育、政策制定、体制改革、文化建设、医疗保健等途径，对国家、区域、行业或组织内部特定人口所进行的一种宏观人力资源开发活动。国家人力资源开发往往是通过政府人力资源开发来实现的。

人力资源作为国家经济发展的重要源泉之一，与自然资源和物质资源一起奠定了一个国家可持续发展的基础。国家经济社会的发展，既取决于人力资源、自然资源和物质资源的相互协调与利用，又取决于人力资源、自然资源与物质资源本身的可持续发展。而在这三大资源中，人力资源处于主导与决定性的地位。由此可见，人力资源开发在国家发展中有着举足轻重的作用。

中国是世界第一人口大国，也是人力资源大国，解决好中国的人力资源开发问题有着深远而重大的战略意义。2001 年，在中国召开的 APEC 会议，主题之一就是战略视野下的“人力资源能力建设”及其国际合作；2003 年，中共中央、国务院也专门召开了"全国人才工作会议",提出人才强国战略;中国人事科学研究院在《2005年中国人才报告》中将构建和谐社会历史进程中的人才开发作为全书的主题;2010年,中共中央、国务院颁布了《国家中长期人才发展规划》,提出重点培育开发高技能人才、专业技术人才;2011年出台的"十二五"人才发展规划中提出要实施科教兴国战略和人才强国战略,加快建设创新型国家。

一、国家人力资源开发应用的类型

人力资源开发在国家中的应用虽然已经颇有历史,但国内外关于国家层面的人力资源开发应用的研究与成果并不多见。综合有关研究成果,可以根据研究侧重和出发视角的不同,将国家人力资源开发研究分为以下几大类:

(一) 经济型国家人力资源开发的应用

这一类应用主要强调将人力资源开发作为国家积累财富、发展经济的一大手段,基于将人力作为一种资本交易、升值和投资的经济目而进行的研究。早在1776年,市场经济的鼻祖亚当·斯密的《国富论》及《国民财富的原因及性质研究》等著作就已包含着人力资本理论的萌芽。另外,在贝克尔1964年的《人力资本理论》与哈比森和梅耶尔的《教育、劳动力如何经济增长》著作中,都提出过国家层面的人力资源开发的概念,将人力资源开发视为增加一个社会全体公民的知识、技能和能力的过程,并试图梳理出人力资源开发与国家经济增长之间的因果关系。这一时期的研究已经意识到了人力资源开发对国家经济发展的重要性,但并未提升到战略规划的高度,缺乏技术层面的支撑。

(二) 战略型国家人力资源开发的应用

这一类应用将国家视为战略决策主体,而人力资源开发作为国家战略的重要组成部分,既受到这个国家的基本国情、民族文化、经济环境等条件的影响,也会反过来借助人力资源这一载体而作用于国家发展的各个层面。

例如2004年,盖理·N.麦克林曾指出,尽管各国都将人力资源开发作为一个国家战略决策,但由于文化、国情等条件差异,不可能有一个放之四海皆准的定义,因此每个国家都应该有符合自身国情的国家人力资源开发定义。此外,他还介绍了国家人力资源开发的重要性以及研究目的。①

针对战略型国家人力资源开发的研究还有2004年米里亚姆·苏格兰介绍的太平洋岛国鲁沙岛的开发战略,他指出了该国政府将教育和人力资源开发作为国家发展的核心战略,指出这是一种国家层次的人力资源开发,并分析了鲁

① Gary N. Mclean, "National Human Resource Development: What in the World Is It", *Advances in Developing Human Resources*, No. 3, 2004, pp. 269—275.

沙岛国家人力资源开发的构成。[①] 另外,有学者介绍了肯尼亚国家人力资源开发的主要内容,指出国家人力资源开发政策并不是在人力资源开发中的任何单个政策,而是包含众多政府部门的政策,一个好的人力资源储备对国家开发具有重要意义。[②]

(三) 技术型国家人力资源开发的应用

这一类应用在原来的应用基础之上实现了新的飞跃,不仅提出了国家人力资源开发的重要性、必要性,而且从操作层面对国家应如何进行人力资源开发提出了可行建议,研究重点主要在于开发的影响因素、需求测量、目标分析和战略方向。

2004 年,莫妮卡·李通过对英国人力资源开发及其影响的观察,指出当前英国人力资源开发的影响因素是复杂且彼此有差别的,并且影响开发的具体实践。[③]

2006 年,林汉姆和坎宁安在其著述中介绍了国家人力资源开发的本质以及研究过程中的一些新发现:第一,各个国家的政治、经济和社会文化环境都会对国家人力资源开发产生重要影响;第二,国家的环境和目标会形成和影响人力资源开发的倾向;第三,国家人力资源开发未来的研究和实践将会出现一个影响整体性、合作性和有意义的理论框架。此外,他们还提出国家人力资源开发研究应关注的四个重点以及在发展中国家进一步开发必需的努力。[④]

2006 年,哈斯勒等人探究了与转型社会有关的国家人力资源开发的需求、目标和战略。[⑤] 同年,考克斯等人在分析历史环境因素和人力资源开发环境的基础上,分析了摩洛哥人力资源开发战略和人力资源专家或政策制定者可能产

---

① Miriam Scotland, "National Human Resource Development in St. Lucia," *Advances in Developing Human Resources*, No. 3, 2004, pp. 355—362.

② Mary Casina Lutta-Mukhebi, "National Human Resource Development Policy in Kenya," *Advances in Developing Human Resources*, No. 3, 2004, pp. 326—333.

③ Monica Lee, "National Human Resource Development in the United Kingdom," *Advances in Developing Human Resources*, No. 3, 2004, pp. 334—345.

④ Susan A. Lynham and Peter W. Cunningham, "National Human Resource Development in Transitioning Societies in the Developing World: Concept and Challenges," *Advances in Developing Human Resources*, No. 1, 2006, pp. 116—135.

⑤ Michael G. Hasler, Monica D. Thompson and Maria Schuler, "National Human Resource Development in Transitioning Societiesin the Developing World: Brazil," *Advances in Developing Human Resources*, No. 1, 2006, pp. 99—115.

生的影响。①

总结前人的研究成果可以看出，国家人力资源开发的研究已经成为人力资源研究领域内的一个热点话题和重要方向，并且随着实践开发经验的不断丰富和国家案例的不断积累，该领域的研究也在逐步成熟，既着眼于整体战略目标，也关注具体的开发应用。

二、国家人力资源开发应用中的政府职能

国家人力资源开发应用的目的，整体来说是提高国家的人力资源数量与功用，即质量和数量上的提升。在不同应用当中，由于开发时间长度、开发的应用对象和执行主体等不同，也会有目标上的区别。开发目的有短期和长期之分，如奥运期间的公务员系统内部组织能力培训，是为了实现成功举行奥运会的短期目标，而“十二五”人才发展规划则是为了实现“人才强国”、打造创新型国家的长期目标；开发目的有综合和单一之分，国家人力资源开发战略一般是以国家经济社会发展为综合目的的开发，但在具体层面涉及不同行业领域和阶层也会有单一的开发目的，比如在农村建设学习型组织这一开发政策旨在提高农村人口的知识水平，属于单一目标。

国家人力资源开发的应用过程，是一个由开发主体提出建议、进行计划、对开发对象执行计划的系统过程。一般而言，我国的国家人力资源开发系统主要有两大主体：一是中组部，主要负责党员干部的选举、培训、晋升、评估和纪律行为等；二是人力资源社会保障部，主要负责政府机关和国有企业的人员录用、培训等工作，负责劳动就业、失业保障、职业培训、劳动关系等问题。② 除此之外，教育部、科技部、共青团、妇联等其他部委与系统组织，也担负了一定的国家人力资源开发职能。也有一些国家成立专门的人力资源开发机构，如韩国2007年成立了国家人力资源委员会，该机构直属总统，并在教育人力资源部内设置了承担人力资源开发业务的“人力资源开发政策推进总部”，综合研究中央行政机构制订的与人力资源开发相关的计划，每五年制定人力资源开发基本规划方案，并向国家人力资源委员会提交。相应地，国家人力资源开发的应用对象也根据不同的应用环境分为全体国民、大学生、农村人口、公务员等多种不同情况。国家人力资源开发应用的过程是以国家机关为主要力量的自上而下的过

① J. Ben Cox, Khadija Al Arkoubi and Samuel D. Estrada, “National Human Resource Development in Transitioning Societies in the Developing World: Morocco,” *Advances in Developing Human Resources*, No. 1, 2006, pp. 84—98.

② Baiyin Yang, De Zhang and Mian Zhang, “National Human Resource Development in the People's Republic of China,” *Advances in Developing Human Resources*, No. 6, 2004, pp. 297—306.

程，这一过程通常与政策向下执行的过程同步。

国家人力资源开发的应用包括多种方法，举例如下：规划驱动法，如通过“十二五”规划的制定来为国家人力资源开发奠定纲领，以基本原则引导各个层面具体的开发；政策调节法，如我国在实施西部大开发战略时，先后制定了许多吸引人才到西部地区创业的优惠政策；培训教育法，如以中央为主导，针对党政领导干部开展多级培训；市场管理法，如在经济低迷时期通过财政和货币政策对就业市场的振兴政策。

国家人力资源开发的范围在地域上分为全国人力资源开发、地区人力资源开发、省市人力资源开发、乡镇人力资源开发等等，地域范围可能局限在某一个低级行政单位，但只要开发决策是国家层面做出的，以国家发展为战略意图的就可以称之为国家人力资源开发。

政府作为人力资源开发中最为强大、手段最为全面的主体，在国家人力资源开发实践中主要履行着以下几大职能：

(一) 制定科学的开发战略

中央政府或地方政府作为宏观决策者，在研究和制定人力资源开发战略时，需要有现实的人力资源状况和数据作为基础，这就要求政府部门充分而准确地分析和评估国家与地区人力资源的数量、质量、结构、分布、潜能等各个因素。同时，还可以利用各种人力资源开发的理论，例如人力资本理论，对人力资源的测量问题进行深入的研究与探讨，运用这些方法和框架收集国家与区域内人力资源的状况，为制定出科学的切实可行的人力资源开发战略打下基础。

根据我国过去、现在与未来的开发实践，我们可以把政府人力资源开发的战略概括为通过卫生保健、文化教育、就业迁移、环境优化与制度创新等途径，进行人力资源能力的建设与开发，使我国从人口大国走向人力强国，从人力强国走向人才强国，为经济和社会发展提供坚实的基础，最终实现从人才强国走向经济强国的战略目标。

(二) 保障开发投入力度

如果说过去三十年我国经济的高速增长依靠的是巨大的人力资源数量蕴含的潜能，那么未来的经济发展就要依靠高质量的人力资源所带来的能量释放。我国政府已经关注人力资源开发对于人力资源质量提升的作用，提出了培养创新人才、建设创新国家的方针。

例如，2005 年国务院曾下发了《深化农村义务教育经费保障机制改革的通知》，明确规定全部免除农村义务教育阶段学生学杂费，对贫困家庭学生免费提供教科书并补助寄宿生生活费。在年内实现西部地区农村义务教育阶段中小学生全部免除学杂费，中央财政同时对西部地区农村义务教育阶段中小学安排公用经费补助资金，提高公用经费保障水平，启动全国农村义务教育阶段中小学校校舍维修改造资金保障新机制。这是中央政府大面积地进行人力资源开发。

（三）促进国家均衡发展

国家层面的人力资源开发，能够促进国家各地区之间的均衡发展。我们在进行人力资源规划时，从动态的角度，考虑到各个区域的发展水平、需求以及承载力，利用人力资本的外溢效应带动产业结构的调整，促进人才的吸引和聚集，实现人力资源开发战略与国家或地区产业发展战略相互协调、相互促进的良性互动局面。同时，更要注重人力资源开发在国家或地区和谐发展中所起到的重要作用，把人力资源开发放在社会综合发展中来统筹协调。中国是一个大国，在进行人力资源开发时需要有政策来保证均衡。制定人力资源开发战略时要兼顾城乡均衡和区域均衡，在人力资源开发政策和措施上努力消除不均衡。

同时，国家人力资源开发还能够发挥人力资源开发的导向作用，推动经济、文化、教育、社会等各个领域的发展。人才是国家发展和建设的关键，人力资源开发正是对人才的开发，这不仅能够为我国经济发展注入源源不断的动力，而且能够提高我国人民的文化素质，带动科学、教育、文化和卫生等事业的发展。

在知识经济时代，政府应该有一本人力资本的账。要把人力资源开发与人力资本的增长作为政府考核的指标之一。“引资”不光要看引进了多少货币与实物投资，更要看引进了多少“人力资本”，进行了多少有效的人力资源开发活动。政府有责任通过人力资源开发促进区域内人力资本的增长，通过人力资本的增长带动区域经济的发展。

人力资本是区域经济发展的核心资本，人力资源已经成为促进国家经济增长的重要因素。我国在进行人力资源开发的过程中需要有战略性的眼光，在进行人力资源开发的研究和制定过程中尤其要发挥政府的作用，将人力资源开发纳入政府考核指标之中，推动我国人力资源开发的发展。

三、国家人力资源开发的应用案例

为了更好地理解人力资源开发在国家层面的应用，下面将以美国、德国和日本为例来介绍国家人力资源开发的具体应用情况。

（一）人力资源开发在美国发展中的应用

美国的人力资源开发的观念将高素质的人才与飞速发展的高科技相结合视为最佳状态。在这种观念影响下，美国通过各种手段与政策吸引了大量的人才，并且充分而有效地发挥了这些人才的作用，为美国各个领域的快速发展带来了不竭的动力。

1. 对人力资源开发的大规模投入

人力资源开发最重要的手段就是教育，美国的教育经费在世界上是最多的。从20世纪40年代至80年代末，美国每年科研经费的绝对值是苏、日、英、法、德五国总和的13倍。尤其是进入21世纪之后，美国经济的增长动力发生了根本的改变，高端人才不断集聚，高技术产业迅速发展。这一切都应归功于强大的人力资源开发的投入。

2. 多元化、立体式、全方位的人力资源开发手段

随着美国经济的发展，高级员工在自己的职业生涯规划中已经不再将职位晋升视为事业发展的唯一标准。这一观念的转变促使美国在进行人力资源开发的过程中除继续采用培训、职位晋升等传统手段以外，还辅之以许多创新性的方式与方法，例如通过引入建设性的人事管理机制，不断丰富或增加员工工作的内容，从而使员工感到工作更富挑战性，或是尽可能地为员工提供更多的工作轮换机会等，逐步实现了人力资源开发手段多方位、多角度、多维度发展。

3. 科学的人力资源培训体系

员工培训也是人力资源开发极为重要的一部分。当员工在企业中做出贡献与成就或是想要继续晋升时，企业会鼓励和帮助雇员进行各个层次的培训和教育，形成了科学的人力资源培训体系，不断地挖掘人力资源的潜能与素质。

美国的培训体系主要包括以下方面：

(1) 继续教育工程，主要帮助优秀雇员再修学位、提高学历层次，并由公司支付全部或部分费用；

(2) 职业发展，主要帮助优秀雇员选择更好的职业；

(3) 特殊培训，主要对一些特殊岗位上的雇员进行特别的培训；

(4) 市场导向式学院教育，其专业设置根据市场需求，培训过程注重实际经验的积累。①

4. 高效运作的美国人力资源行业协会

美国人力资源行业协会与我国的相关部门(人事部、劳动和社会保障部)相比有很大的不同。

从性质上来看，我国的相关部门是政府部门的一个重要组成部分，为国家人力资源开发提供管理与服务；而美国人力资源行业协会不依附政府，完全是民间的、为了共同利益而自发建立的非营利社会组织。从管理方式来看，我国以部门管理对象为基础区分为人才管理和劳动力管理两个不同层面；美国在概念上将人才和劳动力通称为人力资源，实行同一的管理，而且在组织机构上，建

---

① 刘逸平、黎峰:《美国人力资源开发战略及其分析》,《世界经济与政治论坛》2004年第2期。

立有董事会，董事会聘有执行总裁、副总裁及专门机构开展工作。从组成人员来看，美国人力资源行业协会的人员十分专业，完全按照专业化要求组织工作。

美国人力资源行业协会有效地促进了美国人力资源的开发，推动了美国经济与社会的发展。

5. 美国人力资源中介组织、猎头公司、企业的人力资源开发

美国人力资源中介组织、猎头公司、企业在人力资源开发方面也发挥了重要的作用，它们在进行人力资源开发的过程中，体现了以人为本的思想、平等公正的理念以及法律精神，实现了人力资源开发的务实与创新的有效结合。

（二）人力资源开发在德国发展中的应用

德国二战后在丧失海外领地、缺乏自然资源以及国内市场狭小的背景下，快速重建家园，创造了著名的“经济奇迹”，最根本的原因在于德国有效的人力资源开发。

德国在人力资源开发中闻名世界的是其独具特色的“双轨制”职业教育，这一教育方式已逐渐在德国形成了完整的网络体系。“双轨制”是指同时在两个地点，有两个施教主体，也就是在企业和职业学校中同时进行教学。学员一般每周在企业里接受 3—4 天的实践教育，在职业学校里接受 1—2 天的理论教育。职业学校的教学任务主要是以专业理论来辅导和提高学员在企业中的实践培训成果，加深和补充普通教育的任务。大约 60% 是专业课程，40% 是普通教育课程。

“双轨制”是由政府对职业教育进行宏观管理，学校、行业主管部门和生产单位组织实施的三重负责制。据悉，德国约有 75% 以上的初中毕业生直接进入企业中的培训机构接受职业技术培训，同时进入各类相应的职业学校学习基础知识。这种相互交叉、有机结合的管理体制，为职业教育的实施和完成提供了保证，有利于在教学过程中贯彻理论联系实际的原则，有利于培养出既懂理论知识又有动手能力的生产和管理人员。

在德国的“双元制”教育中，企业培训起着主导的作用，职业学校只起配合和服务作用。企业培训又分为企业内培训和跨企业培训。跨企业培训是由若干个企业联合起来进行培训，也有一些职业学校的教学车间用于跨企业的培训。跨企业培训在各职业领域中的分布很广，而且占有一定的比重。

企业内培训可分为五大类：一是工业教学车间培训，这是企业内培训中质量最高的培训，多数在主要或大型企业中进行，其主要特征是培训与生产过程分离。二是非系统的工业培训，主要在中小型企业中进行。其主要特征是培训与生产过程联系密切，大都在生产车间中进行。三是传统的手工艺培训，其主要特征是培训与生产过程联系最密切，教学全在生产现场进行。四是办公室和

服务业的系统培训，通常由大企业或行政机关负责，其主要特征是把职业学校的理论教学与企业或行政机关的实践培训联系起来；增加与实践相关的理论知识的教学比重。五是办公室和服务业的非系统培训，主要在中小型企业和办公室进行，其主要特征是通过实地操作来学习。

德国人力资源开发的实践充分体系了人力资源个体差异的区别对待，主张因材施教，同时把人力资源的开发与社会的实际需要联系在一起，做到有的放矢，从而使人力资源的开发有效地服务于国家经济与社会的发展。

（三）人力资源开发在日本发展中的应用

日本作为一个岛国，其自然特征决定了日本经济发展面临着许多不利的条件，但是在二战后日本却飞速地发展起来，其独特的人力资源开发方式功不可没。

1. 企业深层次介入人力资源开发

在各个国家的人力资源开发的实践中，企业都参与其中，而在日本，企业参与人力资源开发的程度要比其他国家大得多，这主要是因为日本企业对人才的开发是以重个人素质、轻特殊技能为标准的，他们认为员工的素质要比个人的专业技能重要，因为高素质的员工可以通过企业自己的培养，胜任本企业所有的工作。正因为如此，日本在人力资源开发上，形成了教育部门培养学生的基本素质、企业自己培训员工专业技能的合作开发格局。

在日本，企业深层次地介入到人力资源开发过程中，尤其非常重视与学校的合作，日本的大企业与日本的名牌学校保持着密切的定向关系。

2. 企业精神的培养

日本在人力资源开发的过程中更加注重员工企业精神的培养，强调员工与企业的和谐与合作关系，尤其突出对团队意识、平等观念及贤能治业观念的重视。威廉·大内在《Z 理论——美国企业界怎样迎接日本的挑战》一书中系统地分析了日本的企业精神。

尽管是受家族制的影响而逐渐形成的，但日本企业所倡导的团队精神对世界各国的企业教育产生了很大的影响。因为这一传统，日本企业集团历来重视“和”的精神，强调团体的力量，注重团体意识、国家和民族意识的培养。在人力资源开发过程中，企业不仅大规模参与进来，而且能够尊重每个员工的意见，注重感情投资，让员工产生强烈的企业归属感。也正是因为这种意识，员工可以为了企业牺牲自己的利益，其各种能力的获得都尽力与企业的发展合拍，并能为之迸发出极大的热情。

同时，日本的企业在人才培养与开发中，还充分利用平等及贤能治业的观念，一方面激起每个员工强烈的成就欲望，使其从各个方面尽力发挥出自身的优势及潜力，另一方面促进他人协作，不计较个人得失，紧紧围绕企业的各项事务展开工作，这样就极大地强化了企业的凝聚力。

总结以上三国的案例，我们可以看出，人力资源开发在国家层面中的应用范围也是很广泛的，既包括政府内部行政机关的实践培训，也包括企业、行业协会和职业学校的开发活动。开发活动的主体主要是政府部门，但是实施的具体主体却是政府机关、高校、事业单位、企业单位和其他一些社会组织。

国际人力资源开发，也称全球人力资源开发，其兴起与全球化的发展紧密相关。美国学者认为，“全球化是商务超出本国范围的世界性趋势。全球化意味着，整个世界经济趋向联为一体，企业可以在任何地区开展经营，与任何对手竞争，而不考虑国家界限”①。与经济全球化同时发展的是生活方式与消费模式的全球化、调控能力与政治控制的全球化、世界政治统一的全球化。在经济、政治、文化相互影响甚至相互依存的新全球环境中，技术与人才成为新的制造点。

国际人力资源开发包含着两层含义：一是区别于国家人力资源开发，将开发的范围扩展到两国或者多国的地域范围内，一般是由国际组织或者跨国公司为主体推进的人力资源开发；二是以国际知识、技能或者跨文化为开发内容的人力资源开发，比如大型公司为员工举行的全球业务研讨班或者管理培训的项目，就属于典型的国际人力资源开发活动。

【思考题】

1. HRD 在组织发展、区域发展与国家发展中有哪些应用的方式方法？
2. HRD 与组织发展相互作用的关系是什么？作用机制是什么？
3. HRD 与区域发展相互作用的关系是什么？作用机制是什么？
4. HRD 与国家发展之间的促进关系是什么？作用机制是什么？
5. 通过具体案例，理解与把握 HRD 促进组织发展、区域发展与国家发展的具体作用与经验。

---

① 〔美〕库伦·帕伯替阿：《国际企业管理：战略要经》(第三版)，孔雁译，北京：清华大学出版社 2007 年版，第 7 页。

主要参考文献

1. 〔美〕理查德·斯旺森、埃尔伍德·霍尔顿:《人力资源开发》,王晖译,清华大学出版社 2008 年版。
2. 〔日〕尾原丰:《人才开发论》,袁娟译,北京:中央编译出版社 2001 年版。
3. 阿姆扎德等主编:《中国人力资源开发研究》,北京:北京经济学院出版社 1989 年版。
4. 鄂友万主编:《人力资源开发战略研究》,北京:经济日报出版社 1989 年版。
5. 富维岳、唱印余主编:《教育学》,长春:东北师范大学出版社 1997 年版。
6. 郭廉高等编著:《宝钢的人力资源开发》,北京:中国人民大学出版社、冶金工业出版社 1997 年版。
7. 洪荣昭:《人力资源发展》,台北:师大书苑公司 1991 年版。
8. 李京文等:《中国人力资源开发情况与问题分析》,《数量经济技术经济研究》1994 年第 8 期。
9. 刘庆唐:《人力资源开发的几个问题》,《北京劳动》1996 年第 1 期。
10. 鲁洁、王逢贤主编:《德育新论》,南京:江苏教育出版社 1994 年版。
11. 潘金云、杨宜勇:《关于人力资源开发的若干基本问题》,《中国人力资源开发》1992 年第 2 期。
12. 潘金云等:《中国第一资源——人力资源开发利用理论与实践》,北京:机械工业出版社 1991 年版。
13. 施良方:《学习论》,北京:人民教育出版社 1994 年版。
14. 宋晓梧主编:《中国人力资源开发与就业》,北京:中国劳动出版社 1997 年版。
15. 汪永铨主编:《我的教育观·高教卷》,广州:广东教育出版社 2000 年版。
16. 吴文武、牛越生等主编:《中国人力资源开发系统论》,北京:中国建材工业出版社 1996 年版。
17. 萧鸣政:《21 世纪中国面临的人力资源可持续发展问题与研究构想》,《中国人力资源开发》1997 年第 8 期。
18. 萧鸣政:《开发高层人力资源,搞好国有企业》,《中国人民大学学报》1998 年第 3 期。
19. 萧鸣政:《开发人力资源需要更新现有观念》,《中国公务员》1998 年第 3 期。
20. 萧鸣政:《面向知识经济的企业员工培训》,《中国劳动保障报》2000 年 1 月 22 日。
21. 萧鸣政:《企业人力资源开发与管理中不可忽视的几个问题》,《人力资源与公共行政》1999 年第 1 期。

22. 萧鸣政:《人力资源开发学》,高等教育出版社 2002 年版。
23. 萧鸣政:《试论人力资源开发的基本点》,《中国人民大学学报》1996 年第 5 期。
24. 萧鸣政:《中国人力资源开发的新途径》,《中国培训》1999 年第 5 期。
25. 萧鸣政:《中国人力资源开发战略选择》,《中国培训》2002 年第 5 期。
26. 萧鸣政编著:《职业资格考评的理论与方法》,北京:中国人民大学出版社 1999 年版。
27. 中国人民大学劳动人事学院主编:《中国中小企业人力资源开发国家研讨会论文集》,北京:中国商业出版社 1996 年版。
28. 周志忍编著:《现代培训评估》,北京:中国人事出版社 1999 年版。
29. 朱巧琳:《人力资源开发初探:兼与萧鸣政教授商榷》,《中国人力资源开发》1998 年第 9 期。

关于教学课件的说明

为了适应教学现代化的要求，本教材制作了配套的教学课件，选作教材的教师可联系 ss@pup. pku. edu. cn 获得教学课件。